中国古代历史风云

战场风烟(下)

叶秀松　编著

五、运筹得失　关乎生死

战争需要运筹,运筹决定成败。古代战争的胜负,不仅取决于参战将士的勇气,更重要的还在于将领的智谋。战争涉及的因素很多,问题错综复杂,情况瞬息万变。谁取得战争的主动权,谁就能取得胜利,而主动权的取得主要靠将领运筹。运筹的得失,关乎军队的生死和政权的存亡。

五、运筹得失　关乎生死

孙膑减灶诱敌

孙膑是战国时期齐国阿(位于今山东省阳谷县东北)人,其祖先孙武著兵法十三篇,以善于治军闻名于世。孙膑早年学习兵法,其学业在同学中名列前茅。他有个同学名叫庞涓,学成后去魏国①当上了将军。庞涓自知才能不及孙膑,对孙膑非常忌妒。他假意派人把孙膑接到魏国,借故令人砍去孙膑双脚,并在他脸上刺上黑色的犯罪标志,企图使他永远不能在世上露面。

后来,孙膑在服刑中听说齐国使臣来到大梁,便托人给齐国使臣捎话,请求会见。齐国使臣私下会见孙膑,觉得他才学非凡,对他的遭遇十分同情。在完成使命后,他偷偷把孙膑带回齐国。将军田忌把孙膑收留在门下,待之以厚礼。

一次,田忌和齐国诸公子(国王的兄弟子侄)赛马赌博,孙膑见参赌的马匹足力差不多,对田忌说:将军尽管下大赌注,我能使你赛赢。田忌点头同意。比赛开始后,孙膑让田忌的下等马对赛诸公子的上等马,用中等马对赛其下等马,用上等马对赛其中等马,结果以两胜一负赛赢对方。由此,田忌十分赏识孙膑的才智,把他引荐给齐威王。齐威王经常向孙膑请教兵法,拜他为老师。

---

① 战国七大国之一,都大梁,位于今河南省开封市。

中国古代历史风云·战场风烟(下)

齐威王四年(前353年),魏国军队围攻赵国①邯郸,赵国派使臣向齐国求援。孙膑受命为军师(军事参谋长官),随同田忌率军救援赵国。孙膑认为魏军聚集在赵国,其国内空虚,建议田忌不必率军去邯郸,宜南下去围攻大梁,围魏以救赵。田忌随即将军队开赴大梁。魏军听说国都被围,果然从赵国撤回。接着,田忌采纳孙膑计谋,在桂陵(位于今河南省长垣县西南)埋下伏兵,将魏军击败。

齐威王十五年(前342年),魏、赵两国联军攻打韩国②。第二年(前341年)③,齐威王应韩昭侯请求,派田忌、孙膑率军救援韩国。田忌、孙膑没有将军队开进韩国同魏、赵两军直接交锋,而是率领齐军直奔魏国都城大梁。魏将庞涓闻讯后下令军队回撤。

孙膑见魏军撤回,下令齐军假装败逃,引诱魏军追击,并实施减灶法以迷惑魏军。当天,齐军造了十万个灶,第二天减为五万个灶,第三天减为三万个灶。庞涓领军接连追击三天,见齐军锅灶大减,高兴地对部将说:我知道齐军不堪一击,才交战三天,他们竟有一半以上的人战死或逃走了!于是,庞涓令步兵停止前进,他亲率精锐骑兵乘势追击。追至马陵(位于今山东省郯城县马陵山下)时,庞涓发现路边一棵大树被刮去一块树皮,上面写有"庞涓死于此树之下"八个大字。庞涓刚看完这几个字,尚未来得及作出反应,两边山上的箭矢如雨点般朝他飞来。齐军呐喊着冲杀过来,魏军全军覆没,庞涓兵败自杀。

孙膑在长期领军作战的同时,还注意总结经验,写出了《孙膑兵法》一书。据《汉书·艺文志》记载,该书共八十九篇,附图四卷。

《史记》卷六十五 孙膑传

---

① 战国七大国之一,都邯郸,位于今河北省邯郸市。
② 战国七大国之一,都郑,位于今河省新郑市。
③ 据《中国历史大辞典》马陵之战。

五、运筹得失　关乎生死

【简评】

　　孙膑领兵打仗,战术十分灵活。他奉命随同田忌率军救援赵国,却没有按照常规把军队开到邯郸,而是围魏救赵。后来,他奉命随同田忌等将领援韩攻魏,也没有率军同魏军直接交锋,而是假装败逃,以减灶法迷惑魏军,诱敌深入,使魏将庞涓全军覆没,既完成了齐威王交付的任务,也报了断足黥刑之仇。

匡章受割草人启示

齐宣王十九年（前301年），齐国将军匡章（又名章子）率军与魏、韩、秦等国军队联合进攻楚国方城（位于今河南省方城县）。楚怀王派将军唐眜（又名唐篾，《史记·楚世家》记作"唐眛"）率军抵御。齐、魏、韩、秦四国联军进抵沘水（今河南省唐河，往南流至湖北省襄樊市入汉水）东岸，楚军驻守沘水西岸。两军隔河对峙，相持六个月没有交战。

匡章派勇士到前沿地带侦察，试图摸清什么地方水浅可以渡河。由于对岸楚军射箭阻击，齐军侦察兵不能接近沘水。齐宣王听说军队迟迟没有渡河，派大臣周最赶来催督。匡章对齐宣王派人督战很反感，宁愿受到处罚也不敢轻举妄动。他对周最说：免职、杀头、诛灭全家，这是君王可以对我采取的处罚；不可以出战而出战，可以出战而不出战，这是君王无法强迫我去做的！

就在匡章等人一筹莫展的时候，一个在河边割草的老人对齐军侦察兵说：河水哪一段浅哪一段深，其实一看就知道。河水深的地方楚军把守的人就少，河水浅的地方楚军才设重兵把守。齐军侦察兵把这个割草人带回去向匡章报告。匡章听割草人陈述沘水深浅，恍然大悟，认为他的判断有道理。于是，匡章连夜部署军队，乘楚军不备，偷渡沘水，在垂沙（位于今河南省唐河县西南）大败楚军。楚将唐眜没有料到齐军会偷偷渡河，率部仓促应战。唐眜在

五、运筹得失　关乎生死

激战中被齐军击毙,其部众被齐军击溃。齐、魏、韩、秦联军随即攻占楚国的重丘(位于今河南省泌阳县东北)。

《史记》卷五　秦本纪
　　　　卷四十　楚世家
《吕氏春秋》卷二十五　处方
《资治通鉴》卷三　周赧王十四年

【简评】

　　割草人长年在河边劳动,经常涉水过河,对泚水深浅情况比较了解,他的判断有其实践基础。匡章未能摸清泚水深浅,不敢贸然进军,也是谨慎之举。他受到割草人的启示而茅塞顿开,制定渡河方案,率部击败楚军。由此可见,实践者具有真知灼见;领导者决策需多听实践者的意见。

信陵君窃符救赵

魏安僖王十七年（前260年）九月，赵国军队在长平（位于今山西省高平市西北）被秦国军队击败，其将士伤亡达四十五万人。第二年，秦军乘胜攻占赵国武安（位于今河北省武安市）、皮牢（位于今山西省翼城县东）、太原（即晋阳，位于今山西省太原市）等地。十月，秦将王陵率军围攻赵国都城邯郸，长时间未能攻下。

魏安僖王十九年（前258年）正月，秦昭王令将军王齕取代王陵，加大围攻力度，邯郸的形势十分危急。赵国丞相平原君赵胜的夫人，是魏国信陵君魏无忌的姐姐。凭借这层亲缘关系，平原君夫人多次写信给魏安僖王和信陵君，请求魏国出兵救援赵国。

魏安僖王应赵国的请求，派遣将军晋鄙率领十万大军救援邯郸。秦国得知这一情况后，派使臣对魏安僖王进行恐吓，声称秦国大军很快就要灭亡赵国，在这个时候，谁敢救援赵国，秦军灭亡赵国后就首先攻打谁。魏安僖王害怕了，传令晋鄙停止救援赵国，要他把部队驻扎在邺（位于今河北省临漳县西南），名曰援赵，实则袖手旁观。

平原君听说魏军驻留邺地不肯赴援，接连派人去魏国送信给信陵君，抱怨说：当初，我之所以同你结为亲戚，是仰慕你的高义，能急人之难。如今，我们十万火急向你求援，而你的援兵迟迟不肯

五、运筹得失　关乎生死

开赴邯郸,怎么能说你急人之难呢?纵使你把我抛开不管,难道对你姐姐也见死不救吗?信陵君看信后深感惭愧。他虽然是魏安僖王的弟弟,但因为贤能而受到国王顾忌,未能掌揽军政大权。他心急如焚,极力劝说魏王令晋鄙率军救援邯郸,魏安僖王任凭他怎么说也不肯答应。

信陵君穷极无奈,准备带领他的三千门客赴邯郸,与秦军硬拼,与赵国共存亡。他驱车经过夷门(东门)时,一个名叫侯生的年长的门客劝他不要去作毫无意义的牺牲,向他献计说:国王最宠爱的女人是如姬。当年,如姬最困难的时候,公子不是为她报过杀父之仇吗?我听说如姬愿以死来报答你,而一直没有找到机会。晋鄙的兵符另一半藏在国王的卧室内。你如肯开口请如姬把兵符偷偷拿给你,她一定会答应。你拿着兵符去见晋鄙,就可以把他的指挥权夺过来了。信陵君采纳侯生的计谋,果然从如姬手里拿到了兵符。

侯生估计晋鄙不会轻易交出兵权,要其挚友屠户朱亥随同信陵君去邺地。他嘱咐朱亥说:至时,如果晋鄙不依从信陵君,你就当场把他杀死。朱亥过去曾受到信陵君的礼遇,欣然接受侯生的托付。

魏安僖王二十年(前 257 年)十二月,信陵君率领其随从到达邺地后,假传魏王之命前来替换将军晋鄙领军。晋鄙拿出随身所带的半片兵符,与信陵君出示的半片兵符合起来,正好拼成一只老虎模型。尽管如此,晋鄙对信陵君突然到来仍然怀疑不定,坚持不肯交出兵权。朱亥见此情状,乘晋鄙不备,用铁锤将他砸死。

信陵君夺取晋鄙兵权后对魏军进行整编,随即率领八万大军飞速向邯郸进发。这时,楚国也应赵国请求派来援军。王龁获悉魏、楚救援赵国的大军一齐开过来,不堪多面受敌,只好下令部众撤离邯郸。赵国得到救援,转危为安。

之后,信陵君害怕回国被治罪,让八万援军回归魏国,他和门客留在了赵国。

《史记》卷五 秦本纪

卷七十七 魏公子列传

《资治通鉴》卷五 周纪五

【简评】

　　信陵君诚心想救援赵国,但他不掌握军队。他劝魏安僖王传令晋鄙进军救援邯郸,魏王不予采纳。在无可奈何的情况下,他采纳侯生之计,窃取魏王留在身边的半片虎符,击杀魏将晋鄙,接管其十万官兵,火速赴援,使邯郸得以解围。

五、运筹得失　关乎生死

项羽愤夺兵权破釜沉舟

秦二世元年（前209年）七月，屯驻蕲县大泽乡（位于今安徽省宿州市东南）的九百名兵士奉命去戍守渔阳（位于今北京市密云县西南）。他们因雨不能按期到达，依法将要被处死。屯长（低级军官）陈胜、吴广杀死将尉（领兵将领，其名不详），率领部众举行反秦暴动。起义军很快发展到数万人，攻占陈（治所位于今河南省淮阳县）。众人推举陈胜为王，号张楚。陈胜、吴广领导的反秦起义震动天下。

八月，陈胜令其部将武臣向赵地（位于今河北省）进军。武臣率部攻占邯郸（位于今河北省邯郸市），自立为赵王，任命原魏国名士张耳为丞相。九月，原楚国将领项燕之子项梁与其侄项羽在会稽（治所位于今江苏省苏州市）、泗水亭（位于今江苏省沛县城东南）长（主管十里范围内的治安）刘邦在沛（位于今江苏省沛县）、原齐国王族成员田儋在狄（位于今山东省高青县东南）分别起兵反秦，反秦起义的烽火呈燎原之势。秦二世皇帝胡亥极为惊恐，随即派兵对各地武装起义进行镇压。

反秦武装受到围剿形势严峻

秦二世二年(前208年)十月①,秦二世令少府(主管皇宫财务及宫廷侍从)章邯领兵攻打起义军。十一月,秦二世增派长史(顾问参谋官)司马欣、董翳协助章邯领兵出击。十二月,章邯率部在下城父(位于今安徽省涡阳县东南)与张楚王部众交战。侍卫官庄贾杀害张楚王陈胜,向章邯投降。

正月,赵王武臣被其部将李良击杀,张耳拥立原赵国王族成员赵歇为赵王,定都信都(位于今河北省邢台市)。三月,项梁率领八千兵士渡过长江,北上攻秦。沛公刘邦以及在番阳(位于今江西省波阳县东北)起兵反秦的黥布先后归附项梁。项梁部众增至六七万人,进屯胡陵(位于今江苏省沛县西北昭阳湖西岸)。章邯领军抵达栗(位于今河南省夏邑县),击败主动迎战的项梁部众。项梁领兵转入薛(位于今山东省滕州市南)。

六月,项梁听取谋士范增的意见,拥立流落民间的楚怀王熊槐②之孙熊心为楚怀王,以盱眙(即盱台,位于今江苏省盱眙县东北)为都。当月,章邯率军进抵临济(位于今河南省封丘县东),围攻魏王魏咎③。魏王派周市向齐王和楚王求援。齐王田儋和楚将

---

① 当时每年纪月从十月开始。
② 战国后期楚国国王,公元前328~前299年在位。楚怀王三十年(前299年),秦昭王邀请楚怀王赴秦国武关(位于今陕西省丹凤县东南)会盟。楚怀王应约抵达武关后被秦国兵士抓捕囚禁,后死在秦国。
③ 原魏国公子(王族成员),投奔陈胜起义军。秦二世元年(前209年)九月,张楚王陈胜部将周市领兵攻下魏地(位于今河南省),立魏咎为魏王。魏王任命周市为丞相。

五、运筹得失　关乎生死

领兵救援,被秦军击败,田儋和周市被杀,魏咎自杀。田儋之弟田荣率残兵退至东阿(位于今山东省东阿县西南)。章邯随即领兵将东阿包围。齐地人听说田儋已死,拥立原齐王田建之弟田假为齐王。七月,项梁率部进抵东阿,将章邯军击败。田荣突围后率部驱逐齐王田假,立田儋之子田市为齐王,自任丞相并占据齐地(位于今山东省)。田假逃奔项梁。之后,项梁派人请田荣出兵共击章邯,田荣以项梁收留田假而拒不答应。项梁、项羽大为气恼。八月,秦二世为章邯增加兵力。章邯率部在定陶(位于今山东省定陶县西北)大败楚军,项梁战死。楚军官兵大为惊恐,项羽等人将楚怀王由盱眙接入彭城(位于今江苏省徐州市)。

章邯击杀项梁后不再以楚军为忧,接着领兵攻入邯郸。赵王赵歇和张耳率部转入钜鹿城(位于今河北省平乡县西南),又被秦将王离部众包围,情况十分危急。赵王多次派人向楚怀王求援。楚怀王任命原楚国令尹(宰相)宋义为上将军、项羽为次将军,领兵救援赵国,同时令沛公刘邦向秦都城咸阳进军。

宋义中途停顿　项羽破釜沉舟

秦二世三年(前 207 年)十月,宋义率领楚军进抵安阳(位于今河南省安阳市西南)后停止前进,滞留四十六天按兵不动。

项羽知道赵国危在旦夕,建议宋义火速进军,以赵军为内应,一举击败秦军。宋义自称勇猛攻坚不如项羽,运筹策划则比项羽高明,坚持先让秦、赵两军决战,认为秦军不论胜负总会受到消耗,到那时才率兵攻打秦军有利。他传令全军,凡不听从他指挥逞勇冒进的人一律处斩。

项羽对宋义半途停顿、拒不救赵、坐失战机,十分忧愤。当时,军中的粮食已经不多了,而宋义却成天摆酒设宴,迎宾送客,又忙着送他的儿子宋襄去无盐(位于今山东省东平县东),受任齐国丞相。项羽认为,秦军打败赵军后只会更加强大,怎么会成为疲惫之军等着让楚军攻打?赵国一旦被攻灭,秦军对楚军的威胁只会更大。项羽想到,楚怀王把楚国主力部队交给宋义,国家的安危在此一举。宋义不肯进军,成天饮酒作乐,是坐守待毙,这样下去势必会断送楚军。他把儿子送到齐国为相,足以证明他已有叛楚亲齐之心。项羽反复考虑后,决定动手除掉宋义。

十一月的一天早晨,项羽借进见宋义之机,在营帐中把宋义杀死,同时派人追到齐地杀死宋襄。随后,项羽宣布:宋义联齐反楚,楚王密令我把他处死。楚军官兵听说后士气为之一振,一致拥护项羽的断然举措。

接着,楚怀王任命项羽为上将军,让他统率楚军救援赵国。项羽率二万兵士渡过漳水(今河北省漳河)后,下令兵士毁沉渡船,击破锅釜,烧掉营帐,每人只带三天口粮,激励将士背水一战,只能前进,不能后退,誓与秦军拼死决战。

项羽率部进抵钜鹿后首先与秦将王离部展开激战,楚军兵士呼号声惊天动地,无不以一当十。两军经过九次激烈交锋,楚军大败秦军。王离战败被俘,章邯领兵退走。楚军解除了秦军对钜鹿的包围,挽救了赵国。接着,项羽招降因战败将要被秦二世治罪的章邯,收编其二十多万部众。

《通鉴纪事本末》卷一 豪杰亡秦

【简评】

清代学者王夫之认为:"怀王之立,非项氏之意也,范增之说,以为从民望而已。臣主之名立,而其心不相释,项氏成而怀王固不能有楚。怀王念此至悉,故一乘项梁之败而夺上将军之权以授宋

五、运筹得失　关乎生死

义;义适遇其际而获怀王之心,故与计事而大悦。非悦其灭秦之计,悦其夺项之计也。宋义壁于安阳而项羽斩之,非愤其救赵之迟,愤其夺己之速也。义之壁安阳而不进也,非欲乘秦、赵之敝,欲得当以收项羽之兵也;其遣子相齐而送之无盐也,非不恤士卒之饥寒以自侈,为怀王树外援于齐而因以自固也。"(《读通鉴论》卷一·二世)

笔者认为,援赵抗秦,是反秦武装斗争的大局,是楚军的当务之急。宋义受命率楚军主力赴援,中途却停止前进,有意让秦军攻灭赵军,违反了楚军联赵抗秦的大方向。这样做只能是坐失战机,使秦军更加强大,对楚军构成更大威胁。项羽当机立断,斩杀宋义,无疑是正确的抉择。接着,项羽率二万兵士渡过漳水,破釜沉舟,同秦军主力决战,大败秦军,解赵国之围,并招降章邯部众。这是促使秦国灭亡的关键一步。

刘秀力主守昆阳

新莽①天凤四年(公元17年),新市(位于今湖北省京山县东北)人王匡、王凤在绿林山(位于今湖北省大洪山)聚众起义,组建绿林军,反对王莽称帝。后来,绿林军的一支队伍由王凤率领向北进军,称作"新市军"。平林(位于今湖北省随州市)人陈牧起兵响应新市军,他的队伍称作"平林军"。流落在南阳蔡阳(位于今湖北省枣阳市西南)的西汉王室成员刘秀(汉高祖刘邦九世孙)、刘縯(字伯升,刘秀长兄)和刘玄(字圣公,刘秀族兄)有志于匡复汉室,率其部众分别投附新市军和平林军。

地皇四年(23年)二月,刘玄被新市、平林两军将领拥立为更始皇帝,刘縯被任命为大司徒(丞相),刘秀被任命为太常偏将军。

三月,刘秀同王凤率兵攻占昆阳(位于今河南省叶县),并以昆阳为据点继而攻占定陵(位于今河南省舞阳县)、郾城(位于今河南省郾城县)等地。他们与围攻宛城(位于今河南省南阳市)的刘縯部众遥相呼应,威震新莽都城长安。

五月,王莽派大司徒王寻、大司空(最高监察机关长官)王邑率

---

① 西汉初始元年(公元8年),大司马摄行皇帝事(代理皇帝执掌朝廷军政)王莽废黜时年五岁的太子刘婴,自立为帝,改国号为"新",史称"新莽"。都长安,位于今陕西省西安市。

五、运筹得失　关乎生死

领四十二万大军攻打昆阳。镇守昆阳的一些将领听说王寻军队人多势众,用虎、豹、犀牛、大象等野兽开路,来势凶猛,十分恐惧。他们顾及妻子儿女,想撤离昆阳城,把队伍分散到别的城镇。

面临重军压境,刘秀沉着镇定,力排众议,主张坚守昆阳。他对将领们说:守住昆阳城对我们至关重要,大家齐心协力或许能保住这块阵地。如果将队伍疏散,昆阳城将被王莽军攻占,宛城尚未攻破,我们这支队伍就会失去立足之地。我们的力量一旦分散,就会被他们各个消灭。请大家想想是不是这种态势?危急关头哪里还能顾及妻子和财物啊!众将领听刘秀这么说大为不满,抱怨说:刘将军怎么敢这样来教训我们!这时,侦察兵骑马返回报告,称王寻大军已经到了城北,绵延数百里,没有看到其尽头。众将领反过来追问道:请刘将军说说该怎么办吧!刘秀进一步分析了眼前的形势,坚定不移地认为守不守昆阳关乎胜败存亡,激励众将领横下一条心死守昆阳。将领们被刘秀说服了。刘秀让王凤领兵守城,他与骠骑大将军宗佻、五威将军李轶等十三人暗中出城,突围到外地求援。

当时,昆阳守军只有八九千人,而围困昆阳的王邑军队有十万人。他们在城四周设下数十道包围圈,上百处营盘,临城架起十多丈高的云梯,用以俯视城内动静。王邑令弓弩手连续朝城内射箭,掩护其军士挖地道攻城,用冲车撞击城墙,乘篷车往城上攀登。王寻、王邑自以为一时三刻即能攻下昆阳城,骄狂放纵,忘乎所以,不把守城官兵看在眼里。王凤请求投降,他们竟加以拒绝。此间,刘秀说服郾城、定陵两地的将领率兵赴援昆阳;刘𬙂率部攻下宛城,在一定程度上牵制了王寻军的兵力。

六月己卯日,刘秀率步骑兵一千多人首先冲向王邑军阵地,王邑率数千兵士迎战。刘秀斩杀数十人,其后续援军冲上来,又斩杀上千名新莽兵士。王邑领兵退回。接着,刘秀乘胜集结三千名勇士,从城西河岸边进攻王寻部的主力。

王寻、王邑轻视起义军,调动一万名兵士迎击刘秀部队,令其余各部按兵不动。刘秀率领勇士以一当十,锐不可当。突破了他们的防线。王寻的大部人马不敢擅自出击,全军乱了阵脚。昆阳城中的守军乘势冲杀出来。王寻兵败被杀,其部众全线败溃,逃跑者互相践踏,倒在地上的尸体遍布一百多里。

这时,天气突变,电闪雷鸣,雨骤风狂,河水横溢。王邑军中的虎豹吓得直抖乱窜,成千上万涉水逃跑的兵士被淹死在水中,以致"水为不流"。王邑等人骑马踏着水中的尸体落荒而逃,至洛阳(位于今河南省洛阳市)时只剩下几千兵马。

《后汉书》卷一上 光武帝纪上

《通鉴纪事本末》卷五 王莽篡汉

光武中兴

【简评】

清代学者王夫之认为:"昆阳之战,光武威震天下,王业之兴肇此矣。王邑、王寻之师,号称百万,以临瓦合之汉兵,存亡生死之界也。诸将欲散归诸城,光武决迎敌之志,诸将不从,临敌而挠,倾覆随之。光武心喻其吉凶,而难以晓譬于群劣,则固慨慷以争、痛哭以求必听之时也。乃微笑而起,俟其请而弗迫与之言,万一诸将不再问而遽焉骇散,能弗与之俱糜烂乎?呜呼!此大有为者所以异于一往之气矜者也。""一笑之下,绰有余地,而何暇与碌碌者争短长邪?""勇者,非气矜也,泊然于生死存亡而不失其度者也。光武之笑起而不与诸将争前却,大有为者之过人远也,尤在此矣。"(《读通鉴论》卷六·光武)

笔者认为,面对王寻数十万大军压境,刘秀反对分散逃跑的主张,说服众将坚守昆阳,是正确的决策。他借来千余名援军突袭王寻大军,乱其阵脚,将其击败,是一次非凡之举。昆阳守卫战,以弱

五、运筹得失 关乎生死

胜强,以少胜多,是绿林起义军战胜王莽军的重大转折。当年九月,绿林军攻入长安,王莽兵败被杀。昆阳守卫战的胜利使刘秀威名大震,为他日后成为东汉开国皇帝奠定了基础。

虞诩增灶换装

　　东汉元初二年（115年）九月，行（代理）征西将军司马钧率部征讨自称天子的羌族①先零部首领零昌，攻克其居住地丁奚城（位于今宁夏区灵武市南）。零昌部将杜季贡率部伪装败逃，设下伏兵。十月，杜季贡率部击杀随司马钧出征的右扶风（西汉京都行政长官之一，治所长安，位于今陕西省西安市，东汉长安行政长官仍沿用该职称）仲光及其所率领的三千余名兵士。司马钧逃回京都，以不肯救援仲光而入狱自杀。东汉朝廷派遣中郎将（警卫部队将领）任尚领军驻守三辅。

　　怀县（治所位于今河南省武陟县西南）县令（行政长官）虞诩认为杜季贡统领的羌族骑兵"来如风雨，去如绝弦"，朝廷所派步兵难以追击，只有改建骑兵才能大功告成。他建议任尚将其统率的二十万步兵精减为一万骑兵，令兵士每人交出几千钱，二十人共买一匹战马，即把他们遣返回家，将部队压缩为一万骑兵。任尚按照虞诩的建议上报朝廷获得批准。之后，任尚派轻骑兵进攻丁奚城，果然打败杜季贡的骑兵。

---

　　① 东汉时期居住于陇西（位于今甘肃省临洮县）、汉阳（位于今甘肃省甘谷县）、安定（位于今甘肃省镇原县）、三辅（位于今陕西省中部地区）等地的少数民族。

五、运筹得失　关乎生死

当年冬天,羌兵攻打武都(治所位于今甘肃省成县西),武都官员向朝廷告急。临朝听政的邓太后听说虞诩有将帅的才智,任命他担任武都太守(行政长官)。

虞诩受命后随即率少量随从兵士骑马赴武都上任。行至陈仓崤谷(位于今陕西省宝鸡市东),他们受到数千名羌兵拦击。虞诩索性停止前进,声称上书请求援军,等援军赶到再动身。羌军将领听说朝廷援军马上就要到来,便将拦截虞诩的部队分散。虞诩乘机令随从兵士每天成倍增添锅灶,造成援军已到的假象,又令军士日夜兼行,一天前进一百多里。

有人对虞诩的决策不理解,向他问道:孙膑用减灶的方法大破魏军,你却命令成倍增灶,兵法规定一天行军不能超过三十里,你却要我们一天行军近二百里,这是为什么?虞诩回答说:羌兵人多,我们人少,走慢了容易被羌兵追上,急行军使他们无法探测到我们的情况。成倍增灶,羌兵以为我们援军来了,就不敢追击我们。孙膑减灶是故意显示力量薄弱,我们增灶是借以显示力量强大,情况不同啊!没过多久,虞诩一行便摆脱羌兵,顺利到达武都郡府。

虞诩到任后,羌兵围攻赤亭(位于今甘肃省成县西)。当时,羌军有一万多人,汉朝廷军只有三千人。虞诩命令部众坚守城池,用小型弓箭还击。羌军误以为官军射杀力不强,便集结兵力攻城。这时,虞诩要部众拿出强弓箭,令每二十个弓弩手共射一个羌兵,箭无虚发,这样将羌兵击退。虞诩随即下令部众乘胜出城追击,羌兵死伤惨重。

第二天,虞诩集合部众,令他们从东门出城,从北门入城,每次出城都改换服装,循环往返多次。羌军将领不知道城中到底有多少官军,感到恐惧。虞诩派遣五百名兵士埋伏在路边,乘羌兵不备,突然袭击,斩杀并俘虏大批羌兵。从此,羌兵败散。虞诩没有因此而松懈防御,他下令选择有利地势修筑一百八十个堡垒,加固防守;同时安民告示,将流亡外地的民众召回,武都郡得以安定。

《后汉书》卷五十八 虞诩传

《通鉴纪事本末》卷七 诸羌叛服

【简评】

虞诩率小队人马去羌兵出没的武都赴任,步入险境。他熟悉孙膑兵法,贵在灵活运用,施用增灶法迷惑羌兵,得以进入武都城。之后,他令兵士轮番换装出城,造成守城兵士众多的假象,伺机将羌兵击溃,显示出非凡的军事才能。

五、运筹得失　关乎生死

公孙瓒退守失算

公孙瓒是东汉辽西令支(位于今河北省迁安市西)人。他最初为郡小吏(低级官员),后来升任辽东属国(治所位于今辽宁省义县,辖境位于今辽宁省西大凌河中下游一带)长史(主管兵马军事),以率部征讨乌桓①、黄巾军②有功,受任奋武将军,屯军右北平(治所位于今河北省丰润县东)。

东汉中平六年(189年)八月,前将军董卓领兵自河东(镇所位于今山西省夏县)进入京都洛阳,废黜汉少帝刘辩(汉灵帝嫡子),改立时年九岁的陈留王刘协(刘辩异母弟)为汉献帝,自称相国(丞相),控制朝政。司隶校尉(主管纠察京都百官兼领军缉捕)袁绍逃至冀州(治所位于今河北省临漳县西南)。

初平元年(190年),袁绍在渤海(治所位于今河北省南皮县东北)起兵声讨董卓乱政。

初平二年(191年)冬天,公孙瓒堂弟公孙越被袁绍部将周昂

---

①　汉北方游牧部族,散居于上谷(治所位于今河北省怀来县)、渔阳(治所位于今北京市密云县)等地。

②　东汉中平元年(184年),巨鹿(位于今河北省平乡县)人张角聚众起义,起义军士以头裹黄巾为标志,故称"黄巾军"。

领兵击毙。由此,公孙瓒与袁绍结怨。此时,董卓已劫持汉献帝迁都长安(位于今陕西省西安市),朝廷失去对公孙瓒等人的控制。公孙瓒自己任命官吏,把军队驻扎在磐河(《后汉书》卷七十四,记作槃河,位于今北京市昌平区境内),发兵攻打袁绍。一时间,冀州所属诸县都投附公孙瓒。

初平三年(192年)正月,袁绍领兵在界桥(位于今河北省威县东)击败公孙瓒三万部众。接着,公孙瓒领兵在巨马水(位于今河北省南拒马河畔)击败袁绍部众。公孙瓒领兵乘胜追击,十二月,在龙凑(位于今山东省平原县东南)又被袁绍领兵击败。公孙瓒率部退还幽州(治所位于今北京市区),"不敢复出"。

初平四年(193年)十月,公孙瓒率领部众攻杀幽州牧(行政长官)刘虞,占据幽州之地。当时,幽州流传这样一首童谣:"燕南垂,赵北际①,中央不合大如砺,唯有此中可避世。"公孙瓒认为易地(位于今河北省雄县西北)居于燕、赵之中,是避世的好地方。于是,他将部众迁至易地,修筑营垒。

兴平二年(195年),袁绍联合刘虞部将鲜于辅等势力,聚众十万在鲍丘(水名,流域覆盖今北京市密云县至天津市蓟县一带),打败公孙瓒部众,击杀其二万余人。公孙瓒率部退居易地。

公孙瓒仗恃其财力雄厚,下令环城挖掘十多道壕沟,每道壕沟内修建若干个高五六丈的土丘,土丘上建筑楼房、堡垒,作为防御工事。他和妻妾居住的楼房位于城中心一个有十丈高的土丘上,用铁板做门,撤除男性侍从,用吊绳向外传递文书,使侍女大声向部属传达号令。他不念民众疾苦,肆意掠夺;排斥名士宾客,横加迫害,逐步丧失人心。他自以为身居百尺高台之上,外有数十道防

---

① "燕"指战国燕国,都蓟,位于今北京市区;"赵"指战国赵国,都邯郸,位于今河北省邯郸市。

五、运筹得失　关乎生死

御工事,任何人无法攻入;城内积存的粮食有三百万斛,等到这些粮食吃光了,天下的局势也该稳定了。

建安三年(198年)十二月,袁绍(字本初)率部攻打公孙瓒营寨,久攻不下。袁绍写信给公孙瓒,想同他抛弃前嫌和好。公孙瓒不予回信,对其长史(事务长官)关靖说:当今天下群雄争战,谁也不能集中兵力长年围在我的城下,袁本初拿我有什么办法!

袁绍见公孙瓒不肯讲和,增兵攻打其营寨。守卫营寨外层的将领受到袁绍部众围攻,向公孙瓒请求增派援军。公孙瓒却认为派兵救援会使部下产生依赖思想而不再拼死作战,拒绝增兵救援。

这样,营寨外围将士或降或逃,袁绍率部很快突破其外围防线,抵达营寨中心。公孙瓒大为惊恐,派其儿子公孙续向黑山军[①]求援。

建安四年(199年)三月,黑山军首领张燕率十万军士随公孙续前来救援。公孙瓒派人送密信给公孙续,要他率五千精兵在易城北郊低洼处埋伏,等援军赶到时点火作为信号,他本人见到信号后将领兵出城,以夹击围城的袁绍军。

公孙瓒的这封密信在途中被袁绍巡逻兵截获。袁绍部署好兵力后,下令按公孙瓒信上说的点火。公孙瓒不知道他的密信已被袁绍截获,见到约定信号后以为援军已到,当即率军出战。袁绍军突然对其发起攻击,将公孙瓒打得大败而归。接着,袁绍率军击败张燕部众,公孙续兵败被杀。公孙瓒下令从此固守不战。

袁绍见从地面进攻难以攻克公孙瓒大本营,便命令兵士抢挖地道,很快便挖到公孙瓒所居高台围城楼下。袁绍令兵士焚烧支撑在公孙瓒城楼下的木柱,其城楼纷纷倒塌陷落。公孙瓒眼看无

[①] 东汉末年农民起义军的一支,占据常山(位于今河北省元氏县西北)一带。首领褚燕,后改名张燕,部众发展至百万。

可逃脱,下令部属绞死他的妻子及姐妹,然后引火自焚。

《后汉书》卷七十三 公孙瓒传

卷七十四上 袁绍传

《通鉴纪事本末》卷八 宦官亡汉

袁绍讨公孙瓒

【简评】

　　东汉末年天下大乱之际,公孙瓒拥兵占据幽州,其势力本来强于袁绍。鲍丘兵败后,他率部退居易县,筑城储粮自守,以为足以度过乱世。他这样做实际上自我封闭,自我禁锢,无法再扩展兵众和地盘,无法与外界联合抗击袁绍军,只能是坐守待毙。他贪图淫乐,不恤军士,对部众受到袁绍军围攻居然不予救援,完全丧失人心。公孙瓒的失败是难以避免的。

五、运筹得失　关乎生死

曹操用贤胜袁绍

东汉中平六年(189年)八月,屯兵河东(治所位于今山西省夏县)的前将军董卓领兵进入京都洛阳,废黜汉少帝刘辩,改立时年九岁的陈留王刘协为汉献帝,自称相国(丞相),控制朝政。司隶校尉(主管纠察京都百官兼领军缉捕)袁绍逃往冀州(治所位于今河北省临漳县西南)、典军校尉(警卫部队将领)曹操逃至陈留(治所位于今河南省开封县东南),分别在渤海(位于今河北省南皮县东北)、己吾(位于今河南省宁陵县西南)举兵声讨董卓乱政。董卓十分恐惧,于第二年二月劫持汉献帝迁都长安(位于今陕西省西安市)。离开洛阳之前,董卓下令将宫殿及民房焚为灰烬。

曹袁对峙　势不两立

初平三年(192年)四月,司徒(丞相,主管民政)王允串通中郎将(警卫部队将领)吕布杀死董卓。董卓部将李傕、郭汜领兵攻杀王允,控制朝政。

建安元年(196年)七月,汉献帝饱经劫难,率众臣返回一片废墟的洛阳。此时,曹操为镇东将军,领兵驻扎在许(治所位于今河南省许昌市东)。九月,曹操领军将汉献帝一行接到许。汉献帝定都许,任命曹操为录尚书事(丞相)、行车骑将军,由曹操掌揽军政。

此后,曹操率部消灭在寿春(位于今安徽省寿县)称帝的袁术和屯兵下邳(位于今江苏省睢宁县西北)自称徐州刺史(行政长官)的吕布等势力,控制黄河以南和淮河以北的兖(治所位于今山东省金乡县西北)、豫(治所位于今安徽省亳州市)、徐(治所位于今山东省郯城县)三州。

在曹操扩展势力的同时,袁绍率部攻灭占据易地(位于今河北省雄县西北)的奋武将军公孙瓒等势力,占据黄河以北的幽(治所位于今北京市区)、冀、并(治所位于今山西省太原市西南)三州及黄河以南的青州(治所位于今山东省淄博市东北),意欲称帝,与曹操势力形成南北对峙的局面。

智挫袁军 坚守官渡

建安四年(199年)六月,袁绍聚集十万精兵准备进攻许都,企图一举消灭曹操势力。消息传到许都,一些将领感到恐惧。曹操称袁绍"志大而智小",激励将士沉着应战。

八月,曹操派将军臧霸率领精兵进入青州地域,从东面防御袁绍大军;派治书侍御史(最高监察机关官员)卫觊镇守关中(位于今河南省灵宝市以西及陕西省中部平原地区),安抚那里的官员和民众。他亲自率领万名精兵北上黎阳(位于今河南省浚县东南,当时在黄河以南),防御袁军正面进攻。接着,曹操派兵沿河岸设防,从延津渡口(位于今河南省延津县北)至白马渡口(位于今河南省滑

五、运筹得失 关乎生死

县东)连成一道防线①,以阻止袁军南渡黄河,并将主力部队驻扎在官渡(位于今河南省中牟县东北),筑垒固守。

建安五年(200年)四月,袁绍派将军颜良领兵进攻白马,力图夺取黄河南岸这一军事要塞,以保障其主力部队渡河。曹操采纳随军出征的尚书(朝廷部门长官)荀攸的建议,有意不去解白马之围,而先引兵抵达延津,佯装渡河去攻击袁军后方,诱使袁绍分兵阻击。就在袁绍分兵延津的时候,曹操乘机派将军张辽、关羽领兵火速进攻屯驻白马的袁军。颜良失于防备,兵败被杀。曹军解除袁军对白马的包围。

曹军获胜后立即向西撤至延津以南。袁军将领文丑、刘备率五六千名骑兵渡过黄河,朝白马冲杀过来。曹操在白马只留下六百名骑兵作为诱饵。他听说袁军攻杀过来,令士兵丢下辎重,假装败逃。袁军不知是计,只顾争抢财物。曹军乘机回戈反击,斩杀文丑,袁军败退。曹军随即撤回官渡固守。

九月,袁绍大军自阳武(位于今河南省原阳县东南)进抵官渡曹军军营外围。袁军堆起土山,筑起高楼,居高临下朝曹军军营射击。曹军制造霹雳车,发射石块,将袁军高楼全部摧毁。袁军转而挖地道向曹军军营推进。曹军则在军营内挖一道深沟,抵御袁军从地下进攻。

当时,守卫官渡的曹军只相当于袁军的十分之一,且军粮所剩无几,难以持久抵挡袁军的进攻。曹操感到力不能支,想把军队撤回许都,写信把这一意向告诉守尚书令(代理丞相)荀彧。荀彧回信说:袁绍率其八万之众聚集官渡,欲与丞相部众决一胜负。丞相虽然兵少,亦应以弱当强,率部与袁军拼搏。如果不能抵御袁军,让他们占了上风,许都就危险了,这是事关天下成败的大事。袁绍

---

① 当时黄河河道位于今河南省延津县、滑县境内。后来,黄河改道南移。

虽然强兵压境却不善于用人。丞相用兵如神,有什么困难不可以克服呢?丞相以较少兵力据守官渡这一咽喉要地已有半年了,再坚持一段时间,形势必然会有变化。眼下正是用奇计战胜袁军的关键时刻,切不可丧失战机!曹操采纳荀彧的建议,决定坚守官渡不退。他亲自抚慰激励将士,下令加固防御。

以诚用贤 以少胜多

  当月,曹操采纳荀攸的建议,派偏将军徐晃领兵截击袁军将领韩猛运送辎重的车队,烧毁袁军部分军用物资。
  十月,袁绍的谋士许攸建议乘许都空虚,撇开曹操驻守官渡的主力,领兵直接攻取许都,尊奉汉献帝以讨伐曹操,认为这样一定能取得胜利。袁绍没有听取许攸的意见。不久,许攸家人犯法被捕,许攸一气之下投奔曹操。
  曹操原来就熟悉许攸,对他投附十分高兴。许攸会见曹操时问道:袁军强大,丞相凭借什么与之抗衡?眼下军中还有多少粮食?曹操说:军中粮食尚可供将士吃一年。许攸说:不是这样,请丞相重说。曹操说:粮食还可供军队吃半年。许攸说:丞相难道不想击败袁绍吗?为何不跟我说实话?曹操说:我是同你开玩笑的,其实军中粮食只够吃一个月了,你看该怎么办?许攸说:丞相孤军独守官渡,外面没有援军开过来,军粮亦几乎吃尽,处境非常危险啊!袁绍在故市(位于今河南省郑州市西北)、乌巢(位于今河南省延津县东南)共停放一万多辆辎重车,防备不严。丞相如果派骑兵突袭,毁坏袁军军用物资,不会超过三天,袁军将不攻自溃。
  曹操获悉许攸提供的重要情报非常高兴,完全赞同他的计谋。他令部将曹洪和荀攸率部留守官渡军营,亲率五千步骑兵去毁坏

五、运筹得失　关乎生死

袁军辎重。曹军打着袁军的旗号,伪装增派守卫辎重的部队,令官兵口中衔枚(两端有带子可系在颈上的木质器具,衔在嘴上以避免发声),每人背上一捆干柴,将战马的嘴用网袋罩住,不声不响连夜潜入乌巢,放火将袁军辎重全部烧毁。袁绍部将淳于琼率万名精兵出战,被曹军击退。

袁绍闻讯大惊,令部将张郃率部出击官渡曹军大本营,断其归路。张郃则认为淳于琼部众一旦被曹军击败,将会影响整个战局,主张先救援淳于琼军。将军郭图附和袁绍意见,极力主张进攻官渡曹军。于是,袁绍只派少量骑兵救援淳于琼部,而以主力进攻官渡曹军。曹操激励部众与袁军奋勇拼搏,斩杀淳于琼及其千余兵士。袁军官兵大为惊恐。对于淳于琼军溃败,郭图非但不悔过自省,反而在袁绍面前诋毁张郃。张郃听说后极为愤恨,随即率部向曹洪、荀攸投降。曹军乘势猛攻,袁军大败,战死及投降达七万多人。袁绍仅带领八百名骑兵渡过黄河,逃归本部。

经过官渡之战,袁绍势力一蹶不振,而曹操却以弱胜强,为下一步率军攻夺北方扫平了道路。

《三国志》卷一　魏武帝纪
　　　　　卷六　袁绍传
《通鉴纪事本末》卷八　宦官亡汉
　　　　　卷九　曹操篡汉

【简评】

《三国志》作者陈寿认为:"汉末,天下大乱,雄豪并起,而袁绍虎视四州,强盛莫敌。太祖运筹演谋,鞭挞宇内","惟其明略最优也。抑可谓非常之人,超世之杰矣。"(《三国志》卷一·魏武帝纪)袁绍"外宽内忌,好谋无决,有才而不能用,闻善而不能纳。"(《三国志》卷六·袁绍传)

笔者认为,官渡之战的胜败取决于曹操用贤袁绍拒贤,其关键点有三处:一是曹操以其兵少粮尽不堪袁绍部众攻击欲领兵退回许都之时,采纳荀彧建议,鼓舞士气坚守官渡;他若领兵退却,袁绍乘胜追击,曹军必败无疑。二是袁绍拒绝许攸撇开曹军主力直接攻取许都的建议;若袁绍分兵攻打官渡,同时以主力进击许都,曹操及其部众的命运不堪设想。三是袁绍把许攸推到曹操一边,曹操接受许攸的建议领兵偷袭袁绍军辎重,而袁绍拒绝张郃救援淳于琼部的建议,丢开运动中的曹军主力不打,致使袁军乱了阵脚,很快土崩瓦解;若无许攸为曹操献计,两军继续对峙,曹军兵疲粮尽且没有援军,最后亦必然会被袁军消灭。

五、运筹得失　关乎生死

黄盖诈降用火攻

　　东汉建安十三年(208年)七月,曹操领军平定北方①之后,挥师南下,进逼荆州(治所襄阳,位于今湖北省襄樊市)。荆州牧刘表闻讯病情加重,于八月去世。刘表次子刘琮随即率部向曹军投降,曹操占领荆州。八年前因谋刺曹操失败而投奔刘表一直寄居新野(位于今河南省新野县)的前左将军(警卫部队将领)刘备率其部众逃至夏口(位于今湖北省武汉市长江东岸),准备继续向南逃避。此前,占据江南的讨虏将军孙权派谋士鲁肃以吊唁刘表的名义去荆州与刘备联络,在长坂坡(位于今湖北省当阳市东北)遇见刘备。

---

　　① 东汉光熹元年(189年),屯兵河东(治所位于今山西省夏县)的前将军董卓领兵进入京都洛阳(位于今河南省洛阳市),废黜汉少帝刘辩,改立年仅九岁的陈留王刘协(刘辩异母弟)为汉献帝,自称丞相控制朝政。典军校尉(警卫部队将领)曹操、司隶校尉(负责纠察京都百官兼领军缉捕)袁绍逃离京都,分别起兵讨伐董卓乱政。第二年,董卓焚毁洛阳宫殿,劫持汉献帝迁都长安(位于今陕西省西安市)。后来董卓被杀。建安元年(196年),曹操将汉献帝迎入许(位于今河南省许昌市东),受任录尚书事(丞相)、行车骑将军,控制朝廷军政。之后,曹操领兵击败在寿春(位于今安徽省寿县)称帝的袁术、在下邳(位于今江苏省睢宁县西北)自称徐州刺史(行政长官)的吕布和自称冀州(治所位于今河北省临漳县西南)牧(行政长官)的袁绍等割据势力。建安十二年(207年),曹操领兵将袁绍之子袁熙等人俘杀。

鲁肃建议刘备联合孙权共同抗击曹操,这与刘备的谋士诸葛亮的主张不谋而合。于是,刘备派诸葛亮随同鲁肃去柴桑(位于今江西省九江市西南)会见孙权。

这时,曹操已占领江陵(位于今湖北省荆州市),凭借接收刘琮的千艘战船率军东下。他派人给孙权送来一封信,信中称"今治水军八十万众,方与将军会猎于吴"(《通鉴纪事本末》卷九·孙氏据江东)。孙权幕府长史(幕僚长官)张昭等人看了曹操这封信后惊慌失措,主张向曹操投降。鲁肃和将军周瑜则力主抗击曹军。孙权对投降的言论大为光火,在两派意见争执不下的情况下,他拔出佩刀砍断面前的奏案,警告说:"谁再敢说投降曹操,就同这奏案一样!"鲁肃、诸葛亮等人乘机说服孙权,使其同意联合刘备共同抗击曹操。孙权令周瑜率三万名精兵与刘备募集的二万名兵士在樊口(位于今湖北省鄂州市西)会师。

九月,孙权和刘备联军向前推进,与曹操军队在赤壁(位于今湖北省武汉市江夏区西南赤矶山)对峙。当时,曹军流行传染疾病,与孙、刘联军初次交战失利,退驻长江北岸。曹军大多是北方人,不习水性,经不住在长江风浪中颠簸。曹操下令将一艘艘战船首尾用铁链连接起来,力图使船体在江中稳定。

丹杨(治所位于今安徽省宣城市)都尉(军事将领)黄盖随同周瑜出征,他向周瑜建议说:眼下我军人少,曹军人多,与之对阵难以持久。我听说曹军舰船首尾相接,连在一起,将军可以用火攻将其焚毁。周瑜听取黄盖这一意见,并同他设计诈降。随后,黄盖派人给曹操送去一封信,信中称:孙权部众难以抵御丞相百万大军,我决定向丞相投降,近日设法去拜见丞相。等交战那天,我率部冲锋在前面,将见机行事,为丞相效命。曹操开始怀疑黄盖诈降,经亲自询问送信的人,对黄盖投降信以为真,不再加以提防。

黄盖选择一个刮南风的日子,调集数十艘战船,船上装满浇上油的干柴和芦苇,外面用帷幕盖着,船尾系着便于逃脱的快艇。曹

五、运筹得失 关乎生死

军将士远远望见悬挂黄盖军旗的船只向他们驶来,无不翘首以待,为之庆幸。

当诈降船队行驶离曹军船阵不足二里远时,黄盖下令将数十艘战船同时点火,一齐向曹军船阵冲去。船如离弦之箭,火借风势逞威。曹军猝不及防,其船阵很快着火,船船铁链连接,一时无法分开,致使停在江边的战船全部被烧毁,连江岸边的军营也着了火。曹军被烧死和淹死的兵士不计其数。周瑜率军乘势登上长江北岸,奋勇追击。曹军溃败,人马相互践踏,死伤大半。曹操率残兵败将避开大路,从华容(位于今湖北省潜江市西南)小道逃走,误入一片沼泽地。他下令兵士在泥泞路上铺草,骑兵才得以通行。刘备、周瑜率军一直追到南郡(治所位于今湖北省荆州市),没有追上曹操。第二年,周瑜领兵夺取曹操部将曹仁镇守的江陵。

赤壁之战使曹操军力损失惨重。之后,孙权势力大为发展,刘备从孙权那里借据荆州(即江陵)。从此形成曹、孙、刘三方鼎足而立的格局。

《三国志》卷一 魏武帝纪
卷五十四 周瑜传
卷五十五 黄盖传
《通鉴纪事本末》卷九 孙氏据江东

【简评】

清代学者王夫之认为:"赤壁之战,操之必败,瑜之必胜,非一端也。舍骑而舟既弃长而争短矣。操之兵众,众则骄;瑜之兵寡,寡则奋,此其一也。""操乘破袁绍之势以下荆、吴,操之破绍,非战而胜也,固守以老绍之师而乘其敝也,以此施之于吴则左矣;吴凭江而守,矢石不及,举全吴以馈一军,而粮运于无虑之地,愈守则兵愈增、粮愈足,而人气愈壮,欲老吴而先自老,又其一也。北来之军二十万,刘表新降之众几半之,而恃之以为水军之用,新附之志不坚,而怀土思散以各归其故地者近而易,表之众又素未有远征之志者也","故黄盖之火一爇而人皆骇散,荆土思归之士先之矣,此又其一也。"(《读通鉴论》卷九·献帝二十八)

  笔者认为,黄盖诈降火烧曹军战船,是孙、刘联军取得赤壁之战胜利的关键一步。曹操的失误在于连接战船,黄盖的高明在于设计火攻。

五、运筹得失　关乎生死

刘璋迎刘备入蜀

东汉兴平元年(194年),监军使者(代表朝廷监管军队)、领益州(治所成都,位于今四川省成都市)牧(行政长官)刘焉去世。朝廷发文由刘焉之子刘璋继承其职位。

刘璋与张鲁结怨寻求外援

刘璋袭位不久,受刘焉委任驻守汉中(治所位于今陕西省汉中市)的督义司马(领兵武官)张鲁不再依顺刘璋。刘璋大为恼火,下令将张鲁留在益州的母亲和弟弟杀死。由此,刘璋与张鲁结下怨仇。此后,刘璋多次派兵攻打张鲁,都被张鲁率部击败。刘璋感到张鲁势力对他构成威胁,派人去向丞相曹操表示敬意。曹操任刘璋为振威将军,并任命刘璋的使者张肃为广汉(治所位于今四川省广汉市北)太守(行政长官)。

建安十三年(208年)八月,刘璋派别驾(州府属官)张松(张肃之弟)去拜会曹操。当时,曹操领兵刚刚夺取刘琮(原荆州牧刘表次子)控制的荆州(治所襄阳,位于今湖北省襄樊市),准备举兵南下,对张松态度冷淡,没有任命他官职。张松由此对曹操产生怨恨。

十月，谋刺曹操未遂而投奔刘表一直寄居新野（位于今河南省新野县）的前左将军（警卫部队将领）刘备逃至夏口（位于今湖北省武汉市长江东岸），与占据江南的讨虏将军孙权联合出兵，在赤壁（位于今湖北省武汉市江夏区西南赤矶山）击败曹操军队。曹操返回许都。

建安十四年（209 年），孙权部将周瑜夺取曹操派兵驻守的江陵（治所位于今湖北省荆州市）。之后，孙权同意将荆州（即江陵）借给刘备暂时驻守，以联合刘备共同对抗曹操。

建安十六年（211 年）十二月，张松劝说刘璋与曹操断绝关系，以刘璋与刘备同为汉皇族后代，建议刘璋联合刘备。刘璋接受张松的意见，派军议校尉（军事参谋官）出使荆州，与刘备会谈。

曹操听说刘璋亲近刘备，派督关中（位于今河南省灵宝市以西至陕西省中部地区）诸军事（军事长官）钟繇去汉中会见张鲁。刘璋闻讯十分害怕，担心曹操和张鲁联兵进攻蜀地。张松一向自负其才，看不起刘璋，认为他不会有什么大作为，暗中与法正谋迎刘备为益州牧。他见刘璋惧怕曹操支持张鲁，乘机建议刘璋迎接刘备入蜀，称刘备善于用兵，只有把他引到蜀地加以任用，才能抗击曹、张联军。于是，刘璋决定派法正率四千人马去迎接刘备。

刘璋不听劝谏迎刘备入蜀

对于迎接刘备入蜀，刘璋部下许多官员持有不同意见。主簿（主管文秘）黄权劝阻说：如今刘左将军以骁勇善战扬名天下，把他请来，如作为部下使用，他不会满意；如与州牧平起平坐，则一方不容二主。客人要是稳如泰山，主人就危如累卵了。黄权建议不要

五、运筹得失　关乎生死

迎接刘备,宜封闭边境,加强防御,以等待局势平定。刘璋听不进黄权的意见,把他调任广汉(治所位于今四川省射洪县南)县令。从事(州府属官)王累把自己倒悬在成都城门外,以劝谏刘璋不要将刘备迎入蜀地。刘璋对王累的忠告同样拒不采纳。

　　法正抵达荆州后劝说刘备进取益州,称刘璋懦弱无能,左将军进入益州易如反掌。刘备以为其主要仇敌是曹操,担心进取蜀地会在天下失去信义,犹豫不决。军师中郎将(参谋军事的将领)庞统认为,荆州因战乱破坏严重,且东有孙权,北有曹操,守在这里难以施展宏志;益州拥有百万户口,土地肥沃,物产丰富,如占有该地则大业可成。他强调指出,将军要想安定天下,不能局限于走哪一条路。今天如果我们不去夺取益州,明天益州或许就会被别人所占有。刘备认为庞统说得很有道理。

　　当月,刘备留军师诸葛亮、将军关羽守卫荆州,他同庞统率部随法正进入蜀地。刘璋下令凡刘备军队经过的各郡县要保证其需求供应,致使刘备"入境如归"。巴郡(治所位于今重庆市区)太守严颜为之忧虑,叹息说:"这是引虎自卫啊!"

　　刘备一行从江州(位于今重庆市嘉陵江北岸)由垫江(位于今嘉陵江下游经重庆市合川市一段,当时称垫江)水路向北抵达涪城(位于今四川省绵阳市东)后,刘璋率三万步骑兵前往相会。张松和法正与庞统串通,建议刘备乘刘璋前来同他会面之机将其抓捕。刘备以其刚入蜀地尚未树立威信而没有同意。刘璋推举刘备为行大司马(代理主管军事),令他率部进驻白水(位于今四川省广元市东南),讨伐张鲁。尔后,刘璋率部退还成都。

　　刘备率领部众从涪城进驻葭萌(位于今四川省剑阁县东北)后,没有出兵攻打张鲁,而把主要精力用于施行恩惠,争取人心。刘璋对刘备迟迟不肯进攻张鲁感到不快。

刘备率部攻入成都将刘璋驱逐

建安十七年（212年）十二月，曹操出兵攻打孙权。孙权派人向刘备求援。刘备无意率兵赴援，他采纳庞统的计谋，以此向刘璋借兵，图谋攻取成都，取代刘璋占据益州。刘备写信给刘璋，称他与孙权唇齿相依，关羽留镇荆州兵力很弱，曹操一旦攻占荆州将会向西攻打益州，形势令人担忧，而张鲁势力只能自守，不值得忧虑。他要求刘璋增拨一万兵士和物资，支持他去援助孙权，攻打曹操。刘璋不知道刘备已经背离他另有图谋，只答应给刘备增加四千人马及物资，刘备很不满意。

张松以为刘备真的要离开，写信劝他举大事夺取益州。张肃担心张松谋反事发会受到连累，向刘璋告发张松等人的密谋。刘璋大为吃惊，随即下令处死张松，并传令各地守将不得再与刘备发生联系。刘备获悉其计划已经暴露，当即将刘璋派驻白水、对他入居益州一直持有异议的将领杨怀、高沛诱杀。之后，刘备率部攻占涪城，接着举兵南下。

建安十八年（213年）五月，针对刘备举兵反叛，郑度建议刘璋迁移巴西（治所位于今四川省阆中市）等郡居民，把各地粮库和田野谷物都烧掉，以断绝刘备军队的粮源，同时令各郡将士加固防御，坚守不出。他认为刘备兵士不足万人，益州民众尚没有依附他，其军粮供应不上，至多只能坚持一百天，等到其部众不战自退时，就可以生擒刘备。刘备听说郑度所献计策，十分害怕。法正对刘备说：刘璋不会采纳郑度的这一计策，不必忧虑。刘璋果然没有接受郑度的建议。

刘璋派遣部将刘璝、冷苞、张任、邓贤、吴懿等人领兵分路抗击

五、运筹得失　关乎生死

刘备,都被刘备部众打败。吴懿率部投降,刘璝等人退守绵竹(治所位于今四川省德阳市北)。刘璋随即派护军(军事监督官)李严、费观赴绵竹督军。李严、费观却率部投降刘备。刘璝等率部退守雒城(位于今四川省广汉市北)。刘备领兵将雒城包围。

建安十九年(214年)五月,诸葛亮留关羽镇守荆州,领兵攻占巴郡等地。刘备攻克雒城后率部与诸葛亮会师,共同攻打成都。刘备大军围攻成都数十日未能攻下。

当时,成都城内尚有精兵三万人,粮棉等物资可供城内军民坚持一年。成都军民都想同刘备部众决一死战。刘璋却对部众说:"我与家父在益州二十多年,对老百姓没有什么恩德。过去三年争战,使百姓抛尸荒野,都是我的罪过。我再也不忍心让百姓跟着吃苦了。"于是,刘璋随刘备派去劝降的使者简雍一起出城,向刘备投降。

刘备进入成都后自称益州牧。他没有杀害刘璋,将其迁徙到南郡公安(位于今湖北省公安县北)闲居。此后,刘璋投附孙权。孙权让刘璋挂名益州牧,居住秭归(位于今湖北省秭归县)。刘璋后来在秭归病逝。

《三国志》卷三十一　刘焉传
刘璋传
卷三十七　庞统传
《通鉴纪事本末》卷九　刘备据蜀

【简评】

清代学者王夫之认为:"先主围成都,璋曰:'父子在州二十余年,无恩德以加百姓,攻战三年,肌膏草野,以璋故也,何心能安。'犹长者之言也。论者曰:'刘璋暗弱。'弱者弱于强争,暗者暗于变诈,而岂果昏屡之甚乎? 其不断者,不能早授州于先主,而多此战

争耳。"(《读通鉴论》卷九·献帝三十二)

  笔者认为,刘璋的致命弱点在于怯懦而不能自立。他同张鲁反目后,生怕曹操支持张鲁攻打益州,派人向曹操献媚。受曹操冷遇后,他又想依靠寄据荆州的刘备帮助其抗御张鲁。他不听黄权等人忠告,主动将刘备迎入益州,无异引狼入室。政治斗争和军事斗争,总是你死我活;乱世图存,须凝聚人心,自强不息。身为一方之主不求自强而出让主权,最终必然败亡。刘璋的悲剧为人们提供了教训。

五、运筹得失　关乎生死

蜀先主误设连营

　　东汉建安二十四年(219年)十月,汉中王刘备留镇荆州(治所江陵,位于今湖北省荆州市)①的荡寇将军关羽领兵围攻魏王曹操控制的襄阳(治所位于今湖北省襄樊市襄阳城),并俘虏增援襄阳的曹军将领于禁及其部众。孙权乘关羽率部北攻襄阳之机,派虎威将军吕蒙领兵夺占江陵。关羽闻讯丢开襄阳,率兵退保麦城(位于今湖北省当阳市东南)。孙权派军围攻麦城,在临沮(位于今湖

---

①　东汉建安五年(200年),左将军(警卫部队将领)刘备参与谋杀丞相曹操事发,逃奔荆州(治所襄阳,位于今湖北省襄樊市)牧(行政长官)刘表,寄居新野(位于今河南省新野县)。建安十三年(208年),曹操在平定北方之后率军攻打荆州。刘表闻讯后病故,其次子刘琮率众投降曹操,刘备率部逃至夏口(位于今湖北省武汉市长江东岸)。接着,曹操率军南下。占据江南的讨虏将军孙权采纳其谋士鲁肃的建议,联合刘备共同抗击曹操,在赤壁(位于今湖北省武汉市江夏区西南赤矶山)击败曹操大军。第二年,孙权部将周瑜领兵夺取曹军控制的江陵。为了联合刘备共同抗击曹操,孙权将荆州(江陵)借给刘备驻守。建安十九年(214年),刘备领兵击败益州(治所成都,位于今四川省成都市)牧刘璋部众,占领益州。之后,孙权要求刘备归还荆州诸郡。刘备借故不肯答应。孙权大为恼火,令偏将军吕蒙领军夺取长沙(治所位于今湖南省长沙市)等三郡。当时,曹操领军进入汉中(治所位于今陕西省汉中市),威胁益州。刘备只好压住怒火,派人向孙权求和。

北省远安县西北)将关羽杀害。刘备听说孙权派军夺占荆州、击杀关羽及其部众,极为悲痛和恼恨。延康元年(220年),曹操病逝,其子曹丕继位为魏王。曹丕废黜汉献帝,改国号为魏,即位为魏文帝。

第二年(221年)四月,刘备在成都称帝,建国号为汉,史称蜀。

六月,蜀先主刘备准备率部讨伐孙权,为关羽报仇雪恨。翊军将军赵云对此提出异议,劝谏说:陛下志在匡复汉室,国贼是曹操而不是孙权。曹操虽然死了,其子曹丕灭汉篡位。陛下当顺应天下民心,做好准备以尽早收复关中(位于今陕西省中部地区)。关东(关,即函谷关,泛指今河南省灵宝市以东地区)民众正盼望陛下光复。不应把魏国放下不管,而先去攻打孙权。仗一旦打起来了,不是马上就能停下来的。蜀先主对赵云的忠告听不进去。朝廷中还有一些大臣劝谏皇上不要贸然东征,蜀先主一概不予采纳。

当月,蜀先主传令镇守阆中(治所位于今四川省阆中市)的车骑将军张飞率部随同东征。张飞一向对部下暴虐,部众敢怒而不敢言。临出发之前,张飞被其部将张达等人杀死。尽管人马未行先失大将,蜀先主仍然没有动摇东征的决心。

七月,蜀先主留丞相诸葛亮主持朝政,亲率四万大军向东进发。孙权闻讯大为惊恐,派使者向蜀先主求和,遭到拒绝。他转而派使者向魏文帝称臣,受封为吴王。蜀先主派将军吴班等率部在巫(位于今重庆市巫山县北)击败孙权部将李异部众,进驻秭归(位于今湖北省秭归县)。吴王孙权任命镇守宜都(位于今湖北省宜都市)的镇西将军陆逊为大都督(军事统帅),率领五万名兵士迎战蜀军。

蜀章武二年(222年)二月,蜀先主从秭归发兵攻打孙权军队。治中从事(主管文秘)黄权建议说:孙权部众勇于作战,我军如顺流东下,前进容易,后退难。我请求率军充当先锋,陛下应当留在后面坐镇指挥。蜀先主没有听从黄权的意见。他任命黄权为镇北将

五、运筹得失　关乎生死

军,让其主管长江以北军事,自己亲率大军沿着长江南岸由西向东进军。不久,蜀先主率军进抵猇亭(位于今湖北省宜昌市南古老背),并在夷陵(位于今湖北省宜昌市东南)至猇亭一线长江南岸设立军营,连成一片。

陆逊部将见刘备部众临近,纷纷请求出战。陆逊劝阻说:刘备举军东下,锐气正盛。再说蜀军占据高处,难以攻取。当然也应该看到,蜀军顺山路行军扎营,施展不开。我们可以等他们久居山林疲惫之后,再发起进攻。

五月,蜀先主下令自建平(位于今重庆市巫山县境内)至夷陵接连建造数十个营寨,"树栅连营七百余里"(《通鉴纪事本末》卷十·吴蜀通好)。蜀先主令前部督(先头部队将领)张南率部围攻夷道(治所位于今湖北省枝江市西)。陆逊以镇守夷道的将领孙桓能够率部守御,劝止部将无须前往救援,以避免分兵。蜀先主下令在山谷埋伏八千名兵士,派吴班率部在平地建造营寨以引诱吴军。陆逊判断蜀军在平地建营必有诡诈,再次劝阻将士不要急于进攻。此时,陆逊已看出蜀军的破绽,上书吴王说:"臣初嫌之水陆俱进,今反舍船就步,处处结营,察其布置,必无他变。伏愿至尊高枕,不以为念也。"

闰五月,两军相持已有半年之久。陆逊认为蜀军久驻山林营寨,兵士疲惫沮丧,其进军之初的锐气已不复存在,下令将士每人背上一捆茅草,放火焚烧蜀军军营。蜀军四十多个军营连同山上的草木被烧成一片火海。陆逊指挥部众乘势猛攻,蜀军来不及应战,张南和将军冯习兵败阵亡,其部众被烧死、杀死及投江淹死的数以万计,"尸骸漂流,塞江而下"。蜀先主率部退至马鞍山(位于今湖北省宜昌市西北),陆逊领兵将其包围。蜀先主由侍卫兵士掩护,连夜逃入白帝城(位于今重庆市奉节县东白帝山上)。他深为这场惨败而恼恨,慨叹道:我东征失利,反被陆逊这个小将打败,这难道是天意么! 从此,蜀先主忧愧成疾。

中国古代历史风云·战场风烟(下)

　　章武三年(223年)四月,蜀先主在永安行宫(位于今重庆市奉节县境内)病逝,时年六十三岁。

　　　　　　　　　　《三国志》卷三十二　先主刘备传
　　　　　　　　　　　　　　　卷四十七　吴主孙权传
　　　　　　　　　　　　　　　卷五十八　陆逊传
　　　　　　　　　《通鉴纪事本末》卷九　刘备据蜀
　　　　　　　　　　　　　　　卷十　吴蜀通好
　　　　　　　参阅《中国大百科全书·中国历史》夷陵之战
　　　　　　　　　《中国大百科全书·军事》夷陵之战

【简评】

　　刘备不是将才。夷陵之战,他的失误有三点:一是连营数百里,兵力分散,难以聚拢出击;二是扎营于草木丛生的山地,易被对方火攻;三是出征近一年,没有果断发起大的攻势,官兵疲劳,丧失锐气。陆逊率部坚守不出,以逸待劳,放火焚烧蜀军连营,大获全胜,由此而名震天下。

五、运筹得失 关乎生死

石勒示弱取胜

汉国①嘉平二年(312年)七月,汉镇东大将军石勒领兵占据襄国(即襄国县,治所位于今河北省邢台市)。汉帝刘聪任命石勒为都督冀(治所位于今河北省临漳县西南)、幽(治所位于今北京市区)、并(治所位于今山西省太原市)、营(治所位于今河北省迁西县东)四州诸军事(军事长官)。

闭城不战 麻痹段部

当年十二月,西晋督幽、冀诸军事王浚派督护(军事将领)王昌会同鲜卑族段部②首领辽西公段疾陆眷率领五万兵士讨伐石勒。

---

① 西晋(都洛阳,位于今河南省洛阳市)永兴元年(304年),建威将军匈奴族首领刘渊脱离西晋朝廷,在左国城(位于今山西省离石市东北),建国号汉,称汉王。永嘉二年(308年),刘渊称帝。次年,汉帝刘渊将都城迁至平阳(位于今山西省临汾市西南)。刘渊去世后,其第四子刘聪在内争中获胜,继位为帝。

② 居住区域位于今北京市以东至辽宁省辽河以西地区。

段疾陆眷率部进抵渚阳(位于今河北省邢台市东北)。

石勒闻讯,派其部将出城迎战,几次都被段疾陆眷部众击败。段疾陆眷下令兵士包围襄国城,赶造器具,准备攻城。石勒部众非常恐惧。石勒考虑守城兵士比段部围城兵士要少,城防不坚固,城内储备的粮食也不充足,且无外援,打算率领部众出城与段军决战,以杀出生路突围。右长史(事务长官)张宾等人建议说:段部在鲜卑各部中最为勇猛强悍,而在段部中,段疾陆眷的堂弟段末柸最善于用兵打仗,精锐兵士都集中在他部下。段部官兵远道而来,连日攻战,已经十分疲劳。我们宜固守不战,向他们示弱,以麻痹他们。他们见我方势单力薄,不敢再出城迎战,斗志一定会松懈。我们可在城墙上凿开二十多个暗门,乘他们松懈的时候,派勇士从暗门突然冲杀出去,主攻段末柸部。只要把段末柸部击败,段部其余人马就会不攻自溃。石勒采纳张宾等人的建议,下令秘密开设暗门。

不久,石勒登城瞭望,看见段疾陆眷部众果然松懈斗志,许多兵士竟然把武器丢在一边,躺在露天睡大觉。于是,石勒令部将孔苌率领勇士从暗门冲出,突袭段末柸部。段末柸率部应战。孔苌率众佯装败逃,从暗门退入襄国城。段末柸率部追入暗门。城内伏兵将段末柸抓获。段疾陆眷听说段末柸兵败被俘,大为惊恐,连忙率领兵士往回逃。孔苌率部乘胜追击。段部兵士伤亡惨重,尸横三十余里,丢弃战马五千匹。

汉军将领劝石勒杀死段末柸。石勒说:鲜卑段部同我们没有怨仇,他们不过是受王浚指使罢了。如果我们杀了段末柸,就同段部结下怨仇,这不可取。我看不如把段末柸释放回去,这样段部会深深感激我们,今后就不会听王浚驱使了。于是,石勒将段末柸放回,并派其养子石虎随同他去渚阳与段疾陆眷谈和,双方结为兄弟。段疾陆眷随即率军返回辽西。王昌孤军不敢留在襄国,只好将部队撤回蓟(位于今北京市区)。

五、运筹得失 关乎生死

假意归附 击杀王浚

嘉平三年(313年)十一月,石勒准备率部攻打蓟,征询张宾的意见。张宾回答说:"王浚名为晋朝大臣,实际想自立为帝。他之所以没有称帝,是担心天下英雄不肯向他臣服。大将军威震天下,如果写信以谦卑的言词假装归附他,王浚一定很高兴。取得王浚信任后再谋取他,比派兵直接攻打他要有利。"石勒采取张宾这一计谋。

十二月,石勒派其舍人(管家)王子春带着珍宝及书信去蓟向王浚献礼。石勒在信中说:"晋朝将要灭亡了,中原没有主人①,如今王将军深孚众望,应顺从天意人心称帝。石勒本是北方胡(羯族)的一个平民,遭逢乱世流落到冀州,甘愿敬奉王将军如同天地父母。"

王浚看信后对石勒是否诚心归附仍然有些怀疑,向王子春问道:"石将军是天下闻名的英雄,拥有襄国之地,怎么还向我称臣呢?"王子春回答道:"石将军确如圣上您说的是一代英雄,然而他是胡人。自古以来,胡人中虽然出过辅佐帝王的大臣名将,但没有出过帝王。石将军不是不喜欢帝王的位子而推让给圣上,只是因为天数不允许他当帝王。圣上的威望遍及东夷华夏,为四海所景仰。当今天意允许做帝王的,除了圣上您还有谁呢?正因为石将军具有远见卓识,他才最先拥戴圣上您做帝王。此事本来就在情

---

① 西晋永嘉五年(311年),汉军攻陷洛阳,晋怀帝被俘。永嘉七年(313年),晋怀帝在汉国被杀。秦王司马邺(晋武帝司马炎之孙)在长安(位于今陕西省西安市)即位为晋愍帝。

理之中,有什么奇怪的呢!"王浚听王子春这么一说,十分高兴,决定派人回访襄国,用重金酬谢石勒。在此期间,王浚指使驻范阳(治所位于今河北省涿州市)的部将游统私下派人去襄国联系投附石勒。石勒下令将游统派去的使者斩首,派人送交王浚。王浚对石勒更加坚信不疑。

嘉平四年(314年)正月,王浚所派使者在王子春等人陪同下来到襄国。石勒跪着接受王浚使者递交的书信,把王浚赠送的一把拂尘挂在墙壁上,早晚向其行拜礼,声称见到王公这件赠物如同见到王公一样。他下令把强壮的士兵和精良的武器掩藏起来,让王浚使者见到的尽是老弱兵士和空闲库房。王浚的使者回到幽州后,大谈所见石勒兵弱库空的情况,王浚对石勒不再戒备。

石勒向王子春询问王浚(字彭祖)的情况,王子春回答说:幽州去年发了大水,民众吃不上饭。王浚积粮百万担,不但不肯救济,反而加重民众税赋。王浚妄自尊大,把自己比作汉高祖。忠正贤良的人士都纷纷叛离他。石勒抚着案讥笑着说:王彭祖真该要让我捉拿了!接着,石勒再次派使者向王浚上书,称他将于三月中旬亲自去幽州向殿下奉献皇帝尊号。

三月,石勒率领兵士北上抵达易水(位于今河北省雄县境内)南岸。王浚部将孙纬等人认为石勒率领军队来称臣必有阴谋,请求出兵阻击。王浚不以为然,对众将斥责道:石将军来,是要奉戴我就位,谁再敢说迎击,我就斩他的头!他下令准备宴席迎候石勒。

壬申日早晨,石勒部众喊开蓟城城门。石勒怀疑城内有伏兵,以献礼的名义先将数千头牛羊驱赶入城,以塞满街巷,阻碍王浚兵士通行。王浚这才感到情况不妙,忽起而坐。这时,部将向王浚报告石勒放纵兵士抢劫,要求领兵反击,王浚仍然不允许。不一会,石勒带人进入王浚的公堂。王浚从堂屋走出来迎接。石勒随从兵士当即冲上去将王浚抓捕。

五、运筹得失　关乎生死

　　王浚大骂石勒是逆贼。石勒说：你身为晋朝大臣，手握强兵，坐观朝廷倾覆而不救，想自称天子，才真正是逆贼！之后，石勒率领部众击杀王浚一万名精兵，占据幽州。他下令把王浚押回襄国斩首示众。

　　　　《资治通鉴》卷八十八·晋纪十　永嘉六年
　　　　　《通鉴纪事本末》卷十三　石勒寇河朔
　《晋书》卷一百四　石勒载记上　卷三十九　王浚传

【简评】

　　清代学者王夫之认为：石勒"为卑谄之辞以媚王浚，浚遂信之而不疑。""天下之足以丧德亡身者，耽酒嗜色不与焉，而好谀为最"。(《读通鉴论》卷十二·愍帝)

　　笔者认为，石勒听取张宾的意见，藏兵示弱，避免与段部硬拼造成不必要的伤亡，设计突袭段部主力，使其全部溃败，显示出高超的军事才能。他采用张宾之计，假意归附王浚，迎合其意欲称帝的心理，施放烟幕将其蒙蔽，放牛羊入城以堵塞王浚出兵，将其部众消灭，比出兵强攻棋高一着。段末柸被俘、王浚被杀，败在其轻率寡谋，盲目自信而不知彼。

慕容廆间四方之敌

鲜卑族慕容部原先游牧于右北平(位于今河北省丰润县)、上谷(位于今北京市延庆县)一带,后来移居辽西棘城(位于今辽宁省义县西北)、辽东(位于今辽宁省辽阳市以北),再迁至徒河(位于今辽宁省锦州市)。其首领慕容廆自称大单于(国王),居住大棘城(即棘城)。

东晋①太兴二年(319年)十二月,拥兵割据的原西晋平州(治所位于今辽宁省辽阳市)刺史(军政长官)崔毖串通高句丽②、鲜卑族段部③、鲜卑族宇文部④,共同出兵攻打慕容部,以瓜分其土地。

高句丽、段部、宇文部三国联兵进逼棘城。慕容部将领请求出兵迎击,慕容廆劝止说:高句丽、段部、宇文部三国受到崔毖利诱,其兵众刚刚会合,士气正旺,不可与之硬拼。我们应当固守大棘城

---

① 西晋建兴四年(316年),汉国(都平城,位于今山西省临汾市西南)军队攻入长安(位于今陕西省西安市),晋愍帝司马邺向汉军投降,西晋灭亡。第二年,镇守建康(位于今江苏省南京市)的琅琊王司马睿称晋王,次年称帝,统治淮河以南地区,史称"东晋"。
② 国名,位于今朝鲜半岛北部。
③ 首府为令支,位于今河北省迁安市西。
④ 首府为紫蒙川,位于今辽宁省朝阳市西北。

五、运筹得失 关乎生死

以挫伤他们的锐气。他们为争夺利益而临时凑合在一起,思想并不统一,我们可以设法离间他们,让他们互相猜疑,分散他们的力量,将他们打败。之后,慕容廆派人带着牛肉和酒去犒劳宇文部将领,声称崔毖昨天已派人来同慕容部讲和。高句丽和段部首领听说此事后,以为慕容部与宇文部之间订有密约,对崔毖派人同慕容部讲和信以为真,随即率领部众返归本国。宇文部大人(首领)悉独官对高句丽和段部擅自撤兵十分不满,扬言他能够独自攻取慕容部,用不着别人帮助。

悉独官部众共有数十万人,兵营连接有四十里。慕容廆的庶长子慕容翰英勇善战,足智多谋,当时驻守徒河。慕容廆派人召他领兵救援棘城。慕容翰回信提出不同意见,认为棘城驻军足以守城,他适宜率兵在棘城以外袭击宇文部官兵,这样内外合击,可以取胜。慕容廆接受他这一建议。

悉独官觉得攻下棘城并不困难,担心慕容翰率兵袭击,决定分兵先攻取徒河。慕容翰闻讯后在徒河城外埋伏兵士,派人冒充段部使者,在路上迎接悉独官骑兵,称慕容翰是他们的死敌,他们已部署好军队配合宇文部行动,请宇文部官兵快速进军。宇文部将领十分惊喜,贸然猛进,进入慕容翰设下的伏击圈,其进攻徒河的官兵全部被击杀或俘虏。

慕容翰下令部众乘胜追击,并派人报告其父,请他领兵出城与悉独官决战。悉独官大为惊恐,领兵仓皇应战。慕容翰率部直攻其营,放火焚烧。悉独官部众惊慌失措,当即败溃,悉独官只带着少数护卫逃回。

崔毖听说悉独官战败,害怕慕容廆领兵攻打平州城,派其侄崔焘去棘城假意向慕容廆表示祝贺。崔焘抵达棘城后,恰逢高句丽、段部和宇文部三国使臣会聚向慕容廆求和。他们说:攻打你们慕容部不是我们的本意,是崔毖教唆我们干的。慕容廆要他们同崔焘对质,崔焘只好承认。慕容廆要崔焘给崔毖带信,称其投降是上策,逃跑是下策。崔毖接信后惊恐万状,抛下家人,带领数十名骑兵逃入高句丽。其部众投降慕容廆,慕容部的势力得以发展壮大。

《晋书》卷一百八 慕容廆载记
《资治通鉴》卷九十一 晋纪十三
参阅《中国历史大辞典》慕容

【简评】

  面临高句丽、段部和宇文部联合进攻,慕容部官兵如果与之硬拼,显然不利。慕容廆施用离间计,使其三方互相猜忌,高句丽和段部军队撤离。接着,慕容翰派人伪装段部兵士,引诱宇文部官兵进入伏击圈,将其歼灭。"兵以诈立。"(《孙子·军争》)慕容廆正是以诈分化诸敌,战胜宇文部而壮大了自己的势力,为其子孙日后建立燕国(即前燕)奠定了基础。

五、运筹得失　关乎生死

慕容垂巧击晋军

前燕①建熙十年(369年)四月,东晋都督中外诸军事(最高军事将领)桓温率领五万步骑兵从其镇所姑孰(位于今安徽省当涂县)出发,经兖州(治所位于今山东省郓城县西北)进攻前燕。

六月,晋军攻克湖陆(治所位于今山东省鱼台县东南),俘虏前燕宁东将军慕容忠。前燕下邳王慕容厉受任征讨大都督(军事统帅),率二万步骑兵迎战晋军,在黄墟(位于今河南省兰考县东南)被晋军击溃,慕容厉单人匹马逃回。高平(治所位于今山东省巨野县)太守(行政长官)徐翻投降晋军。前燕将领傅颜部众在林渚(其地不详)被晋军击败。接着,乐安王慕容臧奉命统率各路兵马迎战,又被晋军击败。七月,桓温率部进抵枋头(位于今河南省浚县西南)。晋军来势凶猛,锐不可当,燕军全线败溃。

当时,前燕幽帝慕容暐年轻,太后可足浑氏(前燕幽帝之母)和太傅(宰相)慕容评执掌朝政。他们面对晋军的强大攻势惊恐万状,准备和前燕幽帝退逃和龙(即龙城)。危难时刻,司隶(即司隶

---

① 十六国之一。东晋咸康三年(337年),鲜卑族慕容部单于(首领)慕容皝称燕王,建都龙城(位于今辽宁省朝阳市),史称"前燕"。慕容儁(慕容皝之子)称帝后迁都蓟(位于今北京市区)。前燕光寿元年(357年),慕容儁再迁都邺(位于今河北省临漳县西南)。

校尉,主管纠察京都百官兼领军缉捕)吴王慕容垂挺身而出,劝阻北逃,请求领兵抗击晋军。他对前燕幽帝说:请让我领兵迎战晋军,如果不能取胜,再北撤也不迟。于是,慕容垂受任南讨大都督,统领征南将军慕容德、尚书郎(朝廷部门内设机构长官)悉罗腾及五万兵士抵御桓温大军。与此同时,前燕幽帝派人出使前秦[①],许诺把前燕虎牢(位于今河南省荥阳市汜水镇)以西的土地割让给前秦,从前秦借来二万名援兵,屯驻颍川(位于今河南省许昌市)。

八月,慕容垂率部与晋军作战旗开得胜,悉罗腾领军活捉投降晋军充当向导的前燕人段思,斩杀桓温部将李述,挫伤了晋军的锐气。慕容垂看出桓温从水路长途运送军用物资的破绽,令慕容德和兰台治书侍御史(最高监察机关副长官)刘当分别率领一万骑兵和五千骑兵屯驻石门(位于今河南省荥阳市东北),击败前来攻夺石门的晋军,打破桓温向北开通水上运送军粮的计划。同时,慕容垂令豫州(治所位于今河南省许昌市东)刺史(军政长官)李邽(《晋书》卷一百十一记为李邦)率五千兵士切断晋军运粮道路。

九月,晋军连遭失败,伤亡惨重,加之军粮供应不上,陷入困境。桓温不得不下令部众焚烧舟船,丢弃辎重,从陆路撤退。晋军从东燕(治所位于今河南省延津县东北)往回撤,经仓垣(位于今河南省开封市东北二十里)行程七百余里。前燕将领争着要率部追击。慕容垂对其部将说:操之过急不可行。桓温刚刚率部撤退,心存惶恐,必然严加戒备,挑选精兵强将作为后卫。如果我们急于攻打,未必能如愿取胜,不如放缓跟踪的速度,同他们保持一段距离。等到他们长途跋涉筋疲力尽,庆幸没有被我军追上而思想松懈的时候,我们快速猛攻,必定能获胜。于是,他率领八千兵士缓步尾随晋军,令慕容德率领四千骑兵埋伏在襄邑(位于今河南省睢县)东部的山涧地带。

---

① 十六国之一,都长安,位于今陕西省西安市。

五、运筹得失 关乎生死

晋军撤至襄邑时已经疲惫不堪,突然被前燕军挡住去路。这时,慕容垂率领骑兵猛冲过来。前燕军队前后夹击,一举攻杀晋军官兵三万多名。前秦将领苟池率部在谯(治所位于今安徽省亳州市)击杀万名晋兵。十月,桓温收拢残部返至山阳(治所位于今江苏省淮安市),深为北伐失败而沮丧。慕容垂由此而声名远扬。

《晋书》卷九十八 桓温传

卷一百十一 慕容暐载记

《通鉴纪事本末》卷十五 桓温伐燕

【简评】

东晋大军压境,慕容评等人意欲退逃龙城,如此,前燕很有可能被晋军攻灭。危难时刻,慕容垂毅然站出来劝阻北讨,主动请求领兵抗御。他抓住晋军水路运粮的弱点,切断其运粮渠道,将晋军击退,使国家转危为安。接着,慕容垂精心筹划,放纵晋军撤退,在其必经之地埋下伏兵,然后率部前后夹攻,将晋军击溃。由此,慕容垂名震东晋和前秦。

尚婢婢以屈求伸

唐会昌二年(842年)十二月,吐蕃①赞普(国王)达磨去世。达磨没有儿子继位,佞相(其名不详)与达磨之妃綝氏合谋,将綝妃之兄的儿子年仅三岁的乞离胡立为赞普,由佞相和綝妃控制朝政。首相(第一丞相)结都那反对立乞离胡为赞普,被佞相领兵攻杀。吐蕃陷入内乱。

洛门川(治所位于今甘肃省陇西县东南)讨击使(军事长官)论恐热以讨伐佞相的名义率领万名骑兵向都城逻些进发,在薄寒山(其地不详)、松州(治所位于今四川省松潘县)和渭州(治所位于甘肃省陇西县)等地击败相国(丞相)尚思罗部众,兼并其八万名军士。论恐热本意是借讨伐佞相和綝妃为名夺取朝政大权,他担心鄯州(治所位于今青海省乐都县)节度使(军政长官)尚婢婢可能率兵从其背后袭击,决定暂停进攻逻些,转而领兵攻打鄯州,以解除后顾之忧。

会昌三年(843年)六月,论恐热率十万名兵士进逼鄯州。尚婢婢知道仅靠鄯州守军迎击论恐热大军难以取胜,便与部将策划,假称服从论恐热,使之骄傲麻痹,松懈防备,然后设计将其击败。

---

① 国名,都城逻些,位于今西藏拉萨市。"安史之乱"期间(755年—763年),吐蕃攻占唐河西、陇右地区(位于今甘肃省中部、西北部及青海省东部)。

五、运筹得失　关乎生死

尚婢婢下令部众不要出击,主动派人给论恐热的将领送去牛肉、酒、金银和布帛,犒劳其官兵,同时给论恐热送去一封亲笔信,称赞他举义兵匡服国难,受到全国民众拥戴;自称唯一的爱好是读书,无意继续在鄯州当刺史,只想退官闲居。论恐热看了尚婢婢的书信后十分高兴,对诸将说:尚婢婢唯一爱好是看书,哪里知道用兵!等我当上赞普后,就是任命他当丞相,他成天坐在家里,也不会有什么作为。论恐热给尚婢婢回信加以安抚,然后率部撤离鄯州。

尚婢婢听说论恐热领兵离去,笑着对其部下说:我国目前没有国主,我们应当归附大唐,怎么能顺从论恐热这个叛贼!

九月,论恐热率其部众退至大夏川(位于今甘肃省广河县境内)。尚婢婢见论恐热不再对他戒备,派部将庞结心和莽罗薛吕率五万名精兵前往袭击论恐热部众。莽罗薛吕在河州(治所位于今甘肃省临夏市)南面埋下四万名伏兵,庞结心在附近树林中埋伏一万名骑兵。之后,庞结心派出千名骑兵佯攻,把辱骂信射入论恐热的军营。

论恐热看信后勃然大怒,随即率领数万名骑兵向庞结心的诱兵冲杀过来。庞结心的诱兵假装逃走。论恐热领兵追击数十里,进入尚婢婢布下的伏击圈。莽罗薛吕和庞结心率领两路伏兵一齐冲杀出来。论恐热部众两面受敌,退路被切断,全军覆没,"伏尸五十里,溺死者不可胜数"。论恐热单枪匹马逃遁而去。后来,尚婢婢部将拓跋怀光领兵攻入廓州(治所位于今青海省化隆回族自治县),将论恐热活捉并斩首。

《新唐书》卷二百一十六下　吐蕃下
《通鉴纪事本末》卷三十六　吐蕃衰乱

中国古代历史风云·战场风烟(下)

【简评】

　　论恐热乘吐蕃内乱之机,扩大自己的势力,企图攻占逻些,夺取最高权力。他唯一的顾忌是害怕尚婢婢率部从其背后袭击,转而先攻鄯州。尚婢婢假称拥护论恐热的"义举",避免与其正面交锋,然后乘其不备,派兵将其部众击溃,以智取胜。

五、运筹得失 关乎生死

周德威劝阻硬拼

后梁①开平四年(910年)八月,成德(治所镇州,位于今河北省正定县)节度使王镕的母亲去世。后梁太祖派人去镇州吊唁,发现晋王李存勖②也派使者去吊唁。后梁太祖听说后,怀疑王镕私下与李存勖联系而对后梁怀有二心。十一月,后梁太祖任命宁国(治所位于今安徽省宣城市)节度使王景仁为北面行营都指挥招讨使(北部地区军事统帅),领兵屯驻魏州(治所位于今河北省大名县东北),以加强对王镕监控。

王镕察觉后梁太祖对他产生怀疑并派军监控,大为恐惧,派人去向晋王李存勖求援,请求同晋王结盟,并推举晋王为盟主。晋王正想联合王镕共同攻打后梁,当即同意与王镕结盟,并派振武军(治所位于今山西省朔州市)节度使周德威领兵经井陉(即井陉关,位于今河北省井陉县北井陉山上,为太行山通往华北平原重要关

---

① 唐天祐四年(907年)三月,宣武(治所汴州,位于今河南省开封市)节度使(军政长官)朱全忠逼迫唐哀帝让位,改国号为"梁",史称"后梁",即位为帝,为后梁太祖,都汴州。

② 后梁开平二年(908年)正月,河东(治所位于今山西省太原市)节度使晋王李克用去世,其子李存勖继位为晋王。李克用父子不服朱全忠所建后梁,仍用唐朝天祐年号。

口),进驻赵州(治所位于今河北省赵县),以示对王镕援助。后梁太祖获悉周德威率部进驻赵州大为震惊,随即令王景仁率四万名兵士进抵柏乡(治所位于今河北省柏乡县)。王镕更为恐惧,再次向晋王告急。

十二月二十五日,晋王率军抵达赵州,同周德威部会合。接着,晋王令其军队进抵距柏乡城五里路的地方驻扎,并派骑兵到后梁军营前射箭骂阵。后梁将军韩勍率三万名步骑兵分三路迎击晋军。周德威鼓舞士气,率领一千多名骑兵朝后梁军阵地左右冲击,且战且退。韩勍没有摸清晋军底细,率部退回军营。

同后梁军初战之后,对于下一步作战方略,周德威与晋王发生严重分歧。周德威认为,后梁军气焰正盛,不可与之硬拼,我军应按兵不动,等待他们气焰衰下去再进攻。晋王则认为,我军远道而来,正是为了救王镕之急,对周德威主张按兵不动很不理解。

周德威对晋王说:我军主力是骑兵,适宜野战,不适宜攻城。临近敌军营门,骑兵便无法施展。再说敌众我寡,轻易出击,如让梁军知道我军虚实,那就危险了。晋王听周德威这么说很不高兴,退回其住处,躺在床上闷闷不乐,将领们见此情状吓得不敢再进谏。

周德威转身去见监军(军事监督官)张承业,对他说:大王急于取胜而忽视敌我力量悬殊,现在我们与梁军仅仅是野河(今槐河)一水之隔,如果他们造桥过河,几万大军一齐压过来,我们的力量是难以抗御的,后果将不堪设想。我主张将部队撤退到高邑(治所位于今河北省高邑县),引诱敌人离开他们的营地。梁军出来,我们就退回营房;他们回去,我们就从营房出来,以此消耗他们的精力。同时派一支骑兵夺取梁军运送过来的粮草。这样,不出一个月就会将梁军打败。

张承业赞成周德威的意见,马上进入晋王住处,对晋王说:大王现在难道能安稳睡觉吗?周老将军善于用兵,他的意见不可忽

五、运筹得失　关乎生死

视啊！晋王一骨碌坐起来说：我正在考虑他的意见。这时，晋军将领进门向晋王报告，称从梁军俘虏那里获悉，梁军正在赶建浮桥。晋王闻讯大惊，立即召见周德威，对他说：果然不出将军预料，梁军正建造浮桥，准备过河。我们今天就将部队撤往高邑。

乾化元年（911年）正月初二，王景仁率领部众从浮桥过河，晋军会同王镕部众拦桥迎击。双方从巳时（上午九点）激战到午时（中午十二点），未分胜负。晋王急了，对周德威说：我军胜败在此一举。我替你先冲上去，你可随后跟上。周德威扣住晋王的缰绳劝慰说：关键时刻，我们要冷静，以逸待劳，制服敌人，切不可凭力战取胜。敌兵虽然带了干粮，却没有空闲吃，一天的仗打下来，他们饥渴困顿，势必要退回营地。在他们往回撤退时，我们用骑兵追击，必然大胜。现在往外冲可不行啊！晋王听周德威这么说，才打消与梁军硬拼的念头。

当天黄昏，后梁将士尚未顾上吃饭，官兵疲惫不堪，丧失斗志。王景仁领兵开始后撤。周德威乘势大声疾呼：梁军逃跑了！追啊！晋军骑兵高喊着一齐冲杀过去。后梁将士乱了阵脚，全线溃败，死伤二万多人，自野河至柏乡尸首盖地，王景仁、韩勍等仅带着几十名骑兵仓皇逃走。之后，晋王领兵屯驻赵州。

《旧五代史》卷五十六　周德威传
《新五代史》卷二十五　周德威传
《通鉴纪事本末》卷四十　后唐灭梁

【简评】

晋军与梁军对峙，寡众悬殊。晋王以匹夫之勇意欲与梁军硬拼，周德威以晋军主力为骑兵，长于野战而短于攻城，主张部队后撤，诱敌深入，敌进我退，敌退我进，以消耗梁军精力。当他与晋王意见相持不下时，请张承业出面说服晋王。晋梁二军苦战半天未

中国古代历史风云·战场风烟(下)

分胜负,他果断扣住晋王马缰,避免其盲动冒险。周德威以其智慧和毅力,乘梁军疲劳撤退之时,率领骑兵击溃梁军,为晋王开辟了由河东进据赵州的新局面。

五、运筹得失　关乎生死

韩世忠诈传军情

南宋绍兴四年（1134年）九月，金国皇帝完颜晟应齐帝刘豫①奏请，派出五万大军与刘豫齐军分路南下，攻打南宋。南宋朝廷为之震动。

韩世忠时任建康（治所位于今江苏省南京市）、镇江（治所位于今江苏省镇江市）、淮东（即淮南东路，治所位于今江苏省扬州市）宣抚使（军政长官），领兵驻守镇江。十月，宋高宗写信给韩世忠，要他加强防守，务必击败南犯之敌，称"建康诸渡，旧为敌冲，万一透漏，存亡所系"。韩世忠看过宋高宗手书后，流着眼泪说：皇上如此忧心，臣子还能贪生吗！他随即率部北上，进屯扬州，令其部将解元领兵镇守高邮（治所位于今江苏省高邮市），防御敌军步兵；他亲率骑兵驻守大仪（治所位于今江苏省仪征市北），阻挡敌军骑兵。韩世忠下令官兵用木材树起栏栅，断绝自己的退路，誓同敌军决一死战。

丁亥日，奉朝廷之命去金军军营求和的魏良臣、王绘（其职不详）等人路过大仪。韩世忠传令撤除军灶，对魏良臣等人谎称奉诏

---

① 原为南宋济南（治所位于今山东省济南市）知府（行政长官）。南宋建炎二年（1128年），刘豫投降金军。建炎四年（1130年），刘豫被金太宗立为齐帝，都汴京，位于今河南省开封市。

令转移驻防,撤回守卫长江要隘。韩世忠估计魏良臣等人北行出境后,又命令部队迅速返回大仪,在五处布好战阵,并在二十多处设下伏兵,与部众约定听到鼓声后一齐出击。

第二天,魏良臣等人抵达天长(治所位于今安徽省天长市)金军兵营后,金军将领聂儿向他们询问:宋朝皇帝现在在哪里?魏良臣答道:在杭州。聂儿又问:韩世忠现在在哪里?军中有多少人?王绘回答:原来驻守扬州,我们路过扬州时,他已奉皇上诏令,率领部队撤回镇江了。为了求和,魏良臣等人竟将其所见宋军从大仪南撤情况告诉聂儿。聂儿开始不相信,经反复盘问确认他们所说属实,极为高兴。他随即领兵进抵长江以北,距大仪只有五里路,其部将挞孛也率领铁骑兵进入韩世忠所布下的五阵以东地点。

未等金军驻定,韩世忠下令敲响战鼓,宋军伏兵顿时从四面杀出。金军没有想到宋军会在此处埋下伏兵,惊慌失措,一片混乱。韩世忠指挥官兵挥舞长斧,向上砍击金骑兵胸口,向下砍击金骑兵马足。金骑兵匆忙退却,陷入附近的一片沼泽地中。韩世忠号令骑兵乘势左右冲杀。金军人马伤亡惨重,挞孛也等二百余名金军官兵被宋军俘虏。与此同时,韩世忠派兵支援解元部,在高邮大败金军。接着,韩世忠率领骑兵奋勇追击,金军逃至淮水(今淮河)边,来不及渡河,人马相互践踏,落水溺死者不计其数。

《宋史》卷三百六十四 韩世忠传
《宋史纪事本末》卷六十七 金人立刘豫
《续资治通鉴》卷一百十四 宋纪一百十四

【简评】

金军和刘豫军大举南下,使南宋君臣为之震惊。韩世忠料定朝廷所派使臣求和心切,会向金军吐露真情,便诈称奉诏令率领部

五、运筹得失 关乎生死

众南撤,让其假传军情,诱金军上当,将其击溃。宋军大仪之捷,是南宋立朝后抗击金军取得的首次大捷,"论者以此举为中兴武功第一"。(《宋史》卷三百六十四·韩世忠传)

朱燮元义感叛将

明天启元年(1621年)九月,四川永宁(治所位于今重庆市开县)宣抚使(军政长官)奢崇明发动叛乱,杀死四川(即四川布政使司,治所成都)巡抚(行政长官)徐可求、总兵官(军事长官)黄守魁等人,占据重庆(位于今重庆市区)。

十月,奢崇明率众围攻成都。四川左布政使(行政副长官)朱燮元率领城内二千二百名兵士守卫成都。奢崇明令叛兵身披皮革竹牌攻城,守城兵士用箭矢射击未能阻止其前进。朱燮元下令点燃七星铳轰击,击毙叛兵数百名,将叛军击退。夜间,数千叛兵用铁钩挂着扶梯攀城。朱燮元令守城官兵放射礌石,将其击败。天亮后,叛军在城外垒起高台,朝城内射击,并用竹木架起屏障以阻挡城上砲石袭击。朱燮元指挥勇士夜间悄悄出城,燃着浇上油的茅草将叛军屏障烧毁。此后,朝廷派来援军,壮大了守城力量,叛军也增加了围城兵力。叛军连续围攻八十多天,没有将成都攻下。城内守军虽然矢尽粮绝,士气仍然十分高昂。

天启二年(1622年)正月,叛军施用高一丈多、长五十丈形如大船的吕公车攻城。朱燮元令官兵发射重炮石将其击退,城中军民为之振奋。

这时,守城将领刘养鲲报告说,被叛军掳去的书生范祖文等人派孔之谭回来传话,称叛军将领罗乾象愿意脱离奢崇明,充作守城

五、运筹得失 关乎生死

官军的内应。朱燮元随即秘密约见并宴请罗乾象,与之推心置腹地交谈。罗乾象披甲佩刀,朱燮元对他毫不戒备。当夜,两人同床而卧,一直酣睡到天亮。罗乾象深受感动,发誓以死报答朱布政使对他的信赖。他返回叛军军营后,不断把叛军情况传递过来。

奢崇明见成都难以攻下,决定改变策略,派其部将周斯盛送信给朱燮元,诡称愿意向官军投降;与此同时,在城外埋伏兵士,准备袭击出城受降的朱燮元部众。朱燮元获悉奢崇明系伪降,决定将计就计,邀请奢崇明入城会谈,借机将他抓捕。

奢崇明按照约定带着几名随从来到城下。他本指望等城门打开,要埋伏的骑兵猛冲入城。守城兵士却没有打开城门,只答应放下绳索将奢崇明等人吊上城楼。当奢崇明的一个随从刚吊上城楼时,有个守城兵士不知内情,突然大声喧哗。奢崇明发觉情况不妙,连忙策马奔回。

此时,罗乾象已乘奢崇明离开军营之机发动兵变,控制叛军营垒。奢崇明闻讯绕开其兵营仓皇逃回重庆。成都被奢崇明叛军围困一百零二天后,终于解围。

《明史》卷二百四十九 朱燮元传
《明史纪事本末》卷六十九 平奢安

【简评】

奢崇明率叛军围攻成都,人多势众,守城兵士只有二千余人,情况十分危急。叛军使用多种方法攻城,来势凶猛。朱燮元针锋相对,每每设法挫败其进攻。他善于利用叛军内部矛盾,以道义感化叛将,分化其阵营;利用奢崇明出营诈降之机,策划投诚叛军将领发动兵变,迫使叛首逃回重庆,从而解除其对成都的包围。朱燮元以其高超的智慧化险为夷,赢得了成都保卫战的胜利。

傅尔丹执意进军

清雍正二年(1724年)二月,和硕特部①首领罗布藏丹津发动的叛乱被平息,罗布藏丹津从西宁(位于今青海省西宁市)经柴达木(今柴达木盆地)换穿女人服装逃入准噶尔部②。之后,清朝廷多次与准噶尔部交涉,要求他们交出罗布藏丹津。准噶尔部首领策妄阿喇布坦及后来继承其位的噶尔丹策零(策妄阿喇布坦之子)一再拖延搪塞,拒不交出罗布藏丹津。

雍正七年(1729年)三月,清朝廷决定征讨准噶尔部,令振武将军傅尔丹为靖边大将军,率北路军进屯阿尔泰(位于今新疆阿勒泰市);川陕总督(军政长官)岳钟琪为宁远大将军,率西路军从肃州(治所位于今甘肃酒泉市)向西进军。

雍正八年(1730年),准噶尔部派特磊出使清朝廷,承诺将罗布藏丹津押送归案,雍正帝下令暂缓进军。之后,准噶尔部出兵袭击清西路军,又派台吉(高级将领,地位次于辅政大臣)大策凌敦多卜率领三万兵士进攻清北路军。清军奉命还击。

雍正九年(1731年)五月,傅尔丹率北路军二万五千兵士抵达科布多(位于今蒙古国科布多)。不久,清军巡逻兵抓获准噶尔部

---

① 蒙古部族,游牧区位于今青海省境内。
② 蒙古部族,游牧区位于今新疆西北部至哈萨克斯坦国伊犁河流域。

五、运筹得失 关乎生死

几名士兵。这几名俘虏在受审时供称:噶尔丹策零听说清军抵达科布多,担心哈萨克国①军队乘机从西面进攻,不敢派兵迎战;又称噶尔丹策零与其妹夫罗卜藏策零不和,双方正在交战,大策凌敦多卜忙于调解二人关系,也顾不上抵御清朝大军。傅尔丹对准噶尔俘虏所说的话信以为真,决意乘准噶尔内战之机发起进攻。

傅尔丹召集部将研究进军计划。前锋统领(先头部队将领)定寿认为:如果噶尔丹策零听说我大军前来讨伐而按兵不动,其中必有阴谋,我们不能仅仅凭借俘虏提供的情况轻率冒进。傅尔丹听不进定寿的意见,斥责他懦弱。侍郎(朝廷六部之副长官)永国、副都统(八旗组织中某一旗军政副长官)觉罗海兰等人亦认为不可轻信准噶尔俘虏的话贸然进军,傅尔丹对他们的意见同样不听。傅尔丹没有想到,被他们抓来的准噶尔俘虏,原来是大策凌敦多卜派来的间谍!

六月九日,傅尔丹下令向西进军。路上,定寿再次向傅尔丹郑重提出:大将军不听众人意见,如果陷入敌人包围,由谁承担责任?傅尔丹默然不作回答。定寿接着说:"有言在先,事情到了那一步,你恐怕也不能推辞死罪吧!"

大策凌敦多卜见傅尔丹中计,派出小部兵力引诱清军,且战且退。十九日,傅尔丹率部进至博克托山谷(位于今蒙古国境内)。二十日,准噶尔部二万多名伏兵突然从两面高处冲杀过来,胡笳齐鸣。傅尔丹大惊失色,率部奋力拼杀一天后,败退至和通泊(位于今蒙古国科布多省吉尔格朗图西)。

二十二日,定寿率领的前锋第一队三千名骑兵被准噶尔骑兵重重包围。定寿率部拼死抗击,一直坚持到夜晚,部众伤亡殆尽,定寿拔刀自杀。之后,永国、觉罗海兰、副将查弼纳、巴赛等十多名高级将领相继阵亡。七月初一日,傅尔丹仅收拢二千多名残兵逃

---

① 位于今哈萨克斯坦和乌兹别克斯坦国境内。

回科布多。

《清史稿》卷二百九十七 傅尔丹传

卷二百九十八 定寿传

《清通鉴》卷八一 清世宗雍正二年

卷八六至卷八八 清世宗雍正七年至雍正九年

【简评】

　　傅尔丹身为清北路军主帅，竟听信准噶尔俘虏之言，拒绝部将意见，轻率进军，招致惨败。之后，他上书雍正帝请罪，称"臣轻举妄动，以致败绩"。血的教训使傅尔丹省悟，可是为时已晚。

六、骄疏疑忌　祸患丛生

在历代战争中,由于主观方面的原因,诸如背信弃义、骄躁暴戾、争强好胜、相互猜忌、轻信疏忽、一意孤行而导致惨败的将领乃至国君为数不少。他们因自身失误所付出的代价是巨大的,留给后人的教训是深刻的。

六、骄疏疑忌　祸患丛生

秦穆公拒听蹇叔劝谏

　　秦穆公三十二年(前628年)冬天,秦国留守郑国的武官(其职不详)杞子①派人给秦穆公送回一份情报,说郑国人让他掌管都城北门的钥匙,国君如果秘密把军队开过来,可以夺取郑国。秦穆公获得这一情报后十分高兴,认为良机不可错过,意欲派军队去占领郑国。他上门去征求上大夫(朝廷中等级别中地位最高的大夫)蹇叔的意见,想取得他的认同。蹇叔对秦穆公说:兴师动众去袭击远方的国家,这种事我从来还没有听说过。千里行军去攻打郑国,我军所经过的地方,人们都会知道,难以对郑国保密。郑国人知道后,必然会有防备。我军长途跋涉,将士会十分疲劳。将士如果劳而无功,亦会产生怨言。秦穆公对蹇叔的不同意见听不进去。
　　此后不久,秦穆公派遣将军孟明视、西乞术、白乙丙率领军队从京城东门出发,远征郑国。蹇叔流着眼泪为军队送行,对孟明视说:"孟将军啊,今天,我看着军队出去,恐怕再也看不到军队回来了!"

---

　　① 秦穆公三十年(前630年),晋国(春秋诸侯国,国君姓姬,都绛,位于今山西省翼城县东南)和秦国联合出兵围攻郑国。郑国向秦国求和并与之结盟。之后秦穆公将主力部队撤回国,留杞子等人戍守郑国(《左传》僖公三十年)。

秦穆公听说蹇叔出言不逊,派人指责他说:"你知道什么?想必要死了,不然,怎么能说见不到军队回来?你要不是高寿,坟地边的树也该有一抱粗了!"

蹇叔的儿子(其名不详)跟随部队出征。蹇叔哭着对其儿子说:"晋国军队肯定会在崤山(位于今河南省三门峡市东)的两个山岭之间袭击我军。你将要死在那里。到时候,我只能去收寻你的遗骨了!"

秦穆公三十三年(前627年)春天,孟明视等率军经过东周京都洛邑(位于今河南省洛阳市)城外,进抵滑国。这时,郑国商人弦高去洛邑经商,正好路过滑国。弦高听说秦军要去攻打郑国,大吃一惊,当即设法应对。他一面派人火速回国报信,一面假充郑国的使臣,献出十二头牛犒劳秦军。郑穆公收到弦高的情报后,紧急动员军民加强防御,并派人驱逐杞子等人,杞子逃往齐国。孟明视把弦高误认为是郑国派来的使臣,料想郑国已有防备,认为继续进军攻打郑国没有取胜的把握。他同将领们商量,顺便灭亡滑国,尔后率军回国。

当时,晋文公去世不久,其子欢继位为晋襄公。中军元帅(中、上、下三军统帅)先轸向晋襄公建议说:我国遭遇大丧,秦国不但不来吊唁,反而出兵攻打与我们同姓的国家,他们的举动无礼。敌人既然来了,不能放纵让他们走脱,这是关系子孙后代祸福的大事,机遇不可错过!晋襄公接受先轸的意见,令军队在崤山埋伏。四月十三日,孟明视等率军撤至崤山峡谷地带,受到晋国军队伏击,全军覆灭。孟明视、西乞术、白乙丙三将领被晋军俘虏。

秦穆公听说孟明视部众在崤山受到晋军伏击,损失惨重,极为懊恨,随即派使臣去晋国,要其女儿文嬴设法营救孟明视等三位将领。文嬴是晋文公的夫人。她接到父君的指令后对晋襄公说:孟明视、西乞术、白乙丙三人,是离间晋、秦二国的罪魁祸首。我的父君恨不得要吃他们的肉。国君不如把他们放回秦国,交给我的父

六、骄疏疑忌　祸患丛生

君将他们处死。何必劳驾你去处治他们呢？晋襄公不好不给文嬴的面子，随即下令将孟明视等人放回。先轸听说孟明视等人被释放，怒气冲冲地说：将士在战场上拼死把孟明视等人抓获，夫人几句话就将他们放跑了，这是毁弃我们的战果而助长敌人的气焰，晋国灭亡的日子不会很远了！晋襄公后悔放走孟明视等人，连忙派兵追捕。晋军追到黄河边上，孟明视等人已经乘船渡河了。

秦穆公听说孟明视、西乞术、白乙丙获释回国，穿着素服亲自去都城郊外迎接他们。他想起当初大军出发时威武雄壮，如今只有孟明视等三人返回，心里很不好受，哭着对孟明视等人说：我没有听蹇叔的话，致使我军惨败，让你们三位蒙受耻辱。这是我的罪过啊！

《左传》僖公三十二年

僖公三十三年

【简评】

　　秦穆公得到杞子情报后，不听蹇叔劝谏，执意出兵远征郑国，显属轻举妄动。孟明视等率领军队非但未能攻占郑国，归途反而被晋军击溃。值得一提的是，秦穆公不像某些君王那样文过饰非，他公开承认由于没有听取蹇叔劝谏而造成大过，尚能知错认错。

赵孝成王误易主将

赵孝成王六年①（前260年）春天，秦国左庶长（军事将领）王龁率军攻取韩国上党郡（位于今山西省沁河以东一带），上党民众逃奔赵国。四月，王龁领军攻打赵国。赵孝成王派大将军廉颇率军屯驻长平（位于今山西省高平市西北），抵御秦军。

当时，秦国势力强大，赵、韩等六国都受到秦国军队威胁。赵国名将赵奢②已经去世，丞相蔺相如身患重病。面对秦国重兵压境，廉颇深知能否击退秦军关系赵国的生死存亡。他派部将领兵主动出击秦军，被秦军击败。之后，秦军又攻占赵国二鄣（即都尉城、谷城，位于今山西省晋城市境内）。廉颇见秦军来势凶猛，下令将士修筑壁垒固守，以逸待劳，伺机袭击秦军。秦军数次挑战，赵军坚守壁垒，不出应战。

---

① 《资治通鉴》周纪五，记作周赧王五十五年即赵孝成王六年；《史记》赵世家及赵奢传，记作赵孝成王七年。

② 赵惠文王二十九年（前270年），秦军围攻赵国阏与（位于今山西省和顺县）。大将军廉颇以其路途遥远而又险阻主张放弃不救。赵奢持有异议，奉命领兵救援。他率部离开邯郸三十里而下令屯驻不进，以麻痹秦军。二十八天后，赵奢率部急行军赶至阏与，大败秦军，解阏与之围。赵奢因功受封马服君，其职位与廉颇、蔺相如等同。

· 304 ·

六、骄疏疑忌 祸患丛生

七月,赵孝成王对出军失利大为恼火,派人责备廉颇坚守壁垒不敢出战。秦国丞相应侯范睢正为秦军无法攻克赵军的壁垒而焦急,听说赵王怨怪廉颇固守不战,乘机派人携带重金去赵国施行反间计,散布流言飞语说:秦国最恨的是马服君赵奢的儿子赵括,害怕赵括担任赵国主将。老将廉颇倒容易对付,他畏惧秦军,已经准备向秦军投降了!这一流言很快传到赵孝成王耳边,他信以为真,决意让赵括取代廉颇担任主将。

蔺相如知道赵括平时只是纸上谈兵,徒有虚名,其实不会带兵打仗,劝告赵孝成王说:大王不能只以虚名任用赵括。赵括只是熟读一些兵书而已,不懂得如何把握战场的瞬息万变。赵孝成王听不进蔺相如的意见。

赵括从少年开始学习兵法,平时喜欢谈论用兵打仗的事,自以为天下无敌。当年,赵括曾与其父赵奢谈论兵事,赵奢虽然没有难倒儿子,但不认为赵括善于用兵。赵括的母亲问他为什么这么看,赵奢回答说:用兵打仗是你死我活的拼搏,全靠斗智斗勇,而赵括把它看成是一件容易的事。今后,国家不用赵括为将也就罢了,如果用他为将,必定要使国家的军队遭受惨败。

赵括的母亲听说国王要任用赵括为主将,上书提出反对意见。赵孝成王问她为什么,赵括母亲回答说:当初赵奢担任将军时爱护兵士,把国王所赏赐的财物全部分给部将,肩负重任从来不问家事;如今赵括为将,部将都不敢抬头看他,大王所赏赐的财物,他全部拿回家准备买田建宅。大王认为他哪一点像他父亲?他们父子俩完全是两种人,请求大王不要让他担任主将。赵孝成王说:"做母亲的不要管这些事。此事,我已经决定了!"

赵括出任主将之后,将廉颇制定的各项军事制度全部废止,撤换了廉颇所任用的部将,改变了廉颇固守不出以困乏秦军的战术。与此同时,秦国暗暗任命百战百胜的武安君白起为上将军,作为攻打赵国的前线总指挥,让王龁担任他的部将,并下令将士不得泄露这一机密。

不久,赵括下令兵士出击秦军,秦军佯装败退。赵括派出精兵乘势追击,一直追到秦军营垒。秦军固守营垒,赵军奋力攻打而未能攻下。这时,白起派出二万五千名精兵抄到赵军背后,堵住赵军退路,又派出五千名骑兵包围赵军壁垒。赵军被分割在两处,粮道被秦军切断。

秦军出动轻骑兵反击进入其阵地的赵军,赵军失利,被迫撤退,然而无路可退,只好就地筑垒坚守,等待援军到来。秦昭王听说白起率军已经将赵军包围,动员全国十五岁以上的青壮年男子奔赴长平前线,彻底堵塞赵国援兵和运粮渠道。

九月的某一天,赵军被围困四十六天后粮食吃光。赵括令军士组成四队,同时从四方突围。赵军反复冲击四五次都未能突出包围圈。赵括无计可施,决定亲自率领勇士冲出壁垒与秦军拼杀。秦军将士万箭齐发,将赵括射死。赵军官兵见主将阵亡,随之溃败,四十万军士纷纷向秦军投降。

白起担心投降的赵军反叛,下令将其四十万军士连同从上党投附赵国的五万韩国难民,共四十五万人全部斩杀或活埋。

《史记》卷五 秦本纪

卷七十三 白起传

卷八十一 廉颇传

赵奢传

《资治通鉴》卷五 周纪五

【简评】

长平之战,赵军弱于秦军,固然是其失败的重要原因,但其四十万大军若指挥得当,也足以与秦军抗衡。赵军惨败的主要原因是赵孝成王轻信流言,中了秦国反间之计,轻率撤换主将,以赵括

六、骄疏疑忌　祸患丛生

取代廉颇为统帅。对于赵孝成王起用赵括,丞相蔺相如和赵括的母亲都提出反对意见,指出赵括只会纸上谈兵,并无指挥作战的实际才能。赵孝成王拒而不听,一意孤行。赵军在长平惨败,使赵国国力受到极大的损耗。从此,赵国一蹶不振,很快走向衰亡。

中国古代历史风云·战场风烟(下)

燕王喜背信弃义

燕王喜四年(前251年),燕王喜派丞相栗腹率领使团出使赵国,同赵国订立友好盟约,并带去五百镒(一镒为二十四两)黄金,作为献给赵孝成王的寿礼。

栗腹在出使赵国期间,看到赵国国力衰竭,回国后对燕王喜说:赵国青壮年男子都在长平战死①了,存活的孤儿还没有长大。我们可以趁这个时候发兵去夺取赵国。燕王喜被栗腹说动了心,决意撕毁刚刚签订的盟约,派兵攻打赵国。

燕王喜召见昌国君乐间,就出兵赵国向他征求意见。乐间劝谏说:"赵国将士长年作战,善于抵御四面八方入侵之敌,赵国的民众也熟悉战争。我们燕国是赵国的邻国,不可发兵攻打赵国。"燕王喜对乐间的回答十分不满,反诘道:我以赵军五倍的兵力攻打赵国,行不行?不久,燕王喜调集两千辆战车,令栗腹率军攻打鄗(位于今河北省柏乡县北)、将军卿秦率军攻打代(位于今河北省蔚县东北),分兵两路进攻赵国。

大夫(朝廷中等级别的官员)将渠对燕王喜毁约弃盟亦持有异

---

① 赵孝成王六年(前260年)九月,秦国(战国七大国之一,都咸阳,位于今陕西省咸阳市东北)军队在长平(位于今山西省高平市西北)围歼赵军四十余万人。

六、骄疏疑忌　祸患丛生

议。他劝告燕王说:我国同赵国刚刚才缔结盟约,使臣一回国便派兵去攻打人家,这样做违背道义,出兵也不会取胜。燕王喜听将渠这么说大为气恼,没有理睬他,反而声称要亲率军队跟在大军后面压阵。将渠拉住燕王的衣带哀求说:大王一定不要亲自出征,去了不会成功。燕王勃然大怒,一脚把将渠踢倒在地。将渠哭着说:"臣不是为自己,为的是大王啊!"

赵国君臣对燕王背弃盟约派军来犯,无不义愤填膺。赵孝成王听说燕军前锋部队已经抵达宋子(赵国地名,位于今河北省赵县东北),令将军廉颇等人率军自卫还击。赵军将士同仇敌忾,锐不可当。廉颇领军在鄗地将栗腹部众击溃,栗腹兵败被杀;赵将乐乘领军在代地将卿秦部众击败,卿秦被俘;乐间愤然投奔赵军。接着,廉颇率军追击燕军,长驱五百余里,将燕国都城蓟包围。

燕王喜被迫派人向赵国求和。赵孝成王断然拒绝,声称只愿同将渠会谈。燕王喜只好任命将渠为丞相,派他率领使团去赵国和谈。将渠以诚信说服赵孝成王。赵孝成王同意与燕国和解,下令军队撤回,解除了对燕国都城的包围。

《史记》卷三十四　燕召公世家
卷四十三　赵世家

【简评】

燕、赵二国同受秦国军队威胁,理应联合抗秦。燕王僖派栗腹同赵孝成王结盟后,转而背信弃义,出兵攻打赵国。燕国军队的惨败验证了"不义而强,其毙必速"(《左传》)的古训。

中国古代历史风云·战场风烟(下)

李广饮恨沙海

  李广是西汉陇西成纪(位于今甘肃省静宁县)人,年少时即善于骑马射箭。汉文帝十四年(前166年)冬天,匈奴①骑兵入侵萧关(位于今宁夏区固原县东南)。李广从军抗击匈奴,因功被提升为郎中令(皇帝侍卫官)。

  汉景帝三年(前154年)春天,吴王刘濞发动"七国之乱"②。李广时任骁骑都尉(警卫部队高级军官),跟随太尉(全国最高军事将领)周亚夫出征平叛,以战功私自接受梁王刘武(汉景帝同母弟)的将军印。由此,汉景帝将李广调任上谷(治所位于今河北省怀来县东南)太守(行政长官)。后来,典属国(主管属国及少数民族事务)公孙昆邪奏告汉景帝说:李广虽然很有才能,但也十分自负。

---

  ① 西汉北方邻国。汉文帝在位期间(前180年—前157年),匈奴骑兵每年都要南下侵扰汉北部地区。汉景帝即位后,恢复与匈奴和亲,匈奴骑兵没有大举南下。西汉元光二年(前133年),汉武帝听从大行令(主管外交)礼仪王恢等人计谋,在马邑(位于今山西省朔州市)埋下伏兵准备袭击匈奴单于(国王)。单于获悉此事后,与汉朝断绝和亲,不断派兵南下。

  ② 汉景帝三年(前154年),吴王刘濞(汉高帝刘邦之侄)反对朝廷削减其封地,联络楚王刘戊、胶西王刘卬、胶东王刘雄渠、菑川王刘贤、济南王刘辟光、赵王刘遂,在吴国都城广陵(位于今江苏省扬州市西北)起兵反叛朝廷,史称吴楚"七国之乱"。

六、骄疏疑忌　祸患丛生

他多次与匈奴交战,我担心会有不测。于是,汉景帝将李广调任上郡(治所位于今陕西省榆林市东南)太守。

汉武帝即位后,李广由上郡太守调任未央宫卫尉(主管皇宫警卫)。西汉元光六年(前129年)冬天,李广受任骁骑将军,领兵从雁门(位于今山西省右玉县南)出发进攻匈奴,在关市(边境地区集市)与匈奴骑兵交战。因寡不敌众,李广被匈奴兵俘虏。匈奴单于久闻李广将才,传令要将李广活着押回。李广当时受了伤,被放置在两匹马之间托起的布兜上躺着。他假装昏死过去,斜眼看见一个匈奴少年骑着良马走在旁边。他乘匈奴看守不备,突然跃身飞起,夺过那匈奴少年的马,策马扬鞭向南奔驰。追上来的匈奴骑兵不敢朝李广射箭,害怕将他射死不好向单于奏报。李广得以脱身。之后,他因战败被罢官为民,匈奴将士却称李广为"飞将军"。

元狩四年(前119年),汉武帝令大将军卫青、骠骑将军霍去病率领大军进击匈奴。李广时为郎中令(主管宫廷警卫、参议朝政),请求随军攻打匈奴。汉武帝认为他年纪大了,开始没有同意。后经李广再三请求,汉武帝任命他为前将军,随同卫青出征。

卫青从俘虏口中获悉匈奴单于住地,决定同中将军公孙敖率部从正面攻打匈奴单于,令李广率部和右将军赵食其会师,从东路进军。卫青之所以这样决定,是因为临行前汉武帝暗下嘱咐他不可让李广同匈奴单于正面作战。李广对卫青要他从东路进军提出异议,申辩说:我作为前将军,理应带领部队冲锋在前,大将军却令我从东路进军。我同匈奴打了几十年仗,今天才有机会遇上匈奴单于。我请求充当前锋,亲手去杀死匈奴单于。卫青没有答应李广的请求。李广大为气恼,没有向卫青告辞就率部转向东路。

卫青率领骑兵穿过大沙漠,包围匈奴单于住地。匈奴单于突围逃遁。卫青率部俘虏和斩杀匈奴将士一万多人,获胜后向南撤退。

李广和赵食其率领的东路军没有向导引路,在沙漠中迷了路,未能赶上参加围攻匈奴单于的战斗。卫青率部回到沙漠以南后，遇上李广和赵食其的部队。卫青派长史（大将军府事务长官，其名不详）去责问李广、赵食其二将迷路情况，并令李广部将去大将军指挥部接受审查。李广回答长史说：我的部下将官没有罪，是我迷了路，误了时间，我应该去接受审查。

到了大将军幕帐，李广慨然对随行部将说：我从少年起就同匈奴兵打仗，大小经过七十多次战斗。这次有幸作为前锋将领随大将军直接攻杀匈奴单于，大将军却把我调到东路。从东路走，本来就绕远了，又迷了路，莫非是天意不成全我么！我已经活到六十多岁，怎么能再去接受那些刀笔小吏的审问！说罢，李广仰天长叹，拔剑自杀。

《史记》卷一百九 李将军列传
卷一百十 匈奴列传
《通鉴纪事本末》卷三 武帝伐匈奴

【简评】

李广不顾年老，主动请求出征匈奴，其精神是难能可贵的。他常年驻守北部边郡，多次与匈奴兵交战，打了一些胜仗，也打了一些败仗，虽号称"飞将军"，但不是常胜将军。汉武帝任命他为前将军而不让他领兵打前锋，似乎矛盾，但其决定不无道理。李广自以为才高功大，对未能封侯心里一直不平衡。他不服大将军卫青调令，赌气离去，无功而还，本应引咎自责，其抱恨自杀出于个人意气。

六、骄疏疑忌　祸患丛生

荀彘猜忌争功

朝鲜国王右渠的祖先卫满,是西汉初年燕国①人。汉高帝十二年(前195年),燕王卢绾发动叛乱,兵败逃入匈奴。卫满乘机聚集千余人,渡过浿水(今朝鲜清川江),进入朝鲜称王,向汉朝称臣。卫满去世后,其继承人一直与汉朝保持臣属关系。右渠继位为朝鲜国王后,开始不再朝拜汉朝皇帝。

西汉元封二年(前109年),汉武帝派涉何(其职不详)去朝鲜安抚右渠。右渠拒不接受汉武帝的诏书。涉何在回国途中,指使随从卫士刺杀护送他出境的朝鲜副王长。之后,汉武帝任命涉何为辽东郡(治所位于今辽宁省辽阳市东)东部都尉(驻军将领)。涉何到任不久被朝鲜军队袭杀,汉武帝极为恼火。

当年秋天,汉武帝派楼船将军(水军将领)杨仆率军从齐地(位于今山东省)东渡渤海,进攻朝鲜,同时派左将军(警卫部队将领)荀彘率军从辽东郡出发,向朝鲜挺进。

元封三年(前108年)春天,杨仆率领七千名兵士先期抵达王险城(位于今朝鲜平壤市)。杨仆兵力不足被右渠领军击败。荀彘率军渡过浿水,攻打右渠西军也未能取胜。之后,荀彘率部向南进攻,进驻王险城西北面。杨仆领兵进抵王险城南面。荀、杨二军形

---

① 西汉初年封国,都蓟,位于今北京市区。

成对王险城包围之势。右渠率众据城坚守,汉军攻打数月未能攻下。此间,朝鲜大臣暗下派人同杨仆联系投降事宜,荀彘派人劝说朝鲜王投降却遭到拒绝。荀彘几次约杨仆合力攻城,杨仆因与朝方磋商受降,而没有应约会战。据此,荀彘怀疑杨仆阴谋叛国投敌。

汉武帝对荀、杨二军包围王险城久攻不下,十分焦急,认为他们攻城策略不适当,派济南郡(治所位于今山东省章丘市西)太守(行政长官)公孙遂前去督查,并授权公孙遂纠正他们的过失。公孙遂首先抵达荀彘军营。荀彘把没有攻下王险城的责任归咎于杨仆多次没有应约会战,声称杨仆有叛变的迹象,建议公孙遂要对他采取果断措施,否则,祸患不堪设想。公孙遂没有会见杨仆而听信荀彘一面之词,竟以汉武帝授予的符节诱召杨仆到左将军军营议事,将杨仆抓捕,令荀彘统领杨仆的部队。公孙遂自以为这样处置得当,回奏汉武帝。汉武帝指斥公孙遂搞乱了军阵,下令将他诛杀。

荀彘统领杨仆军队后,加大了攻城力度。朝鲜君臣十分恐惧。夏天,朝鲜尼谿(其地不详)丞相派人刺杀右渠,投降汉军。右渠的大臣成已据王险城顽抗,被城内民众杀死。汉军攻克王险城后,汉武帝下令在朝鲜设立乐浪(治所位于今朝鲜平壤市南)、临屯(治所位于今朝鲜江原道江陵)、玄菟(治所位于今朝鲜咸镜南道咸兴)、真番(治所位于今韩国首尔)四郡,以加强对朝鲜的统治。

荀彘率部回国后,汉武帝非但没有奖赏他的功劳,反而下令将他逮捕,随即以"争功相嫉"的罪名将他押往闹市处死。杨仆当初率军抵达列口(今朝鲜大同江入海处),未等与左将军部众会合擅自撤退,论罪亦被处死。但汉武帝同意杨仆拿钱赎罪,将他贬为平民。

《通鉴纪事本末》卷三 武帝击朝鲜
《史记》卷一百一十五 朝鲜列传
《汉书》卷九十五 朝鲜传

六、骄疏疑忌　祸患丛生

【简评】

　　中国与朝鲜的渊源关系由来已久。东汉史学家班固说:"玄菟、乐浪,本箕子所封①。昔箕子居朝鲜,教其民以礼义,田蚕织作,为民设禁八条。"(见《资治通鉴》卷二十一·汉纪十三)战国时期燕国及之后的秦朝一直与朝鲜保持联系。汉武帝派兵征讨右渠叛离顺乎历史发展。荀彘征讨右渠立有战功,但他猜忌杨仆,与之争功,以致捕风捉影制造汉军内乱。汉武帝将荀彘处死,虽然处治过重,但不失公道。

---

　　①　箕子为商纣王叔父,因劝谏纣王不可纵淫误政受贬斥,被迫装疯为奴。周武王灭商建周后,将箕子封于朝鲜(《史记》卷三十八·宋微子世家)。

张飞暴虐部下

张飞,字翼德,是东汉涿郡(位于今河北省涿州市)人。早年,他与流亡涿郡的关羽结识,一起投附沦为平民的皇室后代涿郡人刘备。刘备与关、张二人患难相依,"寝则同床,恩若兄弟"。

东汉中平六年(189年),前将军董卓废杀汉少帝刘辩,改立年仅九岁的陈留王刘协(刘辩异母弟)为汉献帝,自称相国,控制朝政,引起天下大乱。刘备时任奋武将军(其屯兵右北平,位于今河北省丰润县东)公孙瓒别部司马(协管军事)。之后,刘备率部先后投附徐州(治所位于今山东省郯城县)牧陶谦、丞相曹操,张飞与关羽一直跟随刘备。刘备受任左将军(警卫部队将领),参与谋杀曹操失败,投奔荆州(治所襄阳,位于今湖北省襄樊市)牧刘表。张飞同关羽跟随刘备寄居新野(位于今河南省新野县)。

建安十三年(208年)秋天,曹操领兵夺占荆州(襄阳),其部众在当阳县长坂坡(位于今湖北省荆门市西南)追上率部南逃的刘备等人。刘备抛下甘夫人及儿子刘禅仓皇逃走,令张飞率二十名骑兵充当后卫。张飞拆毁河桥,站在河对岸挥舞长矛,对追过来的曹军大声威吓道:我张翼德在此,你们谁敢过来和我决一死战?曹军官兵见张飞怒目圆睁,威风凛凛,吓得不敢前进。刘备等人得以逃

六、骄疏疑忌　祸患丛生

脱。张飞从此威名远震。赤壁之战①后,刘备称荆州牧,任命张飞为宜都(治所位于今湖北省宜都市)太守、征虏将军。

张飞作战勇猛过人,屡建战功。他的弱点是性情暴烈,对部下苛刻凶残,动辄施以各种肉刑。对此,刘备曾经提醒张飞说:"你性情粗暴,对部下用刑太多。被你鞭打过的部下,你还把他们放在身边,这样恐怕会招致祸害啊!"对于刘备的提醒和劝告,张飞没有认真听取。

魏黄初二年(221年)四月,刘备在成都(位于今四川省成都市)建国号蜀,称帝,为蜀先主,任命张飞为车骑将军兼司隶校尉(负责纠察京都百官兼领军缉捕)。在任命文书上,蜀先主再次告诫张飞对部下要"柔服以德",施行仁义,不可急躁暴虐。张飞仍然未能反省悔改。

同年(即蜀章武元年)六月,蜀先主领兵亲征孙权,以报其强夺荆州②诱杀关羽之仇。当时,张飞镇守阆中(治所位于今四川省阆中市),奉命率一万名官兵赴江州(治所位于今重庆市嘉陵江北岸)与东征大军会师,随同蜀先主出征。临出发的前一天夜间,张飞部将张达、范强乘侍卫不备,闯入张飞寝室将其杀害。张、范二人当即带着张飞的头颅乘轻舟顺江而下,投奔孙权。

第二天,蜀先主听说张飞部都督(军事将领)有紧急情况上报,不由得大吃一惊。他见张飞没有亲自上报奏章,料定他准是出事

---

① 建安十三年冬天,刘备率部退至夏口(位于今湖北省武汉市长江东岸),联合讨虏将军孙权,共同举兵在赤壁(位于今湖北省武汉市江夏区西南赤矶山)击败曹操大军,史称"赤壁之战"。此后,孙权将荆州(位于今湖北省荆州市)借给刘备驻守。

② 刘备率部入蜀后,留荡寇将军关羽驻守荆州。孙权向刘备讨要荆州,刘备借故不肯奉还。建安二十四年(219年),孙权乘关羽率部北上攻打曹军占据的襄阳(位于今湖北省襄樊市襄阳城)之机,派兵夺回荆州并追杀关羽。

了,叹息道:唉! 可能是奏告张飞遇害了!

《三国志》卷三十二 先主传
卷三十六 关羽传
张飞传
《通鉴纪事本末》卷十 吴蜀通好

【简评】

  张飞领兵作战是名猛将,有万夫不当之勇。他的致命弱点是不懂得爱护兵士,对部下凶狠暴戾,把自己置于与部下敌对的地位而不能自省。《三国志》作者陈寿评论说:"飞暴而无恩,以短取败,理数之常也。"(《三国志》卷三十六)

六、骄疏疑忌　祸患丛生

马谡自负失街亭

马谡是东汉襄阳宜城（位于今湖北省宜城市南）人，早年投奔荆州（治所位于今湖北省荆州市）牧（行政长官）刘备，为从事（州府属官）。东汉建安十六年（211年），马谡随刘备入蜀（位于今四川省、重庆市）。建安十九年（214年），刘备率部攻入成都，驱逐刘璋，自称益州牧。马谡几经转任为越巂（治所位于今四川省西昌市东南）太守。

马谡自以为才智过人，喜欢议论军事谋略。他同丞相诸葛亮探讨军事，常常从白天一直谈到深夜。蜀先主刘备临终前曾提醒诸葛亮说：马谡这个人有些言过其实，不可委以重任，你要对他多加考察。诸葛亮对先主的话没有认真听取，将马谡引入幕府，任命为参军（军事参谋官）。

蜀建兴三年（225年），诸葛亮率军讨伐建宁郡（治所位于今云南省曲靖市）土豪雍闿、孟获等人发动的叛乱。马谡为诸葛亮送行，建议以攻心为上策。诸葛亮采纳马谡的计策，领兵击杀雍闿后对孟获七擒七纵，使其心悦诚服，从而平定益州（治所位于今云南省晋宁县东）、永昌（治所位于今云南省保山市东北）、牂牁（治所位于今贵州省黄平县西南）、越巂四郡，为北伐魏国解除了后顾之忧。从此，诸葛亮对马谡更加器重。

建兴六年（228年）正月，诸葛亮亲率大军北伐，准备攻打魏国军事重地祁山(位于今甘肃省礼县东)。在讨论由谁担任前锋部队将领时,大家都认为名将魏延、吴懿等人是合适的人选,而诸葛亮却力排众议,提升马谡为前锋部队将领,令马谡率军进驻街亭(位于今甘肃省庄浪县东南)。

魏明帝听说诸葛亮率军北上,派遣将军张郃率领五万名步骑兵迎击蜀军。

马谡到了街亭后,擅自改变诸葛亮同他商量好的军事部署,不设重兵据守街亭要塞,而把部队驻扎在山上。部将王平一再劝告马谡不能这样离开水源在山上扎营,马谡自以为是,拒不采纳王平的正确意见。王平只好率领其部一千多名兵士驻扎在山下。

由于马谡疏于设防,张郃领军轻易攻占街亭。接着,张郃率军将马谡部众围困在山上,切断其取水道路。马谡部众困顿不堪,被魏军打得大败。幸亏王平率部在山下擂鼓呐喊,张郃怀疑蜀军设有伏兵,未敢向前进攻,马谡才得以率残部突围撤回。

街亭失守后,诸葛亮失去进军的据点,只好率部退还汉中(位于今陕西省汉中市)。

马谡返回蜀军大营后,诸葛亮依照军法下令将其逮捕入狱。马谡自知罪过难赦,在狱中给诸葛亮写信说:丞相看待我如同儿子,我看待丞相如同父亲。我只有一点要求,希望丞相今后能照顾好我的孩子,以使我们平生没有枉交一场。这样,我在黄泉之下也不会有什么遗恨了。为了严明军法,诸葛亮下令将马谡斩首,并上书蜀后主刘禅(蜀先主刘备之子),请求将他自己的俸禄降三级以究其咎。马谡出殡那天,诸葛亮亲自为他扶灵,十万兵民为之流泪。此后不久,留在朝廷辅政的丞相府长史(事务长官)蒋琬来到汉中,慰劳诸葛亮及前方将士。蒋琬为马谡之死深表惋惜,对诸葛亮说:天下尚未平定而处死军事参谋人才,很可惜啊!诸葛亮流着

六、骄疏疑忌　祸患丛生

眼泪回答说:孙武①用兵之所以天下无敌,是因为军法严明。如今天下三分,匡复汉室的征战刚刚开始。如果废弃军法不用,怎么能率领军队讨伐篡汉逆贼?

　　马谡被处死时三十九岁。诸葛亮没有辜负马谡临终嘱托,下令对其遗孤给予优待。

《通鉴纪事本末》卷十 诸葛亮出师
《三国志》卷三十五 诸葛亮传
卷三十九 马谡传

【简评】

　　马谡缺乏实战经验而自以为是,擅改诸葛亮部署,拒听王平劝告,使街亭失守。信用马谡,则是诸葛亮重大失误之一。诸葛亮与马谡谈吐投机,交情深厚。马谡违背既定作战部署招致兵败,诸葛亮没有以情废法,也没有推诿责任。他下令处死马谡以警示全军,并上书请求降级以赎过,显示出非凡的气度,其风范垂鉴千古。

---

　　① 春秋时期军事家,曾为吴国军队谋划攻打楚国,五战五胜。所著《孙子兵法》为我国最早兵书。

魏延、杨仪好强争位

东汉建安十九年（214年），益州（治所成都，位于今四川省成都市，辖境位于今四川省、重庆市）牧（行政长官）刘璋派驻白水（位于今四川省广元市东南）的行大司马（代理主管军事）刘备领兵攻入成都，夺取刘璋拥有的益州之地。第二年，曹操领军占据号称"益州咽喉"的汉中（治所位于今陕西省汉中市），以控制刘备势力向北方扩展。此后，刘、曹二军在汉中地区多次交战。建安二十四年（219年）五月，刘备领军夺取汉中。

七月，刘备称汉中王，动议选派一名大将去镇守汉川（位于今汉中市及其以南地区）。众臣知道此任至关重要，都猜想一定是派右将军张飞去镇守这一要地。出乎人们意料，刘备选任牙门将军魏延为督汉中镇远将军兼汉中太守（行政长官）。刘备之所以看中魏延，不光是因为他具有攻城略地的将才，而且赏识他爱护兵士，不像张飞那样残暴地对待部下。

之后，刘备宴请群臣，当众向魏延问道：对你委以重任，你有什么打算？魏延答道：我唯一的报答是诚心效忠大王。如果曹操亲自领兵来犯，我将竭尽全力抗击他；如果曹操部将带领十万兵马来送死，我将把他们消灭掉！刘备连声称好，众人也认为魏延出语豪壮。刘备建国，号蜀汉，称帝后，任命魏延为镇北将军。

蜀章武三年（223年），蜀先主刘备去世，遗命由丞相诸葛亮辅

六、骄疏疑忌　祸患丛生

佐蜀后主刘禅执政,魏延受封都亭侯,继续镇守汉中。

蜀建兴五年(227年),诸葛亮出师北伐魏国,率部进驻汉中,任命魏延为丞相司马(主管丞相府军事)、督前部(先头部队将领)。建兴八年(230年),魏延领兵在阳谿(其地不详)击败魏国将军郭淮部众,以功升任征西大将军。

魏延任征西大将军后忘乎所以,多次要求自领一万兵马,与诸葛亮分兵两路进击魏军,在潼关(位于今陕西省潼关县东北)会师。他这一动议一再被诸葛亮否决。魏延以此认为诸葛亮胆怯,叹息自己的才能不能充分施展。他对待诸葛亮的态度尚且如此,文武百官更不在他的眼里。众官见到魏延都避让三分,唯有丞相府长史(事务长官)杨仪不肯向魏延谦让。由此,魏延对杨仪非常恼恨,两人的关系水火不相容。

当时,杨仪随诸葛亮出征,出谋划策,筹备粮草,办事利索而富有成效。诸葛亮凭借杨仪的才干和魏延的骁勇,不断取得北伐的胜利。诸葛亮虽然看重杨、魏二人的文治武功,但并不认为二人中有谁日后能接替他的职务。

建兴十二年(234年)八月,诸葛亮在五丈原(位于今陕西省岐山县南石头河与渭河交汇处西南)病重,蜀后主派尚书仆射(副丞相)李福前往探视,并向诸葛亮请教其身后谁可以接替他担当大任。诸葛亮首先推荐留在朝廷辅政的丞相府长史蒋琬。蒋琬之后,诸葛亮推荐侍中(侍奉皇帝的主官)费祎。费祎之后,诸葛亮再没有推荐别人。而魏延、杨仪二人都自认为诸葛亮去世后,该由他接班。

当月,诸葛亮病逝,魏延与杨仪的矛盾随之激化。杨仪等人按照诸葛亮生前部署,准备率领军队向南撤退,令魏延率部担任后卫。魏延则认为丞相虽然去世,他完全有能力率领各路军马继续进击魏军,不能因为丞相去世就废弃天下大事,并公开宣称不受杨仪调度。杨仪坚持要军队南撤。魏延大为恼火,乘杨仪等人尚未动身,抢先率部南返,并将所经过的栈道桥梁全部烧毁。接着,魏延和杨仪各自上书蜀后主,指责对方叛逆。朝廷中舆论相信杨仪而怀疑魏延。

魏延率部占据南谷口(位于今陕西省汉中市北)拦击向南撤退的杨仪部众。杨仪令将军何平率部抗击魏延。何平临阵向魏延部众大声呵斥说:丞相尸骨未寒,你们怎能这样?魏延部众听何平这么一喊,以为错在魏延,纷纷逃散。魏延只好带着他的儿子南逃汉中。杨仪随即令将军马岱领兵将魏延父子击杀。

杨仪与魏延明争暗斗,意在觊觎相位。他率部返回成都后被任命为中军师,未能直接统领军队,心中大为不满。杨仪自以为资历比蒋琬老,才能比蒋琬高,对蒋琬继任丞相不服,经常口吐怨言。一次,费祎去慰问杨仪。杨仪牢骚满腹,对费祎说:丞相去世的时候,如果我带兵迎合魏延,怎么会落到今天这种地步!唉,痛悔莫及哟!费祎将杨仪的话报告蜀后主。

建兴十三年(235年),蜀后主下令将杨仪罢官,流放到汉嘉郡(治所位于今四川省名山县北)。杨仪到了流放地后,仍然用激烈的言辞上书诽谤他人。朝廷派人去汉嘉逮捕杨仪。杨仪闻讯当即自杀。

《三国志》卷四十 魏延传
杨仪传
《通鉴纪事本末》卷九 刘备据蜀
卷十 诸葛亮出师

【简评】

魏延想为蜀国建功立业,然其自恃才高,目中无人,失去人心。诸葛亮去世后,他受命统领军队,仍坚持北伐,并无降魏叛蜀的迹象。他不服杨仪调度,举兵阻止其率部南撤,有违诸葛亮撤退的遗

六、骄疏疑忌　祸患丛生

令,是一大过,但以此视其反叛似失当。杨仪杀死魏延并践踏其首级显系泄私愤。杨仪本想接任丞相职位,他对蒋琬为相心中不服,口吐怨言,以致罢官流放,被迫自杀。《三国志》作者陈寿指出:"魏延以勇略任,杨仪以当官显","览其举措,迹其规矩,招祸取咎,无不自己也。"(《三国志》卷四十)

诸葛诞疑而失言

魏嘉平六年(254年)二月,中书令(主管机要、拟草并发布诏令)李丰串通皇后之父光禄大夫(主管议论朝政)张缉,谋划诛杀大将军司马师,让太常(主管朝会礼乐兼管教育)夏侯玄取代其辅政。司马师获悉这一密谋后,将李丰、夏侯玄和张缉等人处死,随后将魏帝曹芳废为齐王,迎立东海定王曹霖之子、年仅十四岁的曹髦即帝位。

正元二年(255年)正月,扬州(治所寿春,位于今安徽省寿县)刺史(军政长官)文钦和镇东将军扬州都督(军事长官)毋丘俭在寿春起兵讨伐司马师。诸葛诞时任镇南将军,驻守豫州(治所位于今河南省汝南县东南)。毋丘俭派人来豫州联络诸葛诞一齐讨伐司马师。诸葛诞将毋丘俭派来的人处死,并公开揭露文钦、毋丘俭等人的反叛阴谋。之后,诸葛诞奉命率军攻打寿春,断绝文钦叛军的退路,配合司马师平息叛乱。文钦败逃吴国,毋丘俭兵败被杀。司马师在征战中亦因眼疾暴发去世,其弟司马昭接任大将军辅政。诸葛诞以功被提为征东大将军、仪同三司(享受丞相待遇)、都督扬州诸军事(军事统帅)。诸葛诞一向与夏侯玄、邓飏①关系密切,他

---

① 邓飏官至大将军府长史(事务长官)。魏嘉平元年(249年)正月,太尉(丞相)司马懿(司马昭之父)发动政变,攻杀大将军曹爽,邓飏同时被杀。

六、骄疏疑忌　祸患丛生

虽然受到司马昭重用，但一想到邓飏、夏侯玄先后被司马氏父子杀死便惶恐不安。诸葛诞赴扬州上任后，有意发放府库财物济贫，宽赦罪犯，以笼络人心。他还用优厚的待遇收养数千名甘愿为他效死的勇士，又以防御吴军的名义请求朝廷拨给他十万军士守卫寿春，以应对来自朝廷的不测风云。

甘露二年（257年）四月，司马昭采纳长史贾充的建议，派人赴各地以慰劳军队的名义观察镇守将领的思想倾向。贾充来到扬州后向诸葛诞试探说：京都一些贤达人士都希望皇帝让位，你看怎样？诸葛诞严厉责备贾充说：你家世代受到魏国恩惠，怎么能想到把国家转予他人？如果京都发生危难，我当为国赴死。贾充回到洛阳后，把诸葛诞的话告诉司马昭，建议将诸葛诞调入朝廷，以削去他的兵权。贾充推测诸葛诞不会接受调动，迟早会发生叛乱，其早反，危害较小；如果迟反，危害会很大。司马昭赞同贾充的意见，任命诸葛诞为司空（名誉丞相），召其入京。诸葛诞接到调任司空的命令后更加恐惧，怀疑是扬州刺史乐綝告了他的状，随即将乐綝处死。

五月，诸葛诞拒绝服从朝廷调令，聚集十五万军士，储备一年口粮，决意闭城自守，准备与朝廷对抗；同时派长史吴纲带着他的小儿子诸葛靓到吴国，向吴帝孙亮称臣求援。吴帝随即派将军全怿率领三万兵士，与文钦一起去救援诸葛诞。不久，全怿、文钦率部进入寿春城。

六月，司马昭率领二十六万大军征讨诸葛诞，进抵丘头（位于今河南省沈丘县东南）。司马昭令镇南将军王基、安东将军陈骞率部包围寿春。此间，吴将朱异率三万军士进驻安丰（位于今安徽省霍邱县西南），配合全怿部众救援寿春。朱异部众在阳渊（位于今安徽省寿县西正阳关）被魏兖州（治所位于今山东省郓城县西北）刺史州泰率部击败，死伤二千多人，朱异率部撤退。七月，吴国大将军孙綝率领大军进驻镬里（位于今安徽省巢湖市北），令朱异率部返回以解寿春之围。朱异率部进抵黎浆(位于寿春城南),又被州泰等领兵击败。魏泰山(治所位于今山东省泰安市东)太守(行政长官)胡烈率部将朱异部屯放在都陆(其地不详)的军粮等物资焚毁,朱异只好率部退回。九月,孙綝处死朱异,将部队撤回建业。

寿春被围数月后,城内日益困顿。十一月,诸葛诞的亲信部将蒋班、焦彝请求率兵突围,受到文钦斥责,诸葛诞则声称要将蒋、焦二人处死。蒋班、焦彝极为恐惧,随即翻越城墙投降魏军。

十二月,全怿之兄的儿子全辉、全仪因家族内讧,从建业投奔魏国。司马昭采用黄门侍郎(皇帝侍从官)钟会的计谋,以全辉、全仪的名义派人入寿春城假传书信给全怿,信上称吴国君臣责怪叔父没有打胜仗,要除灭全氏家族,他们是被迫来投降魏国的。全怿信以为真,率领几千名兵士出城向魏军投降。

甘露三年(258年)二月,文钦建议诸葛诞乘魏军接受全怿投降思想松懈之机率部突围。诸葛诞率部企图从南门突围,被魏军击败,死伤惨重。之后,文钦仍劝诸葛诞领兵突围以节省城中粮食,由他留下率领吴国兵士守城。诸葛诞对文钦本来就怀有成见,由此对他更加疑忌,令人将文钦杀死。文钦之子文鸯、文虎闻讯后领兵投降魏军。当月二十日,魏军攻克寿春城。诸葛诞准备出逃,被魏军抓获斩杀。

《三国志》卷四 高贵乡公纪
　　　　卷九 夏侯玄传
　　　　卷二十八 诸葛诞传
《通鉴纪事本末》卷十一 淮南三叛

【简评】

文钦与曹爽关系密切,他同毋丘俭痛恶司马氏父子在朝廷专权而起兵反叛。诸葛诞则站在司马氏一边,帮助司马师平定文、毋

六、骄疏疑忌　祸患丛生

之叛,因而受到司马昭信任。他的败亡,一是缘于多疑,由其友人夏侯玄被杀而怀疑司马昭将会对他动手;二是缘于失言,表态拥护曹氏皇帝,受到贾充暗中谗毁,拒绝奉调回京而与司马昭关系破裂。由此,他不得不投靠吴国寻求支援。在吴国援军败退、寿春城被围困数月后,他又对文钦产生疑忌,将其杀死,致使自己兵败被杀。

冉闵独断拒谏

东晋永和六年(350年)闰正月,后赵①辅国大将军石闵②废黜并杀死由其拥立的皇帝石鉴(后赵帝石虎第三子),即位为帝,恢复其本来姓名冉闵,改国号为大魏,史称"冉魏"。

三月,后赵新兴王石祇(石虎庶子)在故都襄国即位称帝,任命汝阴王石琨为相国(宰相),与冉闵对立。

十一月,冉闵率领十万名步骑兵进攻襄国,令其儿子骠骑大将军冉胤随同出征,并把投降的一千名胡(泛指北方少数民族)兵安置在冉胤部下。光禄大夫(主管议论朝政)韦謏认为投降过来的胡兵不可靠,建议冉闵诛杀或者驱逐这批胡兵,以免发生后患。冉闵没有听取韦謏的意见,为了安抚这批胡兵,他竟下令将韦謏父子斩首。

面临冉闵率领重兵来攻,后赵帝石祇激励将士固守襄国城,同

---

① 十六国之一,羯族人石勒所建,原都襄国,位于今河北省邢台市,后迁都邺,位于今河北省临漳县西南。

② 原名冉闵,汉族,后赵魏郡内黄(位于今河南省内黄县西北)人,十二岁时被魏郡太守石虎(石勒之侄)收养,改名石闵。后来,石虎即帝位,任命石闵为建节将军。

六、骄疏疑忌　祸患丛生

时派人四处求援。羌族首领姚弋仲①派其儿子姚襄率领二万八千名骑兵赴援,前燕②王慕容儁派御难将军悦绾率领三万名兵士前来救援,石琨也率部从邯郸(位于今河北省邯郸市)开赴襄国。

冉闵永兴二年(351年)三月,冉魏车骑将军胡睦所率部众在长芦(位于今河北省沧州市西)被姚襄军击败,将军孙威部众在黄丘(位于今河北省辛集市东南)被石琨军击败。胡、孙二部几乎全军覆没。冉闵大为恼恨,准备亲率部众袭击姚襄、石琨二军。卫将军(警卫部队将领)王泰劝告说:眼下援救石祗的强兵云集在襄国,他们正希望我军出击,以便对我军左右夹击。我们应当固守营垒,观察势态对我有利再行动,这样才能挫败他们的阴谋。陛下想亲自率军出战,万一失利,大事就不好了。请陛下慎重考虑。我请求见机率领部众上阵,为陛下灭敌!冉闵表示接受王泰的意见。道士法饶则以"太白经昴③,当杀胡王",鼓吹皇上出战必胜。冉闵转而抹起袵袖大声说:我杀敌的决心下定了,谁敢阻止就斩谁的头!

冉闵率军直驱襄国,受到后赵军及悦绾、姚襄援军围攻。胡兵首领栗特康临阵叛变,将冉胤抓捕投奔后赵,冉胤被杀。冉闵统率的十万兵士丧失殆尽,他只带着十几名骑兵逃回邺城。姚襄见冉闵败退,率部撤还。

不久,石祗令将军刘显率军攻打邺城。冉闵大为惊恐,派人召王泰议论对策。王泰怨怪冉闵不听他劝告招致惨败,推辞有病不肯应召。有人以此诬告王泰将要投奔前秦④。冉闵随即下令将王

---

① 姚弋仲原居西晋南安赤亭(位于今甘肃省陇西县西)。西晋永嘉年间(307年—313年),姚弋仲率部东迁榆眉(位于今陕西省千阳县东),后率众迁至清河(位于今山东省临清市东)。

② 十六国之一,都龙城,位于今辽宁省朝阳市,后迁都蓟,位于今北京市区。

③ 太白,为太白星,即金星;昴,星名,为二十八宿之一。

④ 十六国之一,都长安,位于今陕西省西安市西北。

泰斩杀,并诛灭他三族。之后,冉闵率军将刘显部众击败。刘显退还襄国,杀死后赵帝石祗,称帝。冉闵领军攻陷襄国,将刘显击杀,后赵灭亡。石琨逃入东晋后被杀。

永兴三年(352年)四月,前燕王派辅国将军慕容恪率兵攻打冉魏。冉闵意欲与燕军决战。大将军董闰和车骑将军张温认为,燕军乘胜而来,锐不可当,建议避开燕军锋芒,等待其懈怠时一举击溃他们。冉闵怒气冲冲,对他们斥责道:我已决定亲率大军去斩杀慕容儁,如今慕容恪上门送死,我却畏惧躲避,岂不令人耻笑!于是,冉闵率军与慕容恪部众拼杀。司徒(名誉宰相)刘茂、特进(闲退大臣名誉职称)郎闿料定冉闵此去凶多吉少,一定回不来了,不愿坐等受燕军凌辱,相继自杀。

丙子日,冉闵部众在魏昌县廉台(位于今河北省无极县西)被前燕军队击溃,冉闵和董闰、张温等人被俘,冉魏灭亡。五月,冉闵被押往龙城(位于今辽宁省辽阳市)斩首。

《通鉴纪事本末》卷十四 赵魏乱中原

《晋书》卷一百七 冉闵传

【简评】

冉闵称帝后独断专行,听不进不同意见。韦谟提醒他胡兵不可靠,竟被斩杀;王泰劝谏他不可轻率出战,他恼恨在心,后来借故将王泰处死;董闰、张温建议他避开前燕军锋芒,伺机率部出击,他拒而不听,以致全军覆没,身死国亡。冉闵虽然率部攻灭后赵,但其所建冉魏国仅仅存在两年又三个月即被前燕消灭。

六、骄疏疑忌　祸患丛生

苻坚失察军心

前秦①寿光三年(357年)六月,龙骧将军苻坚杀死酗酒滥杀的前秦皇帝苻生,去帝号,即位为大秦天王。

骄狂拒谏　执意攻晋

苻坚称王后,"收揽英雄以清四海",力图结束自西晋灭亡以来北方社会动荡割据的局面②。经过长达十多年的北战南征,苻坚

---

① 十六国之一。东晋永和六年(350年),氐族首领苻洪在枋头(位于今河南省浚县西南)自称三秦王。不久,苻洪中毒而死,其第三子苻健于第二年继位称帝,建都长安(位于今陕西省西安市西北),史称"前秦"。

② 西晋建兴四年(316年),汉国(都平城,位于今山西省临汾市西南)军队攻入长安(位于今陕西省西安市),晋愍帝司马邺向汉军投降,西晋灭亡。第二年,镇守建康(位于今江苏省南京市)的琅琊王司马睿称晋王,次年称帝,统治淮河以南地区,史称"东晋"。北方地区分裂割据,进一步陷入战乱。

中国古代历史风云·战场风烟（下）

率部先后攻灭前燕①、前凉②、代国③，派兵征服占据仇池（治所位于今甘肃省西和县西南洛谷）的杨篡势力和吐谷浑部族（游牧区位于今甘肃省南部及青海省），攻占东晋梁州（治所位于今陕西省汉中市东）、益州（治所位于今四川省成都市）、襄阳（治所位于今湖北省襄樊市襄阳城）、彭城（治所位于今江苏省徐州市）等州郡，统一了淮河以北广大地区。前秦王苻坚统一北方后，下一个目标自然是要攻取地处长江南北的东晋。他踌躇满志，雄心勃勃，焦躁不安，夜不能寐。

建元十八年（382年）十月，前秦王苻坚召集群臣讨论攻打东晋一事。他说：我承继祖上大业快三十年了，如今四方基本平定，唯有东南还有一块地方没有归顺。粗略估算一下，我军共有九十七万之众，我想亲自率领大军征讨，你们看怎么样？

秘书监（主管图书典籍及修史）朱彤（《晋书》卷一百十四，记作朱肜）极力赞成，称陛下此举是替天惩罚晋朝，大军一旦进讨，无须鏖战，晋朝皇帝就会口衔玉璧主动来我军营投降，要不然就是逃入江海而死，千载大业在此一举。前秦王高兴地说：这正是我的意向！

尚书左仆射（副宰相）权翼说：晋朝虽然国力较弱，但没有大的恶行。他们君臣和睦，上下一心，据我观察，目前大军不宜进讨。前秦王听了权翼的发言，沉默良久，对众臣说："诸位各抒己见吧！"

太子左卫率（主管太子所居东宫警卫）石越说：晋朝拥有长江

---

① 十六国之一，鲜卑族慕容部所建。原都龙城，位于今辽宁省朝阳市，后迁都蓟（位于今北京市区），再迁都邺（位于今河北省临漳县西南）。前燕建熙十一年（370年），前秦军队攻入邺，前燕帝慕容暐被俘，前燕灭亡。

② 十六国之一，都姑臧，位于今甘肃省武威市。前凉升平二十年（376年），前秦军队攻灭前凉。

③ 鲜卑族拓跋部所建国家，都盛乐，位于今内蒙古和林格尔县西北。代建国三十九年（376年），前秦军队攻灭代国。

六、骄疏疑忌　祸患丛生

天险,民众乐于为朝廷奔走,我以为不可贸然发兵去攻打。前秦王对石越所说长江天险不以为然,信口说道:长江天险算什么?我百万大军,投鞭足以断其流,他们岂能依仗长江天险!

众臣分析利害,极力劝阻出兵攻晋,使得前秦王难以拍板决定。散会以后,前秦王把阳平公征南大将军苻融留下,单独对他说:自古以来,君王考虑大事,只同一二个大臣最后决定。今天会上众说纷纭,把人们的思想都搞乱了。南征晋朝的事就是我俩决定。

苻融劝谏说:眼下进讨晋朝有三难:一是福运在东南,天象不顺;二是晋朝无过,出师无名;三是多年征战,将士厌战。刚才君臣会商,凡认为目前不宜讨伐晋朝的意见,都是忠正之言,愿陛下认真听取。

前秦王对苻融也持有异议大为不满,愤激地说:你也这样认为,我还有什么希望!我拥有强兵百万,物资堆积如山,还怕攻不下垂近灭亡的晋朝!怎么能再留下这一残寇,让它成为国家长远的忧患!苻融见国王情绪激动,也动了感情,流着泪说:晋朝目前还不会灭亡,这是显而易见的。我不只是担心大军远征劳而无功,更忧虑大军远征,京都空虚,可能有不测之变。被我们俘虏的鲜卑人、羌人①一直怀有深仇大恨。一旦他们乘机起事,后悔就晚了!前秦王听不进苻融的忠告。

前秦王因群臣劝阻南征而闷闷不乐,对太子苻宏说:以我拥有

---

① 西晋永嘉年间(307年—313年),羌族首领姚弋仲率部从南安赤亭(位于今甘肃省陇西县西)迁至榆眉(位于今陕西省千阳县东),后率部迁居清河(位于今山东省临清市东)。姚弋仲去世后,其子姚襄自称大单于率部北迁。前秦永兴元年(357年),前秦王苻坚率部在三原(位于今陕西省三原县东北)击杀姚襄,姚襄之弟姚苌投降前秦。苻坚先后任命姚苌为龙骧将军,督益、梁州诸军事(军事长官)。

的兵力讨伐晋朝,犹如疾风扫秋叶一样,根本不在话下,而朝廷内外大臣都说不可以出兵。对此,我实在不理解。苻宏回答说:今年天运在东南,再说晋朝皇帝没有什么罪过,大举进军假如不能获胜,恐怕会影响大王的威名,使国家财力受到损耗,这大概就是群臣谏阻的原因。前秦王说:从前,我率兵灭燕时,也有人说岁运在燕,燕国不是被我灭亡了吗?天道,是很难说清楚的。晋朝皇帝固然无罪,秦国灭亡六国①,六国的国君难道都是暴君不成?

  苻坚宠爱的张夫人也劝谏说:朝野上下有识之士都认为晋朝不可攻伐,唯独陛下决意要发兵,妾不知陛下为什么要如此独断专行?我听说帝王出兵,最重要的是上观天道,下顺人心,如今天道人心都不顺,怎么能贸然出兵?苻坚回答说:军旅出征之事,妇人不要干预。冠军将军、京兆尹(京都地区行政长官)慕容垂②对苻坚说:弱国被强国吞并,这是合乎自然的道理,并不难以理解。陛下神武英明,拥有百万虎旅,威震四海,怎么能留下江南之地不收复,而把此事留给子孙后代?出主意的人多了,意见就是难以统一。讨伐晋朝一事,陛下圣心决断就行了,何需广泛征询群臣的意见?苻坚对慕容垂的话极为赞赏,高兴地说:与我共定天下的人,唯有你啊!

  苻融听说慕容垂鼓动攻晋,提醒国王说:鲜卑人对于我们有灭国之恨,他们总是希望天下出现变乱,以乘机复仇,重建其国家。慕容垂鼓吹攻晋的话,大王怎么能听从啊!前秦王对苻融的话仍

---

① 战国秦王政十七年至二十六年(前230年—前221年),秦国军队先后攻灭韩、魏、楚、燕、赵、齐六国。

② 前燕王慕容皝第五子,善于用兵打仗。前燕帝慕容暐(慕容皝之孙,前燕帝慕容儁之子)即位后,慕容垂任司隶校尉(负责纠察京都百官兼领军缉捕),因受太傅(宰相)慕容评和皇太后可足浑氏(慕容暐之母)排斥陷害,于前燕建熙十年(369年)逃奔前秦,受到前秦王苻坚重用。

六、骄疏疑忌 祸患丛生

然听不进去。慕容垂之侄慕容楷、慕容绍听说苻坚将要亲率大军攻晋,以为变乱的机会来了,暗下为之欣喜若狂。他们对慕容垂说:秦王骄狂已极,叔父中兴大业,在此次出征中有望实现了!慕容垂笑着说:应该是这样,要靠你们努力。

将士厌战 不战自溃

建元十九年(383年)八月,前秦王苻坚部署兵力攻打东晋,令苻融统率慕容垂等部共二十五万步骑兵为前锋,他亲率步兵六十万、骑兵二十七万从长安出发。南征大军战旗相望,鼓声相闻,绵延千里。

晋孝武帝司马曜获悉前秦军队大举南下,令尚书仆射谢石为征讨大都督(军事统帅),徐(治所位于今江苏省扬州市)、兖(治所位于今江苏省金湖县)二州刺史(军政长官)谢玄为前锋都督,率领八万名步骑兵迎击前秦大军。

十月,苻融率部攻占寿阳(治所位于今安徽省寿县)。接着,前秦卫将军梁成率五万兵士进抵洛涧河(即洛河,淮河支流,位于今安徽省淮南市及长丰县东)西岸。谢石、谢玄率军驻扎在洛涧河东岸抵御,离前秦军尚有二十五里而不敢前进。东晋龙骧将军胡彬奉命率部救援寿阳,听说寿阳失陷即退守硖石(位于今安徽省寿县西北)。他派人送信给谢石,以兵少粮缺告急,该信被前秦军截获。

前秦王听说东晋兵少且军粮紧缺,把大部队留在项城(位于今河南省沈丘县),亲率八千名骑兵飞速赶到寿阳,与苻融部众会合。前秦王派遣度支尚书(朝廷主管税收财政的部门长官)朱序(原为东晋镇守襄阳的将领,兵败被俘后投降前秦)潜回晋军指挥部,劝说谢石投降。朱序反而告之前秦大军如果一齐开过来难以阻挡,建议谢石趁前秦主力部队未到之前领兵迅速出击,击溃前秦前锋部队,挫败其锐气。东晋辅国将军谢琰劝告谢石采纳朱序的计谋。

十一月,谢玄令其部将刘牢之率领五千名勇士强渡洛涧河,袭击梁成部,斩杀梁成,截断前秦军退路。前秦军被击溃,兵士纷纷跳水逃命,战死淹死达一万五千人。谢石指挥部众乘胜从水、陆两路对溃逃的前秦军穷追猛打。前秦王和苻融登上寿阳城向东瞭望,见晋军阵容严整,滚滚向西涌动,大为惊恐,以致把寿阳城东北八公山上的草木误以为晋兵。

前秦军紧靠淝水(流入今安徽省寿县瓦埠湖通入淮河的一段支流)布阵。东晋主力部队进抵淝水东岸后受到前秦军阻击,不能渡河。谢玄派人会见苻融,要求西岸的前秦军队向后退一点,让晋军渡过淝水同他们决战。

前秦众将领认为不可让晋军渡河。前秦王和苻融则想乘晋军渡河之机回师突然袭击,把晋军消灭在淝水之中。前秦王当即下令部队后退,让晋军乘船渡河。他万万没有想到,他的将士在洛涧河失败后已无心再战,听到撤退命令便争着往后奔逃。前秦王和苻融见状急令将士停止后退。可是,他们的号令失灵,未能制止军队后退,以致让东晋军队顺利渡过淝水。谢玄领军乘势追击。苻融驰马飞奔,想阻止退兵,重新布阵抗击晋军,然而,其乘马突然倒下。东晋军士冲上来将苻融斩杀。前秦将士见主帅被杀,溃不成军。这时,朱序在后面大声喊叫:秦军败逃了!前秦军士如同惊弓之鸟,闻声仓皇逃命。谢玄率军追至青冈(其地不详),前秦军大败,人马互相践踏,死伤大半,尸体布满山川田野。前秦将士昼夜奔逃,丧魂失魄,听到风声和鹤叫,都以为是晋兵追来了,不敢停息。东晋军队随即夺回寿阳。

前秦王苻坚身中流矢,见兵败如山倒无可挽回,由几名骑兵护卫逃至淮水(今淮河)以北。当地百姓见国王饿得很,给他送来饮食。前秦王送给百姓锦帛,百姓辞谢说:陛下不图安乐,陷入危困,

六、骄疏疑忌　祸患丛生

我们都是陛下的臣子,哪有儿子侍奉父亲求取报答之理！前秦王深为惭愧,潸然泪下,对张夫人说:我如听取朝廷众臣的劝谏,哪里会有今天的惨败,这往后,我还有什么脸面治理天下？

前秦百万之师溃不成军,唯独慕容垂率领的三万人马完好无损。前秦王率千余名骑兵投奔慕容垂军中。慕容垂的部将非常庆幸,都劝说杀死苻坚以恢复燕国。慕容垂感念当初危难之时受到前秦王接纳,不忍心对他下手,率部跟随前秦王往长安撤退。返至渑池(位于今河南省渑池县)时,慕容垂以镇抚北方之乱为名率部离去。

国势衰败　离京被杀

当年十二月,前秦王苻坚收拢残兵十万人,回到长安。

前秦王南征失败,使前秦国力急剧衰竭,刚刚统一的北方又重新陷入混乱和分裂。慕容垂率领其三万部众攻占邺,重建燕国,称王,史称"后燕",定都中山(位于今河北省定州市)。前燕亡国时被俘的慕容泓、慕容冲兄弟(前燕帝慕容儁之子)聚集旧部在华阴(位于今陕西省华阴县东南)反抗前秦。不久,慕容冲在阿房(位于今陕西省西安市西)建立燕国,称帝,史称"西燕"。姚苌举兵在北地郡(治所位于今陕西省耀县东南)称秦王,建国号秦,史称"后秦",与前秦对立。强大一时的前秦王朝很快走向衰亡。

建元二十年(384年)十二月,亡国被俘后一直羁留长安的原前燕帝慕容暐等人阴谋作乱。慕容暐假意邀请前秦王苻坚参加他儿子的婚宴,想借机令伏兵把苻坚杀死。前秦王答应了,因天下大雨而没有赴宴。之后,前秦王获悉慕容暐这一阴谋,下令将慕容暐及其族人全部处死。

中国古代历史风云·战场风烟（下）

建元二十一年（385年）五月，西燕帝慕容冲领兵攻打长安，前秦王苻坚被流矢击伤，留下太子苻宏镇守长安，率领侍卫和后妃逃入五将山（位于今陕西省岐山县东北）。

七月，后秦王姚苌派骁骑将军吴忠率兵将前秦王苻坚等人包围。苻坚的护卫兵士纷纷逃散。吴忠将苻坚抓俘，押至新平（位于今陕西省彬县）囚禁。

八月，后秦王姚苌派人向前秦王苻坚索要传国玉玺，遭到严词拒绝。姚苌大为恼火，随即派人将苻坚吊死在佛寺里。苻坚被杀时，年四十八岁。

《晋书》卷一百十三至一百十四 苻坚载记

《通鉴纪事本末》卷十六 慕容叛秦复燕

【简评】

司马光认为："论者皆以为秦王坚之亡，由不杀慕容垂、姚苌故也，臣独以为不然。""使坚治国无失其道，则垂、苌皆秦之能臣也，乌能为乱哉！坚之所以亡，由骤胜而骄故也。魏文侯问李克吴之所以亡，对曰：'数战数胜。'文侯曰：'数战数胜，国之福也，何故亡？'对曰：'数战则民疲，数胜则主骄，以骄主御疲民，未有不亡者也。'秦王坚似之矣。"①（《资治通鉴》卷一百六·晋纪二十八）

笔者认为，前秦王苻坚虽然统一北方，但人心并没有统一。前

---

① 魏文侯为战国时期魏国国君，公元前445年至前396年在位。李克曾为中山国（都顾，位于今河北省定州市）丞相。公元前406年，魏文侯率军灭中山国，李克入魏国为大臣。吴国（都吴，位于今江苏省苏州市）曾数次出兵攻打别国，公元前473年为越国（都会稽，位于今浙江省绍兴市）军队所灭。司马光此处引文见《吕氏春秋》卷十九·适威，原文为"魏武侯"，《韩诗外传》十、《新序》杂事五记作"魏文侯"。

六、骄疏疑忌　祸患丛生

秦王将慕容暐及其王族成员留居长安,重用慕容垂、姚苌等人并委之军权,显然失误。统一北方后,苻坚骄躁狂妄,不把东晋放在眼里。他拒绝群臣劝谏,执意以其百万大军攻打东晋,称"以吾之众旅,投鞭于江,足断其流"(《晋书》卷一百十四)。淝水之战,东晋军队没有施用奇谋妙计,仅以八万之众击败前秦百万大军。前秦军队失败的主要原因,是将士疲于长年征战,丧失斗志。苻坚只想到一举攻灭东晋,而没有体察将士的厌战情绪,以致将士临阵不战自退,溃不成军。

秃发傉檀掉以轻心

南凉①嘉平七年（414年）五月，乙弗部（居住区位于今青海省西宁市西南）、唾契汗部（其地不详）发生叛乱。南凉王秃发傉檀准备率军前往平叛，邯川（治所位于今青海省化隆回族自治县西）护军（军政长官）孟恺劝谏说：我国南部受到乞伏炽磐②威胁，北部面临沮渠蒙逊③侵逼。远征平叛虽然能够取胜，但必有后患。不如等待有利时机再行动。秃发傉檀斥责孟恺说：我已决定率军进讨，你不要挫伤将士们的锐气。他转而对太子秃发虎台说：沮渠蒙逊才离去不久，其军队近期不会再来，唯一使我担心的是乞伏炽磐，但他的军队兵少，不难防御。好在我率部平叛，往返只要一个月也就能回来了。于是，秃发傉檀留下太子秃发虎台守卫都城，亲率七千名骑兵直驱乙弗部。

---

① 十六国之一，辖境位于今青海省北部至甘肃省中东部；都乐都，位于今青海省乐都县。

② 乞伏炽磐为西秦王。西秦为十六国之一，都苑川，位于今甘肃省榆中县大营川。

③ 沮渠蒙逊为北凉王。北凉为十六国之一，都姑臧，位于今甘肃省武威市。南凉嘉平六年（413年）四月，南凉出兵攻打北凉，反被北凉军击败。沮渠蒙逊率兵围攻乐都，秃发傉檀以其子秃发安周为人质求和，沮渠蒙逊才撤军回国。

六、骄疏疑忌　祸患丛生

西秦王乞伏炽磐获悉秃发傉檀征讨乙弗，随即率领二万步骑兵攻打南凉，一举攻克乐都。乞伏炽磐下令将俘虏的南凉太子秃发虎台及文武官员迁至枹罕（位于今甘肃省临夏市），同时派五千名骑兵去追击秃发傉檀。

秃发傉檀平息乙弗部叛乱，获得马、牛、羊四十多万只，十分得意，没有想到乞伏炽磐会领兵入侵。六月，当他听说乐都失陷后，非但不回兵阻击西秦部队，反而要部众跟着他继续西进去攻打唾契汗部。路上，兵士纷纷偷着往回逃。秃发傉檀派镇北将军段苟率部追拦逃跑的兵士，段苟乘机也溜逃不回。后来，秃发傉檀的部众几乎逃光，只剩下其侄秃发樊尼、中军将军秃发纥勃、后军将军秃发洛肱，以及散骑侍郎（帝王侍从官）阴利鹿没有离开他。

秃发傉檀看到大势已去，感慨四海广大却没有他的容身之地，叹息说：我年纪老了，到哪里也没有人收留我，能见到妻子儿女后再死就心满意足了！他令秃发樊尼去北方地区招抚民众，图取生存，并让秃发纥勃、秃发洛肱随同秃发樊尼离去。

秃发樊尼等人走后，秃发傉檀发觉只有阴利鹿一个人还在跟着他。此时，秃发傉檀才感受到阴利鹿对他的忠诚。他向阴利鹿问道：避开危险，寻求平安，这是人之常情。我的亲属都离我而去了，你为何还单独留下呢？阴利鹿回答说：我的老母亲在家乡，我心里实在想回去。但忠孝不能两全，骑马征战侍奉在陛下身边，是我的职分！秃发傉檀听阴利鹿这么说感叹道：真正了解一个人并不容易啊！大臣亲戚都把我抛弃了，始终对我忠诚的只有你一个人。你忠诚的品格如同严寒冰雪中永不凋谢的松柏！

七月，秃发傉檀带着阴利鹿向西秦投降，南凉灭亡。一年后，西秦王乞伏炽磐派人用鸩酒将秃发傉檀毒死。

《资治通鉴》卷一百一十六　晋纪三十八
《晋书》卷一百二十六　秃发傉檀载记

中国古代历史风云·战场风烟(下)

【简评】

　　南凉王秃发傉檀只想到率军平息国内叛乱,而对来自西秦、北凉的军事威胁存侥幸心理。他拒绝孟恺劝谏,轻率出征,致使京都被西秦军攻占,国破家亡。获悉京都失陷后,秃发傉檀本应率部返回与西秦军决战,他却避开主要敌人,继续率部西进平叛,以致部众溃散,使其变成孤家寡人。轻举妄动而又主次不分,是秃发傉檀的悲剧原因所在。

六、骄疏疑忌　祸患丛生

王镇恶受疑遭忌

东晋义熙十二年(416年)八月,录尚书事(宰相)刘裕统率五路大军北伐后秦①。龙骧将军王镇恶随军出征并统领前锋部队。临出发前,留在朝廷主持朝政(当朝皇帝晋安帝司马德宗生来痴呆)的左仆射(副宰相)刘穆之对王镇恶说:刘公把进军关中(位于今陕西省中部地区)的重任交给将军,你可不能有负重望啊!王镇恶回答说:不拿下关中,我发誓不再渡江回来!

王镇恶指挥部众战无不胜,很快攻克许昌(位于今河南省许昌市东)、漆丘(位于今河南省商丘市东北)、虎牢(位于今河南省荥阳市西北)、洛阳(位于今河南省洛阳市)、渑池(位于今河南省渑池县西)等地。

义熙十三年(417年)七月,王镇恶率部攻克后秦都城长安。后秦王姚泓率文武百官向王镇恶投降,后秦灭亡。

九月,刘裕抵达长安。他对王镇恶慰劳说:"真正成就我大业的,是你啊!"王镇恶谢辞道:"全靠宰相的威望,各位将领的努力,我王镇恶有什么功劳啊!"王镇恶贪财,攻占长安后将后秦王宫内大量财物占为己有。刘裕以其功高没有追问。

十一月,刘穆之病故。刘裕闻讯随即准备返回建康,任命其年

---

① 十六国之一,都长安,位于今陕西省西安市。

仅十二岁的次子刘义真为安西将军,令王镇恶为将军府司马(主管军事)、太尉咨议参军(宰相府参谋官)王脩为长史(事务长官),让他们共同辅佐刘义真镇守关中。

王镇恶功高受到信用,引起其他北伐将领忌妒。刘裕动身南返前,振武将军沈田子、建威将军傅弘之在刘裕面前谗毁王镇恶,称王镇恶祖居关中,不能保证他没有异心。刘裕对王镇恶也心存疑忌,回答说:他如果叛乱,正好自取灭亡。留下你们十多位将领还怕一个王镇恶!

义熙十四年(418年)正月,夏国①国王赫连勃勃听说刘裕返回建康,派抚国大将军赫连璝(赫连勃勃长子)率军攻打长安。刘义真令沈田子率部迎击夏军。沈田子畏惧夏军来势凶猛,率部退驻刘回堡(其地不详),派其部属将情况报告王镇恶。王镇恶对沈田子临敌退缩大为不满,对王脩说:"刘公把十岁少儿托付给我们,各位将军都应当竭力辅佐他。像沈田子这样畏缩不进,怎么能消灭敌人?"

送信人回去后,将王镇恶的话告诉沈田子。沈田子本来就对王镇恶忌恨在心,听了送信人传话,对王镇恶更为仇恨,暗中策划对王镇恶下手。不久,军中传出谣言,说王镇恶要占据关中反叛朝廷。对此,王镇恶没有下令追查,更没有引以戒备。

当月十五日,沈田子假意邀请王镇恶去傅弘之军营商议战事。王镇恶没有察觉其阴谋,如约抵达傅弘之军营。沈田子令人假传刘裕的命令,当即在营帐内将王镇恶杀死。王镇恶被杀时四十六岁。

沈田子杀死王镇恶后,带领数十人来见刘义真,诬告王镇恶反叛。王脩知道沈田子系泄私愤谋害王镇恶,下令将沈田子抓捕,处以斩首。当年十一月,夏国军队占领长安。

《宋书》卷四十五 王镇恶传
《通鉴纪事本末》卷十八 刘裕灭后秦

---

① 都统万,位于今陕西省靖边县北。

六、骄疏疑忌　祸患丛生

【简评】

　　司马光评论说:"古人有言:'疑则勿任,任则勿疑。'裕既委镇恶以关中,而复与田子有后言,是斗之使为乱也。惜乎,百年之寇,千里之土,得之艰难,失之造次。"(《资治通鉴》卷一百十八·晋纪四十)

宋明帝为渊驱鱼

南朝宋①景和元年(465年)十一月,湘东王刘彧(宋孝武帝刘骏之弟)的主衣(主管衣饰的侍从官)阮佃夫串通前废帝刘子业(宋孝武帝长子)的主衣寿寂之,将暴虐无道的前废帝杀死。刘彧控制朝政,于十二月即位称帝,为宋明帝(庙号太宗)。

泰始二年(466年)正月,晋安王(王府设地寻阳,位于今江西省九江市西南)长史(事务长官)邓琬、雍州(治所位于今湖北省襄樊市襄阳城)刺史(军政长官)袁𫖮等人反对宋明帝称帝,起兵拥立时年十一岁的晋安王刘子勋(宋孝武帝第三子)为帝。徐州(治所彭城,位于今江苏省徐州市)刺史薛安都、冀州(治所位于今山东省济南市)刺史崔道固、益州(治所位于今四川省成都市)刺史肖惠开、湘州(治所位于今湖南省长沙市)行事(代理军政长官)何慧文、广州(治所位于今广东省广州市)刺史袁昙远、梁州(治所位于今陕西省汉中市)刺史柳元怙、会稽(治所位于今浙江省绍兴市)行事孔觊、吴郡(治所位于今江苏省苏州市)太守顾琛和豫州(治所寿阳,位于今安徽省寿县)刺史殷琰等人纷纷举兵,拥护刘子勋即位称帝。

袁𫖮诱杀起兵拥护宋明帝的汝南、新蔡二郡(治所悬瓠,位于

---

① 南朝之一,都建康,位于今江苏省南京市。

六、骄疏疑忌　祸患丛生

今河南省汝州市)太守(行政长官)周矜,以该二郡司马(主管军事)常珍奇代为太守。薛安都声称不负孝武帝,策动青州(治所位于今山东省青州市)刺史沈文秀叛离宋明帝,并派其侄薛索儿率部击败不肯顺从他的沈文秀部将刘弥之部众;他又策反奉宋明帝之命去兖州(治所位于今山东省兖州市)募兵的毕众敬(其职不详),帮助他击杀兖州刺史殷孝祖(时殷孝祖奉宋明帝之召去建康)部将,让毕众敬任兖州刺史。一时间,四方州郡都归附少帝刘子勋,宋明帝只能控制丹杨(治所建康)、淮南(治所位于今安徽省当涂县)等郡。面临这一严重局势,宋明帝采纳吏部尚书(朝廷主管官吏任免的部门长官)蔡兴宗提出的"镇之以静,至信待人"的方针,对凡是依附刘子勋的官员在京亲属一律实施宽抚政策,使得京都地区人心安定,兵力得以发展壮大。在此期间,自任尚书右仆射(宰相)的邓琬等人则贪赃卖官,酣歌醉饮,民众怨声载道。

宋明帝首先派兵击败孔觊、顾琛等部众,平定东南地区;同时派兵围攻寿阳,解除来自西北面的威胁;然后分兵西进,各个击破,很快扭转了局势。八月,辅国将军沈攸之领兵攻入寻阳,将宋少帝刘子勋斩杀。此间,袁昙远、袁顗、邓琬、何慧文等人相继兵败而死,殷琰被围困寿阳,淮河以南地区基本平定。

九月,薛安都、常珍奇、毕众敬、肖惠开、柳元怙等人先后派使者去建康向宋明帝请求投降。宋明帝认为,南方既然能用武力平定,北方也应显示一下他的军威,断然拒绝薛安都等人投降。蔡兴宗劝谏说:薛安都迫于当今形势,归顺朝廷是出于真心,而不是假意。陛下只需要派使臣持朝廷书信去接受他们投降就可以了,无须兴师动众。如果派重兵去,势必会引起他们的怀疑和恐惧,弄得不好会招致北魏①军队南下,给国家带来祸患。薛安都所据徐州大镇,接近边境,地势险要。他拥有强兵,纵使派兵去攻打,亦难以

---

① 北朝之一,都平城,位于今山西省大同市东北。

将他们攻下。从国家利益考虑,应对他安抚,使之臣服。如果他叛投北魏,将是朝廷的一大忧患。宋明帝对蔡兴宗的这一意见听不进去。他转而征询南徐州(治所位于今江苏省镇江市)行事肖道成的意见,肖道成回答说:薛安都为人狡猾,派大军对他威逼,恐怕对国家不利。宋明帝说:北伐大军精锐勇猛,何往而不胜?你不要多说了!

十月,宋明帝派镇军将军张永、中领军(主管驻京部队及警卫部队)沈攸之率领五万兵士北上,号称迎接薛安都。薛安都听说朝廷大军北上,十分恐惧,随即向北魏投降,并把其儿子送到北魏充当人质,请求北魏出兵救援。常珍奇则将悬瓠献给北魏,请求救援。毕众敬本来不准备投降北魏,他听说其唯一的儿子毕元宾在建康被杀,拔刀砍柱,亦愤然向北魏投降。

北魏朝廷当即派遣镇东大将军尉元、镇东将军孔伯恭率领一万名骑兵向东救援薛安都;派遣镇西大将军拓跋石和都督荆、豫、南雍州诸军事(三州军事统帅)张穷奇率军向西救援常珍奇。

当年(466年)年底,张永、沈攸之领兵逼近彭城,驻扎在下磕(位于今江苏省徐州市东南),派羽林监(警卫部队将领)王穆之率领五千兵士驻在武原(位于今江苏省邳县西北),守护辎重。北魏将领尉元接管彭城后,率军进攻张永部,切断其粮道,又在武原击败王穆之部。

泰始三年(467年)正月,张永兵败,连夜南逃。当时天降大雪,泗水(今山东省泗河,当时流经彭城东北)结冰。宋军弃船步行,兵士冻死有一半以上。尉元率领骑兵阻击宋军,薛安都率部从后面追击,在吕梁(位于今江苏省徐州市东南)以东将张永部击溃,宋军死亡数以万计,尸体互相枕压长达六十多里,丢弃军用物资和器械不可胜计。张永、沈攸之侥幸逃回。

宋明帝收到出师失败的报告后,将奏报拿给蔡兴宗看,对当初没有采纳他的意见表示惭愧和后悔。宋明帝执意以武力征服薛安

六、骄疏疑忌　祸患丛生

都等人,迫使其投降北魏,致使南朝宋不光损兵折将,而且失去淮河以北的青州、冀州、徐州、兖州和豫州淮河以西地区。

《通鉴纪事本末》卷二十　废帝之乱
宋明帝北伐

【简评】

南朝梁史学家裴子野评论说:"太宗之初,威令所被,不满百里,卒有离心,士无固色,而能开诚心,布款实,莫不感恩服德,致命效死,故西摧北荡,宇内褰开。既而六军献捷,方隅束手,天子欲贾其馀威,师出无名,长淮以北,倏忽为戎。惜乎! 若以向之虚怀,不骄不伐,则三叛奚为而起哉。"(《资治通鉴》卷一百三十二·宋纪十四)

中国古代历史风云·战场风烟(下)

徐禧临阵瞎指挥

北宋元丰五年(1082年)八月,知(行政长官)延州(治所位于今陕西省延安市)沈括和鄜延路(治所延州)经略安抚副使(军政副长官)种谔上书朝廷,建议在横山(山名,位于今陕西省横山县境内)筑城以防御西夏①军队侵扰。宋神宗决定派给事中(侍从皇帝兼处理监察谏议事务)徐禧和内使(宦官)李舜举赴鄜延与之共议筑城之事。之后,李舜举拜见宰相王珪说:相公执掌朝政,能把边防大事交给两个内侍之臣去处理吗?内臣的职责是侍奉皇上出入,怎么能担当将帅之任呢?王珪对李舜举的话置若罔闻。

徐禧抵达延州后,不顾种谔劝阻,奏请在永乐(位于今陕西省米脂县西北)筑城。宋神宗同意筑永乐城,令沈括率众援建,种谔留守延州。徐禧动用大量民工仅用十四天将永乐城建成。尔后,他同李舜举随沈括移居米脂(位于今陕西省米脂县),留怀州(治所位于今河南省沁阳市)防御史(军事长官)曲珍领一万名兵士守卫永乐城。

九月,西夏出动千名骑兵攻打永乐城。徐禧闻讯后,决定与李舜举、陕西(即陕西路)转运判官(主管驻军财粮供应)李稷等人领

---

① 政权名,都兴庆府,位于今宁夏银川市。

六、骄疏疑忌　祸患丛生

兵前往救援，留沈括率部守卫米脂。在徐禧动身赴援永乐城之前，边关派人向他报告，说西夏已调集二十万（《宋史纪事本末》卷四十、《续资治通鉴》卷七十七皆记作三十万）大军屯驻泾原（位于今甘肃省泾川县）以北。徐禧不以为然，声称如果敌人大举来犯，这正是我们建立功名获取富贵的好时机。大将高永亨提醒他说：永乐城小人少，又缺水，恐怕难以据守。徐禧认为高永亨的话沮丧士气，下令将他抓捕押送延州监狱。

徐禧等人领军抵达永乐城，与守城将士会合在一起共有七万多人。大将高永能（高永亨之兄）听说西夏军队正朝永乐城进发，建议乘其前锋部队尚未列好阵势，主动向夏军出击，攻其措手不及。徐禧嘲笑道：你懂什么！我们是天子仁义之师，在夏军没有布好阵势之前，我们是不应当击鼓进攻的！

西夏前锋部队抵达永乐城外，开始轮番攻城。宋军官兵出城迎战，流露出恐惧的神色。曲珍对徐禧说：军心已经动摇，现在同夏军交战，我军必败，请下令收兵回城吧！徐禧责备曲珍说：你身为大将，大敌当前，怎么能带头退却！

接着，西夏铁骑兵开始渡河。曲珍又向徐禧建议说：这是西夏铁鹞子军，必须乘他们渡河时发起进攻，这样我们才能取胜。他们一旦过河，就难以阻挡了。徐禧对曲珍的这一意见也听不进去，再次坐失战机。

西夏铁骑兵上岸后横冲直撞，势如破竹，锐不可当，其后续部队跟着一齐冲杀过来。曲珍部众战败，死伤惨重，宋军不得不退入永乐城。西夏军随即包围永乐城，切断通往城内的水源。守城兵士挖井未能取到泉水，渴死者十有六七。沈括等人率兵救援，受到夏军阻击，不得前进。种谔对徐禧心怀怨愤，竟坐视不救。在这种情况下，曲珍建议率部从南门突围，又被徐禧制止。

九月戊戌夜，永乐城被夏军攻陷，徐禧、李舜举、李稷、高永能等人战死,曲珍得以逃脱。宋军兵士及筑城民工死伤共二十余万人。宋神宗听说后痛悔不已。

《宋史》卷三百三十四 徐禧传
《宋史纪事本末》卷四十 西夏用兵

【简评】

  徐禧平时喜欢谈论兵事,有献身边防的良好愿望,认为"西北可唾手取,恨将帅怯尔"。然而,他志大才疏,对如何用兵打仗一无所知,由他指挥打仗难免失败。宋军在永乐城惨败固然由于徐禧瞎指挥所致;然而任用徐禧这样不懂军事的人主管边防事务,宋神宗和王珪亦难辞其咎。

六、骄疏疑忌　祸患丛生

丘福轻敌冒进

　　明永乐七年(1409年)四月,明成祖派遣都督指挥(军事将领)金塔卜歹和给事中(侍从皇帝兼处理监察谏议事务)郭骥等人出使鞑靼①。鞑靼可汗本雅失里(元皇族后代)竟指使人将郭骥杀害。明成祖大为恼火。七月,明成祖任命中军都督府左都督(警卫部队长官)丘福为征虏大将军,统领十万骑兵北伐本雅失里。

　　明成祖担心丘福轻敌,特意嘱咐他说:领兵远征必须慎重行事。从开平(即开平卫,镇所位于今内蒙古正蓝旗东)再往北去,便不大容易见到蒙古军。至时,你们应时时如同面对敌军,前进或驻扎要相机而定,不可一个劲朝前冲。丘福领军上路后,明成祖又接连派人向他传话,告诫他:"军中如有人说敌人不难征服,将军可不能轻易相信!"

　　八月,丘福率领一千多名骑兵最先抵达胪朐河(今蒙古国克鲁伦河)南岸。丘福领兵击败蒙古小股流动骑兵,乘胜渡过胪朐河。这时,丘福部下俘虏一个蒙古人,他自称是蒙古尚书(朝廷部门长官)。丘福设宴招待这个蒙古尚书,并向他询问本雅失里在什么地方。蒙古尚书答称:本雅失里听说王师前来讨伐,向北逃跑了,现在还没有跑远,离这儿大约只有三十多里路。丘福听他这么说十

---

①　国名,即蒙古,可汗(国王)庭位于今蒙古国哈尔和林。

分高兴,对其部将说:我们得快速追上去,活捉本雅失里!右参将(职位在副将之下)李远、左副将军王聪认为,不可轻信俘虏孤军深入,建议等后续大军赶到,将情况侦察清楚后再进军。丘福没有同意。

丘福当即以蒙古尚书为向导,率领千名骑兵追击本雅失里,部将不得已随之上阵。追奔几十里后,他们没有见到本雅失里踪影,却受到蒙古骑兵的阻击。丘福指挥兵士与蒙军交战,连续两天将蒙军打败。丘福没有想到蒙军是佯败,只是认为蒙军不堪一击,下令将士乘胜前进。

这时,李远再次提醒丘福说:那个被俘虏的蒙古尚书,看来是一名间谍。将军不可轻信他的话。敌人是故意向我们示弱,以诱骗我们孤军深入。如果继续往前追,将对我军不利;撤退则显示我们畏惧,也不利。现在唯一的办法是让部队驻扎下来,加强军营防守。白天扬旗击鼓,派骑兵与敌军挑战,夜间多点燃火炬,多鸣炮,虚张声势,使敌军摸不着我军的底细。等大军赶到后,全力发起进攻,定能获取全胜。将军此时可要慎重。临出征之前,皇上告诫将军不可贸然前进,该没有忘记吧!

丘福执意令部众继续追击。他厉声警告道:违反我命令的人斩首!说罢,丘福策马扬鞭,率先向前狂奔,护卫士兵紧跟其后。将士们无可奈何,只好含着眼泪跟随丘福去冒险。

正当丘福领兵盲目狂奔之时,大批蒙古骑兵突然飞驰而致,将他们重重包围。明军寡不敌众,全军覆没。王聪战死,丘福、李远及右副将军火真、左参将王忠等被俘遭杀。

《明史》卷一百四十五 丘福传
卷三百二十七 鞑靼
《明史纪事本末》卷二十一 亲征漠北

六、骄疏疑忌　祸患丛生

【简评】

　　率部远征,将士疲惫,敌情不明,本来就难以取胜,丘福却把它看成是轻而易举的事。蒙军示弱,他则误认为其部众锐不可当。丘福受蒙军间谍诓骗而不省悟,把明成祖的嘱咐抛诸脑后,拒绝接受李远等人的正确意见,主观武断,孤军深入,以致兵败被杀,前锋部队全军覆灭。

王三善失于轻信

明天启二年（1622年）二月，贵州（即贵州布政司，治所贵阳，位于今贵州省贵阳市）水西（位于今贵州省鸭池河以西地区）土目（少数民族地方长官）安邦彦发动叛乱，领兵包围贵阳。贵州总兵（军事长官）杨愈懋等人在平叛战斗中阵亡。

此时，王三善由右佥都御使（相当最高监察机关副长官）受任贵州巡抚（行政长官），尚在赴任途中。他行抵沅州（治所位于今湖南省芷江县），接到贵州原巡抚李枟（《明史记事本末》卷六十九记作李沄）的告急信，迅速组织援军朝贵阳前进。

十一月，四川等地的援军尚未赶过来。王三善在平越（位于今贵州省福泉市）召集部众开会说：贵阳被叛军围困日久，形势非常危急。眼下，如赴援贵阳，我们寡不敌众，将会死在敌人刀箭之下；但贵阳城一旦失守，依照国法我们则要被处死。不管怎么说，我们总不能在这里等死啊！他随即将部众分为三路赴援贵阳：令道臣（介于巡抚和州府长官之间的地方长官）何天麟率七千兵士为右路军，从清水江（位于今贵州省福泉市与开阳县交界）出发；道臣杨世赏率一万兵士为左路军，从都匀（位于今贵州省都匀市）出发；他自己率二万兵士为中路军，从平越出发，正面进攻叛军。

中路军奋勇作战，旗开得胜。十二月，副总兵刘超率部斩杀叛军勇将阿成，王三善指挥部众攻克龙里城（位于今贵州省龙里县）。

六、骄疏疑忌　祸患丛生

这时,部将建议将部队驻扎在龙里城休息,以观察包围贵阳叛军的动态。王三善没有同意,率领部众继续向贵阳进击。叛首安邦彦见王三善部众来势凶猛,以为其足有数十万大军,吓得偷偷逃遁。王三善率部击毙叛军头目安邦俊,活捉安邦彦的弟弟阿伦,进抵贵阳城下。叛军纷纷逃散。

李枟对王三善率军解除贵阳之围十分感激,请他入城休息。王三善回答说:"叛军没有走多远,我不可能安心休息。"他辞谢李枟邀请,率领部众驻在城南。第二天,王三善率部攻克泽溪(位于今贵州省贵阳市花溪区)。

接连打了几次胜仗以后,王三善开始轻视叛军。

天启三年(1623年)正月,王三善下令乘胜进击叛军据点大方(位于今贵州省大方县)。总兵刘超率部进至陆广河(鸭池河流经今贵州省修文、息烽二县境内的一段)岸,受到叛军诱骗,被叛军击败。叛军得以复振,重新占据龙里。四月,安邦彦令其部将宋万化、吴楚汉率部为左右翼,直趋贵阳。针对叛军反扑,王三善急令部将祁继祖领兵夺回龙里,接着派兵击败吴楚汉、宋万化叛军,宋万化被俘。安邦彦大为沮丧,率众退守鸭池(位于今贵州省修文县鸭池河东岸)、陆广(位于今贵州省息烽县鸭池河东岸)等据点。

七月,王三善率部攻入大方。安邦彦向南逃入织金城(位于今贵州省织金县)。

闰十月,王三善召集部将商量进剿叛军,众将领持不同意见。总督(省级军政长官)杨述中畏惧叛军而屯兵镇远(位于今贵州省镇远县),极力阻止进剿。王三善力排众议,毅然率六万名军士渡过乌江,在黑石(其地不详)击败叛军。进军途中,部队的粮食吃光了,众将领请求撤退,王三善怒斥道:你们如想撤退,还不如斩下我的头去投降叛军!众将领不敢再说一个不字。在进攻漆山(其地不详)的战斗中,王三善身临前线指挥。他对其部将说:这一战再打不胜,这里就是我的葬身之地!部众受其慷慨陈词所激励,拼死作战,将叛军击败。

安邦彦不甘心就此失败,日夜图谋向官军反攻。他密令其亲信陈其愚假装向王三善投降。王三善性格豪爽,喜欢结交四方奇士侠客,竟为陈其愚的花言巧语所迷惑。他把陈其愚视为可靠的朋友,想靠他帮助剿灭叛军,让他参与军务,致使叛军对官军的虚实情况一清二楚。

天启四年(1624年)正月,大方城内粮食吃尽,王三善率部由大方回返贵阳,让陈其愚随行。行至内庄(其地不详),担任后卫的部队受到叛军袭击。王三善下令回军救援,将士们争先回奔赴援。陈其愚见众军士离去,向王三善谎称叛军从山后面冲杀过来。王三善勒马回头观看,陈其愚乘其不备,纵马朝王三善冲撞,使之落马坠地。这时,王三善才看清陈其愚的真面目,意识到中了他的奸计难以逃脱,抽出匕首准备自杀。陈其愚上前夺下王三善手中的利刃。隐藏在附近的叛军蜂拥而上,将王三善擒获。王三善大骂叛军不止,毫不屈服。叛军当即砍下王三善的脑袋,匆忙逃离。

《明史》卷二百四十九 王三善传

《明史纪事本末》卷六十九 平奢安

【简评】

王三善率部平叛勇往直前,解贵阳之围,多次击败叛军。他的失误在于轻信,没有识破叛军骨干陈其愚伪降而将其引为知已。两军对战,你死我活。对于来自敌阵的投降者、对于萍水相逢的新朋友,未经长期实际考察,作为主要将领岂能对其如此信任?

六、骄疏疑忌　祸患丛生

袁崇焕刚愎自用

袁崇焕是明东莞（位于今广东省东莞市）人，考中进士后受任邵武（治所位于今福建省邵武市）知县（行政长官）。他为人慷慨，有胆识，喜好谈论兵事，有志于献身边防。

抗御后金[①]初露锋芒

明天启二年（1622年）正月，袁崇焕经人推荐调任兵部职方主事（朝廷主管军事的部门内设测绘地图机构文秘官）。当时，明东北边防重镇广宁（位于今辽宁省北宁市）被后金军队攻占，京都为之戒严。朝廷大臣议论如何扼守山海关（位于今河北省秦皇岛市山海关区），防御后金军队继续南下。袁崇焕听说后独自骑马去观察山海关内外地形，其家人和兵部都不知道他的去向。没过两天，

[①] 明万历四十四年（1616年），女真族首领努尔哈赤称汗（国王），建国号"金"，史称"后金"，都赫图阿拉（位于今辽宁省新宾县西）。后金天聪十年（1636年），皇太极汗（努尔哈赤第八子）去汗号称帝，将国号改为清，迁都盛京，位于今辽宁省沈阳市。

袁崇焕回到兵部,声称只要给他一定数量的军马钱粮,就能守住山海关。朝廷大臣赞赏袁崇焕的气魄。不久,明熹宗提袁崇焕为佥事(司法监察官员),让他监督山海关军事。

辽东镇(明九边镇之一,治所位于今辽宁省辽阳市)经略(军事长官)王在晋令袁崇焕监督前屯卫(位于今山海关东北)军事,安置那里失业难民。袁崇焕受命后不顾路途险阻和虎豹出入,当天晚上便率队出发,深夜赶到驻地。镇守前屯的官兵都佩服他的胆量。袁崇焕到达前屯后,安抚军民,激励官兵加强战备,政绩显著。一次,他查核兵士人数,发现某军校(职级低于将军的武官)虚报人数,随即下令将该军校斩杀。在辽东督查军事的大学士(宰相)孙承宗召见袁崇焕,怒斥道:监军有权擅自杀人吗?袁崇焕低头认错。

天启三年(1623年)九月,孙承宗令袁崇焕同将军满桂领军镇守宁远城(位于今辽宁省兴城市)。袁崇焕下令加固宁远城墙,使之成为关外重镇。他善于抚慰部众,官兵都乐于为他尽力。袁崇焕忠于职守,接到父亲去世的家信,他以边防大事为重,没有回家治丧守孝。此后,袁崇焕升任右参政(相当省级行政副长官),协助孙承宗收复山海关外二百余里疆土。

天启五年(1625年)十月,新任辽东经略高第认为山海关外的土地难以守住,下令驻守山海关外的军队撤回关内。袁崇焕极力劝阻,高第拒不接受袁崇焕的意见,令其从宁远撤退。袁崇焕坚决抵制,称其职责就是守卫宁远,宁愿死在宁远城,也决不后撤。镇守锦州(位于今辽宁省锦州市)、大凌(位于今辽宁省凌海市南)等地的明军撤回关内后,宁远成为明军据守的关外孤城。

天启六年(1626年)正月,后金汗努尔哈赤下令军队攻打宁远。袁崇焕"刺血为书,激以忠义",誓死与将士守卫宁远城。后金军连续数日围攻宁远城,高第闻讯按兵不救。袁崇焕镇定自若,指挥部众将后金军击退,以功被提为右佥都御史(最高监察机关副长官)。接着,明熹宗任命袁崇焕为辽东巡抚(行政长官)、兵部右侍郎(兵部副长官)。

居功骄傲 擅自议和

坚守宁远有功受到重用后,袁崇焕滋生骄傲情绪。他与满桂的关系弄得很僵,请求朝廷将满桂调离。满桂调回朝廷后,袁崇焕又埋怨辽东经略王之臣奏请挽留满桂,与王之臣也不能协调共事。为此,朝廷令王之臣专管关内军务,关外军务由袁崇焕主管。不久,朝廷将王之臣召回,让袁崇焕统管关内外防务。

袁崇焕担心与之失和的将领对他忌妒中伤,上书明熹宗称:"勇猛图敌,敌必仇;奋迅立功,众必忌。任劳则必招怨,蒙罪始可有功。怨不深则劳不著,罪不大则功不成。谤书盈箧,毁言日至,从古已然,惟圣明与廷臣始终之。"明熹宗回信对袁崇焕加以安慰鼓励。

八月,后金汗努尔哈赤去世,其子皇太极继位为后金汗。袁崇焕派遣使者前去吊唁,借机窥探后金虚实。皇太极汗随即派使臣对袁崇焕回访答谢。袁崇焕想同后金议和,要后金使者带回一封信。对于与后金议和这一重大事项,袁崇焕事前没有向朝廷奏报,朝廷无人知道。

当年冬天,袁崇焕率部收复高第所放弃的土地。他上书请求修复松山(位于今辽宁省凌海市南)等城,增拨四万军士镇守。明熹宗批准照办。

天启七年(1627年)正月,后金准备征战朝鲜。为了防止袁崇焕率部从背后袭击,后金派使臣答复袁崇焕同意议和。之后,后金出兵东渡鸭绿江,进攻朝鲜。袁崇焕乘机下令加固锦州、中左(位于今辽宁省凌海市)、大凌三城,并派使者与后金议和。直到这时,他才向朝廷补报奏章。明熹宗开始同意袁崇焕与后金议和,转而反悔,多次传令他停止议和。袁崇焕称其以议和图谋收复被后金占去的土地,坚持自己的意见,明熹宗只好认可。

后金军队攻占朝鲜,并击败镇守皮岛(又名东江,即今朝鲜西朝鲜湾内椵岛)的明将毛文龙部众。明朝廷议政官员认为,这是袁崇焕同后金议和所引起的。袁崇焕上书为自己辩解,称他以和议麻痹后金,乘其出兵鸭绿江东岸之机,已修固锦州等三城。明熹宗对袁崇焕的陈述表示认同。

五月,后金军队围攻锦州,平辽总兵(军事长官)赵率教率部守卫锦州城,同时派人向后金求和,以延缓其攻势,等待援兵,受到后金军拒绝。袁崇焕认为宁远守军不可调动,从别处调集四千名骑兵,由部将尤世禄、祖大寿率领,绕到后金军背后同其决战;与此同时,他派水军从东面出击以牵制后金军,并请朝廷调拨蓟镇(明九边镇之一,防区位于今河北省长城以内山海关至居庸关及天津市)等处驻军保卫山海关。后金军见锦州难以攻下,转而攻打宁远城。袁崇焕率领兵士据城固守,后金军亦未能攻下宁远。六月,后金军撤回。朝廷内外无不称颂宁锦大捷。

退而复起 口出豪言

当时,司礼秉笔太监(代皇帝批阅奏章的宦官头目)魏忠贤在朝廷专权。有的官员为讨好魏忠贤,为他建立祠堂,各地纷纷响应。袁崇焕行动迟缓,受到魏忠贤猜忌。魏忠贤指使其党羽弹劾袁崇焕没有派宁远守军救援锦州。袁崇焕深知受到魏忠贤弹劾处境危险,随即请求退休。七月,朝廷批准袁崇焕退休回乡。八月,明熹宗去世,其弟朱由检即位为崇祯帝。十一月,崇祯帝罢免魏忠

六、骄疏疑忌　祸患丛生

贤职务,将其迁往凤阳(位于今安徽省凤阳县)。魏忠贤畏罪自杀。当月,崇祯帝将袁崇焕召回朝廷,任命他为右都御史(最高监察机关长官),视兵部添注左侍郎事(代理兵部副长官)。

崇祯元年(1628年)四月,袁崇焕受任兵部尚书(兵部长官)兼右副都御史,督师蓟、辽兼督登(治所位于今山东省烟台市)、莱(治所位于今山东省莱州市)军务。

七月,袁崇焕回京都奏报防务情况。崇祯帝向他询问防守和进攻的方略,袁崇焕回答说:方略已尽写在奏书中。臣深受陛下信赖,请求让我自行处理边防事务,预计五年之内可以收复辽东全境。崇祯帝极为高兴,鼓励袁崇焕努力,以"解天下倒悬"。崇祯帝说罢因事暂时离开。给事中(侍从皇帝兼处理监察事务)许誉卿向袁崇焕请教五年收复全辽东的方略。袁崇焕答道:皇上为辽东防御的事忧心,我说此话只是安慰皇上而已。许誉卿说:皇上即位后励精图治,将军怎么能随意许愿应对?今后,皇上如果按期验证将军所说的话,该怎么办?袁崇焕这才意识到自己说了过头话。

不一会,崇祯帝返回。袁崇焕对崇祯帝说:平定辽东并不是多大的难事。按我的能力,收复全辽东绰绰有余,只是难以调令众将。我率部远离朝廷,征战万里,难免会有人忌能妒功。他们即使不能以权力掣肘我,亦能以不同意见干扰我的部署。崇祯帝当即起身,宽慰袁崇焕说:你无须顾虑,朕自会主持公道。袁崇焕举出原经略熊廷弼①、孙承宗二人受到诬陷的例子,对崇祯帝说:朝廷看待边将,应当看其攻守成败的大事,不必拘泥于其一言一行的小毛病。边将责任既然重大,招致毁怨亦就多。凡对镇守边疆作出贡献的将领,其自身都要受到损害。何况将敌人打败,敌人亦会施

---

① 在杨镐、袁应泰两任镇守辽东主将兵败之后,熊廷弼曾于万历四十七年(1619年)和天启元年(1621年)两度出任辽东经略,镇守有功。后来,熊廷弼受到魏忠贤等人诬陷,于天启五年(1625年)含冤被杀。

用离间计中伤边将。所以说，做一个边防将领很难，陛下既然信赖我，我为何还有疑惧呢？因为朝廷中有人想陷害我，我不能不奏告陛下。崇祯帝赐给袁崇焕尚方宝剑（皇帝授权可用于斩杀违法官员的利剑），授权让他自行处置防务事项，并对他又鼓励一番。

专权恣肆 妄杀战将

在袁崇焕入京奏事之际，驻守宁远的军士以拖欠 4 个月军饷为由发动兵变，将巡抚毕自肃、总兵官朱梅等人软禁。宁远军士要求得到满足后，事态平息。毕自肃引罪自杀。袁崇焕回到宁远后为严肃军纪，下令将为首起事的杨正朝等十五人押往闹市斩首示众，将知其密谋而没有举报的中军（军营内中等级别的军官）吴国琦斩杀。

接着，袁崇焕调整军事部署，令祖大寿率部驻守锦州、中军副将何可刚率部驻守宁远、赵率教率部驻守山海关，他自己的指挥部设在宁远。袁崇焕对祖、何、赵三人极为赏识，上书称："臣自期五年，专藉此三人，当与臣相终始。屈期不效，臣于戮三人，而身归死我于司败。"崇祯帝同意他的部署。

袁崇焕主管辽东边防后，看不惯毛文龙的为人。毛文龙自天启元年（1621 年）奉命镇守皮岛，曾数次领兵击败后金军，收复辽东失地，为后金心头之患。他虽然也打过败仗，但没有丧失皮岛。袁崇焕认为毛文龙每年耗费兵饷太多，曾上书请兵部派员赴皮岛审查。毛文龙听说后上书抵制兵部派员审查，袁崇焕大为不快。此后，毛文龙来宁远拜见袁崇焕。袁崇焕待之以宾礼，毛文龙却没有谦让，由此，袁崇焕对他更加憎恶。

袁崇焕担心五年内平辽的话不能兑现，再次派人去后金议和。

六、骄疏疑忌　祸患丛生

后金官员提出：真想谈和，就把毛文龙的头送过来。于是，袁崇焕决定将毛文龙处死。

崇祯二年（1629年）六月，袁崇焕以视察军队的名义去双岛（位于今辽宁省大连市以西海中），邀请毛文龙赴双岛观看射击，借机将毛文龙诱杀。然后，袁崇焕奏告崇祯帝。崇祯帝接到这一奏报大吃一惊，但考虑毛文龙已被杀死，眼下正依靠袁崇焕镇守辽东，便传令公布毛文龙的罪状，以安抚袁崇焕。之后，毛文龙部众中有不少人叛逃。袁崇焕害怕毛文龙部下叛变，将其饷银增至十八万。崇祯帝虽然对其"兵减饷增"大为不满，仍以特例批准袁崇焕的奏报。

受间被诬　论罪处死

当年十一月，后金汗皇太极派遣数十万大军南下。后金军撇开驻防锦州、宁远的祖大寿部、何可刚部，分路攻入龙井关（位于今河北省遵化市东北）、大安口（位于今河北省遵化市西北）。袁崇焕闻讯当即召令祖大寿、何可刚率部入关，随同他转至蓟州（位于今天津市蓟县）御敌。当时，袁崇焕部下拥有军士十五万三千名，战马八千余匹。袁崇焕意欲同后金军决战，失利的消息却接连传来：赵率教阵亡，遵化（治所位于今河北省遵化市）等地失守，总兵朱国彦自尽，后金军绕过蓟州向西进发。袁崇焕大为惊恐，火速领兵护卫京都，屯驻广渠门外。崇祯帝召见袁崇焕给予慰劳。袁崇焕以兵马疲敝，请求率部进入京城休整，崇祯帝没有同意。袁崇焕激励将士顽强抗击后金军，双方各有伤亡。

后金大军临近京都，引起朝廷内外一片惊慌，诋毁袁崇焕的舆论哗然而起。有人指责袁崇焕手握重兵而纵敌入关，也有人诬蔑他故意引导后金军威胁京都,迫使朝廷与之缔结城下之盟。崇祯帝听到种种非议后对袁崇焕产生怀疑。

在此期间,后金将领向明朝廷施用离间计。他们故意在被俘的明朝某宦官囚所附近议论与袁崇焕私下订有密约,并让他偷跑回去。这个宦官逃回明皇宫后,将后金将领所说的话奏告崇祯帝。崇祯帝信以为真,认为袁崇焕背下已投降后金。

于是,崇祯帝召见袁崇焕、祖大寿等人,当场下令将袁崇焕逮捕入狱。祖大寿惊恐不安,回到军营后即率部出逃。吏部尚书(朝廷主管官吏任免的部门长官)王永光等人弹劾袁崇焕"擅主和议、专戮大帅",请求予以治罪。

崇祯三年(1630年)八月,崇祯帝以谋叛的罪名下令将袁崇焕押赴闹市处死,并将其妻子及兄弟流放到三千里以外荒僻的地方。天下有识之士都认为袁崇焕死得冤枉。

《明史》卷二百五十九 袁崇焕传

【简评】

袁崇焕立志献身边防,弃孝尽忠。他长年戍守辽东,为抗御后金军南下立有战功。然而,他志大才疏,受任辽东经略后,不仅未能兑现五年内平定辽东的诺言,相反不到两年却让后金军越过其防线进入关内,直逼京都。这一重大失误是不可宽恕的。他刚愎自用,妄杀部将;未经奏报获准,擅自同后金议和,且拒听诏令固执己见,也是其重大过失。袁崇焕虽有诸多失误,但并没有阴谋叛国,他对明朝廷是忠诚的,以谋叛罪将其处死实属冤枉。

六、骄疏疑忌　祸患丛生

庆复草率收兵

　　清乾隆十年(1745年)春天,川陕(即四川、陕西二省)总督(军政长官)庆复、四川巡抚(行政长官)纪山、署四川提督(代理军事长官)李质粹先后上书朝廷,奏报瞻对(位于今四川省新龙县雅砻江上游)土司(少数民族地区地方官)经常抢劫驻守西藏官兵往返所携财物,请求派兵进剿。五月,乾隆帝批准他们的请求,令建昌镇(镇所位于今四川省雅安市)总兵(军事长官)袁士弼统领一万五千兵士进剿,配给价值五十万两白银的钱粮,并令庆复到四川坐镇指挥。乾隆帝以密信告诫庆复说:"务须尽心筹划,犁庭扫穴,不至复留余孽。倘仍如雍正八年草率了结①,复为今日之害,则庆复、纪山、李质粹不得辞其咎!"后来,乾隆帝又下令给庆复增调军士和钱粮。

　　瞻对,分为上瞻对和下瞻对两个宗族。上瞻对土司四朗听说朝廷大军进剿,写信向率部逼近其山寨的松潘(治所位于今四川省松潘县)总兵宋宗璋投降。随后,四朗之侄上瞻对酋长(部族首领)肯朱向总兵袁士弼投降。

　　下瞻对酋长班滚居住在雅砻江西边的如郎寨,不肯向官军降服。于是,宋宗璋、李质粹及夔州(治所位于今重庆市奉节县)副将

---

①　清雍正八年(1730年),朝廷曾派兵征讨瞻对土司,征讨军无功而还。

马良柱等人分头率兵围逼如郎。

十月,庆复等人上书奏称:下瞻对酋长班滚托人担保请求投降。乾隆帝答复庆复说:"不可恃胜以轻敌,更不可草率以了事,""其投诚不可信矣"。此后,班滚又派其母亲出面请求投诚,李质粹将她放归。乾隆帝听说后,责备李质粹"坐失机宜",令庆复亲赴进剿前线,直接处理剿办事宜。

乾隆十一年(1746年)春天,庆复由投诚的瞻对人俄木丁等领路,率军从江东岸乘皮船渡江,攻破十余道哨卡,围攻如郎寨。几路大军围剿数日,摧毁如郎寨前的碉堡,攻破如郎寨。班滚逃入泥日寨。庆复将此情奏报朝廷,乾隆帝批复说:"班滚未获,究未可谓成全功。"

四月,李质粹率兵攻破泥日寨,向庆复报称:班滚已经被烧死,烧碉堡时有人看见他上吊自缢。庆复不敢认定,转而询问众人。俄木丁从灰烬中取出鸟枪铜碗,称都是班滚用的东西。此时,庆复疲于深山跋涉,想苟且了事,收兵休息。李质粹和俄木丁的话使他产生侥幸心理。在他看来,虽然没有发现班滚的尸体,但他的营寨已被摧毁,即使其逃亡也不过是"釜底游鱼,不足介意"。于是,庆复报告朝廷,称班滚已死。朝廷令庆复等人率部撤回,留宋宗璋率三千兵士驻守瞻对。

乾隆十二年(1747年)三月,庆复调回朝廷任大学士(宰相)兼管兵部(朝廷主管军事的部门),由贵州(即贵州省)总督张广泗接任其川陕总督职务。乾隆帝令张广泗率军征讨大金川(位于今四川省金川县境内)土司叛乱,同时留心考察班滚是否真的烧死。

十一月,张广泗向乾隆帝奏报:称班滚还隐藏在如郎,并没有烧死,班滚居住的大碉堡也没有摧毁,其党羽仍隐藏在其中;庆复对被俘的班滚之子沙加七立未作处罚,反为他更名为德昌喇嘛,要他住回班滚大碉堡内冒充佛徒念经。

乾隆帝随即把张广泗的奏折转给庆复阅看。庆复自知有罪,

六、骄疏疑忌　祸患丛生

请求从重处罚。乾隆帝说："法度者,朝廷之法度,有功则赏,有罪则罚。""统兵之人皆如此欺罔,关系尚可问乎?""庆复以台辅大臣,受国家厚恩,何以于此等军机重务通同欺罔,一至于此!今既通盘败露,法纪所在,朕虽欲宽之,而无可宽也。"乾隆帝随即下令罢免庆复官职,令其在家听候处理,第二年又下令将他逮捕入狱。

经军机大臣会审,拟以"贻误军机"罪将庆复处以斩首。乾隆帝批复推迟两年执行。乾隆十四年(1749年)九月,乾隆帝下令庆复自尽。

《清史稿》卷二百九十七　庆复传
《清通鉴》卷一百二　清高宗乾隆十年
　　　　　卷一百三　清高宗乾隆十一年
　　　　　卷一百四　清高宗乾隆十二年

【简评】

瞻对土司抢劫驻藏官兵往返所携财物,可以采取安抚政策,依靠其自身治理。庆复等人作为该地方长官,不该奏请朝廷兴师动众加以围剿。派军进剿期间,乾隆帝曾经指出:"瞻对之役,朕本无兴兵之志,皆汝等守土之臣,以为必当为一劳永逸之图。""此一事我君臣皆不得辞未曾妥酌而率尔兴戎之咎"。庆复既然领兵进剿,劳师伤财却半途而废,苟且收兵而谎报战功,其最终被处死完全是咎由自取。

柴大纪纵兵经商

清乾隆五十一年(1786年)十一月,台湾(时为福建省台湾府)天地会①首领林爽文、庄大田以"诛杀贪官"发动乡民起义,杀死彰化(治所位于今台湾省彰化县)知县俞峻、副将赫生额,又杀死带兵前往镇压的台湾知府(行政长官)孙景燧等人,攻占彰化、诸罗(治所位于今台湾省嘉义县)、凤山(治所位于今台湾省高雄市)等县城。林爽文自称"顺天盟主",发布告示称:"居官爱民如子,才称为民父母也。今据台湾皆贪官污吏,扰害生灵,本帅不忍不诛,以救吾民,特兴义兵。"接着,林爽文率众进攻台湾府城(位于今台湾省台南市)。台湾总兵(军事长官)柴大纪率部反击,击沉义军数十艘船只,杀死义军千余人。

乾隆五十二年(1787年)正月,柴大纪领兵收复诸罗城。乾隆帝闻讯赐予柴大纪花翎(用孔雀尾羽制作的冠饰)。二月,林爽文率部围攻诸罗城,柴大纪领兵将其击退。林爽文派其部下张慎徽伪装投降,柴大纪察觉其诈降,将其处死。

五月,林爽文领兵再次将诸罗城包围。当时,诸罗城四周仅以竹排作为防护,没有城墙,易攻难守。柴大纪以忠义激励士气,率

---

① 天地会为清代南方地区秘密社团,创立于乾隆二十六年(1761年),以"顺天行道"、"剃除贪官"、"反清复明"为口号。

六、骄疏疑忌　祸患丛生

领兵民誓死守卫诸罗城。乾隆帝嘉奖柴大纪的功劳,提任他为福建陆路提督(陆军长官)兼台湾总兵,同时令闽浙(即福建、浙江二省)总督(军政长官)常青率七千兵士赴台湾围剿天地会义军。

八月,诸罗城内几乎弹尽粮绝,柴大纪向朝廷告急。九月,乾隆帝密示柴大纪说:"不必坚执与城存亡,如遇事急,可率兵力战,出城再图进取"。柴大纪奏报称:"诸罗居台湾南北之中,一旦弃之而去,盐水港运道(诸罗通往台湾府的粮道)亦不能守。城内四万多避难平民提供军饷,协助我们守城,一直坚持到今天。我不忍将此数万生灵付于逆贼毒手!我只想竭力保守诸罗城,以等待援兵"。

乾隆帝看了柴大纪的奏书后,亲手批示道:"所奏忠肝义胆,披览为之堕泪!大纪被围日久,心志益坚,勉励兵民,忍饥固守,惟知以国事民生为重。古之名将,何以加之!"为褒奖义民,乾隆帝将诸罗县改名为嘉义县。随后,乾隆帝封柴大纪为一等义勇伯,令浙江巡抚(行政长官)琅玕赏给柴大纪家人万两银子以示慰问,并令陕甘(即陕西、甘肃二省)总督福康安赴台取代年事已高的常青统兵,火速救援嘉义(诸罗)。

十一月,福康安率援军抵达台湾,击败林爽文部众,解除其对嘉义(诸罗)城的包围。柴大纪自恃功高受到乾隆帝晋爵嘉奖,加之防务繁忙,出迎福康安时没有整齐着装向其行军礼。福康安大为不快,对柴大纪恼恨在心。

不久,福康安上书,奏称柴大纪"诡谲,深染绿营习气,不可倚任"。乾隆帝对福康安奏告不以为然,指出柴大纪"坚持定见,竭力固守,不忍以数万生灵委之于贼。朕阅其疏,为之堕泪。福康安乃不能以朕之心为心乎?""大纪屡荷褒嘉,在福康安前礼节或有不谨,致为所憎,直揭其短。福康安当体朕心,略短取长,方得公忠体国之道"。

十二月,工部侍郎(朝廷主管百工织造部门副长官)德成出巡浙江、台湾等地回京。乾隆帝向他打听柴大纪在台湾的名声，德成受福康安指使，奏称柴大纪纵恣自大，居官贪黩，私令官兵回内地贸易牟利，使守台官兵所剩无几，以致林爽文举事不能及时平息，酿成事端。乾隆帝听了德成奏告后颇为吃惊，转而想处治柴大纪，传令福康安和闽浙总督李侍尧密查奏报。

乾隆五十三年（1788年）正月，李侍尧奏称："台湾戍兵多有卖放私回，以致缺额，其留营当差之兵亦听其在外营生，开赌窝娼，贩卖私盐，镇将等令其每月缴钱，经年并不操练。迨各兵换班回来，鸟枪俱已锈涩难用。"去年，"闻贼匪将至府城，柴大纪悒怯不敢出战"，"然柴大纪收复诸罗，且守城数月，与贼打仗，往来船户亦俱称其最为贼所畏惧，所闻柴大纪悒怯无能之说，又似难尽信"。福安康则上书弹劾柴大纪"纵兵激民为变，其守嘉义，皆义民之力"。依据李、福等人奏本，乾隆帝认为，台湾发生动乱是"由柴大纪平日废弛贪黩，积渐酿成"。"守诸罗一事，朕不忍以为大纪罪，至其他声名狼藉，纵兵激变诸状，自当按治"于是，他下令将柴大纪革职收捕审问。

福康安援引"统兵将帅玩视军务故意迁延贻误军机者拟斩立决"的法律条款，奏请将柴大纪立即处死。柴大纪辩称：当时，我一听说彰化失陷，即带兵出城前往平乱。收复诸罗城后，我获悉贼兵攻占诸罗到府城的要道，派游击将军杨起麟带一千名兵士去守卫盐水港、邱能成带五百名兵去守卫鹿仔草，我只带一千四百名兵士坚守诸罗。柴大纪在受审中还指责德成去台湾有意对他"罗织罪款，图谋陷害"。

八月，乾隆帝称柴大纪"欲将德成扳陷，希冀脱罪，奸巧之极，甚属可恶"，下令以玩误军机罪将柴大纪斩首。

《清史稿》卷三百二十九 柴大纪传

《清通鉴》卷一四四 清高宗乾隆五十二年

卷一四五 清高宗乾隆五十三年

六、骄疏疑忌　祸患丛生

【简评】

　　台湾天地会起义的直接原因是官吏贪赃,民不聊生,其根子是朝廷吏治腐败。柴大纪纵兵经商牟利,暴露了军队腐败,是台湾社会矛盾激化的一个重要因素,然称其"纵兵激民为变",把引发天地会起义完全归咎于柴大纪有失公正。柴大纪率部镇压起义军,守卫诸罗城,固然为朝廷立下战功,但他作为镇守台湾的将领放纵士兵弃军经商,严重削弱了部队战斗力,其罪责难赦。乾隆帝既然肯定柴大纪坚守诸罗之功,也明知福康安挟嫌报复,而下令将其斩首,处置显然失当。

七、兵败势去　归宿殊异

战争总有胜负,历史上不乏战败的将领。他们为何失败?他们结局如何?这里选叙的败将,有的饮恨悲歌,舍生取义;有的奋战力竭,以身殉国;有的被俘囚禁,宁死不屈;有的贪生怕死,变节投敌。败将面临生死考验所做出的种种选择,折射出他们的信念、品格和追求,形成了高尚和卑贱、美好和丑恶的鲜明对比。

七、兵败势去　归宿殊异

子玉战败难归

楚成王三十九年(前633年)冬天,楚成王率领诸侯联军围攻宋国。宋成公派司马(参掌军政的大臣)公孙固出使晋国求援。

晋文公重耳当年流亡宋国和楚国时,曾受到宋襄公(宋成公之父)和楚成王厚重的礼遇①。晋文公想派兵援助宋国,而又不想得罪楚国。大夫(朝廷中等级别的官员)狐偃(又名子犯,晋文公之舅)当年跟随重耳流亡,深知晋文公的难处,建议出兵围攻楚国的盟国曹国②和卫国,牵引楚军救援曹、卫二国,以间接减缓楚军对宋国的攻势。晋文公采纳狐偃的意见。

楚成王四十年(前632年)春天,晋国出兵攻打曹、卫二国,并把所占曹、卫二国土地让给宋国。楚成王听说晋国出兵攻打曹国和卫国,从宋国退至申地(楚邑,位于今河南省唐河县西北),并传令将军子玉率部从宋国撤回。

---

①　晋献公二十二年(前655年),晋献公之子重耳受其后母骊姬迫害流亡国外。宋襄公十三年(前638年),重耳流亡到宋国,宋襄公送给重耳二十乘马(八十匹马)。楚成王三十五年(前637年),重耳流亡到楚国,楚成王以迎接诸侯的礼遇接待重耳。

②　西周初年所封诸侯国,国君姓姬,都陶丘,位于今山东省定陶县西南。

子玉对楚成王决定从宋国撤军持有异议,认为晋文公选择这时候进攻曹国和卫国,有意对楚国挑衅,是无义之举,请求领兵去讨伐晋国。楚成王则认为重耳在外流亡二十多年,能回国当上国君,是上天保佑他,不赞成子玉去讨伐晋国。子玉一再坚持,楚成王虽然勉强同意,心里却很不高兴,只拨给他少量军队和一百八十辆战车。

子玉随即派部将宛春出使驻扎在卫国的晋军军营,要求晋文公从曹、卫二国撤军,许诺如果晋国答应这一要求,楚国也放弃围攻宋国。晋文公采用大夫先轸(又名原轸,曾随同重耳流亡各国)等人的计谋,把宛春扣留下来,退还所占曹、卫二国土地,以策动曹、卫二国同楚国绝交。

子玉听说宛春被扣勃然大怒,下令部众向晋军发动进攻。晋文公听取大夫子犯(狐偃)的意见,率军退避三舍(一舍为三十里),以此报答当年楚成王对他的礼遇。楚军骑兵将领想就此停止追击晋军,子玉没有同意。

不久,晋文公、宋成公等率军驻扎在卫国城濮(位于今山东省鄄城县西南)。楚军追至城濮附近的山坡下扎营。子犯劝晋文公领兵迎战。晋文公顾虑说:楚国对我有恩惠,怎么办?大夫栾枝劝告说:汉水以北的姬姓诸侯国,都被楚国吞并完了,国君不能只想着楚国那么一点小的恩惠,而忘记姬姓诸侯国对我们的那些更大的耻辱,应当下令将士出战!晋文公接受栾枝等人的劝告,决定迎战楚军。

四月二日,晋国联合宋、齐、秦等国军队,出动七百辆战车,在莘地(位于今山东省曹县西北)以北将楚军击败。子玉下令收兵回撤。

楚成王听说子玉战败,大为恼火,派大臣(其名不详)对子玉

七、兵败势去　归宿殊异

说：将军统率的是申地和息地①的子弟兵，伤亡如此惨重，你如果回来，怎么好向申、息两地的父老交代啊！子玉知道，回国后楚成王不会宽恕他。他本想为国立功，为楚成王挽回面子，结果反被晋军打败，又受到楚成王责难，心中百感交集，难以平静。返至连谷（其地不详），子玉怀着满腔悲愤举剑自杀。

《左传》僖公二十七年
僖公二十八年
《史记》卷三十九　晋世家

【简评】

　　楚成王领兵攻打宋国，意欲在中原称霸，子玉积极支持他这一举动。晋文公为缓解宋国危机，派兵攻打楚国的盟国曹国和卫国，间接与楚国发生冲突。楚成王不愿与晋文公失和，决定将部队撤回。子玉认为晋文公出兵攻打楚国的盟国是不讲情义，坚持领兵抗击晋军，亦在情理之中。子玉兵败受到楚成王责难，满腔悲愤无可诉说，以自杀了其一生，可谓刚烈。

---

　　① 两地均为楚邑，申地位于今河南省南阳市；息地位于今河南省息县西南。

项羽不肯过江东[①]

项羽,原名项籍,字羽。他的叔父项梁之父项燕,是原楚国将军。楚国灭亡前,项燕被秦国将领王翦率部攻杀。项羽年少时随项梁流亡吴中(位于今江苏省南部)。他身高力大,意气昂扬,有统治天下的雄心大志。有一次,秦始皇南巡会稽郡(治所位于今江苏省苏州市),乘船渡浙江(今江苏省苏州市至浙江省杭州市之间的运河)。项羽随项梁前去观看,指着远处的秦始皇对其叔父说:"那个人,我可以取而代之。"项梁连忙用手捂住项羽的嘴,低声对他说:"不要胡言乱语,说出去要灭族的!"

起兵会稽 渡江攻秦

秦二世元年(前209年)七月,屯长(低级军官)陈胜(字涉)、吴广及九百名兵士奉命去戍守渔阳(位于今北京市密云县西南),因雨误期依法将被处死。陈胜等人被迫杀死将尉(领兵武官),率众

[①] 位于今安徽省芜湖市至江苏省南京市长江段,自西南流向东北,秦、汉以后习惯称此段长江以南为江东。

七、兵败势去　归宿殊异

在蕲县大泽乡（位于今安徽省宿州市西南）举行反秦起义。接着，陈胜率众夺取陈（位于今河南省淮阳县），称王，号"张楚"。各地豪杰和原六国贵族纷纷起兵响应。

九月，项梁、项羽杀死会稽郡假守（代理行政长官）殷通，聚集八千名兵士组建反秦武装。张楚王陈胜的部将召平奉命领兵攻打广陵（治所位于今江苏省扬州市）。不久，召平听说张楚王兵败，去会稽会见项梁，假称张楚王拜任项梁为上柱国（丞相），令他速进军西北，攻打秦朝。于是，项梁及项羽率领八千兵士渡过长江向西北进发。起兵反秦的东阳（治所位于今安徽省天长市）令史（县府属官）陈婴、流亡江湖的豪杰黥布（英布）等人率众投附项梁。项梁部众很快发展到六七万人，屯驻下邳（位于今江苏省睢宁县西北）。

与此同时，泗水亭（位于今江苏省沛县城东南）亭长（主管十里范围的治安官吏）刘邦（字季）聚众起义，响应张楚王反秦，夺占沛县（治所位于今江苏省沛县），自称沛公。

秦二世二年（前208年）十二月①，张楚王陈胜遇害。项梁闻讯后，召集部将在薛（位于今山东省滕州市南）商议下一步方略。时年七十岁的居鄛（位于今安徽省六安市东北，一说位于今安徽省桐城市南）人范增以"楚虽三户，亡秦必楚"②，建议项梁立原楚国国王的后代为王。项梁接受范增这一建议，拥立流落民间的楚怀王熊槐之孙熊心为王，仍称楚怀王，建都盱台（位于今江苏省盱眙县）。在此期间，刘邦率领百余名骑兵投奔项梁。项梁拨给刘邦五千名兵士。

---

①　当时每年纪月从十月开始。

②　楚怀王熊槐三十年（前299年），秦昭王致书约请楚怀王去秦武关（位于今陕西省丹凤县东南）会盟。楚怀王应约抵达武关后即被秦国拘留，后死在秦国。楚国人极为悲痛，一时流传"楚虽三户，亡秦必楚"的民谣（《史记》卷七）。

八月,项梁举兵进攻定陶(位于今山东省定陶县西北),打败秦军。秦将章邯率兵反攻,项梁战死,项羽率部退驻彭城(位于今江苏省徐州市)以西,刘邦率军退驻砀(治所睢阳,位于今河南省商丘市南)。此后,章邯领兵攻打赵国①。赵王赵歇派人向移居彭城的楚怀王紧急求援。

秦二世三年(前207年)十月,项羽奉楚怀王之命,受任次将军,随同上将军宋义率军赴援赵国。行至安阳(位于今河南省安阳市西南)后,宋义拥兵不进,坐视秦军攻打赵国。十一月,项羽击杀宋义,受任上将军率部渡过漳水(今河北省漳河),破釜沉舟,与秦军展开生死决战,大败秦军。秦将王离被俘,章邯败逃。

七月,秦二世及丞相赵高对章邯战败大加责备,准备给他治罪。章邯无路可走率部投降项羽。项羽担心投降的二十多万秦军官兵叛变,下令将他们全部处死,只留下章邯、司马欣、董翳等几个将领,由他们引路,率部直趋关中(位于今陕西省中部地区,秦都城咸阳处于该地)。八月,丞相赵高杀死秦二世。九月,子婴(秦二世之侄)杀死赵高,即位为秦王。

在项羽率军救援赵国期间,沛公刘邦率军经宛城(位于今河南省南阳市),破武关,克蓝田(位于今陕西省蓝田县),于秦王子婴元年(前206年)十月攻入秦都城咸阳,接受秦王子婴投降。当时,刘邦只有十万兵士,而项羽拥有四十万大军。刘邦惧怕项羽的军威,夺取咸阳后未敢久留,率部退屯霸上(位于今陕西省西安市以东灞水西岸)。

---

① 原魏国名士张耳、陈余参加陈胜反秦义军后,于秦二世二年(前208年)推举原赵国王族后代赵歇重建赵国,称王,都信都,位于今河北省邢台市。

七、兵败势去　归宿殊异

鸿门设宴　放过刘邦

当年十一月,项羽率军进抵函谷关(位于今河南省灵宝市东北)。他获知刘邦已经攻下咸阳,大为恼火,当即率领部众攻克函谷关。十二月,项羽率部进至戏(位于今陕西省西安市临潼区东北戏水西岸),接着屯兵新丰鸿门(位于今陕西省西安市临潼区东北)。

鸿门离霸上只有四十里。刘邦听说项羽领军屯驻鸿门,尚没有来得及与之会见。这时,刘邦的左司马(参议军事的部将)曹无伤私下派人对项羽说:沛公准备在关中称王,由子婴担任丞相,并占有秦宫珍宝。项羽听说后勃然大怒,下令明日犒劳将士,围歼刘邦的军队。历阳侯范增(此时项羽尊称其为"亚父")对项羽说:沛公本来贪财好色,攻入咸阳后,他既没有掠取财物,也没有霸占美女,可以看出他的野心不小啊!范增极力赞同项羽袭击刘邦,杀他个措手不及,认为不可错失这一良机。

左尹(地位低于丞相的军事长官)项伯(项羽的叔父)与刘邦的谋士张良(时为项梁所立韩王韩成丞相,随刘邦出征)是好朋友。张良曾救过项伯的命。项伯感念张良的救命之恩,不忍心张良遇难,当天夜里骑马悄悄去霸上,把项羽将要率兵袭击刘邦的事告诉张良,想接他离开刘邦军营。张良声称这样一声不响离开沛公不够义气,应当去向他打个招呼,便跑去将项羽意向报告刘邦。刘邦听说后大吃一惊,不知如何是好。张良帮助刘邦引见项伯。刘邦当即设宴为项伯祝寿,并与项伯订下儿女姻亲。刘邦对项伯解释说:我之所以先入关,封好府库,秋毫无犯,是特意等待上将军进入咸阳的。我日夜都盼望上将军早日到来,哪里敢违反上将军的意愿啊！项伯答应回去后把他的话转告项羽，并建议沛公明天一早去拜谢项羽。

当天夜里，项伯回去后将刘邦对他所说的话转告项羽，并向他劝解说：沛公如果不先攻下关中，你怎么能这样轻易入关？如今人家建有大功，我军如去袭击他，是不义的。与其那样，还不如以礼相待，让他诚服。项羽认为项伯说得有道理，便点头同意。

第二天一早，刘邦带着百余名随从赶到鸿门向项羽谢罪，以委屈的口气陈述说：本来，我一直与上将军合力攻打秦朝，上将军战于河北，我战于河南。我实在没有想到能先一步入关，在这里与上将军会师。眼下有小人从中挑拨是非，使上将军对我产生误会。项羽听他这么说，疑虑消除了，对刘邦说：是你的左司马曹无伤，说你要称王，不然，我又为何怪你呢！当天，项羽设宴招待刘邦一行。席间，范增示意项羽乘机杀死刘邦，将其所佩玉玦接连举起三次加以暗示，项羽却视而不见，毫无反应。不一会，范增离席出门，把将军项庄引进宴会厅，令项庄以舞剑为项羽祝酒为名借机杀死刘邦。项伯看出项庄的杀机，随即拔出佩剑与项庄对舞，有意用身体挡着刘邦，使项庄不得下手。张良见刘邦处境危险，连忙出门召见刘邦的警卫官樊哙，对他说：此刻，项庄正在席间舞剑，名为项羽祝酒，意在伤害沛公。樊哙立即冲破门卫阻挡，闯入宴会厅，出现在项羽面前。他怒发冲冠，两眼冒火，直愣愣地盯视项羽。项羽为之一惊，按着宝剑向樊哙施礼，问来客是谁。张良答称是沛公的参乘（侍卫）。项羽称赞樊哙为壮士，赐给他酒和猪肉。之后，刘邦借机入厕，樊哙随行出门，护卫刘邦火速从小路步行返回军营。项羽见刘邦入厕久不返席，询问张良。张良回答说：沛公酒量有限，不能当面向上将军告辞，留下白璧一双献给上将军，玉斗一双献给亚父。项羽收下白璧。范增却将玉斗掷到地上，当即拔剑将玉斗击碎，恨恨地说：夺取天下的人，必定是刘邦，我们这些人都将是他的俘虏！

七、兵败势去　归宿殊异

项羽称王　刘邦回师

项羽没有派兵去追击不辞而走的刘邦,却领兵进入咸阳,杀死子婴及其王族旧臣,抄掠宫女和珍宝,焚烧秦王宫室。接着,他在戏地大封各路攻秦将领为王。项羽尊奉楚怀王为义帝,自称西楚霸王,划占九郡之地,定都于彭城;将刘邦封为汉王,让他享有巴、蜀、汉中(位于今重庆市、四川省、陕西省西南部、湖北省西北部)三郡之地,将其王府设于南郑(位于今陕西省汉中市)。

汉王刘邦对楚王项羽有意将他封到边远地区大为不满,想举兵攻打项羽。谋士萧何劝说汉王先去封国,招揽人才,养精蓄锐,然后图取天下。刘邦接受了萧何的意见。

汉王元年(前206年)四月,楚王项羽下令所封诸王去其封国,楚王亦率部去彭城。汉王刘邦率部赴南郑,归附韩王韩成(项羽续封)的张良一直将刘邦送至褒中(位于今陕西省汉中市西北)才返回,他劝汉王"烧绝所过栈道,示天下无还心,以固项王意"。不久,楚王的郎中(侍从官)韩信叛离楚王,投奔汉王。汉王任命韩信为大将军。

六月,齐国丞相田荣发动叛乱,尽占齐地,自立为齐王[①],并授予在梁地(位于今山东省定陶县西)起兵的彭越将军印,串通彭越

---

① 秦二世元年(前209年),原齐国(战国之一)王族成员田儋起兵反秦,自立为齐王。田儋兵败被杀后,其堂弟田荣立田儋之子田市为齐王,自任丞相。秦朝灭亡后,上将军项羽自称西楚霸王,封田市为胶东王、田都(田儋部将)为齐王、田安(战国齐王建之孙)为济北王,而没有将田荣封为王。田荣不服,率兵击杀田市、田安,击败田都,自称齐王,与楚王项羽对立。

等人反对楚王。

汉王刘邦率部西行途中,将士留恋东方,不愿西迁,纷纷潜逃。抵达南郑后,韩信向汉王进言说:大王不必久居汉中,而应挥师东进,与楚王争夺天下。楚王虽然称霸天下,但他不能选贤任能,只不过是匹夫之勇。楚军所过之处烧杀抢掠,百姓深恶痛绝,楚王名为霸王,其实已失去天下人心,只是表面强大而已。大王首先领兵攻入咸阳,按约应封为关中王①,楚王违约却将大王封为汉王,实际上是将大王贬迁,天下人为之愤愤不平。楚王残杀秦朝二十多万投降官兵,而将其投降的将领章邯封为雍王②、司马欣封为塞王③、董翳封为翟王④,让他们占有三秦之地以阻挡大王东返。三秦的民众对章邯、司马欣、董翳三人恨之入骨,而敬仰大王攻入咸阳时秋毫无犯。大王应尽快回师向东,三秦之地可以一举而定。刘邦欣然接受韩信的建议,决定回师东征,派丞相萧何管理巴、蜀,以保障粮食和其他军用物资供应。

项羽听说张良送刘邦去南郑,十分恼火,不让韩王韩成去其封国,而将他和张良召至彭城。张良乘机对项羽说:汉王烧毁所过栈道,决意不再东返。他又把田荣反叛的文书拿给项羽看。于是,项羽不再忧患刘邦东返,随即出兵攻打田荣。

八月,汉王刘邦领兵从故道(县名,治所位于今陕西省宝鸡市西南)东进,击败雍王章邯的部众,返至咸阳。塞王司马欣、翟王董翳率部投降。刘邦夺取三秦之地,设立渭南、河上、上郡三郡。接着,刘邦派兵进入武关。拥兵占据南阳(位于今河南省南阳市)的

---

① 楚怀王熊心发兵攻秦时曾与诸将约定:"先破秦入咸阳者王之"(《史记》卷七)。

② 王府设在废丘,位于今陕西省兴平市东南。

③ 王府设在栎阳,位于今陕西省西安市。

④ 王府设在高奴,位于今陕西省延安市东北。

七、兵败势去　归宿殊异

王陵闻讯后率部投附汉王。

楚王项羽听说刘邦率军东返，下令将韩王韩成处死，封原吴县（治所位于今江苏省苏州市）县令郑昌为韩王，令其领兵进至阳夏（位于今河南省太康县）阻止汉军东进。张良逃奔汉王。

汉王二年（前205年）十月，楚王将义帝迁往长沙郴县（位于今湖南省郴州市）。接着，项羽指使人将义帝害死于途中。

当月，河南王①申阳投降汉王。韩王郑昌兵败投降。殷王②司马卬、魏王③魏豹亦相继投降汉王。汉王率军进抵雒阳。

新城（位于今河南省伊川县西南）三老（乡主管教化的官吏）董公在路上拦住汉王进谏说：我听说崇尚道德的人事业昌盛，违背道德的人自招灭亡。项羽流放并杀害义帝，无道缺德，是天下大贼。建议大王率领将士为义帝吊丧，通告诸王而讨伐项羽，普天下人都会拥护你。汉王采纳董公意见，率众为义帝哀悼三天。

刘项角逐　争夺天下

当年正月，田荣兵败被杀。田荣之弟田横聚众数万人，占据城阳（位于今山东省诸城市）。

四月，汉王刘邦乘楚王项羽领兵攻打城阳之机，率领诸王联军五十六万兵士进攻彭城。汉王率部抵达外黄（位于今河南省民权县西北）时，彭越率领其三万余名部众归附。汉王随即领兵攻入彭城，大摆宴席庆贺。项羽闻讯后率领三万名精兵南下，大败汉王及

---

① 楚王项羽所封，王府设在雒阳，位于今河南省洛阳市。
② 楚王项羽所封，王府设在朝歌，位于今河南省淇县。
③ 楚王项羽所封，王府设在平阳，位于今山西省临汾市西南。

中国古代历史风云·战场风烟(下)

诸王军,夺回彭城。汉及诸王军死伤十多万人。汉王率部逃至灵壁(位于今安徽省灵璧县),受到楚军追击,有十多万人掉入睢水①淹死,睢水为之堵塞。刘邦仅带着几十名骑兵突围逃离,其父亲及妻子吕雉被楚军俘虏。塞王司马欣等率部转而投附楚王。田横乘机攻占齐地。

五月,汉王刘邦退居荥阳(位于今河南省荥阳市)重新聚拢散兵。为了抵御楚军进攻,汉王起用原秦朝骑兵军官李必、骆甲为左右校尉(职位低于将军的军官),令其率领骑兵狙击楚军骑兵,阻止其越过荥阳西进。萧何从关中派遣一批官兵抵达荥阳。汉军力量重振。

九月,韩信领军击溃降而复叛的魏王魏豹部众,接着率三万名兵士攻取代国②。汉王令人从韩信部调拨精兵入卫荥阳。

汉王三年(前204年)十月,韩信率军攻占赵地,进一步壮大了汉王阵营的军事实力。

十一月,汉王采用谋臣张良的计谋,利用九江王③黥布与楚王之间的矛盾,派谒者(主管外交的官员)随何去九江王府说服黥布离楚附汉。

四月,楚王率军包围荥阳。刘邦处境非常危险,以割据荥阳以西之地为条件向楚王求和。范增劝说楚王加大攻战力度,反对同汉王和谈。楚王听不进范增的意见,派使臣去汉王处接谈。汉王谋臣陈平令人备好丰盛的宴席。他见楚王使臣入席,故作惊讶地说:我以为是亚父派来的使臣,原来是楚王的使臣!陈平当着楚王使臣的面下令将丰盛的宴席撤去,换上劣等的饭食。楚王使臣回

---

① 今已消失。故道从今河南省开封县向东,流经今河南省睢县北,安徽省灵璧县北,至江苏省宿迁市西汇入古泗水。

② 项羽改封赵歇为代王,王府设在代县,位于今河北省蔚县东北。

③ 楚王项羽所封,王府设在六,位于今安徽省六安市东北。

七、兵败势去　归宿殊异

去后,将所见情况报告楚王。由此,楚王怀疑范增私下通汉,削减了他的实权。范增见楚王对他不再信任,极为气恼,慨叹道:天下的大局已定!大王好自为之,请求让我这把老骨头退休!不久,范增愤然离开楚王而去,尚未回到彭城,背上生疽而死。

五月,汉将纪信决意以死掩护汉王突围。汉王采纳纪信的计谋,由纪信假扮成汉王,乘坐汉王车携带千名女人,从城东门出城,伪装投降。楚军将士闻讯一齐拥向东门。刘邦乘机率领数十名骑兵从西门出逃,进入成皋(位于今河南省荥阳市西北)。项羽下令将纪信烧死。

六月,楚王领军夺占荥阳,将守卫荥阳的汉将周苛烹杀,接着领军围攻成皋。汉王逃出成皋,北渡黄河,进入屯兵赵地的韩信军营,接管韩信部众主力,而令韩信带领部分兵士攻打齐国。

八月,汉王采纳郎中郑忠的计谋,筑垒固守,不与楚军交战,派将军刘贾(刘邦堂兄)率二万兵士南渡黄河,从白马津(黄河南岸渡口,位于今河南省滑县东北)上岸进入楚国领地,焚毁楚王屯聚的军粮等物资。

九月,楚王留大司马曹咎守卫成皋,亲自率军攻打由彭越部控制的外黄、陈留(治所位于河南省开封市东南)、睢阳(治所位于河南省商丘市南)等城。汉王打算让出成皋以东地区,退屯巩(治所位于河南省巩义市西南)、洛以抗拒楚军。谋士郦食其劝汉王不可退守,而应率兵攻取荥阳,占有敖仓(秦朝所建大粮仓,位于今河南省荥阳市东北敖山上)储粮。汉王接受郦食其的建议。

汉王四年(前203年)十月,汉军引诱曹咎领兵出成皋应战,曹咎兵败和司马欣一起自杀。汉王夺回成皋,屯兵广武,占有敖仓。项羽听说成皋失守,随即回师,亦屯军广武①。楚、汉二军在广武

---

① 位于今河南省荥阳市东北广武山上。当时,刘邦筑西广武,项羽筑东广武,两城相距二百余步,中间仅隔一道山涧溪水。

对阵。项羽声称两军相战三年给天下民众带来苦难,愿与刘邦单独交锋,决一雌雄。刘邦答称愿与楚王斗智,并历数项羽十大罪状。突然,楚军一支冷箭射中刘邦胸部。刘邦怕影响军心,用手抵住胸部伤口,捂着自己的脚,谎称脚指头受伤,飞马仓皇逃入成皋。十一月,韩信领兵击败楚齐联军,击杀楚将龙且,抓获齐王田广(田荣之子,田横创立),平定齐地。他派人上书汉王,称齐地难以管理,要求封假(代理)齐王。汉王当时正困顿不堪,听说韩信请求封王大为恼火。张良暗中踩住刘邦的脚,示意汉王答应其要求,以将韩信稳住。汉王转而笑逐颜开,随即封韩信为齐王。二月,楚王派说客武涉劝说韩信叛汉亲楚,与楚、汉三分天下而各自称王。韩信以宁死也不背离汉王加以拒绝。八月,楚军粮食快要吃光。汉王派侯公向楚王求和。楚王答应以鸿沟(位于今河南省荥阳市东南)为界,鸿沟以东属楚,鸿沟以西属汉。

九月,楚王释放汉王的父亲和妻子,率军东去,汉王也准备率军西归。这时,张良和陈平等人劝告汉王说:"楚军疲惫,粮食也已经吃光,现在正是我们攻灭楚国的好时机。如果放走楚军不打,无异于养虎遗患。"汉王接受他们的意见,决定追击楚王,向楚军发起总攻。

悲歌垓下 乌江自杀

汉王五年(前202年)十月,汉王约齐王韩信、魏丞相彭越(魏王魏豹已被周苛杀死)率军在固陵(位于今河南省太康县南)会师,合击楚军。韩信、彭越未能如期率部到达,汉军反被楚军击败。汉王向张良问计,张良建议将陈地以东直到大海的土地封给韩信,许诺击败项王后封彭越为王。汉王当即同意并派人办理。于是,韩

七、兵败势去　归宿殊异

信随即率三十万兵士、彭越率其部众协同汉王作战。

十一月,汉将刘贾率军渡过淮水(今淮河),围攻寿春(位于今安徽省寿县城)。楚大司马周殷投降汉军。

十二月,刘邦、韩信等人率军夹击楚军,在垓下(位于今安徽省灵璧县南)将楚军包围。项羽退入壁垒固守。夜晚,围在四周的汉军一齐唱起楚国民歌。项羽耳闻四面楚歌,大为惊恐,夜不能寐,悲恨交加,坐卧不安。美人虞姬陪着项羽在帐中饮酒,良马骓守候在他的身边。项羽见大势已去,无可挽回,感慨悲歌:"力拔山兮气盖世,时不利兮骓不逝。骓不逝兮可奈何?虞兮虞兮奈若何!"项羽吟唱好几遍,不禁潸然泪下。虞姬随声和唱道:"汉兵已略地,四面楚歌声。大王意气尽,贱妾何聊生"(《史记》卷七·项羽本纪)。歌罢,虞姬也泪流满面。左右侍从都潸然泪下,不敢抬头相视。

项羽没有沉溺于伤感之中,他以悲歌诀别美人,当夜跨上战马,带领八百名壮士突出重围。刘邦发现项羽逃走已经是第二天黎明,他当即令将军灌婴率领五千名骑兵追击。项羽率部渡过淮水南下,逃至阴陵(位于今安徽省定远县西北)迷路,被一老农误指向左,人马陷入泥沼中。汉军随即追杀过来,项羽带着二十八名骑兵逃至东城(位于今安徽省定远县东南)。他自知难以走脱,对其随从说:我起兵至今八年,身经七十余战,未曾战败过,以致称霸天下。今天走到这一步,是天意要灭我啊!项羽令随从分四路与汉军展开拼杀,又杀死一些汉军。

接着,项羽等人逃到乌江口岸(位于今安徽省和县东北长江北岸)。乌江亭长把船划过来,劝告项羽说:江东地方虽然小,也有数千里土地,几十万人口,足够大王统治了。请大王抓紧渡江。眼下只有我还有船。要是汉军追来了,想南渡也渡不成了!项羽望着滚滚长江,惨然大笑道:是老天要让我灭亡,我干吗还要渡江啊!当年我项籍和八千名江东弟子渡江向西,如今他们没有一个人再返回来,纵使江东父老不嫌弃而拥立我为王,我又有什么脸面回见江东父老？项羽感念亭长的深情厚意,将自己骑了五年的雅马送给了亭长。他下令随从兵士下马,与冲上来的汉军进行最后的肉搏。项羽斩杀数百名汉军官兵后,身上十余处负伤,当即举剑自杀。

《史记》卷七 项羽本纪
　　　　卷八 高祖本纪
　　　　卷四十八 陈涉世家
　　　　卷五十五 留侯世家
　　　　卷九十二 淮阴侯列传
《通鉴纪事本末》卷一 豪杰亡秦
　　　　卷二 高帝灭楚

【简评】

宋代女词人李清照对项羽兵败没有逃回江南评价很高,她的《夏日绝句》一诗写道:"生当作人杰,死亦为鬼雄。至今思项羽,不肯过江东。"(上海辞书出版社《宋诗鉴赏辞典》)

笔者认为,项羽的主要失误,是对秦亡后天下纷争的形势失于洞察,相当长时间没有认清刘邦是其主要对手,拒忠谏而放纵其不问。鸿门宴上,范增示意处死刘邦,他视而不理;刘邦不辞而走,他听之任之;范增抱恨疾呼:"夺项王天下者,必沛公也,吾属今为之虏矣",他不以为然,依然封刘邦为汉王。刘邦率部东返与之争夺天下,他没有视其为主要危险派重兵迎战,而亲率主力去攻打齐国,以致让其攻入彭城。刘邦在灵璧被击溃后,他没有抓住战机乘胜将其歼灭,致使其在困顿中复兴。他率兵先后将刘邦围困在荥阳、成皋,未能围而不漏,竟两度让其逃脱。此外,韩信在两军征战中举足轻重。他原为项羽侍从官,"数以策干项羽,羽不用",致使其"亡楚归汉",是项羽失败的重要原因。

七、兵败势去　归宿殊异

李陵挥泪送苏武

李陵字少卿，西汉陇西成纪（位于今甘肃省静宁县）人。他的祖父李广曾多次领兵征战匈奴，被誉为"飞将军"。李陵的父亲李当户官至郎（皇帝侍从官），在李陵未出世前病逝。李陵由其母亲一手抚养长大，他以善于骑马射箭受到汉武帝赏识。汉武帝任命李陵为侍中（侍从皇帝的主官）、建章监（主管建筑建章宫）。李陵待人友善，关爱部下，口碑很好。汉武帝认为李陵有李广的遗风，令他率领八百名骑兵越过居延泽（位于今内蒙古额济纳旗北部边境），深入匈奴领地二千余里观察地形。李陵此行没有发现匈奴人而返回。之后，汉武帝任命李陵为骑都尉（骑兵将领），率领五千名勇士屯驻酒泉（位于今甘肃省酒泉市）、张掖（位于今甘肃省张掖市西北）一带，教练射击，以防御匈奴军队入侵。

请求出征　战败被俘

西汉天汉二年（前99年）五月，汉武帝令贰师将军[①]李广利率

[①] 大宛国贰师城（位于今吉尔吉斯斯坦国西南部马尔哈马特）盛产良马。西汉太初元年（前104年），汉武帝派使臣携金币前往贰师城买马被杀。之后，汉武帝任命李广利为贰师将军，率军讨伐大宛。李广利从此以贰师将军闻名。

领三万名骑兵从酒泉郡出发,向天山(今祁连山)进军攻打匈奴右贤王,令李陵率部为李广利军运送粮草辎重。李陵请求说:臣所训练的五千名官兵都是来自荆楚①的勇士,他们力能搏虎,射箭百发百中。我情愿带领这五千名勇士出征兰干山(其地不详)南,以分头袭击匈奴主力。汉武帝对李陵说:眼下出征的骑兵很多,已没有战马配给你的部队。

李陵回答说:不要战马,请让我率领五千步兵踏平匈奴单于王庭。汉武帝赞赏李陵的英雄气概,批准他的请求。

九月,李陵率部从居延城(位于今内蒙古额济纳旗东南)出发,向北走了一个月后进抵浚稽山(位于今蒙古国戈壁阿尔泰山中段)。李陵令部下将沿途所见山川地形绘成图,报送朝廷。汉武帝观览后十分高兴。

李广利率部初征获胜,斩杀匈奴兵士万余名。在回军途中,李广利部被匈奴骑兵包围,伤亡惨重。李广利及其部将赵充国突围返回。

不久,匈奴且鞮侯单于率三万名骑兵将李陵部众包围在浚稽山下。李陵率部与匈奴军拼搏,射杀数千名匈奴骑兵。匈奴单于大为惊恐,随即又从左、右两翼增派八万名骑兵前来围攻。李陵率部顽强苦战,边战边向南撤退,连战数日又斩杀匈奴骑兵三千多人。

李陵部寡不敌众,退到湖边的芦苇丛中隐蔽。匈奴骑兵在上风处放火,企图将他们烧死。李陵令部下烧光周围的芦苇,以断绝匈奴军的火路。接着,李陵率部转入一片山林里,与匈奴军展开肉搏,又杀死数千名匈奴兵。为了摆脱困境,李陵决定将俘虏的匈奴军官释放,要他回去向单于传话,说匈奴兵眼下追击的是汉朝派来的精兵,故意引诱匈奴兵向南进入汉军伏击圈。且鞮侯单于连战

---

① 位于今湖北、湖南二省境内。

七、兵败势去　归宿殊异

失利本来就有些恐慌,听说再往南有汉朝伏兵,准备撤军北返。

这时,李陵率部南撤尚未抵达鞮汗山(位于今内蒙古额济纳旗以北蒙古国境内),离汉朝边塞还有一百多里。军中有个叫管敢的军候(低级军官)不堪忍受校尉(地位低于将军的军官)韩延年的欺辱而投奔匈奴,将李陵军没有后援且箭矢将尽等情况告诉匈奴人。匈奴单于大为高兴,当即下令骑兵一齐向汉军进攻。李陵的部队只剩下三千多人,被围困在一个山谷中。匈奴军居高临下朝汉军射击,箭如雨下;又从山上滚下巨石,砸击汉军。经过一天激战,李陵军中仅剩的五十万支箭全部用尽。有人劝李陵暂且向匈奴单于投降,然后再设法回到汉朝。李陵回答说:你不要再说了,我如果不战死沙场,就不是壮士!当天夜里,李陵下令将士分散突围,仅有四百余人逃回边塞。韩延年战死。李陵战败被俘,向匈奴投降。

老母被杀　决意叛汉

汉武帝听说李陵兵败投降匈奴极为恼火。群臣纷纷指责李陵的罪过,唯有太史令(主管天文历法及史书修撰)司马迁站出来替李陵说情。司马迁说:李陵一向孝敬母亲,爱护士兵,常常忧患边境的急难,情愿奋勇杀敌以身殉国,有忠臣的风范。他率领五千名步兵转战数千里,与数万匈奴骑兵奋力拼杀,斩杀近万名匈奴骑兵,将士箭矢用完了,赤手空拳同敌人肉搏。李陵虽然身陷敌国,其英勇战绩仍足以激励天下,他兵败之所以没有自杀,可能是想等待时机报效汉朝。汉武帝怪罪司马迁为李陵辩护,下令将他处于腐刑(割除生殖器)。

过了一段时间,汉武帝对于让李陵孤军深入、未能及时派兵救援有所后悔,推说老将军路博德奉命救援行动迟缓,派人去慰劳逃脱归来的李陵部下。

天汉四年(前97年)正月，汉武帝令贰师将军李广利、强弩都尉路博德率领十四万步骑兵从朔方郡(治所位于今内蒙古杭锦旗北)出发进攻匈奴，同时令因杅将军公孙敖率领四万步骑兵从雁门(位于今山西省右玉县南)出发，协同李广利作战。汉武帝特意嘱咐公孙敖要深入匈奴腹地，设法接回李陵。不久，公孙敖无功而还。他没有找到李陵，却以匈奴俘虏口供为据，把为匈奴教练军队的原汉朝降将李绪误说为李陵，向汉武帝奏告。汉武帝勃然大怒，认为李陵背叛汉朝为匈奴效劳确定无疑，下令将李陵的母亲、弟弟、妻儿全部处死。

李陵听说全家被杀，悲痛不已。他向汉朝出使匈奴的使臣(其名不详)问道：我因孤军无援而遭到失败，哪里辜负了汉朝，全家竟然遭杀？汉朝使臣说：不是听说你教授匈奴人练兵吗？李陵回答说：那是李绪，不是我！于是，李陵派人杀死李绪，决意不再回归汉朝。匈奴单于认为李陵是个壮士，把女儿嫁给他为妻，封李陵为右校王，并让他参议匈奴国事。

征和三年(前90年)三月，李广利和将军商丘成分别率部从五原(治所位于今内蒙古包头市西北)、西河(治所位于今内蒙古准格尔旗西南)出发迎击匈奴兵。五月，商丘成部没有追上匈奴兵而往回撤。匈奴派大将(其名不详)与李陵率三万骑兵追击汉军，转战九天，追至蒲奴水(今蒙古国翁金河)，匈奴军失利而撤回。

悲歌送苏武 执意不归汉

汉昭帝即位(前87年)后，辅政大将军霍光(字子孟)、左将军

七、兵败势去　归宿殊异

上官桀(字少叔)特意派李陵的老朋友任立政(字少公)等三人出使匈奴,迎接李陵归汉。任立政对李陵说:汉朝已经实行大赦,全国上下安居乐业,如今皇帝年少,由霍子孟、上官少叔辅政。少卿长期流离北方,不会不思念故乡吧？李陵沉默一会,望着任立政,摸着自己的椎形发髻说:我已经穿上胡服了！任立政说:二位辅政将军派我来问候你,欢迎少卿回归汉朝,不要担心回去后不富贵。李陵叹息说:少公啊！我回去亦容易,如果再受到惩处,怎么办？任立政声称保证他的人身安全,一再劝李陵归汉。李陵则以大丈夫不能再受侮辱,坚持谢绝汉朝使臣的召请。

其实,李陵对自己寄身匈奴也并非毫无反思。中郎将(警卫部队将领)苏武(字子卿)于天汉元年(前100年)奉汉武帝之命出使匈奴被扣留,后来被囚禁于北海(位于今俄罗斯贝加尔湖)边。匈奴单于知道李陵与苏武当年同在汉朝廷担任侍中,派李陵以老朋友的名义去劝说苏武投降。李陵见到苏武后,同他连日饮酒,畅述故情。李陵百般劝说,苏武誓死不降。李陵有感于苏武对汉朝的忠诚,慨然长叹道:唉！子卿无愧是忠臣义士！李陵和您相比,真是罪恶滔天！说着,他泪流满面,自惭形秽,随即告别而去。后来,李陵不好意思再去见苏武,派他的妻子给苏武送去几十头牛羊。

始元六年(前81年)二月,李陵听说苏武获释即将回归汉朝,写信向苏武祝贺,赞美他守节不移,依依不舍之情溢于字里行间。李陵在信中写道:"子卿名声冠于图籍,分义光于二国,形影表于丹青。""行矣,子卿！恩若一体,分为二朝,悠悠永绝,何可为思？人殊俗异,死生断绝！何由复达"。李陵在该信中流露出深厚的故人之情、故国之恋。

苏武临回国前,李陵设宴为他饯行。席间,李陵回首十八年前的往事,对苏武说:我虽然才能低下,如果汉朝当初能宽恕我的罪过,保全我老母的性命,让我奋起洗雪耻辱,我也能像曹沫①那样干出一番事来。这是我至今念念不忘的一件憾事。谁知汉朝竟杀灭我全家。皇上既然对我如此无情,李陵对汉朝还有什么可留恋的呢?算啦,我说这些,不过是想让你知道我的心意和隐恨罢了!我身居异国,这次与子卿分手,恐怕就是永别了!说到这里,李陵拔剑起舞,饮泣悲歌:

> 径万里兮度沙幕,为君将兮奋匈奴。
> 路穷绝兮矢刃摧,士众灭兮名已隤。
> 老母已死,虽欲报恩将安归!

歌罢,李陵挥泪与苏武诀别。

李陵入居匈奴,心情并不惬意。他在《答苏武书》中写道:"自从初降,以至今日,身之穷困,独坐愁苦,终日无睹,但见异类。韦韝毳幕,以御风雨。膻肉酪浆,以充饥渴。举目言笑,谁与为欢?胡地玄冰,边土惨裂,但闻悲风萧条之声。凉秋九月,塞外草衰。夜不能寐,侧耳远听,胡笳互动,牧马悲鸣,吟啸成群,边声四起。晨坐听之,不觉泪下。嗟乎子卿!陵独何心,能不悲哉!与子别后,益复无聊。""陵不难刺心以自明,刎颈以见志,顾国家于我已矣。杀身无益,适足增羞,故每攘臂忍辱,辄复苟活。左右之人,见陵如此,以为不入耳之欢,来相劝勉。异方之乐,只令人悲,增忉怛耳。嗟乎子卿!人之相知,贵相知心"。李陵在北方生活二十多

---

① 又名曹刿,春秋时鲁国将军。鲁庄公十三年(前681年),鲁国军队被齐国军队战败,曹沫随鲁庄公去柯(位于今山东省东阿县)与齐桓公会谈。此间,曹沫持剑胁迫齐桓公同鲁庄公订立盟约,并答应归还齐国侵占的鲁国之地(《史记》卷三十三)。

七、兵败势去　归宿殊异

年,于西汉元平元年(前74年)在匈奴病逝。

《汉书》卷五十四 李陵传

苏武传

《通鉴纪事本末》卷三 武帝伐匈奴

【简评】

　　清代学者赵翼认为:"《史记》李陵附李广传后。""盖迁以陵事得祸,故不敢多为辨雪也。《汉书》特为陵立传,详叙其战功,极有精彩,并述司马迁对上之语,为之剖白"。"《史记》无苏武传,盖迁在时,武尚未归也。《汉书》为立传,叙次精彩,千载下犹有生气,合之李陵传,慷慨悲凉"。(《二十二史札记》卷二·汉书增传)

　　清代学者王夫之认为:"司马迁挟私以成史,班固讥其不忠,亦允矣。李陵之降也,罪较著而不可掩。如谓其孤军支虏而无援,则以步卒五千出塞,陵自炫其勇,而非武帝命之不获辞也。陵之族也,则嫁其祸于李绪;迨其后李广利征匈奴,陵将三万余骑追汉军,转战九日,亦将委罪于绪乎?如曰陵受单于之制,不得不追奔转战者,匈奴岂伊无可信之人?令陵有两袒之心,单于亦何能信陵而委以重兵,使深入而与汉将相持乎!迁之为陵文过若不及,而抑称道李广于不绝,以奖其世业。""为将而降,降而为之效死以战,虽欲浣涤其污,而已缁之素,不可复白,大节丧,则余无可浣也。"(《读通鉴论》卷三·武帝)

关羽败走麦城

东汉建安十六年(211年),益州(治所位于今四川省成都市)牧(行政长官)刘璋派人迎接荆州(治所位于今湖北省荆州市)牧刘备入蜀(位于今四川省、重庆市),以防御屯兵汉中(位于今陕西省汉中市)的张鲁联合曹操势力南下。刘备和军师中郎将(参谋军事的将领)诸葛亮先后率部入蜀,留荡寇将军关羽镇守荆州。建安十九年(214年),刘备领兵驱逐刘璋,夺取蜀地。建安二十年(215年),行车骑将军孙权得知刘备尽占蜀地后派中司马(参议军事的高级幕僚)诸葛瑾出使益州,向刘备索要荆州①。刘备称其正准备攻打凉州(治所位于今甘肃省张家川回族自治县),等平定凉州后把荆州还给孙将军。孙权认为刘备有意拖延时间不肯归还荆州,便向荆州南面的长沙(治所位于今湖南省长沙市)等三郡派遣长史

---

① 建安十三年(208年)八月,曹操率军夺取荆州(治所襄阳,位于今湖北省襄樊市)。寄居新野(位于今河南省新野县)的原左将军(警卫部队将领)刘备率部退至樊口(位于今湖北省鄂州市西)。曹操写信威胁占据江南的讨房将军孙权,促使孙权与刘备联合出兵于当年十月在赤壁(位于今湖北省武汉市江夏区西南赤矶山)击败曹军。之后,孙权部将周瑜率部夺取由曹操部将控制的江陵(位于今湖北省荆州市)。建安十五年(210年),孙权为联合刘备共同抗击曹操,将荆州(江陵)借给刘备驻守。

七、兵败势去　归宿殊异

（事务长官）。关羽当即下令将孙权所派的长史驱逐回去。孙权听说后勃然大怒，派将军吕蒙率领二万兵士夺取长沙等三郡。刘备闻讯从蜀地率五万兵士来到公安（位于今湖北省公安县），令关羽领兵争夺三郡。孙权派鲁肃率领万名兵士屯驻益阳（位于今湖南省益阳市东），以阻击关羽军，并密令吕蒙率部援助鲁肃。孙权与刘备为争夺荆州剑拔弩张。

在此期间，曹操派兵攻打汉中。刘备担心曹操攻下汉中后南下进攻益州，派使者向孙权求和以避免两面受敌。孙权也同意与刘备重修旧好。于是，双方以湘水（今湘江）为界分割荆州：长沙、桂阳（治所位于今湖南省郴州市）、江夏（治所位于今湖北省鄂州市）及其以东地区属于孙权；南郡（治所位于今湖北省荆州市西北纪南城）、零陵（治所位于今湖南省永州市）、武陵（治所位于今湖南省常德市西）及其以西地区属于刘备。刘备返蜀后，留关羽镇守南郡。之后，孙权率军渡江北上攻夺曹操控制的地盘。

建安二十二年（217年），孙权任命虎威将军吕蒙领军驻守陆口（位于今湖北省嘉鱼县西南长江南岸）。吕蒙建议孙权暂停北上攻打曹操，先攻灭占据上游的关羽，以完全据有长江天险。此前，孙权派人为其儿子向关羽女儿求婚，遭到关羽拒绝而大为气恼。孙权赞同吕蒙的方略，调整其兵力部署。

建安二十四年（219年），关羽对孙权欲收回荆州一事似乎淡忘，准备率兵攻打曹操部将曹仁镇守的樊城（位于今湖北省襄樊市樊阳城）。吕蒙闻讯后为了麻痹关羽，假装有病退居建业（位于今江苏省南京市），让年轻将领陆逊代替他镇守陆口。陆逊到达陆口后，极力对关羽歌功颂德，使关羽掉以轻心，松懈防守。

八月，关羽只留下部将糜芳驻守江陵、傅士仁驻守公安，他亲自率领主力部队北上。曹操听说关羽率军攻打樊城，派将军于禁率七路军马赴援。时值汉水暴涨，曹操七路援军被关羽部众击败，于禁被俘。曹操大为惊恐，打算迁都，以避开关羽军锋锐。丞相军司马(主管军事)司马懿向曹操建议派人出使建业,许诺将江南之地封给孙权,要他从南面袭击荆州,以牵制关羽军对樊城的包围。曹操采纳司马懿的建议,派人说通孙权。孙权随即写信给曹操,称其愿讨伐关羽,为丞相效力。

之后,曹操派平寇将军徐晃率军进抵宛城(位于今河南省南阳市),救援曹仁部众。关羽(字云长)和徐晃过去交情很深,两军对阵时,彼此站在阵前只叙别后之情,不谈军事。忽然,徐晃下马向将士宣布:谁能得到关云长的头,赏金千斤。关羽大惊失色,对徐晃质问道:为兄说的是什么话?徐晃回答说:我说的是国事。徐晃下令将士冲杀,将关羽军击败。关羽领军撤退,曹仁部众得以解围。

此时,吕蒙率部抵达寻阳(位于今湖北省黄梅县西南),在数艘大船中埋伏精兵,准备袭击关羽部众。吕蒙令摇橹人扮作商贩,关羽没有察知。

糜芳和傅士仁一向受到关羽轻视,对关羽怀恨在心。关羽进军樊城后,糜芳、傅士仁有意拖延为其提供军用物资。关羽军遭到曹军反击失利后,糜、傅二人都没有率军前往救援。关羽对糜、傅二人没有赴援十分恼火,公开扬言回去后要好好整治他们。糜、傅二人听说后惊恐不安。十月,吕蒙获悉此情后,派人引诱傅士仁、糜芳投降。于是,孙权夺回荆州。

关羽率军回撤途中,听说糜、傅二人已投降吕蒙,知道荆州已经丧失,不可再回南郡,便率部向西退守麦城(位于今湖北省当阳市东南)。

十一月,孙权率军追至麦城,派人劝说关羽投降。关羽见麦城难保,令人把他的仿制像立在城楼幡旗下佯装投降,借机弃城出逃。当关羽率众冲出城门时,随行兵士大都溃逃,只有十余名骑兵跟随他没有离去。

十二月,关羽同儿子关平逃至临沮(位于今湖北省远安县西

七、兵败势去　归宿殊异

北）。孙权部将马忠率兵将他们擒获并斩首。

《通鉴纪事本末》卷九　孙氏据江东

刘备据蜀

卷十　吴蜀通好

《三国志》卷三十二　先主传

卷三十六　关羽传

【简评】

　　清代学者赵翼认为："借荆州之说，出自吴人事后之论，而非当日情事也。""夫借者，本我所有之物而假与人也。荆州本刘表地，非孙氏故物"。"赤壁之战，瑜与备共破操"。"及关羽精甲共万人，刘琦战士亦不下万人，而权所遣周瑜等水军亦不过三万人"。"且是时，刘表之长子琦尚在江夏。破曹后，备即表琦为荆州刺史，权未尝有异词，以荆州本琦地也"。"琦死，群下推备为荆州牧"。刘备"以关羽为襄阳太守、荡寇将军驻江北"。"以本非权地，故备不必白权，权亦不来阻备也。迨其后三分之势已定，吴人追思赤壁之役，实藉吴兵力，遂谓荆州应为吴有，而备据之，始有借荆州之说"。"吴君臣伺羽之北伐，袭荆州而有之，反捏一借荆州之说，以见其取所应得。此则吴君臣之狡词诡说，而借荆州之名遂流传至今，并为一谈，牢不可破，转似其曲在蜀者。此耳食之论也"。（《二十二史札记》卷七·借荆州之非）

　　清代学者王夫之认为："关羽，可用之材也，失其可用而卒至于败亡，昭烈之骄之也，私之也，非将将之道也。""先主之入蜀也，率武侯、张、赵以行，而留羽守江陵，以羽之可信而有勇。夫与吴在离合之间，而恃笃信乎我以矜勇者，可使居二国之间乎？""为先主计，莫如留武侯率云与飞以守江陵，而北攻襄、邓；取蜀之事，先主以自任有余，而不必武侯也。然而终用羽者，以同起之恩私，矜其勇而

中国古代历史风云·战场风烟(下)

见可任,而不知其忮吴怒吴,激孙权之降操,而鲁肃之计不伸也。""先主之信武侯也,不如其信羽,明矣"。"是有武侯而不能用,徒以信羽者骄羽,而遂绝问罪曹氏之津,失岂在羽哉?先主自贻之矣。"(《读通鉴论》卷九·献帝)

七、兵败势去　归宿殊异

张悌不愿生还

　　吴①天纪三年(279年)十一月,西晋派出二十多万大军攻打吴国。天纪四年(280年)正月,晋安东将军王浑自江西②率军南下,直逼吴国都城建业。吴帝孙皓闻讯后,指令丞相张悌统领丹阳(治所位于今江苏省南京市)太守沈莹、护军(统兵将领)孙震、副军师(军事参谋副长官)诸葛靓等人率三万兵士渡江迎战。

　　二月,张悌率部抵达牛渚(位于今安徽省马鞍山市西南采石矶)。此前,晋龙骧将军王濬等率部从巴(位于今重庆市)、蜀(位于今四川省)出发,摧毁吴军设在长江中的铁椎和铁锁链,攻克巴丘(湖南省岳阳市)、武昌(位于今湖北省鄂州市),正顺江东下,直驱建业。沈莹担心如果渡江战败,吴国江山再也难保,建议大军留驻牛渚,以阻止来自蜀地的晋朝水军。张悌说:谁都知道吴国将要被晋军攻灭,人心早已离散。我担心蜀地晋军攻打过来,我军会不战自溃,无法收拢。率领将士离开家乡渡江北上,还可以同王浑军决一死战。即使战败,将士同死于国难,没有什么遗恨。如果能战胜王浑军,再乘胜南下,定能击败蜀军。照这样守在牛渚坐等蜀军到

---

　①　三国之一,都建业,位于今江苏省南京市。
　②　位于今安徽省芜湖市至江苏省南京市长江段,自西南流向东北,秦、汉以后习惯称此段长江以南为江东,长江以北为江西。

来，将士一旦散尽，无人死于国难，我们将问心有愧！张悌说服众将领，决定率部渡江迎击晋军，全力争取获胜，以重振吴军军威。

三月，吴军渡过长江，在杨荷（位于今安徽省和县境内）击败晋军将领张乔部众，俘虏其七千兵士。诸葛靓认为这支晋军并不是真心投降，将会成为后患，建议将其全部杀掉。张悌没有同意，继续率部北进。不久，吴军北上被晋军击退，伪装投降的张乔部众从南面对吴军拦击。吴军在版桥（位于今安徽省和县境内）被晋军击溃，沈莹、孙震等人兵败被杀。

危难时刻，诸葛靓率领数百名骑兵赶过来接应张悌逃走。张悌坚持不肯走脱。诸葛靓（字仲思）拉住他说：丞相快走吧！国家存亡自有天命，并不是你一个人能挽救得了的，为什么要留在这里等死呢？张悌流着眼泪对他说：仲思，今天是我的死期！我从儿童时代起，多蒙你家丞相①赏识和提拔，常常恐怕死而不得其所，辜负先贤对我的关照。今天，我将以身殉国，没有什么可遗憾的了！诸葛靓再三劝说，张悌执意不走，他只好与之挥泪诀别。诸葛靓飞马没跑多远，回头看到张悌已被冲上来的晋兵杀死。

当月，晋军攻入建业，吴帝孙皓投降晋朝，吴国灭亡。

《通鉴纪事本末》卷十一 晋灭吴
《三国志》卷四十八 吴主孙皓传

【简评】

吴末帝孙皓即位后暴戾滥杀，众叛亲离，军队丧失战斗力，不堪西晋军队攻击。面临西晋大军北、西两面进攻，吴国灭亡已成定

---

① 指吴国太傅（丞相）诸葛恪（203年—253年）。吴大帝孙权去世后，诸葛恪受命辅佐吴帝孙亮执政。诸葛靓与诸葛恪系同姓同乡，都是琅琊阳都（位于今山东省沂南县南）人。

七、兵败势去　归宿殊异

局。张悌非超凡之才,无力扭转乾坤。他明知不能挽救败局,毅然率军渡江与晋军背水一战,其抗争不屈的精神是可嘉的。兵败后,他执意不肯逃离战场,视死如归,以身殉国,尤其令人感动。

李玄通借刀自尽

唐武德四年(621年)七月,刘黑闼①聚集部众在贝州(治所位于今河北省清河县旧城西北)起事。十一月,刘黑闼率众攻取定州(治所位于今河北省定州市),定州总管(军政长官)李玄通兵败被俘。

刘黑闼看重李玄通的才能,想任用他为大将。李玄通拒绝说:"我蒙受朝廷恩惠,应当恪守做臣子的节操,以忠心报国,怎么能丧失气节去做你们的贼官?"刘黑闼大为恼火,仍不忍心将李玄通处死。

有一天,李玄通的老部下给他送来酒食。李玄通对其部下说:你们挂念我受到囚禁和侮辱,送来酒食宽慰我,让我领下你们的情意,同你们痛痛快快喝个一醉方休!

酒喝到兴头上时,李玄通对看守他的兵士说:我会舞剑,请借把刀让我舞一回吧。看守见李玄通情绪兴奋,也就递给他一把大刀。李玄通随着舞曲舞起刀来。当一首舞曲奏完的时候,李玄通仰天长叹说:大丈夫受到国家的厚恩,受命镇守一个地方而未能守

---

① 隋贝州漳南(位于今河北省故城县东北)人。隋朝末年,刘黑闼参加窦建德领导的农民起义军,为将军。唐武德四年(621年)五月,窦建德部被秦王李世民(唐高祖第二子)击溃,刘黑闼逃匿。

七、兵败势去　归宿殊异

住,还有什么脸面活在人世间!说罢,李玄通举刀剖腹而死。

《旧唐书》卷一百八十七上　李玄通传

《新唐书》卷一　高祖本纪

【简评】

　　李玄通兵败被俘后不受利诱,大义凛然。他以酒兴起舞,借刀自杀,死得壮烈。

杜充不敢归宋

南宋建炎二年(1128年)七月,京城留守兼开封尹(故都军政长官)宗泽领军收复被金军占领的部分失地后,数次上书请宋高宗返回开封,遭到宋高宗拒绝后在忧愤中病逝。宋朝廷任命枢密直学士(皇帝侍从顾问)杜充接任宗泽职务。杜充上任后改变宗泽军事部署,军心涣散。

建炎三年(1129年)六月,金军大举南下,攻占磁州(治所位于今河北省磁县)。杜充得知金军南下惊恐万状,欲离开开封退往建康(由江宁府改称,位于今江苏省南京市)。留守司统制(军事将领)岳飞劝阻说:中原的土地一尺一寸亦不可放弃。如果动身离开,京都这块地方就不再属于我们的了。今后再想收回来,非动用数十万兵众血战不可。杜充听不进岳飞的意见。七月,他让副留守郭仲荀代为留守开封,带着岳飞等人撤往建康。杜充走后不久,郭仲荀等人也退回建康,金军随即占领开封。

杜充临敌弃城南逃后,反被宋高宗提为同知枢密院事(最高军事机关副长官)。对此,杜充仍不满意,声称中风,装病躺下。宋高宗知道杜充在闹情绪,随即任命他为守右仆射、同平章事(宰相)兼御营使(随皇帝出行的警卫部队长官)。任命下达后第四天,杜充起身上任。当月,宋高宗动身去临安,改任杜充为江、淮(长江中下游地区及淮河流域)宣抚使(军政长官),率领十多万兵士守卫建

七、兵败势去　归宿殊异

康。杜充留守建康后,排斥异己,暴横滥杀,不得人心。

十一月,金军将领兀术(完颜宗弼)率部进抵乌江(位于今安徽省和县东北乌江镇),直逼建康。大敌当前,杜充竟闭门不出。统制岳飞心急如焚,流着眼泪劝说杜充出面视察军队,组织防御,抗击金兵。杜充拒不采纳岳飞正确意见。兀术探知杜充疏于防备,随即率军从马家渡(位于今江苏省江宁县西南)渡过长江,攻占建康。

杜充见建康失守,当即逃离。他没敢南逃,渡江向北,逃往真州(治所位于今江苏省仪征市)。真州守将怨恨杜充平日对他们严酷刻薄,想乘机杀死他。杜充获知这一动向后,不敢进入他们的军营,躲入真州长芦寺内。真州知州(行政长官)向子忞劝杜充去通州(位于今江苏省南通市)由海路南返临安护卫宋高宗,杜充已准备叛国投敌,没有听从。

建炎四年(1130年)二月,兀术派人来劝说杜充投降,许诺比照张邦昌的先例,让他统治中原。杜充随即叛宋降金。宋高宗听说杜充投降金军,对辅政大臣说:我待杜充不薄啊,他为什么会走到这一步?宋高宗下令撤销杜充的官职,将他的子孙流放广州(位于今广东省广州市)等地。

当年冬天,杜充被带到云中(位于今山西省大同市)。金西路军统帅粘罕(完颜宗翰)对他十分鄙视。金国没有让杜充像张邦昌那样当皇帝,过了很久才任命他为相州(治所位于今河南省安阳市)知州。

绍兴二年(1132年),杜充的孙子从南方流放地偷偷来到相州。相州副知州胡景山痛恶杜充专横猜忌,借此诬告杜充暗通南宋朝廷。粘罕下令将杜充逮捕入狱,施以各种酷刑,后因查无实据,才把他从牢狱里释放出来。粘罕向杜充问道:你还想不想回到宋朝去?杜充回答说:元帅你可以再到南方去,我杜充是不敢再回归宋朝了。粘罕听他这么说,嗤之以鼻。

绍兴十一年（1141年）冬天，宋金两国达成和议。杜充时任燕京（治所位于今北京市区）行台右丞相（行政长官），闻讯后在忧惧中死去。

《宋史》卷四百七十五 杜充传

卷三百六十五 岳飞传

《续资治通鉴》卷一百五 宋纪一百五

卷一百六 宋纪一百六

卷一百七 宋纪一百七

【简评】

宋高宗害怕金军威势，称帝后不顾京城留守宗泽、宰相李纲等力主抗金大臣劝阻，率领群臣南撤。杜充"喜功名，性残忍好杀，而短于谋略"。宗泽去世后，宋高宗任用杜充留守开封、是一大失误。金军南下，杜充放弃开封南逃，宋高宗又让他镇守建康，是一误再误。杜充先后将开封、建康二重镇拱手让给金军，向金军投降，入金国做官。宋金达成和议后，杜充不敢回归南宋，忧惧而死，其下场亦很可悲。

七、兵败势去　归宿殊异

刘豫叛国投敌

　　刘豫是北宋景州阜城（位于今河北省阜城县）人，年少时行为不端，曾盗窃同房间同学的衣物。后来，他考中进士被授予官职。北宋宣和七年（1125年）冬天，金朝军队南下。刘豫时任河北路（治所位于今河北省大名县东北）提刑（主管司法刑狱和监察），闻讯惊恐万状，弃官逃至仪真（位于今江苏省仪征市）避难。

　　南宋建炎二年（1128年）正月，经中书侍郎（主管拟草诏书）张悫推荐，宋高宗任命刘豫为济南府（治所位于今山东省济南市）知府（行政长官）。济南府地处抗金前线，刘豫不想赴任，要求改派到东南某州府任职，朝廷没有同意。刘豫大为不满，含忿去济南上任。

　　十二月，金元帅左监军（元帅府监察军事长官，职次于副元帅）挞懒（《宋史》刘豫传记作挞辣，即完颜昌。）率兵围攻济南。开始，刘豫派其子刘麟率部迎战，金军将刘麟部众包围。济南副将张柬率军救援，把金军击退。之后，挞懒改变进攻方式，派人以重利引诱刘豫投降。刘豫对朝廷没有让他去东南任职一直耿耿于怀，决意叛宋投金。他指使人杀害力主抗战的济南守将关胜，煽动百姓跟着他投降，百姓拒不服从。刘豫偷偷从城楼上顺着吊索爬出城，投降金军。

　　建炎三年（1129年）三月，金军将领兀术（完颜宗弼）领军南下攻宋，奏请金太宗将刘豫调任东平府（治所位于今山东省东平县）知府。接着，金太宗又让刘豫担任京东、京西、淮南等路（位于今山东省中西部至长江以北地区）安抚使（军政长官），节制大名（治所位于今河北省大名县东北）等州府。

太宗立北宋宰相张邦昌为异姓皇帝，金军劫持太上皇（宋徽宗）赵佶、宋钦宗赵桓（宋徽宗长子）及皇子后妃去北方囚禁。金军撤退后，张邦昌被迫退位。五月，康王赵构（宋徽宗第九子）在南京（位于今河南省商丘市）即位为宋高宗。之后，宋高宗率群臣南退，定都临安（位于今浙江省杭州市），史称"南宋"。

金人长期游牧于北方，耐不住南方的炎热天气。金太宗考虑军队每年秋天南下，春天返回，往返奔波，劳民伤财，同大臣商量想再立一个伪皇帝，以维护其在中原地区的统治。刘豫获悉金国这一意向后，暗下派刘麟带着重金贿赂挞懒，请求立他为帝。挞懒答应帮他在金太宗面前讲好话。金左副元帅粘罕（完颜宗翰）的亲信大同（治所位于山西省大同市）尹高庆裔建议，要抢在挞懒之先向皇上推荐刘豫，不可让"恩归他人"。于是，粘罕派右监军完颜希尹火速去向金太宗举荐刘豫，金太宗点头同意。

建炎四年（1130年）九月，金太宗册立刘豫为"齐帝"，以大名府为都城。后来，刘豫将都城迁至汴京。中原地区在金国和刘豫朝廷双重盘剥下，"赋敛烦苛，民不聊生"。

刘豫称帝后依仗金军的势力不断派兵南犯。

绍兴元年（1131年）十月，刘豫派其将王世冲领兵攻打庐州（治所位于今安徽省合肥市），被庐州守军击败。

绍兴二年（1132年）十二月，刘豫派其将刘夔领兵配合金军侵犯蜀地（位于今四川省），在仙人关（位于今甘肃省徽县东南嘉陵江畔）被宋军击败。

绍兴三年（1133年）四月，刘豫派军攻占虢州（治所位于今河南省灵宝市）。镇守虢州的南宋将军谢皋兵败拒不投降，指着自己

七、兵败势去 归宿殊异

腹部说:"我的赤心在这里!"说罢,谢皋剖腹自杀。

绍兴四年(1134年)七月,刘豫听说宋将岳飞等人领兵收复襄阳(治所位于今湖北省襄樊市襄阳城)、邓州(治所位于今河南省邓州市)等地,大为惊恐,他采纳其谋臣罗诱举兵南征的策略,派其知枢密院事(最高军事机关长官)卢伟(《宋史》刘豫传,记作卢纬)去拜见金太宗,请求金国出兵南攻,称宋高宗南迁后已丧失大片土地,"若假兵五万下两淮,南逐五百里,则吴、越又将弃而失之,货财子女,不求自得"。金太宗随即派遣权(代理)左副元帅完颜宗辅、权右副元帅挞懒率五万兵士援助刘豫向南进军。宋高宗下令军队讨伐刘豫,宋军士气为之大振。十月,镇守镇江(位于江苏省镇江市)的宋淮东宣抚使(军政长官)韩世忠率部在大仪(位于今江苏省仪征市北)击败金军。十二月,岳飞派部将牛皋率部在庐州将金军击败。金军撤退,刘麟闻讯率部逃遁。

绍兴五年(1135年)十月,刘豫向继位不久的金熙宗献海路图和战船模型,煽动金国君臣从海路南攻。金熙宗采纳刘豫的意见,调令四十万人上山砍伐木材,运至虎州(其地不详),赶造战船,不久因民众接连起事反抗暴政而中止。

绍兴六年(1136年)九月,刘豫听说宋高宗将亲率大军北伐,向金熙宗告急。金领三省事(宰相)完颜宗磐对金熙宗说:当初,先帝立刘豫为帝,是想要刘豫保住中原地盘再扩大疆土,使我国军民得以休息。从刘豫即位这几年来看,他进不能攻取南宋之地,退不能守住本土,连年打败仗,搅得我国军民一直未能安宁。皇上如果再派兵去救援,得到好处的是刘豫,我们却要受到损害。可以不答应他!金熙宗赞同完颜宗磐的意见,派人答复刘豫,要他自己想办法应对,同时派兀术领兵去黎阳(位于今河南省浚县东南)观察势态。

十月,刘豫派三十万兵士分三路攻打南宋,被宋军击败。金国君臣闻讯后,派人向刘豫问罪,并开始动议废黜刘豫。刘豫察觉金国君臣这一意向后,请求立刘麟为太子以试探金熙宗的态度。金朝廷答称:等派人听取河南百姓的意见后再说。

绍兴七年(1137年)八月,宋淮南东路(治所位于今江苏省扬州市)统制(军事将领)郦琼率三万多名部众投附刘豫。郦琼劝刘豫率军南犯,刘豫再次请求金国出兵援助。金国君臣担心刘豫兵力强大难以控制,诡称郦琼系伪降,强令刘豫解散其部众。不久,兀术部下截获岳飞编造的约刘豫诛杀兀术的密信,兀术将此信奏告金熙宗。金尚书省(最高行政机关)奏称刘豫没有实际业绩,应当废黜。于是,金熙宗决定废黜刘豫。

十一月,金熙宗以派兵南下的名义令挞懒、兀术领兵进入汴京。挞懒等人借故令刘麟出巡武城(位于今河南省南阳市北),派兵随其后将他抓捕。接着,兀术领三名骑兵突然进入东华门,召见刘豫,将其逮捕。第二天,挞懒、兀术派兵封锁刘豫宫门,召集文武百官,宣布金熙宗废除刘豫的诏令。诏令称:建立齐国这样一个邦国,至今已有八年,还得我们经常派兵防守,要你这个国家有什么用!

刘豫向挞懒哀求宽恕,挞懒对他说:当年赵氏少帝(宋钦宗)离开汴京的时候,百姓争相送行,远近都能听到号泣之声。如今你被废黜,竟没有一个人对你表示同情,你为何不引咎自责!刘豫无言以对。

刘豫被金熙宗废去帝号后改封为曹王,举家迁至临潢(位于今内蒙古巴林左旗东南)软禁。绍兴十三年(1143年)六月,刘豫死于临潢。

《宋史》卷四百七十五 刘豫传
卷二十五 钦宗本纪二
《宋史纪事本末》卷六十七 金人立刘豫
《续资治通鉴》卷一百七 宋纪一百七
卷一百十四 宋纪一百十四
卷一百十六 宋纪一百十六

七、兵败势去　归宿殊异

【简评】

　　刘豫是一个不讲节义、不知羞耻的利囚,金军将领对他重利引诱,他竟杀害守城将领投降金军。接着,他以重金贿赂金军将领,乞求金帝封其为伪帝。刘豫受金太宗立为齐帝后不断派兵南攻,以效忠金国,然惨淡经营八年被废。金熙宗将他软禁而没有处死,亦不为失当。

毕资伦哭祭故国

金①兴定五年(1221年)正月戊戌日,南宋驻守龟山(位于今江苏省盱眙县东北)的统制(军事将领)时青领兵突袭泗州(治所位于今江苏省盱眙县)。金军守城官兵正在宴会,猝不及防,泗州城被宋军攻破。镇守泗州的宣差总领都提控(代表朝廷总揽一方军政的长官)毕资伦跳楼自杀未遂,被宋军俘虏。

时青(原为金军将领,兴定四年投降南宋)对毕资伦以礼相待,开导他说:毕宣差,我知道你是一条好汉,但也要识时务啊!如今,金国的大势已去。你如果向我投降,宋朝是不会亏待你的。如果你不答应的话,性命恐怕就难保了。毕资伦对时青叛国投宋非常憎恶,冲着他破口大骂道:逆贼时青听我说。我出身贫贱,如今官居三品,不幸丧失国家的城池,纵使死了也挽回不了这一损失,怎么能向你这个反贼求生呢?时青见毕资伦不肯投降,下令把他关进盱眙(治所位于今江苏省泗洪县东南,今已沦入洪泽湖中)监狱。后来,盱眙被金军攻占,毕资伦又被转移关入镇江府(位于今江苏

---

① 朝代名,原都会宁府(位于今黑龙江省阿城市南)。金贞元元年(1153年),金海陵王迁都中都(位于今北京市区)。贞祐二年(1214年),金宣宗迁都汴京(位于今河南省开封市)。天兴二年(1233年),金哀宗迁都蔡州(位于今河南省汝南县)。

七、兵败势去　归宿殊异

省镇江市)土牢。毕资伦虽然备受折磨,始终没有向南宋投降。金国君臣听说毕资伦被俘后坚贞不屈,都以为他已经遇害。

天兴元年(1232年)十月,镇守盱眙的金军元帅纳合买住投降宋军。南宋将领要纳合买住率其部众跪下望北方哭拜,称其为"辞故主",把毕资伦押去观看。毕资伦见纳合买住卑躬屈膝唯唯诺诺的可怜相,瞪着眼睛骂道:纳合买住,国家未曾亏待过你,你想怎么死都行,干吗要现出这付奴才嘴脸!纳合买住认出骂他的人是毕资伦,低下头,没敢再望他一眼。

天兴三年(1234年)正月,蒙古和南宋联军攻破蔡州,金哀宗自缢而死。此时,毕资伦仍然被南宋关押在狱中。他听说金国灭亡,悲伤得难以自已,决心以身殉国。他向狱吏叹息说:我再也没有什么希望了,请允许我祭奠一下金国国君,然后向你们投降。

南宋官员对毕资伦的话信以为真,为他杀牛宰羊,在镇江长江岸边设下祭坛。毕资伦面向北方跪在祭坛前,缅怀灭亡的金国,虔诚地祭奠金哀宗的亡灵。祭奠完毕,毕资伦伏地痛哭。突然,他乘看守人员不备,纵身投江而死。

《金史》卷一百二十四　毕资伦传
《续资治通鉴》卷一百六十六　宋纪一百六十六

【简评】

大敌当前,作为镇守泗州城的将领,毕资伦聚众宴会而松懈防备,以致城破被俘,不能说不是一个失误。他的可贵之处在于,镇地虽然丧失,爱国思想没有动摇,始终坚守自己的思想阵地。他被南宋监禁长达十四年之久,一直没有屈服投降。当听说金国灭亡,他决意以身殉国,其对国家忠贞不二的信念令人钦佩。

中国古代历史风云·战场风烟(下)

洪承畴被俘投降

明崇祯十四年(1641年)三月,清郑亲王济尔哈朗奉命取代睿亲王多尔衮统兵围攻锦州(位于今辽宁省锦州市),加大攻城力度。锦州总兵(镇守某地的军事将领)祖大寿率部坚持抗御,紧急求援。明崇祯帝令总督(军事长官)蓟辽(辖境位于今北京、天津二市及河北省北部、辽宁省西部地区)军务的洪承畴,统领辽东(镇所位于今辽宁省北宁市)总兵王廷臣、宣府(镇所位于今河北省宣化县)总兵杨国柱、大同(镇所位于山西省大同市)总兵王朴、密云(镇所位于今北京市密云县)总兵唐通、东协(镇所位于今河北省遵化市)总兵曹变蛟、援剿(镇所不详)总兵白广恩,山海(镇所位于今河北省秦皇岛市山海关区)马科、宁远(镇所位于今辽宁省兴城市)总兵吴三桂等八总兵共十三万兵士会集宁远,赴援锦州。

五月,明、清两军在松山(位于今辽宁省凌海市南)交战,清军失利,其主帅济尔哈朗因指挥不当受到谴责,清太宗为锦州久攻不下"忧愤呕血"。

八月,清太宗率部亲征。二十二日,明、清两军在松山决战。明总兵王朴、吴三桂、马科、李辅明(杨国柱于七月战死,由其代领)、唐通、白广恩等部相继败溃,明军阵亡五万三千余人,赴海死亡达数万人。洪承畴率总兵曹变蛟、王廷臣、辽东巡抚(行政长官)邱民仰及万余名残兵退守松山城。清军随即将松山城包围。松山

七、兵败势去　归宿殊异

城被围后,清太宗派人送信劝洪承畴投降,遭到拒绝。

九月、十二月,洪承畴两次率部突围,均遭失败,死伤数千人。此间,崇祯帝派兵部侍郎(朝廷主管军事的部门副长官)范志完领军救援松山。范志完畏惧清军,没有率部赴援。松山被围六个月后,城内粮食几乎吃光。

崇祯十五年(1642年)二月十八日夜,松山城副将夏成德叛变,派其弟夏景海引清军入城,洪承畴等人被俘。清太宗下令将曹变蛟、王廷臣、邱民仰及守城兵士三千多人全部处死,将洪承畴押赴都城盛京。三月,祖大寿率七千名锦州守兵向清军投降。

清太宗留洪承畴不杀,是想要他日后为清军进入山海关南下中原效力。他派内秘书院大学士(副宰相)范文程前去会见洪承畴,劝其投降。范文程进门时见洪承畴赤着脚正在骂人,微笑着走到他面前,劝他息怒,和他聊天,话题涉及古往今来世态人情。这时,屋梁上一团吊尘落在洪承畴的衣服上,他随手将落尘拂去。范文程把洪承畴这一举动看在眼里,向清太宗报告说:洪承畴不会自杀,他对身上的衣服都那么惜护,何况生命呢?

清太宗听范文程这么说心中有了数,便亲自去看望洪承畴。他随手脱下身上的貂皮大衣,将它披到洪承畴身上,抚慰说:先生,有了这件衣服就不会冷了吧?洪承畴受宠若惊,深为感动,好一会才平静下来,感叹道:皇上不愧是号令天下的国主啊!说着,洪承畴跪下向清太宗叩头,请求投降。

清太宗十分高兴,当即赏给洪承畴许多金银财宝,又大摆宴席,演奏歌舞,以安慰洪承畴。对此,有些将领感到不解,向清太宗问道:皇上为何对洪承畴这样看重啊?清太宗反问道:我们数十年风雨转战,是为着什么?众将回答说:为了夺取中原!清太宗哈哈大笑说:我们去中原,人生路不熟,好比瞎子一样。如今得到一个向导,我怎么能不高兴啊!

就在洪承畴向清太宗叩头投降的时候,明朝廷却收到洪承畴战死的报告。崇祯帝极为震惊,痛悼不已。他下令在京都设立十六个祭坛,组织官员和军民为洪承畴等"为国捐躯"的将领吊唁,并准备亲自去奠祭洪承畴的英灵。不久,传来洪承畴向清太宗投降的消息,明朝廷才停止对他的奠祭活动。

后来,洪承畴随睿亲王多尔衮率部南下,进入北京。接着,他以"招抚南方总督军务大学士"的身份,随清军招抚江南数十个州府,行迹远至广东(即广东布政司)、广西(即广西布政司)、云南(即云南布政司)、贵州(即贵州布政司),为清军夺取全国充当了"向导"。清顺治十八年(1661年),洪承畴以武英殿大学士(名誉宰相)退休,四年后病故。

《清史稿》卷二百三十七 洪承畴传
卷二百三十四 祖大寿传
《清通鉴》前编卷三十 清太宗崇德六年
卷三十一 清太宗崇德七年

【简评】

锦州、松山之战,是明、清之间一场关键性大决战。清军此战获胜,击溃明蓟、辽防线,为清王族入主中原扫平了道路。洪承畴作为明军统帅率部赴援锦州,前期指挥作战尚有成效,后期兵败退守松山亦无可厚非。由于副将叛变,洪承畴被俘,至此其所率十三万援军丧失殆尽。洪承畴没有与所守阵地共存亡、没有与所率将士共命运,而是跪倒在清太宗脚下,变节投降,充当了清军南下的向导。明朝政腐败为清朝所取代,固然是历史大趋势;洪承畴叛明降清丧失人格臣节,亦是不争的事实。

七、兵败势去　归宿殊异

张广泗不救部众

清乾隆十二年（1747年）春天，四川（即四川省，位于今四川省、重庆市）巡抚纪山向朝廷奏称：大金川（位于今四川省金川县）土司（地方长官）莎罗奔率众围攻霍耳章谷（位于今四川省炉霍县），击杀千总（低级武官）向朝选，并侵扰毛牛地区（位于今四川省丹巴县南），击伤游击（低级武官）罗于朝。乾隆帝随即下令川陕总督（四川、陕西二省军政长官）张广泗领兵进剿大金川叛乱。

五月，张广泗领兵进抵小金川（位于今四川省小金县）。小金川土司泽旺和其弟良尔吉向张广泗投降，并主动请求随征大金川。此前，莎罗奔率部袭击小金川并诱捕泽旺，刚刚将泽旺放回。张广泗没有料到，良尔吉长期与泽旺之妻阿扣（莎罗奔侄女）私通，不久前正是良尔吉勾引莎罗奔率部袭击小金川的。张广泗为良尔吉的花言巧语所迷惑，对他信任无疑，让他随军出征。

当时，莎罗奔居住在勒乌围（位于今四川省金川县东），他的侄子郎卡居住在噶拉依（位于今四川省金川县南），两地都处于常年积雪的崇山峻岭之中。莎罗奔和郎卡在山道路口设置明碉暗堡，易守难攻。

张广泗认为所率三万兵士进入山区无法集中作战，只宜分路出击。他令松潘（治所位于今四川省松潘县）总兵（镇守某地军事长官）宋宗璋率部从西面分四路进军，两路攻打勒乌围，两路攻打噶拉依；令总兵许应虎率部从南面分三路进攻，预计年内可以大功告成。

八月，张广泗军在取得局部胜利后受到叛军阻击，难以前进。九月，乾隆帝告诫张广泗说：如成功尚需时日，可将部队退至向阳平旷之地休整，等气候转暖后再战。张广泗奏称：官军已越过雪山离贼巢不远，不必退驻休整。预计明年二、三月，即能平息叛乱。

此间，良尔吉不断派人将朝廷军动态报告莎罗奔。莎罗奔对张广泗军的进攻路线和计划一清二楚。

十二月，副将张兴、游击陈礼所率六百多名官兵在马帮山被大金川叛兵包围。张兴派人请张广泗调兵救援。张广泗不但不派兵增援，反而斥责张兴等人庸懦无能。不久，张兴、陈礼部众尽被诱杀。对此，张广泗没有反悔自己的过失，而把责任推到张兴头上，引起各部官兵愤慨，致使全军上下丧失斗志。总兵马良柱率其五千名兵士撤退，官军所占三十九寨全被大金川叛兵夺回。张广泗陷入进退维谷的困境。朝廷决定增派一万名官兵赴援。

乾隆十三年（1748年）四月，乾隆帝意识到派张广泗平叛不可靠，命大学士首席军机大臣（宰相）讷亲前往金川经略（总领）军务，并起用被废置的原将军岳钟琪往金川统领军务，以扭转张广泗所面临的被动局面。

六月，讷亲抵达小金川军营。他急于取胜，令总兵任举率万余名兵士限三日内攻取刮耳崖（即噶拉依），违者以军法处置。任举和部将买国良等人阵亡，其部伤亡惨重。此次失败，使讷亲一蹶不振，不敢再提进攻之事。讷亲上书奏告欲建碉堡，坚守阵地，以长期作战，乾隆帝没有认可。乾隆帝为金川平叛没有进展而日夜焦虑，但也想不出好的办法。

张广泗认为讷亲不懂军事，对讷亲凌驾于他之上大为不满，把军事推给讷亲，而讷亲从攻打刮耳崖失败后事事俱听张广泗调度，不再主管军事。将士们见两位主将不协调，士气更加低落。闰七月，朝廷军进攻喇底二道山梁，再次被大金川叛兵击败。

七、兵败势去　归宿殊异

乾隆帝闻讯后责怪岳钟琪没有出谋献策。岳钟琪奏告张广泗调度失误,拒绝他增兵的建议;又奏称张广泗所信赖的良尔吉有暗通莎罗奔嫌疑。乾隆帝认为,岳钟琪所告与讷亲所奏张广泗分散兵力,处事不公、丧失军心等大体相符。

此间,讷亲向乾隆帝奏报其军事部署,称今冬减撤官兵,明年增调三万精兵,最迟不过秋天足能剿办成功;稍后,他又奏称留万余名兵士,据守要害,使狡寇坐困,等二三年后再调兵进剿,必定一举成功。乾隆帝批斥道:"岂有军机重务,身为经略而持此两议,令朕遥度之理?"乾隆帝认为派讷亲统领平叛也不可靠。

九月,乾隆帝令讷亲、张广泗回京,任命协办大学士(副宰相)傅恒经略大金川军务。乾隆帝指出:张广泗自受任剿办金川叛乱以来,"陈奏闪烁,赏罚不当","观望推诿,老师坐困,糜饷不赀,且信用贼党良尔吉","泄露机密","玩兵养寇,贻误军机";讷亲"前驻军营,漫无胜算,且身图安逸,并不亲临督阵","陈奏之事,矛盾讹错,不可枚举"。于是,他下令将张广泗革职,并收捕治罪,讷亲革职。

张广泗入狱后声称冤枉,坚持为自己辩解。乾隆帝不容其申辩,于当年十二月下令将张广泗斩首。第二年正月,乾隆帝又下令将讷亲处死。

《清史稿》卷二百九十七　张广泗传
《清通鉴》卷一百四　清高宗乾隆十二年
　　　　卷一百五　清高宗乾隆十三年

【简评】

大金川叛乱历时三年,至乾隆十四年正月基本平定。张广泗的罪过在于得知张兴部众被围而拒不派兵救援,致使张兴部覆灭而全军为之丧失斗志。讷亲的过失则是初攻失利即不敢再战。张广泗处以斩首尚属咎由自取,讷亲处以斩首未免过重。

王文雄惨遭肢解

清嘉庆五年（1800年）六月，固原（治所位于今宁夏固原县）提督（军事长官）王文雄获悉高二、马五率领的白莲教军①潜入西乡法宝山（位于今陕西省西乡县）。二十四日夜，王文雄与副将鲍贵、都司（职位低于副将的军官）哈国龙分兵三路，前去法宝山围剿白莲教军。

白莲教军得知官军到来，从山上扔掷石头进行抗拒。王文雄因长期征战，积劳成疾。他不顾当时正在吐血，率领部众奋力朝山上仰攻。这时，一支白莲教骑兵突然从山沟里冲出，截断他们的后路。与此同时，山上的白莲教军从小道直冲而下，扑向鲍贵率领的部众。

王文雄见此情状，随即率部去救援鲍贵部。山上白莲教军乘势一齐冲下山来，将王文雄部包围。王文雄指挥官兵同白莲教军奋力拼搏，一直鏖战到第二天中午也没有退却。官军寡不敌众，王文雄身负十余处创伤，被砍断左臂，从马背摔落地上。他血流不

---

① 白莲教系元、明、清时期秘密宗教，明、清朝廷视其为邪教，对其教徒进行搜捕处死。清嘉庆元年（1796年），白莲教首领张正谟等在湖北武装教徒，对抗清军搜捕。后四川、陕西等地也出现白莲教武装教徒（《清通鉴》卷一五三·清仁宗嘉庆元年）。

七、兵败势去　归宿殊异

止,不能动弹,慨叹道:我再也不能为国家效力了!

王文雄被俘后,白莲教军头目指着他对部下说:这个人亲手杀死我三十二个头目,不能让他一下子死去!于是,教兵马应祥等人将王文雄活活肢解。白莲教军退走后,官军寻找王文雄的遗体,只在草丛中拾到他的一只胳膊。

嘉庆帝听说王文雄为国罹难惨不忍睹,悲伤得流下眼泪。他下令追授王文雄"壮节"的荣誉称号,并令当地官员以一千两白银慰问其母亲。第二年,马应祥被官军抓捕。嘉庆帝下令将马应祥斩首,并将其首级传送到王文雄家乡贵州玉屏(位于今贵州省玉屏侗族自治县),以奠祭王文雄的英灵。

据《清史稿》卷三百四十九·王文雄传
《清通鉴》卷一五七·清仁宗嘉庆五年

【简评】

王文雄率部与白莲教军转战湖北、河南、陕西等地,功勋卓著。他与白莲教军血战到生命最后一息,仍念念不忘为国效力,感人至深。

青麐城陷出逃

清咸丰四年(1854年)五月,太平天国农民军从黄州(治所位于今湖北省黄冈市)进抵汉阳(位于今武汉市汉阳区)。接着,太平军攻打江对岸的湖北省城武昌(位于今湖北省武汉市江夏区)。湖北巡抚(行政长官)青麐(麟)与武昌总兵(军事长官)杨昌泗等指挥兵士从水陆两路阻击,打退太平军的进攻。

当时,攻打武昌的太平军有四万人,而武昌守军只有一千多人。太平军初次进攻受阻后,改从塘角、鲇鱼套等方位进攻。青麐率部出武胜门外迎战。这时,城中突然燃起大火,城内有人起事为太平军作内应。清军见城内起火一片惊恐,无心再战,溃败逃散。太平军随即占领武昌。

武昌失守后,青麐本想自杀,被部下劝止。兵士护卫他奔往长沙(位于今湖南省长沙市)。不久,青麐转回荆州(位于今湖北省荆州市)。

咸丰帝听说武昌失守,青麐弃城远逃,十分恼火。他在有关此事的奏报中批道:青麐如能"激励力战,何致遽陷?婴城固守,解围有日,犹将宥过论功。纵力尽捐躯,褒忠有典,岂不心迹光明?乃仓皇远避,径赴长沙,直是弃城而逃。长沙非所辖之地,越境偷生,何词以解?若再加宽典,是疆臣守土之责,几成具文,何以对死事诸臣耶!"咸丰帝当即传令荆州守将逮捕青麐,将他押往闹市斩首。

《清史稿》卷三百九十七 青麐传

七、兵败势去　归宿殊异

【简评】

青麐率部守卫武昌,寡不敌众,城陷逃走。其逃往异地虽不光彩,但由此将其处死似亦过当。

八、功高受陷　千古沉冤

古代战争十分频繁。武将率部征战,出生入死,所经历的风险比文臣要大得多,而那些常打胜仗的将军尤其多灾多难。常胜将军因其杀伤威力必然受到敌方将领的憎恨,因其功绩卓著又难免受到当朝权臣的忌妒,往往腹背受敌。历史上由于敌人离间、权臣攻讦,或者自身失误而受到陷害的著名将领数不胜数。他们有的后来被平反昭雪,有的则沉冤千古。

八、功高受陷　千古沉冤

子上凯旋遭殃

楚成王熊恽即位（前671年）多年后，想把他的儿子商臣立为太子，征求令尹（宰相）子上的意见。子上认为君王的年纪还不算大，不宜过早立太子，再说商臣性情残忍，亦不适合立为太子。如果立了商臣，今后又要废黜他，国家将会有祸乱。楚成王没有听取子上的意见，还是册立商臣为太子。之后，商臣得知子上不赞成立他为太子，对子上怀恨在心。

楚成王四十五年（前627年）冬天，子上率军攻打陈国和蔡国，迫使陈、蔡二国向楚国求和。不久，晋国将军阳处父领兵入侵蔡国，楚成王令子上率领军队前往蔡国救援。楚军进抵泜水（即沙河，流经今河南省鲁山县南、叶县北）南岸，与对岸的晋军相对峙。阳处父有些害怕，派人送信给子上，称晋军愿后退三十里，等楚军渡过河摆开阵势后再战；要不然，楚军就后退三十里，让晋军渡河后，两军再开战。子上看了阳处父的信后想率军渡河，部将大孙伯劝阻说：我们不可轻易渡河！晋国人不讲信用，如果他们乘我军渡河的时候发起攻击，我们势必要吃败仗，那时后悔就晚了。与其这样，不如将我军后撤三十里，乘晋军渡河时攻打。子上采纳大孙伯的意见，下令其部众后退三十里驻扎。阳处父看到楚军后退，大肆宣扬楚军败逃，借以下台阶，当即率军回国。子上见晋军撤回，蔡国的威胁解除，随后也率军返回。

太子商臣听说子上没有同晋军交战便撤军回国,以此诬告子上接受晋军贿赂而将军队撤回,称子上此举丢了楚国人的脸,罪大恶极,不可饶恕。楚成王年老昏聩,对太子商臣的话未加调查便信以为真,当即下令将子上处死。

第二年(前626年)十月,商臣获悉父王将要改立太子,领兵围逼楚成王自杀,自立为楚穆王。

《左传》僖公三十三年

文公元年

【简评】

晋军攻蔡及楚军援蔡,隔泜水对阵,是晋楚二国争霸中原的一场较量。子上作为楚军主帅如约令部队后退,待晋军渡河时出击,指挥并无失误。晋军畏惧楚军,意欲撤退,借楚军后退之机宣扬楚军逃走。此事被商臣用来陷害子上,泄其私愤。楚成王是非不分,竟下令将子上处死。楚成王立商臣为太子是其致命的错误。既然决定立商臣为太子就无须征求子上的意见;既然征求子上的意见就要认真听取,即使不采纳也不应当将其意见泄露出去。子上为此付出惨重的代价。楚成王没听子上忠告,最终被商臣逼杀,付出的代价同样惨重。

八、功高受陷　千古沉冤

乐毅被间离燕

燕王哙五年①(前316年),燕王哙接受大臣鹿毛寿的劝告,将王位让给丞相子之。子之执政三年,燕国大乱,将军市被与燕太子平举兵攻打子之。齐宣王②乘燕国内乱之机,以援助燕太子平的名义派兵攻入燕国都城蓟,燕王哙及子之等人在战乱中丧命。燕国民众对齐军侵犯燕国极为愤恨,诸侯对齐国出兵攻燕亦大为不满,他们支持太子平将齐军击退。

太子平即位为燕昭王后与民众同甘共苦,一心想洗雪国耻,报齐国军队入侵之仇。可是,燕国力量弱小,不足以和强大的齐国较量。于是,燕昭王礼贤下士,广招人才。这时,魏国名士乐毅奉魏昭王之命出使燕国。燕昭王看到乐毅德才出众,便以优厚的礼遇把他留在燕国,委任他为亚卿(副丞相),让他辅佐治理燕国。经过二十多年的治理和积累,燕国变得富强起来。此间,燕昭王加强同赵、楚、韩、魏等国的联盟,取得四国君臣的同情和支持。

---

① 《史记》卷三十四,记作燕王哙三年(前318年)。《资治通鉴》卷三·周纪三,改为燕王哙五年。

② 《史记》卷三十四记作齐湣王。《中国历史大辞典》:齐宣王在位时间为前319年—前301年,齐湣王在位时间为前300年—前284年,改为齐宣王。

中国古代历史风云·战场风烟（下）

燕昭王二十八年（前284年），燕昭王请赵、秦、韩、魏四国出兵支援①，任命乐毅为上将军，统率五国联军进攻齐国。五国联军在济水（位于今山东省济南市北面）以西击败齐军。尔后，赵、秦、韩、魏四国军队撤退回国。乐毅率领燕军乘胜追击，攻入齐国都城临淄。齐湣王辗转逃至莒（位于今山东省莒县），被楚将淖齿诱杀。乐毅把从齐国夺取的金银财宝运到燕国。燕昭王非常高兴，亲自到济水边慰劳军队，把昌国（位于今山东省淄博市东南）封给乐毅，称乐毅为昌国君，并令乐毅继续率军攻打齐国其他城镇。

此后，乐毅率领燕军在齐国持续攻战五年，一共攻克七十多城，只剩下莒和即墨（位于今山东省平度市东南）两城尚未攻下。齐国濒临于灭亡。

燕昭王三十三年（前279年），燕昭王去世，太子（其名失传）继位，为燕惠王。

燕惠王做太子时便对乐毅怀有成见。他对乐毅率军在齐国攻城略地为燕国雪耻复仇并不赞赏。齐国将军田单获悉这一情况后，谋划对燕惠王施行反间计。田单派人到燕国散布谣言说：乐毅几乎把整个齐国都占领了，为何最后只剩下莒和即墨二城老是攻不下呢？因为他和惠王不和，不想再回到燕国。他想同两城守将妥协结盟，好在齐国称王啊！齐国人最怕燕王把乐毅撤换回去，改派别的将军到齐国来。燕惠王本来就对乐毅心存戒备，听到这一谣言信以为真，随即召令乐毅回国，派将军骑劫去齐国接替乐毅的职务。乐毅担心回国被杀，没有应召返回燕国，而是向西逃奔赵国。

骑劫的军事指挥才能远不及乐毅。他初入齐国，不了解敌我

---

① 《史记》"燕昭公世家"和"乐毅传"记楚国参战，"秦本纪"和"赵世家"记秦国参战。杨宽《战国史》认为，楚未参战，秦参战且为主谋。《中国历史大辞典》"乐毅"，记为秦参战。

八、功高受陷　千古沉冤

双方情况,受到田单欺骗,致使燕军在即墨城下被齐军打得大败。接着,齐军乘胜反击,很快收复被燕军夺占的七十余城,齐襄王(齐湣王之子)从莒回到都城临淄。乐毅率军经过五年浴血奋战所取得的战果付诸东流。

燕惠王听说骑劫兵败,痛悔不该让他取代乐毅,然而后悔已晚。他派人送信给乐毅,责怪他听信别人调唆,擅自离燕去赵,同时请他返回燕国。乐毅考虑他的儿子乐閒尚在燕国为臣,及时给燕惠王回信,以自责的语言缓和同燕惠王的关系。他在信中称其奉先王之命领兵攻齐,受人诽谤,害怕获罪而没敢回国,他虽然在赵国,心里还是忠于燕国的。后来,乐毅也曾回过燕国,受任燕国客卿(非本国人担任的丞相),但他多半时间还是居住在赵国,为赵国客卿,最后在赵国终老病故。

《史记》卷三十四　燕昭公世家
　　　　卷四十六　田敬仲完世家
　　　　卷八十　乐毅传
《资治通鉴》卷三　周纪三

【简评】

燕昭王为雪国耻,报齐国军队入侵之仇,任用乐毅为丞相,使燕国富强;派乐毅率军攻齐,占领其七十余城。乐毅的政绩战功受到齐国人憎恨,同时也受到燕太子的忌妒。燕太子即位为惠王后,对乐毅猜忌戒备,以致中了齐国人离间之计,以骑劫取代乐毅,丧失所占齐国之地。试想,乐毅若应召回燕国,很可能被杀头。他抽身去赵国,避开祸难,显示其高超的智慧。失败使燕惠王意识到错怪了乐毅,彼此虽然达成谅解,但昔日的辉煌难以再现。

白起沉冤九泉

白起是战国时期秦国郿地(位于今陕西省眉县东)人。他早年从军,以善于领兵作战受到秦昭王的信任。

屡建战功

秦昭王十三年(前294年),白起受任左庶长(将军),领兵进攻韩国,夺取新城(位于今河南省伊川县西南),声名为之大震。从此,白起率军南征北战长达三十多年,为秦国兼并韩国等六国立下汗马功劳。

秦昭王十四年(前293年),白起率军在伊阙(即龙门山,位于今河南省洛阳市南)击败韩国和魏国联军,歼敌二十四万人,夺取五个城镇。白起因功提升为国尉(全国最高将领)。接着,白起领军渡过黄河,攻占韩国安邑(位于今山西省夏县西北)以东地区。

秦昭王十五年(前292年),白起领兵夺取魏国大小城镇六十一个。

秦昭王十六年(前291年),白起领兵夺取魏国垣城(位于今山西省垣曲县东南)。

在此后的十多年间,白起领兵先后夺取赵国的光狼城(位于今

八、功高受陷　千古沉冤

山西省高平市西），攻占楚国鄢（位于今湖北省宜城市东南楚王城）、邓（位于今湖北省襄樊市西北）等五个城镇。

秦昭王二十九年（前278年），白起领兵攻占楚国都城郢，迫使楚国迁都至陈（位于今河南省淮阳县）。白起因功受封为武安君。之后，白起乘胜率部攻下楚国巫郡（位于今湖北省长江中、上游地区及重庆市），黔中郡（位于今湖南省西部和贵州省东部）。秦昭王三十一年（前276年），白起领军攻打魏国，夺取两城。

秦昭王三十四年（前273年），白起领军夺取魏国华阳（位于今河南省新郑市北），俘杀魏军十三万人。此后，白起又领军同赵国将领贾偃部众交战，消灭赵军两万多人。

秦昭王四十三年（前264年），白起领军进攻韩国，夺取陉城（位于今山西省曲沃县东北）等五个城镇（《史记》秦本纪，记作拔九城），斩杀韩国兵士五万余人。

秦昭王四十四年（前263年），白起领军攻占韩国南阳（位于今河南省济源市东）。

秦昭王四十五年（前262年），白起领军攻占韩国野王（位于今河南省沁阳市），切断韩国都城经太行山通往其上党郡（位于今山西省沁河以东地区）的交通要道。

秦昭王四十七年（前260年），白起受任上将军，统率秦军在长平（位于今山西省高平市西北）击败赵国将领赵括统领的军队，俘虏并坑杀四十多万赵国兵士。赵国从此一蹶不振。

功高受忌

秦昭王四十八年（前259年）十月①，白起领军攻下赵国上党

---

① 当时，每年纪月，从十月开始。

郡(位于今山西省和顺、榆社等县以南地区),分兵两路继续进攻。他令部将王龁夺取皮牢(位于今山西省翼城县东)、部将司马梗攻占太原(位于今山西省太原市西南),准备乘势进攻邯郸。

面临秦军的强大攻势,韩国和赵国的君臣都十分害怕。他们派人去向秦国求和,同时派遣说客苏代携带重金去游说秦国丞相范雎,离间范雎同白起的关系。苏代到了秦国求见范雎,对他说:"武安君(白起)已经为秦国攻占七十多个城镇,如果韩国和赵国被他攻灭,他的战功就更大了。到那时候,武安君一定会位列三公(丞相)之首,丞相您能够甘居他的下位吗?我为丞相考虑,不如让韩、赵两国割让一部分土地给秦国,同秦国讲和,以免又让武安君去建立功勋。"当时,范雎正忧忌白起屡建战功地位会超过他,便接受苏代的计谋,以秦国兵士需要休整为名,建议秦昭王同意韩、赵两国割地求和。秦昭王采纳应侯的意见。随后,韩国割让垣雍(位于今河南省源阳县西南)、赵国割让六个城镇给秦国,同秦国达成和议。于是,秦昭王下令白起撤军。

接到撤退的命令后,白起感到十分扫兴。他请求率部乘胜进攻,秦昭王没有同意。不久,白起听说是应侯劝说秦昭王同韩、赵两国讲和,对应侯产生怨恨。由此,白起郁愤成疾。

九月,秦昭王派五大夫(二十级爵位的第九级)王陵率军进攻邯郸。当时,白起有病,没有派他领兵出征。

含愤自尽

秦昭王四十九年(前258年)正月,王陵部众多次被赵国军队击败,难以攻下邯郸城。此时,白起病愈。秦昭王令白起去取代王陵。白起认为战机已经失去,楚国和魏国已派出军队救援邯郸,再

八、功高受陷　千古沉冤

说秦军在长平之战中也伤亡过半,这时如果去远攻赵国必然失败,不肯接受秦昭王的指令。秦昭王转而派应侯去劝说白起出征,白起以身体有病加以推辞。秦昭王只好改派王龁去取代王陵指挥攻打邯郸。

王龁率兵围攻邯郸九个月,不仅没有攻下,反而受到楚国春申君(丞相黄歇)和魏国公子(信陵君魏无忌)所领几十万援军的围攻,伤亡惨重。白起听说后,暗下埋怨说:"大王当初没有接受我的意见,现在怎么样?"有人把白起的话转告秦昭王。秦昭王大为恼火,随即强令白起去邯郸前线。白起称病躺倒,拒不接受秦昭王的命令。秦昭王怒不可遏,下令罢免白起的官职,将他贬为士兵,移居阴密(位于今甘肃省灵台县西南)。

白起被贬后忧愤难平,卧病不起。此后三个月,前方每天都传来秦军失败的消息。秦昭王越发气恼,容不得白起仍留居京都,派人强令白起立即离开咸阳。

秦昭王五十年(前257年)十一月,白起被迫带病上路。走出咸阳西门十多里,他停下来,在杜邮亭休息。这时,秦昭王派人送来一把剑,令白起自杀。白起仰天长叹道:"苍天啊,我白起有什么罪过?而今落到这种下场!"他沉默良久,痛悔莫追地说道:"我是该死啊,长平一战,我坑杀几十万人,单这一件事,我就死有余辜了!"白起怀着满腔悲愤当即举剑自杀。

《史记》卷七十三 白起传
卷五 秦本纪

【简评】

司马迁指出:"白起料敌合变,出奇无穷,声震天下,然不能救患于应侯。"(《史记》卷七十三·白起传)

笔者认为,白起是历史上首屈一指的常胜将军,他率部转战三十多年,不断攻城略地,先后击溃楚、赵等强国军队的主力,为秦国最终灭亡六国扫平了道路。韩、赵面临亡国之难而施用离间计,范雎维护自己的地位而忌妒白起的战功,二者异曲同工,蒙骗秦昭王,致使白起不能乘胜进军,坐失战机,忧愤成疾。他准确把握楚、魏出兵援赵的态势,直言秦军远征必败,触怒秦昭王而被处死。白起被杀后秦国民众为之悲哀。秦昭王以后的两任国王乃至秦朝两代皇帝,都没有为白起平反昭雪。白起为秦国建立了千秋功业,反而被秦王视为千古罪人。

八、功高受陷　千古沉冤

廉颇客死楚国

　　廉颇是战国时期赵国的杰出将领。赵惠文王十六年（前283年），廉颇率军打败齐国军队，攻取齐国阳晋（即昔阳，位于今河北省晋州市西北），被赵惠文王任命为上卿（丞相）、大将军（最高军事将领）。此后，廉颇又领军攻取魏国几（位于今河北省大名县东南）、防陵（于今河南省安阳市西南）、安阳（位于今河南省安阳市）等地。他以善于领兵打仗而闻名于各国。

　　赵孝成王六年（前260年），秦国左庶长（将军）王龁率兵进攻赵国。廉颇率军驻扎在长平（位于今山西省高平市西北），修筑壁垒抗击秦军。秦军多次挑战，廉颇固守不出。秦军久攻不下，兵力受到损耗。赵孝成王却责怪廉颇只守不战。

　　秦国丞相范雎获悉赵孝成王对廉颇不满，而偏信只会纸上谈兵的将军赵括，便派人去赵国用重金买通赵王左右的大臣，并散布谣言说：秦国最怕赵国起用赵括为主将。廉颇倒容易对付，再说，他已经派人去秦军军营请求投降了。被秦国收买的赵国大臣把此话转告赵孝成王，赵孝成王信以为真，当即罢免廉颇的将军职务，由赵括接替他领军抗击秦军。

　　赵括出任赵国主将后全面改变廉颇的作战部署，主动出击秦军。不久，赵括部众被秦国上将军白起统领的军队包围。当年九月，赵括中箭身亡，赵军全线溃败，四十万大军被秦军击杀或活埋。

从此，赵国走向衰落。

赵孝成王十五年（前251年），燕国乘赵国长平之战后兵力空虚，出兵攻打赵国。赵孝成王重新起用廉颇为将军。廉颇领兵在赵国鄗地（位于今河北省柏乡县北）击败燕军，击杀燕将栗腹，进而围攻燕国都城，迫使燕国割让五个城镇求和。廉颇因功被封为信平君，受任假相国（代理丞相职务）。之后，廉颇又领兵攻取魏国繁阳（位于今河南省内黄县西北）。

当初，廉颇从长平撤职失去权势以后，经常登门的客人一个个都疏远了他。此时，他官复将相，门客又纷至沓来。廉颇对重新拥来的门客十分厌恶，责令他们走开。门客中有人对他说：唏，相国怎么至今还没有看清世道啊！人世间的交往，好比做买卖，为的是图取利益。你有权势，人们有利可图，就跟着你；你失去权势，人们无利可图，就离开你，这本来是很普通的道理，有什么可埋怨的呢？

赵孝成王二十一年（前245年），赵孝成王去世，其子赵偃继位为赵悼襄王。赵悼襄王任命乐乘为丞相，取代廉颇的职位。廉颇大为恼火，率兵攻打乐乘。乐乘退避，廉颇一气之下离开赵国，投奔魏国。

廉颇流亡魏国后，很长时间没有得到魏安僖王任用。在此期间，赵国时常受到秦军攻击。赵悼襄王想把廉颇接回国，重新委任他领兵抗击秦军，派使臣去魏国考察廉颇还能不能带兵打仗。赵王宠臣郭开与廉颇素有积怨，郭开私下给了该使臣很多金钱，要他极力诋毁廉颇。当时，廉颇也想回国继续领兵抗敌，便当着赵国使臣的面一次吃下一斗米饭，十斤肉，又披甲上马奔驰一阵子，以显示自己还可以为国征战。使臣回国后却对赵悼襄王报告说：廉将军虽然老了，饭量还很好。不过，他和我坐了一会，一连拉了三次屎。赵悼襄王听信使臣谗言，没有召用廉颇。

后来，楚考烈王听说廉颇在魏国闲居，派人把他接到楚国，任命他为将军。廉颇怀念赵国，念念不忘指挥赵国士兵为国效力，没

八、功高受陷　千古沉冤

有为楚国建立什么战功。不久,廉颇在无比失落和忧愤中病逝于寿春。

　　　　《史记》卷四十三　赵世家
　　　　　　卷八十一　廉颇传

【简评】

　　廉颇是战国后期赵国名将,能攻善守,攻赵秦军为之沮丧。秦国施用反间计,诱使赵孝成王以赵括取代廉颇,在长平消灭赵军主力。后来,燕军攻入赵国,赵孝成王重新起用廉颇为将。廉颇率部击败来犯燕军,使赵国重振军威。廉颇的弱点是把功名看得太重,不能容人。蔺相如携和氏璧出使秦国,察觉秦昭王无意以十五城换璧,完璧归赵后被提升为丞相。廉颇不服,扬言要给他难看。蔺相如声称以国事为重,将相不可相斗,对廉颇处处谦让。廉颇为之感动,主动向蔺相如认错。他重新担任将领后,对于在其免职期间疏远过他的门客不能容忍。乐乘受命取代他职务,他竟领兵攻打乐乘,且随即叛离赵国而投奔魏国。秦国的反间和郭开的谋陷,固然使廉颇蒙受冤屈,但使其精神失落、漂泊流离的祸根还是过分看重功名。

李牧被诬遭杀

李牧是赵国镇守北部边区的优秀将领，长年领兵驻守代（位于今河北省蔚县东北）、雁门（位于今山西省右玉县南）等地，防御匈奴骑兵南下。他经常带领官兵苦练骑马射箭，并派遣间谍侦察匈奴军队的动向。每当匈奴骑兵南侵，李牧总是点燃烽火，号令兵士进入营垒防守。匈奴兵不敢越过赵军防线南下，这样，赵国北部边境地区连续数年都比较安全。对此，赵孝成王并不满意，他责备李牧只守不战，认为他胆小无能。李牧不肯改变防御策略，赵王大为恼火，下令撤去他边防将领的职务。

此后，匈奴骑兵常常来犯，赵国新任边防将领（其名不详）率部迎战，多次失败，伤亡惨重。赵孝成王只好召请李牧再次出任边将，李牧则闭门不出，推说自己有病。赵王强令李牧赴任，李牧请求让他还像以前那样部署防御。赵王同意他的要求，李牧才接受任命，重返北方边防前线。

李牧重新出任边将后，恢复原来的防御部署，匈奴骑兵每次来犯都一无所得。经过几年训练，李牧拥有十五万勇于拼杀、善于骑射的精兵。他密令将马羊全部放出来，引诱匈奴骑兵南下。匈奴单于（国王）一向亦以为李牧胆怯，听说漫山遍野都是马羊，率领骑兵大举南侵。李牧布下奇阵，下令官兵还击，一举斩杀匈奴十余万名骑兵。此后十余年，匈奴骑兵不敢南下，赵国北部边区一直安宁。

八、功高受陷　千古沉冤

赵悼襄王元年(前244年),赵王派李牧率军攻打燕国,攻占武遂(位于今河北省徐水县西北)、方城(位于今河北省固安县西南)。

赵王迁二年(234年),秦将桓齮率部在武遂(《资治通鉴》卷六,记作平阳,位于今河北省临漳县西南)打败赵军,武遂守将扈辄阵亡,兵士死伤十万人。危难之际,赵王迁任命李牧为大将军(最高军事将领)率军抗击秦军。李牧领军在宜安(位于今河北省藁城市西南)击溃秦军,秦将桓齮兵败逃遁。赵王迁奖赏李牧的战功,封他为武安君。

赵王迁四年(前232年),李牧率部在番吾(位于今河北省磁县)再次击败秦军,又向南击退韩、魏两国的军队。

赵王迁七年(前229年),秦国派遣将军王翦率兵攻打赵国,赵王迁派李牧和将军司马尚领兵抗击秦军。秦国人知道李牧不好对付,便用大笔金钱收买赵王迁的宠臣郭开,要郭开设法把李牧撤换下去。郭开收了秦国的贿赂后,随即在赵王迁面前诬告李牧和司马尚谋反。赵王迁不加考察便轻信郭开的诬告,派将军赵葱、齐国降将颜聚取代李牧、司马尚的职务。

李牧对无过被撤职不服气,拒不接受赵王迁的命令。赵王迁竟派人将李牧秘密逮捕杀害。

三个月后,王翦率军猛攻赵军,将赵军击溃。赵葱兵败被杀,颜聚逃亡。秦军占领邯郸,赵王迁被俘。

《史记》卷八十一　李牧传
《资治通鉴》卷六　秦纪一　秦始皇帝十三年

【简评】

赵国自长平之战失败及廉颇离赵奔魏以后江河日下,唯有李牧可称良将尚能率部攻守,支撑残局。秦国人玩弄长平之战反间故伎,买通郭开,谗毁李牧,致使李牧以谋反罪含冤被杀。李牧一死,邯郸失陷,赵国的丧钟敲响。

陈汤功成受贬谪

西汉五凤四年(前54年),匈奴内乱愈演愈烈。左贤王呼屠吾斯在东部自立为郅支单于(国王),击杀在西部自立的闰振单于,又击败呼韩邪单于,占据单于庭。甘露元年(前53年)呼韩邪单于派其儿子铢娄渠堂入汉朝作人质,请求率部南下入居光禄塞(位于今内蒙古乌拉特前旗境内)。汉宣帝同意其请求,并派长乐卫尉(主管长乐宫警卫的将领)董忠率军护卫呼韩邪单于。此间,郅支单于也将其儿子驹于利受派到汉朝作人质,同样受到汉朝优厚的礼遇。

郅支单于杀害西汉使臣

郅支单于认为呼韩邪单于兵力弱小,难以北还,把目光转向西部,率部击杀伊利目单于。之后,他见汉朝派兵护卫呼韩邪单于,自知难以攻杀呼韩邪单于控制匈奴各部,便率部继续西征,击败乌孙国军队,又向北吞并乌揭[①]、坚昆[②]、丁令[③]三国,在坚昆设置单于

[①] 又称呼揭,位于今新疆克拉玛依市以西及哈萨克斯坦国、蒙古国境内。
[②] 位于今俄罗斯叶尼塞河上游地区。
[③] 位于今俄罗斯贝加尔湖西南。

八、功高受陷　千古沉冤

庭。呼韩邪单于得知郅支单于在坚昆定居,率部北返。

汉元帝即位(前49年)后,派遣江乃始(其职不详)等人出使坚昆。郅支单于怨恨汉朝支持呼韩邪单于,以为坚昆离汉朝遥远,不再顾虑汉军威胁,下令把江乃始等人扣留。

初元五年(前44年),郅支单于派使臣来汉朝,要求送还其留在长安作人质的儿子驹于利受。汉朝派卫司马(主管宫门警卫)谷吉等人护送驹于利受前往坚昆。谷吉等人将驹于利受送达坚昆后,郅支单于竟将谷吉等人杀害。此后,郅支单于害怕汉军前来讨伐,率众迁至康居国①东部。汉朝先后派去三批使臣询问谷吉等人下落,郅支单于对汉朝使臣骄横无礼,拒绝回答他们所提的问题。

陈汤调兵击杀郅支单于

建昭三年(前36年)秋天,汉元帝传令西域都护骑都尉(主管西域各国事务的军政长官,治所位于今新疆轮台县东)甘延寿和副校尉(主管西域各国事务的军政副长官)陈汤领兵出征康居,讨伐郅支单于。

陈汤爱好读书,处事沉着有主见,有勇有谋。他认为郅支单于勇敢剽悍,不好对付,建议调集西域诸国军队及汉朝在西域屯田官兵共同出征,以确保一举获胜。甘延寿同意他的意见,想报请朝廷批准。陈汤认为把这一意见上报朝廷,不会被那些平庸的大臣所认可,便乘甘延寿卧病之机假传圣旨,征集西域诸国官兵及车师②

---

① 位于今哈萨克斯坦国南部。

② 西域国名,分前国和后国,车师前国王府设在交河城,位于今新疆吐鲁番西北;车师后国王府设在务涂谷,位于今新疆萨木吉尔县南泉子街。

戊己校尉①屯田军士共四万多人，准备出征。甘延寿听说后大吃一惊，意欲阻止。陈汤持剑大声怒吼道：大军已经集结，你难道想阻止出征吗？甘延寿只好依从陈汤。甘、陈二人在上书自我弹劾假传圣旨之罪的当天，分南北两路率军出征。冬天，他们进入康居东部后会师，与康居贵人屠墨结盟，康居人怨恨郅支单于，主动为汉军引路。甘、陈率部在距离郅支单于居住的城堡三十里处扎营。郅支单于听说甘延寿、陈汤率领大军到来，派使臣去其军营，询问他们来干什么。汉军军官回答说：郅支单于曾经上书，称愿归附汉朝并要亲自进京朝拜，汉朝皇帝特派都护将军来接郅支单于入朝。郅支单于听了使臣报告后闭门不出，对甘延寿、陈汤派去的使者避而不见，暗中加强防御，指使兵士在城楼上耀武扬威。甘延寿、陈汤率军逼近郅支单于所居都赖水（即今哈萨克斯坦国锡尔河）以西城堡，半夜向城堡发起猛烈攻击。一万余名康居骑兵围城，与汉军相呼应。第二天天亮，汉军攻破郅支单于城。郅支单于身受重伤而死，被汉军砍下脑袋，火速传回长安。他的家族和部下，有的被斩杀，有的向汉军投降。汉军兵士在郅支单于的宫房内，搜出汉朝使臣所持的两副符节和谷吉所携带的写在帛上的书信。

陈汤回京入狱流放

建昭四年（前35年）春天，甘延寿、陈汤完成汉元帝下达的远征使命后率部回撤。甘、陈二人自以为为国扬威万里，上书朝廷称"明犯强汉者，虽远必诛"。朝廷执政大臣对他们的功劳却横加贬斥。

---

① 主管屯田的武官，属西域都护，治所设在车师前国交河城。

八、功高受陷　千古沉冤

中书令(主管机要、拟草并传达诏令)宦官石显当初曾想把其姐姐嫁给甘延寿,甘延寿没有答应。由此,石显对甘延寿怀有成见。丞相匡衡及御史(最高监察机关官员,其名不详)痛恶陈汤假传圣旨。于是,石、匡等人一齐对他们进行诋毁。陈汤比较贪财,其部众在郅支单于城所缴获的财物多数未登记入官库。匡衡等人就此事要司隶校尉(主管纠察京都百官兼领军缉捕,其名不详)下令收捕甘延寿、陈汤部分官兵加以审问。陈汤对他们这样做非常恼火,上书汉元帝说:"臣与吏士共诛郅支单于,幸得禽灭,万里振旅,宜有使者迎劳道路。今司隶反逆,收系按验,是为郅支报仇也!"汉元帝看了陈汤上书后,立即传令将关押的陈汤部下释放,并令沿路各县以酒食慰劳远征返回的部队。

竟宁元年(前33年)春天,甘延寿、陈汤返回京都。汉元帝召集大臣为他们评功。石显、匡衡认为:甘、陈二人假托君命擅自调集军队,不将他们处死,就是对他们施恩了,如果再赐以爵位,今后奉命出使的人都会争着仿效,将给国家招致灾难,这个头不能开。汉元帝想为甘、陈等人记功,又不好否决石、匡二人的意见。朝廷为此事讨论很长一段时间,都未能议定。

原宗正(主管皇族外戚事务的官员)刘向上书为甘延寿、陈汤二人鸣不平,称甘、陈等人奉皇上之命,出生入死,远征绝域,斩杀郅支单于,扬威万里,为国雪耻,立下千秋大功,如今非但不奖赏他们的功劳,反而追究他们的罪过,我实在感到痛心!汉元帝听取刘向的意见,不顾石显、匡衡一再阻挠,下令赦免甘延寿、陈汤的罪过,不予追究;封甘延寿为义成侯、陈汤为关内侯,各赐食邑三百户、黄金百斤;任命甘延寿为长水校尉(警卫部队将领)、陈汤为射声校尉(驻京部队将领)。

五月,汉元帝去世,太子刘骜继位为汉成帝,由大将军、录尚书事(丞相)王凤辅政。不久,匡衡旧事重提,再次弹劾陈汤贪占在康居所缴获的财物,不宜担任官职。此时,甘延寿已去世。汉成帝随即下令将陈汤免职。

陈汤免职后上书,称康居派来汉朝侍奉皇上的人不是康居王真正的儿子。经查实,该侍从是康居王之子。为此,陈汤被捕入狱,依法应当处死。太中大夫(皇帝顾问官,参与议政、奉诏出使)谷永上书为陈汤申诉,称陈汤"报十年之逋诛,雪边吏之宿耻,威震百蛮,武畅西海,汉元以来,征伐方外之将,未尝有也",其仅"以言事为罪,无赫赫之恶"。"窃恐陛下忽于鼓鼙之声","卒从吏议,使百姓介然有秦民之恨①,非所以厉死难之臣也"。汉成帝看了谷永的奏书,随即下令将陈汤释放,撤销他的爵位,要他到军队以老兵服役。

西域都护段会宗被乌孙国军队包围②,上书朝廷请求救援,朝廷讨论好几天拿不出好办法。大将军王凤认为陈汤足智多谋,熟悉当地情况,建议汉成帝召见陈汤问计。陈汤当年远征郅支单于时受了风寒,此时两臂已不能屈伸。汉成帝把段会宗的奏书拿给陈汤看,陈汤推辞说:陛下将相九卿都是贤明通达的人,小臣我身体已经残废了,不够资格参与谋划国家大事。汉成帝说:国家有紧急大事,你不必推辞。陈汤知道乌孙国军队不善于打仗,难以与段会宗部众相匹敌,劝慰汉成帝不必担忧。陈汤分析敌我双方情况后,判断说:不出五日,会有捷报传来。第四天,朝廷果然收到段会宗解围的奏报。之后,王凤将陈汤召任为大将军府从事中郎(参谋官)。

---

① 战国后期秦国名将白起率军南征北战,多次击败楚、赵等国军队,为秦国最终吞并六国建立了卓著的功绩。后来,秦昭王听信丞相范雎的谗言,下令将白起冤杀,秦国民众为之哀痛。

② 时间不详。《汉书》卷七十·段会宗传,记其于竟宁元年(前33年)出任西域都护,三年期满调回;阳朔中(前23年)复任西域都护,后又多次出使乌孙,元延中(前11年至前10年)曾被乌孙骑兵包围。王凤于竟宁元年汉成帝继位后受任大将军,病逝于阳朔三年(前22年)八月。此事当发生在竟年元年至阳朔三年期间。

八、功高受陷　千古沉冤

后来，陈汤又因建议昌陵（位于今陕西省西安市临潼区境内）移民事，被大司马卫将军（主管警卫部队）王商弹劾入狱。汉成帝念及陈汤过去的功劳，下令免于对陈汤治罪，将他免职为平民，流放到敦煌（位于今甘肃省敦煌市）。此后，汉成帝以陈汤流放地不宜靠近西部边塞，又将他流放到安定（位于今甘肃省泾川县北）。议郎（参与议政的皇帝近臣）耿育上书为陈汤申冤，认为陈汤"被冤拘囚，不能自明，卒以无罪，老弃敦煌，正当西域通道，令威名折冲之臣旋踵及身，复为郅支遗虏所笑，诚可悲也！"汉成帝认为耿育言之有理，随即下令将陈汤释放。陈汤最后在长安家中去世。

《汉书》卷七十　陈汤传

卷十　成帝纪

卷九十四下　匈奴传下

《通鉴纪事本末》卷四　匈奴归汉

【简评】

陈汤与甘延寿奉汉元帝之命，率军远征逃匿康居的匈奴郅支单于，为国雪耻扬威，创造了前所未有的奇迹。陈汤深知朝廷权臣平庸无能，先做后报免其误事，显示出卓越的处事才能。人无完人。陈汤在建立大功的同时也有不少过失，矫诏聚集军队，贪占从郅支单于城收缴的财物，乃至后来上书言事失实。但瑕不掩瑜，不可因为陈汤的过失而抹杀他的功劳。他被权臣攻讦多次入狱流放，幸亏有正直大臣为其辩护，才免于杀头之祸。

马援"马革裹尸"也蒙冤

马援是西汉扶风茂陵（位于今陕西省兴平市东北）人，少年时代即胸怀大志。他最初在郡里当督邮（郡府督递邮书、押送囚徒的官吏），因同情罪犯将其放跑，畏罪而逃亡到北地郡（治所位于今甘肃省庆阳县西北），以放牧为生。后来，朝廷发布大赦令，马援得以宽释，去陇西（位于今甘肃省陇西县）、汉阳（位于今甘肃省甘谷县）一带游历。他曾对朋友说：男儿立志做人，穷困时应当更坚强，老迈后应当更雄壮。此间，马援将自己数千头马、牛、羊及数万斛谷物分给了兄弟和朋友，慨然宣称：一个人发了财，贵在能帮助别人，否则不过是个守财奴而已。

投附汉光武帝 屡立战功

新莽[①]地皇四年（公元23年），马援应召为新成（治所位于今

[①] 西汉初始元年（公元8年），以安汉公摄行皇帝事的王莽废黜时年五岁的太子刘婴（孺子婴），自立为帝，改国号为新。

八、功高受陷　千古沉冤

河南省伊川县西南)大尹(行政长官)。当年九月,绿林起义军①攻入长安,王莽兵败被杀。马援随即避难于凉州(位于今甘肃省张家川回族自治县)。不久,起兵占据天水郡(治所位于今甘肃省通渭县西北)的隗嚣自称西州上将军,将马援召入其幕府,委任为绥德将军。

东汉建武元年(公元25年),绿林军破虏将军刘秀(汉高祖刘邦九世孙)在鄗(位于今河北省柏乡县北)称帝,恢复汉朝,为汉光武帝,定都洛阳,史称"东汉"。隗嚣不肯臣服。

建武四年(28年)十月,隗嚣派马援去蜀地(位于今四川省)观察在那里称帝的蜀郡太守公孙述的为人,想投靠公孙述。马援返回后对隗嚣说:公孙述不过是个井底之蛙,妄自尊大,不如投靠东方汉朝。

接着,马援奉隗嚣之命出使东汉。他一到洛阳便受到汉光武帝接见。马援对汉光武帝说:当今之世,不单是君选择臣,臣也可以选择君。我与公孙述自小就是好朋友。前不久,我去蜀地,公孙述以兵士护卫召见我。今天我刚从远方来,陛下怎么知道我不是刺客而不加提防呢?汉光武帝笑着说:你不是刺客,而是一个说客!

马援看到汉光武帝博览经书,豁达大度,回去后劝隗嚣归顺汉朝。隗嚣没有答应,而派马援将其长子隗恂送到洛阳去做人质。马援乘机把家属带到洛阳,投归汉朝。过了几个月,汉光武帝没有任命马援职务。马援请求并获准去上林苑(位于今河南省洛阳市东)开荒种地。此间,马援写信劝隗嚣归附东汉朝廷,遭到拒绝。隗嚣痛恶马援叛离,激励将士防御东汉军队。马援上书汉光武帝,

---

① 新莽天凤四年(公元17年),新市(位于今湖北省京山县东北)人王匡、王凤率领饥民起义。起义军以绿林山(今湖北省大洪山)为根据地,故称"绿林军"。

请献破隗嚣之计,称"申愚策,退就陇亩,死无所恨"。于是,汉光武帝召马援入宫,与之计议攻打隗嚣一事。随后,汉光武帝让马援带领五千名骑兵去游说隗嚣部将高峻、任禹、杨广等人。高峻、杨广等人坚持不肯归附汉朝廷。

建武八年(32年),马援随汉光武帝征讨隗嚣,提供隗嚣设防的地形情况,使得汉军大败隗嚣军。

建武九年(33年),马援任太中大夫(皇帝侍从顾问),作为副将随中郎将(警卫部队将领)来歙率部平定凉州。

建武十一年(35年),马援任陇西太守,率部平定杂居于临洮(治所位于今甘肃省岷县)等地的羌人叛乱。战斗中,马援的小腿被箭射穿。汉光武帝亲自写信慰劳他,并赏赐给他数千头牛羊,他随即将这些牛羊分给其部众。马援治政时,放手让府吏履行其职责,而把主要精力用于治理两件事:一是查禁大姓侵犯小姓,力倡公道;二是防止动乱,维护社会稳定。马援在陇西任职六年,社会安定,政通人和。汉光武帝以其政绩突出,将他调任虎贲中郎将(警卫部队将领)。马援上任后常在宫中讲述历史典故,皇子、侍从官乃至一般仆人都乐于听他讲解。他又常与汉光武帝谈论兵事,所献计谋,都被采用。

建武十七年(41年),卷(位于今河南省原阳县西南)人李广聚众暴乱,攻入皖城(位于今安徽省潜山县)。谒者(主管外交事务)张宗率军讨伐,被李广部众击败。汉光武帝改派马援领兵进剿,将李广部众击溃。

建武十八年(42年),汉光武帝任命马援为伏波将军,领军克服南方恶劣气候和水土不服等诸多困难,平息交阯郡①征侧(女)发动的叛乱,收复六十余城。马援率部所到之处为当地郡县修建城郭,开通灌溉渠道,建立法规制度,深受民众拥护。

---

① 治所位于今越南河北省仙游县东。

八、功高受陷　千古沉冤

建武十九年（43年），马援以功受封新息侯，享受三千户赋税。他设宴慰劳部将说：我的堂弟少游常常为我胸怀大志而忧愁，劝我说：人生一世，衣食丰足，有车有马，被老百姓称为善人，也就该知足了。何苦还去追求更多的东西呢？我对他的话不完全赞同。人生贵在不懈追求，多为国家效力。今天，靠大家的努力平息叛乱，朝廷对我如此重赏，我感到受之有愧！

志在马革裹尸暮年远征

建武二十年（44年）九月，马援率部从交阯回到洛阳。他对前来为他接风的老朋友孟冀说：我功劳微薄，赏赐却很丰厚，深感不安。如今匈奴、乌桓①还时常侵扰北部边疆，我想请求率兵讨伐他们。男儿应当战死在边防野外，以马革裹尸送还安葬，怎么能休闲等到病卧床上靠儿女服侍呢？不久，马援听说匈奴、乌桓骑兵侵扰扶风（治所位于今陕西省兴平市东南），当即请求出征。汉光武帝令马援率部镇守襄国（治所位于今河北省邢台市）。十二月，马援率部上路。他对送行的黄门郎（皇帝侍从官）梁松、窦固说：人的地位应当能上能下。高贵以后也可能会变得低贱。你们身居高位如不想再落入低贱，须当坚持自警自律，我谨以这浅薄的见识作为临别赠言。

建武二十一年（45年），马援领军在代郡（治所位于今山西省阳高县）、上谷（治所位于今河北省怀来县东南）等地击退乌桓骑兵，尔后奉命回京。

建武二十四年（48年），武陵五溪（位于今湖南省沅陵县西）发

---

① 游牧区位于今辽宁省西部、河北省北部及内蒙古东南部。

生叛乱。武威将军刘尚率军出征,被叛军围攻全军覆没。马援时年六十二岁,向汉光武帝请求出征。汉光武帝考虑马援年老,没有同意。马援一再请求说:臣还能披甲骑马。汉光武帝让马援试给他看。马援登鞍上马,左顾右盼,意气昂扬。汉光武帝笑着说:老将军的精神不减当年!他随即下令马援率领四万余名官兵出征。

临行的头天晚上,马援对为他送行的友人谒者杜愔说:我身受皇上厚恩,年纪渐老,余日不多了,常常忧虑不能死于国事。今天如愿以偿,纵使战死,也甘心情愿,死而瞑目了。

建武二十五年(49年)春天,马援率军抵达临乡(位于今湖南省常德市西),斩杀二千多名叛兵。为了节省军费开支,他不畏山高水险,率部从近路进据壶头(位于今湖南省沅陵县东北)。三月,天气骤热,军中流行起瘟疫,马援也染病在身。他下令部队驻扎在沿江两岸,以流水的凉气驱暑。不久,叛军占据险要地势,马援部失利。马援拖着病体仍亲自部署防御,部众为其雄壮的气概感动得流泪。

马援为人正派,厌恶人们背后讲别人坏话。在交阯前线,他曾写信告诫其侄子马严等人说:我希望你们听到别人的过失,就像听到父母亲的名字一样,耳朵可以听,嘴上却不能说。议论别人的长短,对时政妄加评论,这是我所深恶痛绝的,我宁死也不希望子孙有这种毛病。杜季良(时任越骑司马,即骑兵军官)虽然能忧他人之忧,乐他人之乐,但州郡太守上任不久总是说他坏话。我常常为此寒心,但愿子孙不要仿效他。

跟随马援出征的中郎将耿舒反对从壶头这条险路进军,主张从充县(位于今湖南省桑植县)绕道取平坦大路,当时与马援争执不下,汉光武帝最后裁定按马援意见从壶头进军。朝廷军失利后,耿舒写信给其兄好畤侯耿弇,指责马援像西域胡商一样到达一个地方就停下来,致使部队陷入困境。耿弇接信后奏报汉光武帝,汉光武帝随即派遣虎贲中郎将梁松前往责问马援,并负责监管军事。

八、功高受陷　千古沉冤

死后背上罪名 含冤九泉

梁松是汉光武帝的女婿。当初,杜季良的仇人上书弹劾杜季良行为轻薄,惑乱群众,并告发梁松与他结交。汉光武帝召见梁松严加痛斥,并将马援告诫侄子不要仿效杜季良的家书拿给梁松看。梁松叩头认错,叩得血流满面才没有受到处罚。由此,梁松对马援怀怨在心。后来有一次,马援有病躺在床上,梁松去看望他,在床前跪下行拜礼。马援仗恃与梁松的父亲梁统是老朋友,以长辈自居而没有以礼回敬。梁松自以为身价高贵,觉得受到马援辱慢,从此对马援怀恨在心。

梁松赴任后本想乘机整整马援,以发泄心头之恨。当他赶到部队驻地时,马援已经病逝。但他仍不甘休,借马援兵败一事,上书对他罗织罪名。汉光武帝听信梁松的诬告,下令追夺马援新息侯印绶。

当年,马援远征交阯时常吃薏苡籽,以预防南方瘴气。从交阯撤回时,他装了一车薏苡籽运回做种子。有人怀疑马援车上装的是南方奇珍异宝,慑于马援深受汉光武帝信用而没敢上书告发。此次随军出征的另一中郎将马武也怨恨马援取道壶头。他与於陵侯侯昱串通,以当年某些人的谣传,诬告马援从交阯带回一车珍珠和犀牛角。汉光武帝接到马武、侯昱这封诬告信更加恼火。

马援的妻子听说皇帝怪罪马援,十分害怕,不敢把马援的遗体埋入家族墓地。她在洛阳城西买几亩坟地,仍不敢及时将马援安葬。马援的旧友和部下都不敢去为他悼祭。

马援之妻和马严用草绳连带捆绑着跪在朝廷门前请罪,汉光武帝令人将梁松及马武、侯昱的奏书拿给他们看,他们才知道马援死后被夺爵治罪的缘由。马援之妻及马严等人接连六次上书,申诉马援的冤情,言辞十分凄哀悲切。这样,马援才得以安葬。

马援的同乡故友原云阳(治所位于今陕西省淳化县西北)令(行政长官)朱勃冒死为马援上书申冤。朱勃在奏书中说:"臣闻王德圣政,不忘人之功。""大将在外,谗言在内,微过辄记,大功不计,诚为国之所慎也"。"援得事朝廷二十二年,北出塞漠,南度江海,触冒害气,僵死军事,名灭爵绝,国土不传。海内不知其过,众庶未闻其毁,卒遇三夫之言横被诬罔之谗,家属杜门,葬不归墓,怨隙并兴,宗亲怖栗。死者不能自列,生者莫为之讼。臣窃伤之"。"惟陛下留思竖儒之言,无使功臣怀恨黄泉"。朱勃未能为马援讨回公道,一气之下弃官回乡。

马援死后二十九年,即建初三年(78年),汉章帝为马援恢复名誉,追授他为忠成侯。

《后汉书》卷二十四 马援传
《通鉴纪事本末》卷六 光武平陇蜀

【简评】

清代学者王夫之认为:"光武之于功臣,恩至渥也,位以崇,身以安,名以不损,而独于马援寡恩焉,抑援自取之乎!宣力以造人之国家,而卒逢罪谴者,或忌其强,或恶其不孙,而援非也,为光武所厌而已矣。老氏非知道者,而身世之际有见焉。其言曰:'功成名遂身退。'盖亦察于阴阳屈伸之数以善进退之言也。平陇下蜀,北御匈奴,南定交阯,援未可以已乎?武谿之乱,帝愍其老而不听其请往,援固请而行。天下已定,功名已著,全体肤以报亲,安禄位以戴君,奚必马革裹尸而后为愉快哉!光武于是而知其不自贵也;不自贵者,明主之所厌也。夫亦曰:苟非贪侥获之利,何为老于戎马而不知戒乎?明珠之谤,有自来矣。老而无厌,役人之甲兵以逞

八、功高受陷　千古沉冤

其志,诚足厌也。故身死名辱,家世几为不保,违四时衰王之数,拂寒暑进退之经,好战乐杀而忘其正命,是谓'逆天之道'。老氏之言,岂欺我哉?"(《读通鉴论》卷六·光武)

笔者认为,历史上志士仁人千千万万,马援是其佼佼者。他立志为国效死疆场,其"男儿要当死于边野,以马革裹尸还葬"的豪言壮语响彻千古;他力倡致富济贫,其"殖货财产,贵其能施赈也,否则守财虏耳"的价值观念为历代崇尚;他生命不息奋斗不止,其"丈夫为志,穷当益坚,老当益壮"的志趣情操光照后人。马援不是那种高谈阔论口是心非的空谈家,坚持言必行,行必果。晚年,他担忧不能效死沙场,以六十二岁高龄主动要求率部出征,实现其"老当益壮"、"马革裹尸"的人生宏愿。他把自己收获的数千头牛、马、羊、数万斛粮食,把汉光武帝赐予的数千头牛羊全部赠送给亲朋部下,兑现不做守财奴的诺言。他治理陇西,社会安定;他平定交阯,造福民众。为官者如果都能像马援这样,国家便能多一些安定,社会便能少一些不公。马援的一生光明磊落,他与那些满足于个人富贵的庸官不可相提并论,与那些祸国殃民的贪官更有着天壤之别。然而,就是这样一位以国为家、舍己为人的战将死后却被人诬告贪赃。汉光武帝令马援统率四万兵士远征交阯岂能是儿戏?他对人对事的处理也并非绝对正确。马援"马革裹尸"后,汉兴武帝竟听信诬告追夺其官爵,显然是制造冤假错案。在汉光武帝与马援之间,马援无愧于汉光武帝,汉光武帝冤枉了马援。

中国古代历史风云·战场风烟(下)

班勇收复西域获罪

东汉永初元年(107年)六月,朝廷鉴于西域(泛指今甘肃省玉门市以西至中亚地区)诸国经常叛离,为减少军费开支,决定撤销西域都护府(监护西域各国的军事行政机构)①,撤回驻在那里的官兵。此后,北匈奴(位于今内蒙古以北、俄罗斯贝加尔湖以南地区)以武力征服西域各国,并不断派兵侵扰东汉西部边境地区。元初六年(119年),敦煌(治所位于今甘肃省敦煌市西南)太守(行政长官)曹宗将匈奴骑兵时常侵扰的情况报告朝廷,并派遣行长史事(郡府代理事务长官)索班率领一千多名兵士驻守伊吾(位于今新疆哈密

---

① 西汉建元二年(前139年),汉武帝为寻求盟国共同抗御匈奴(汉北方邻国),派遣郎(皇帝侍从官)张骞出使大月氏(位于今阿姆河以北乌兹别克斯坦国境内)等国,开通汉朝与西域的联系。神爵二年(前60年),汉宣帝设立西域都护府,监护西域诸国以防御匈奴。摄行皇帝事王莽建立新朝称帝(公元8年)后,新朝与西域各国中止联系,西域都护府废置。东汉永平十六年(73年),军司马(领兵武官)班超奉命率三十六人复通西域。第二年,东汉朝廷重新设置西域都护府,治所它乾城(位于今新疆新和县西南)。建初元年(76年),匈奴支持龟兹(西域国名,王府设在延城,位于今新疆库车县)等国出兵攻杀西域都护(汉朝派驻西域的军政长官)陈睦,西域都护府遂废。永元三年(91年),东汉朝廷复置西域都护府,任命班超为西域都护。

八、功高受陷　千古沉冤

市)。永宁元年(120年)三月,北匈奴策动车师后国①国王军就联兵攻杀索班等人。曹宗请求朝廷派兵征讨北匈奴,为索班报仇,以重新控制西域。为此,摄政的邓太后和汉安帝召集群臣讨论对策。

军司马班勇曾长年随其父班超在西域供职,对西域情况比较熟悉。他建议重新设置护西域副校尉(主管西域事务的军政副长官),率兵屯驻敦煌,另派西域长史(原为西域都护府事务长官,后行西域都护职权)率五百名兵士屯驻楼兰②,认为这样就可以防御匈奴兵南下,控制西域局势。长乐卫尉(长乐宫警卫将领)镡显、廷尉(最高审判机关长官)綦母参、司隶校尉(主管纠察京都百官兼领军缉捕)崔据等人持不同意见。他们威胁班勇说:朝廷之所以放弃西域,是因为西域对汉朝没有利益,而都护府耗费太多,难以供给。如今,车师已归附匈奴,鄯善也不能保证讲信用,一旦有反复,班司马能保证北匈奴不侵犯边境吗?班勇回答说:设置校尉、长史安抚西域,就能使西域各国归附汉朝。否则,西域各国归附北匈奴,北匈奴的气焰将会更为嚣张,我朝西部边区各郡亦将会不断受到北匈奴侵扰,这难道是安定边疆的长远之计吗?争辩的结果,邓太后、汉安帝接受班勇的建议,同意设置西域副校尉,领三百名兵士驻守敦煌。

延光二年(123年),汉安帝任命班勇为西域长史,让他率领五百名兵士屯驻柳中(位于今新疆鄯善县西南鲁克沁)。

延光三年(124年)正月,班勇率部抵达楼兰(鄯善),说服鄯善、龟兹、姑墨③、温宿④等四国国王归附汉朝。接着,班勇征调龟兹等国一万多名步骑兵进抵车师前国,在伊和谷(位于车师前国王庭附近)驱逐北匈奴伊蠡王,收编车师前国兵士五千多人。

---

① 西域国名,王府设在务涂谷,位于今新疆吉木萨尔县南泉子街。
② 即鄯善,西域国名,都伊循城,位于今新疆若羌县东北。
③ 西域国名,位于今新疆阿克苏市。
④ 西域国名,位于今新疆乌什县西。

延光四年（125年）七月，班勇调集敦煌、张掖（治所位于今甘肃省张掖市）、酒泉（治所位于今甘肃省酒泉市）三郡六千名骑兵和鄯善、疏勒①、车师前国兵士联合进攻车师后国，俘虏和斩杀八千多人，活捉车师后王军就和北匈奴持节使臣（其名不详），将他俩押到索班被害地点斩首，并令人将其首级传递到京都洛阳。至此，车师等六国归附汉朝。

永建元年（126年）十月，班勇率西域各国联军出征北匈奴，匈奴呼衍王败逃，其部二万多名兵士投降。接着，班勇又派兵在金且谷（其地不详）击败北匈奴单于（国王，其名不详）所率入侵车师后国的一万多名骑兵，斩杀北匈奴贵人骨都侯。匈奴呼衍王迁居枯梧河（其地不详）上游地区，不敢再侵扰车师国。此后，西域各国纷纷归附汉朝，唯有焉耆国②国王元孟不肯归附。

永建二年（127年）六月，班勇上书请求攻打焉耆国。汉朝廷批准班勇的计划，并派遣敦煌太守张朗率领三千名兵士配合班勇行动。班勇征集西域各国四万多名兵士，从南路进军，要张朗领兵从北路进军，约定在焉耆会师。

此前，张朗犯了罪，将要受到惩处。他想借机邀功赎罪，便领兵提前攻入爵离关（其地不详），俘虏二千多人。元孟害怕被杀，派使者请求投降。张朗入城受降后率部返回，以功被免于治罪。

班勇率部稍后抵达焉耆。由此被朝廷召回洛阳，免去官职，关入狱中。后来，班勇虽然获释，但心中的郁结难解，不久便含冤死于家中。

《后汉书》卷四十七 班勇传

卷六 孝顺帝纪

《通鉴纪事本末》卷六 西域归附

---

① 西域国名，王府设在疏勒，位于今新疆喀什市南。
② 西域国名，位于今新疆焉耆回族自治县西南。

八、功高受陷　千古沉冤

【简评】

　　班勇继承其父班超的遗志,为抗御北匈奴、收复西域各国建立了卓著的功勋。张朗争功赎罪,致使班勇部后期抵达焉耆。班勇并无过失,而他由此被罢官入狱,实属冤枉。当时,邓太后和汉安帝都已去世,继位的汉顺帝年仅十二岁,由录尚书事(丞相)刘光等人执掌朝政。朝廷将班勇收复西域击退北匈奴之功一笔抹杀,显然失误。

邓艾灭蜀衔冤

魏景元四年（263年）五月，魏国派三路大军进攻蜀国：一路由征西将军邓艾率三万兵士从狄道（位于今甘肃省临洮县）南下，经甘松（位于今甘肃省碌曲县）至沓中（位于今甘肃省迭部县），以牵制驻守沓中的蜀将姜维率部东归；另一路由雍州（治所位于今陕西省西安市西北）刺史（军政长官）诸葛绪率三万兵士自祁山（位于今甘肃省礼县东）直趋武街（位于今甘肃省临洮县东南）、桥头（其地不详），以阻止姜维率部东归；再一路由镇西将军钟会统率十余万兵士分别从斜谷（位于今陕西省眉县西南）、骆谷（位于今陕西省周至县西南）、子午谷（位于今陕西省长安县南经秦岭东麓至子午河流域）向汉中（位于今陕西省汉中市）进军。

突袭灭蜀 建立奇功

九月，姜维率部绕开诸葛绪军的阻击，经阴平（位于今甘肃省文县西北）、白水（位于今四川省青川县东北白水镇），抵达剑阁（位于今四川省剑阁县北剑门关），以抗御钟会大军。

十月，钟会大军被姜维部众阻止在剑阁。邓艾率部进抵阴平

八、功高受陷 千古沉冤

后,约诸葛绪一起领军南下,直取成都。诸葛绪以原来奉命截断姜维部退路、没有接到会师南下的命令为由而加以拒绝,领兵转向白水,同钟会部会合。钟会想独掌两路兵权,诬告诸葛绪"畏懦不进"。魏朝廷下令用囚车把诸葛绪送回京都,由钟会统领其军。钟会率军久攻剑阁不克,准备撤还。

此间,邓艾率部抄小路,穿越七百里无人区,遇山开路,逢水架桥,历经千难万险,出其不意一举攻下江油(位于今四川省江油市)、涪城(位于今四川省绵阳市),直逼蜀都城成都。蜀后主刘禅惊恐万状,召集群臣商议对策,采纳光禄大夫(主管议论朝政)谯周的意见,派侍中(侍从皇帝的主官)张绍携玉玺赴雒(位于今四川省广汉市)向邓艾送达投降书。随后,邓艾率军至成都。十一月,蜀后主率群臣向邓艾投降,并下令姜维率部向钟会投降。十二月,魏朝廷论功任命邓艾为太尉(名誉丞相)。

邓艾入驻成都后有些居功自傲。他踌躇满志,写信给执政大将军晋公司马昭(魏元帝曹奂时年十八岁,无实权),陈述他安抚蜀后主及其臣民、计划进攻吴国的意见。司马昭令监军(朝廷委派随军出征监督军事的官员)卫瓘转告邓艾说:有事必须上报朝廷,不能不经批准擅自行动。邓艾对司马昭的指令不以为然,对卫瓘说:我受命出征,就是按照朝廷决策行动的。如今蜀国已经平定,应当早日进攻吴国,不可坐失战机。如果等待朝廷新的命令下达,路途往返,势必拖延时日。《春秋》大义说:大夫(朝廷中等级别的官员)离开国境,遇到有利于社稷的事,可以自己决定。兵法上也说:进攻不能为了名誉,后退不能害怕罪责。我邓艾虽然没有古人的高风亮节,还是能不避嫌疑维护国家利益的。

钟会谋反 邓艾受陷

邓艾对于司马昭虽然不是完全言听计从,但他对魏国是忠诚的,真正对朝廷怀有二心的是钟会。姜维投降不久便看出钟会心怀异图。他有意鼓动钟会作乱,试探说:将军的功德举世无双,晋公能有今天的势力,主要靠你支持。如今,你平蜀功高,声名超过晋公,你以为凯旋回京后会平安无事吗?我看将军不如学陶朱公①那样退隐江湖,既可以功名远扬,又可以保全身家性命。钟会回答说:你的话扯远了,如今不一定要学范蠡,还有别的办法。姜维摸透钟会的心思后极力投其所好。于是,钟、姜二人暗中勾结,策划叛乱。

钟会知道,他在剑阁举兵反叛朝廷,首先会受到邓艾领兵回击,决意先将邓艾除掉。他抓住邓艾说话放肆的毛病,串通卫瓘诬告邓艾谋反。与此同时,钟会拦截邓艾和司马昭来往书信,以其善于模仿他人笔迹的特长,仿照两人的字体重新改写,制造司马昭与邓艾之间的猜疑和矛盾,致使司马昭上当受骗,认定邓艾谋反。

咸熙元年(264年)正月,司马昭下令将邓艾逮捕,用囚车押回洛阳。司马昭生怕邓艾拒捕,特意命令钟会进军成都。

钟会派遣卫瓘先到成都收捕邓艾,企图让邓艾杀死卫瓘,再给邓艾加上一条罪状。卫瓘知道钟会居心不良,勉强接受钟会的派遣。邓艾自知无罪,接到收捕他的诏书仰天长叹道:我邓艾是个忠

---

① 即范蠡,春秋末期越王勾践的谋臣。他协助勾践灭亡吴国后,自知功高震主,退隐江湖以避祸。

八、功高受陷　千古沉冤

臣,竟然会有这个下场!白起①的冤案,今天又降临到我的头上!邓艾未作反抗,坦然受缚。

钟会失败　邓艾获救

在钟会率军征蜀之前,西曹属(丞相府部门官员)邵悌曾提醒司马昭不可重用钟会,建议改派他人。司马昭称心中有数,要邵悌不要再对别人说起这件事。其实,司马昭对钟会早已产生怀疑,只是隐而未发。在下令逮捕邓艾的同时,他陪同魏元帝率领大军屯驻长安(位于今陕西省西安市),以防备钟会叛乱。

抓捕邓艾之后,钟会决定以其统率的近二十万魏军及蜀军反叛朝廷。他设想派姜维率五万兵士先进入关中(位于今陕西省中部地区),他亲率大军随后,水陆两路并进,计划五天左右抵达孟津(位于今河南省孟津县东),在洛阳城外会师,一举攻下洛阳。

此时,钟会突然收到司马昭一封信,信上说:我担心邓艾不接受逮捕令,现派中护军(警卫部队将领)贾充率万名步骑兵从斜谷进驻乐城(其地不详),我亲率十万兵士屯驻长安,近期内即可相见。钟会看信后大吃一惊,意识到司马昭此时率兵驻守长安是察觉他的意图了,决定提前行动。

丁丑日,钟会召集文武部属和原蜀国旧臣,借为刚刚去世的郭太后(魏明帝皇后)悼唁的名义,假传郭太后遗诏发兵讨伐司马昭。卫瓘见势不妙,假称病重,住到官府外面。钟会担心起兵会遭到部

---

① 战国后期秦国名将,曾率部转战三十多年,击败楚、赵等国主力,为秦国最终吞并六国建立卓著功绩;后受诬陷,被罢官流放,行至京都咸阳(位于今陕西省咸阳市东北)西郊杜邮亭,被秦昭王派人处死。

下反对,想采纳姜维意见把魏国将领全部杀掉,一时犹豫未决。帐下督(将军的警卫官)丘建将这一动向透露给护军(地位稍低于同号将军的领兵武官)胡烈。胡烈令其亲信把这一情况捅了出去,说钟会已经挖好一个大坑,准备将不是他亲信的官兵一起坑杀。消息一经传开,当即引起各营官兵哗变。钟会和姜维在兵变中被乱兵杀死,邓艾被其部众救回军营。经过几天骚乱,卫瓘出面将官兵的情绪稳定下来。

卫瓘掩罪 邓艾被杀

邓艾获释后,卫瓘为之惊恐不安。他曾同钟会一起陷害邓艾,生怕事情暴露会被治罪,乘乱指派因行军迟缓曾受邓艾处罚的护军田续领兵袭击邓艾。田续随即率部在绵竹(位于今四川省德阳市北)以西将邓艾及其儿子邓忠杀害。在此前后,邓艾另外几个儿子在洛阳被处死。他的妻子及孙子被流放到西城(位于今陕西省安康市西北,《三国志》邓艾传记作西域)。人们为邓艾父子无罪被杀鸣冤叫屈。

西晋泰始三年(267年),议郎(朝廷后备官员)段灼上书为邓艾申冤,称:"艾心怀至忠而荷反逆之名,平定巴蜀而受夷灭之诛,臣窃悼之。""艾受命忘身,束马悬车,自投死地,勇气陵云,士众乘势,使刘禅君臣面缚,叉手屈膝。艾功名以成,当书之竹帛,传祚万世。七十老公,反欲何求!""钟会忌艾威名,搆成其事。忠而受诛,信而见疑,头县马市,诸子并斩,见之者垂泣,闻之者叹息"。他请求以邓艾"平蜀之功,绍封其孙,使阖棺定谥,死无余恨。赦冤魂于黄泉,收信义于后世"。晋武帝司马炎认为段灼说得有道理,但碍于其父司马昭当年的定论,当时没有给邓艾平反昭雪。

八、功高受陷　千古沉冤

泰始九年（273年），晋武帝发布诏书称："艾有功勋，受罪不逃刑"，下令任命邓艾之孙邓朗为郎中（朝廷部门内设机构长官）。

《通鉴纪事本末》卷十一　魏灭蜀

《三国志》卷二十八　邓艾传

【简评】

邓艾率奇兵灭蜀，之后又积极准备率兵攻吴，对魏朝廷是忠诚的。钟会谋反而把邓艾视为障碍，串通卫瓘陷害邓艾。司马昭竟轻信其诬告，下令将邓艾逮捕。及至钟会谋叛被其部众杀死，邓艾获救而被卫瓘害死时，他对邓艾蒙冤仍未明辨。司马昭并非昏庸而不分是非，其心怀异志，意在利用矛盾，忌杀异己。世人对邓艾蒙冤被杀愤愤不平。后来，晋武帝为邓艾恢复名誉，还了世人一个公道。

仆固怀恩逼上梁山

仆固怀恩是唐铁勒仆骨部①人,承袭其父乙李啜拔的职位任唐金微(即金微州,辖境位于今蒙古国乌兰巴托东北地区)都督(军事将领)。他熟悉边地情况,善于指挥作战。唐玄宗在位后期加任他为左领军大将军。

平息"安史之乱"②功绩卓著

唐天宝十四载(755年)冬天,安禄山发动叛乱,率领叛军攻入东京洛阳,自称大燕皇帝。

天宝十五载(756年)春天,仆固怀恩奉命随朔方(唐方镇,治所位于今宁夏灵武市西南)节度使郭子仪率部东征,讨伐叛军,在

---

① 部族名,游牧区位于今蒙古国土拉河以北、乌兰巴托东北。
② 唐天宝十四载(755年)十一月,范阳(治所位于今北京市区)等三镇节度使安禄山及其部将史思明发动叛乱,先后攻入东京洛阳(位于今河南省洛阳市)和西京长安,历时七年多,至宝应二年(763年)正月叛乱被平息,史称"安史之乱"。

八、功高受陷　千古沉冤

云中（治所位于今山西省大同市）、马邑（治所位于今山西省朔州市）等地将安禄山部将高秀岩、薛忠义部众击败。之后，仆固怀恩率部与河东（唐方镇，治所位于今山西省太原市）节度副使李光弼部相配合，在常山（治所位于今河北省正定县南）、赵郡（治所位于今河北省栾城县西）等地大败史思明叛军。六月，安禄山领叛军逼近京都长安。唐玄宗离开长安，逃往蜀（位于今四川省）。七月，唐玄宗退称太上皇，太子李亨在灵武（即灵武郡，治所位于今宁夏灵武市西南）即位为唐肃宗。仆固怀恩随同郭子仪奔赴灵武，支持唐肃宗部署平叛。不久，同罗部①追随安禄山叛乱，出兵侵扰灵武。仆固怀恩随郭子仪率部迎击同罗叛军。仆固怀恩之子仆固玢兵败投降叛军，随即寻机逃回。仆固怀恩毅然下令将仆固玢斩首，官兵为之震惊，全军上下拼死作战，将叛军击溃。

九月，仆固怀恩受唐肃宗之命随同敦煌王李承寀出使回纥②，求借援军平叛。回纥毗伽阙可汗将其女嫁给李承寀，请求与唐朝和亲结盟。唐肃宗同意将公主嫁给毗伽阙可汗为妻（乾元元年，唐德宗将其幼女宁国公主嫁给毗伽阙可汗），令仆固怀恩将其女儿（其名不详）嫁给毗伽阙可汗之子登里为妻。毗伽阙可汗答应派兵援助唐朝廷平叛。

至德二载（757年）正月，仆固怀恩随郭子仪率部击败安禄山叛将崔乾祐部，收复冯翊（治所位于今陕西省大荔县）、河东二郡及潼关（治所位于今陕西省潼关县）等地。叛将安守忠率军反攻潼关，仆固怀恩率部与叛军苦战两天，兵败退至渭水（今渭河）南岸，骑马涉冰河，返归河东郭子仪部。

当月，安庆绪（安禄山次子）杀死安禄山，掌领叛军。四月，郭子仪应唐肃宗之召，前往其临时居住的凤翔（治所位于今陕西省凤

---

① 铁勒部族分支。游牧区位于今蒙古国乌兰巴托以北。
② 唐北方邻国，可汗（国王）庭位于今蒙古国哈拉和林西北。

翔县)行宫,受任副元帅,商议平叛大计。郭子仪率部行至三原(位于今陕西省三原县)以北,受到叛将李归仁部众拦击。仆固怀恩等人率部在白渠留运桥(白渠为西汉时开凿的渠名,流经三原)将李归仁部众击溃。

九月,郭子仪奏报唐肃宗,邀请回纥出兵助攻叛军占据的长安。回纥怀仁可汗(即毗伽阙可汗)派其长子叶护及宰相帝德率四千骑兵抵达凤翔。庚子日,唐军元帅广平王李俶(唐肃宗长子,后封为太子,改名李豫)率领朝廷军及回纥军共十五万兵士进抵长安城西,叛军出动十万人迎战。北庭(唐方镇,治所位于今新疆吉木萨尔县北破城子)行营节度使李嗣业率前锋部队奋勇冲击,叛军伏兵将要从左边袭击唐军。仆固怀恩时任朔方左厢兵马使(左路骑兵将领),获知这一情况后,引导回纥骑兵驰杀叛军伏兵。唐朝廷军与回纥军前后夹击,斩杀叛军六万余人。叛军败溃。

天快黑时,仆固怀恩向广平王请战说:"叛军将要弃城逃走,请让我领二百名骑兵追击,活捉安守忠、李归仁等人!"广平王说:"将军战斗了一天,已经很疲劳了,先休息一下,待明天再去捉拿叛将。"仆固怀恩说:安守忠、李归仁是叛军中勇将,不可放纵让他们逃跑。他们逃走后聚集残兵,又将成为我们的大患,那时后悔就迟了。打仗就是要讲求速度,为何要等到明天才出击呢?广平王坚持不肯答应,令仆固怀恩回营房休息。仆固怀恩一再请求出击,一夜间共往返四五次。第二天黎明,前方传来情报,安守忠等人果然逃走。

此后,仆固怀恩率部随广平王收复西京、东京,"皆立殊功",以功被授予开府仪同三司(享受宰相待遇)、同节度副使,封为丰国公。

乾元元年(758年)九月,唐肃宗令郭子仪、李光弼等九节度使领兵攻打退居相州(由邺郡改置,治所位于今河南省安阳市)称帝的安庆绪。仆固怀恩率部随郭子仪出征。他经常领军打前锋,先

八、功高受陷　千古沉冤

后攻下怀州(治所位于今河南省沁阳市)、卫州(治所位于今河南省卫辉市),围攻相州,以英勇善战名冠诸军。乾元二年(759年)春天,仆固怀恩受封大宁郡王,提升为朔方行营节度使。三月,自称大圣燕王的史思明率叛军自魏州(治所位于今河北省大名县东北)南下,救援安庆绪。九节度使军由于缺乏统一指挥,被叛军击败。此间,史思明杀安庆绪,自称燕帝。郭子仪受观军容使(代表朝廷监察军事)宦官鱼朝恩诬陷被罢官,由李光弼接替其朔方节度使职务。仆固怀恩受任李光弼副将,随李光弼守卫河阳(治所位于今河南省孟州市)。他数次领军出战,活捉叛将徐璜玉、安太清等人,"功冠诸将"。仆固怀恩之子仆固玚以开府仪同三司随军征战,总是率部冲锋陷阵,军中号称他为"斗将"。

宝应元年(762年)四月,太上皇和唐肃宗相继在长安病逝,太子李豫即位为唐代宗。此前,回纥毗伽阙可汗也去世,其子登里继位为可汗①,将仆固怀恩之女立为可敦(王后)。九月,回纥登里可汗受史朝义②引诱,率十万名骑兵南下。唐代宗大为震惊,派殿中监(主管皇宫衣食住行等事务)药子昂前往忻州(治所位于今山西省忻州市)慰劳回纥军。登里可汗会见药子昂,要求同仆固怀恩及其母亲会面。唐代宗答应登里可汗这一请求,派人通知仆固怀恩。仆固怀恩为了避嫌不肯前往。唐代宗赐给他铁券(免于治罪的凭证),并亲手书写派遣诏令,仆固怀恩才同其母亲去太原会见登里可汗。登里可汗见到仆固怀恩及其母亲极为高兴,当即表示愿援

---

① 《旧唐书》卷一百九十五·回纥,记作唐乾元二年(759年)四月,毗伽阙可汗死,其少子登里继位为可汗。《新唐书》卷二百一十七上·回鹘上、《资治通鉴》卷二百二十一·唐纪三十七,记载均同《旧唐书》。《中国历史大辞典》毗伽可汗、登里可汗(伊然可汗),记作毗伽可汗死于734年(即唐开元二十二年),登里可汗在位时间为734年—741年。

② 史思明长子。唐上元二年(761年),史朝义杀史思明,自立为帝。

助唐朝廷讨伐史朝义叛军。

十月,仆固怀恩随雍王李适(唐代宗长子)率军至陕州(治所位于今河南省陕县西南)与回纥军会师。接着,仆固怀恩率部从西原(位于今陕西省渭河平原)、回纥骑兵从南山(今陕西省西安市南终南山)东北,分两路向东出击,击毙叛军数万人,再次收复东京及河阳城。仆固怀恩与其子右厢兵马使(右路骑兵将领)仆固玚率部乘胜追击叛军,接连攻下郑州(治所位于今河南省郑州市)、汴州(治所位于今河南省开封市)、滑州(治所位于今河南省滑县东)、卫州、相州。

此后,仆固怀恩、仆固玚父子率部与回纥军互相配合,在下博县(治所位于今河北省深州市东南)与叛军主力决战,将叛军击败。史朝义逃往莫州(治所位于今河北省任丘市北),再逃往归义县(治所位于今河北省容城县东北)。唐代宗同意郭子仪奏请,由仆固怀恩接替其朔方节度使职务。唐代宗同时任命仆固怀恩为河北副元帅、尚书左仆射(副宰相)兼中书令(名誉宰相),让他统兵剿灭史朝义残部。

宝应二年(763年)正月,仆固玚等将领率三万兵士攻打归义,将退缩在该城的叛军击败。史朝义逃至平州石城县(位于今河北省唐山市北)森林中自缢而死,叛军彻底溃败。

仆固怀恩率部连续数年南征北战,并引导回纥援军参战,为平息安史之乱立下特殊的功绩。他的家族中有四十六人为平叛而死。

无故受人诬告 有冤难申

当年四月,唐代宗令仆固怀恩率部护送登里可汗及其部众

八、功高受陷　千古沉冤

回国。

去年，仆固怀恩奉命去太原会见登里可汗时，河东节度使辛云京以仆固怀恩系登里可汗岳父，怀疑他招引回纥军南下，关闭城门不予接待；他又担心登里可汗率军袭击太原，没有前往犒劳其军队。此时，仆固怀恩和登里可汗一行经过太原时，辛云京仍然紧闭城门，不肯同他们照面。仆固怀恩对辛云京拒不接待他同登里可汗、不肯慰劳回纥军队非常恼火，上书告发辛云京对友邦失礼。登里可汗率部离境后，仆固怀恩将部队驻扎在汾州（治所位于今山西省汾阳市），停止回撤。

当时，中官（宦官或泛指皇帝所派朝廷官员）骆奉先因事来到辛云京官府。辛云京向骆奉先诬称仆固怀恩勾结回纥军队将要发动叛乱。骆奉先信以为真，与辛云京称兄道弟，打得火热。骆奉先本是仆固怀恩的好朋友，返回路上，他去拜访仆固怀恩以察看虚实。仆固怀恩的母亲责怪骆奉先不该亲近辛云京。仆固怀恩设宴招待骆奉先，并为之起舞助兴。骆奉先当天即要离去，仆固怀恩以明天是端午节一再加以挽留，叫人把骆奉先的马藏起来。骆奉先以为仆固怀恩有意扣留他，想杀死他，半夜偷偷翻墙逃走。仆固怀恩知道骆奉先误会了，连忙追上去把马还给了他。骆奉先回京后便诬告仆固怀恩谋反。仆固怀恩听说骆奉先和辛云京串通在一起诬陷他，极为恼火，上书请求处死辛、骆二人。唐代宗虽然知道辛、骆二人奏告仆固怀恩谋反一事失实，但他以辛云京平叛有功，未予追究其罪责，只是亲自写信劝说他们双方和解。

八月，仆固怀恩憋了一肚子怨气难以排解，上书给唐代宗发了一通牢骚。他在奏书中自述其不到二十岁即为国"出入死生，竭力疆场"。为平息"安史之乱"，他与全家"誓雪国耻，以匡时难。阖门忠烈，咸愿杀身，野战攻城，皆先士卒。兄弟死于阵敌，子侄没于军前，九族之亲，十不存一，纵有在者，疮痍遍身"。在陈述受到辛云京、骆奉先诬告的经过后，仆固怀恩怪怨"陛下不垂明察，采听流言,欲令忠直之臣,枉陷谗邪之党",并把其历年为国效忠的功劳归纳为"六罪",称"陛下若以此诛臣,何异伍子胥存吴,卒浮尸于江上,大夫种霸越,终赐剑于稽山"。"子仪先已被猜,臣今又遭毁黩。弓藏鸟尽,兔死犬烹,臣昔谓非,今方知实"。他在该奏书最后写道:"陛下倘斥逐邪佞,亲附忠良,蠲削狐疑,敷陈政化,使君臣无二,天下归心,则窥边之戎,不足为患,梗命之寇,将复何忧,偃武修文,其则不远。陛下若不纳愚恳,且贵因循,臣实不敢保家,陛下岂能安国!忠言利行,良药愈病,伏惟陛下图之。""陛下览臣此书,知臣诚恳,特垂圣断,勿议近臣,待臣如初,浮谤不入,臣当死节王命,誓酬国恩。仍请遣一介专使至绛州问臣,臣即便与同行"。唐代宗看了仆固怀恩这封奏书后心中不大痛快,尚能予以宽容。

九月,唐代宗派遣黄门侍郎(侍从皇帝的官员)裴遵庆去汾州慰问仆固怀恩并观察他的动向。仆固怀恩一见到裴遵庆便跪在他的膝下痛哭流涕,诉说冤枉。裴遵庆传达唐代宗对他的厚爱和关切,请他入朝推心置腹交谈。仆固怀恩当即答应。仆固怀恩的副将范志诚却以"嫌隙已成,奈何入不测之朝"加以劝阻。于是,仆固怀恩听取范志诚的意见,没有随同裴遵庆去朝廷。

罢兵权子遭杀 被迫反叛

广德二年(764年)春天,唐代宗任命郭子仪为朔方节度使,派郭子仪去说服仆固怀恩并取代他统领朔方军队。仆固怀恩听说朝廷欲罢其兵权,派仆固玚领兵攻打太原,被辛云京部众击败。郭子仪行至河中(治所位于今山西省永济市西南蒲州)时,朔方兵马使(主管方镇军事的将领)张惟岳等人将仆固玚诱杀。仆固怀恩闻讯丢下其母亲,率领帐下几百名亲信骑兵奔向灵武,决意聚众起事。

八、功高受陷　千古沉冤

唐代宗念仆固怀恩曾经为国立过大功,传令不予治罪,并优待其亲属。仆固怀恩没有听命归顺朝廷,其母为此忧惧而死。

当年秋天,仆固怀恩引诱吐蕃出动十万兵士攻陷泾州(治所位于今甘肃省泾川县北)、邠州(治所位于今陕西省彬县)。仆固怀恩特意前往来瑱①墓祭悼,称其与来瑱"俱遭放逐"。不久,仆固怀恩率部进攻奉天(治所位于今陕西省乾县),被郭子仪领兵击退。

永泰元年(765年)九月,仆固怀恩引诱回纥、吐蕃、吐谷浑②、党项③、奴剌(其部不详)共数十万兵士分三路向东进军。仆固怀恩率军行至鸣沙县(位于今宁夏区中卫县)患急病返回,当月九日在灵武去世。不久,仆固怀恩部众溃散。郭子仪与回纥将领和谈结盟,共同率军击退吐蕃军。

《旧唐书》卷一百二十一　仆固怀恩传
　　　　卷十　肃宗本纪
　　　　卷一百九十五　回纥
《新唐书》卷二百二十四上　仆固怀恩传
《通鉴纪事本末》卷三十一　安史之乱
　　　　卷三十二　仆固怀恩之叛
《资治通鉴》卷二百二十三　唐纪三十九

---

① 原任唐颍川(治所位于今河南省许昌市)太守(行政长官),率部攻打安禄山叛军,屡建战功,官至兵部尚书(朝廷主管军事的部门长官)。广德元年(763年),来瑱受宦官程元振诬陷,被罢官处死。

② 游牧部族,散居灵武、安乐州(治所位于今宁夏区中卫县东北)等地。

③ 游牧部族,又称党项羌,散居区域位于今甘肃、陕西二省及宁夏区境内。

中国古代历史风云·战场风烟(下)

【简评】

清代学者王夫之认为:"拥重兵、居高位、立大功而终叛,类皆有激之者,唯仆固怀恩不然。来瑱虽诛,然无功于唐,而据邑胁君","虽诛十瑱,怀恩自可坦然无危疑也。代宗推心以任怀恩,至于已叛,犹眷眷不忘,养其母,鞠其女,且曰:'朕负怀恩'"。"怀恩不叛,优游拥王爵于朔方,何嫌何惧,不席富贵以终身邪?河北初平,大功已集","遽起异心,养寇树援,为叛逆之地,辛云京闭城自卫,岂过计哉?骆奉仙虽为云京行说以发其反谋,亦非县坐以本无之志而陷以醢菹"。"《传》曰:'狼子野心。'洵怀恩之谓与!""乃若唐之召叛也,其失在过任怀恩耳。许回纥之昏,而以怀恩之女妻之,使结戎狄以为援,有藉而得起,一失也;命雍王为元帅,进收东京,不置帅副,而以怀恩领诸营节度为雍王副,二失也;夺汾阳兵柄,以朔方授怀恩,三失也。功已立,权已张,位已极人臣而逼上,内有河北之援,外结回纥之好,睥睨天下,莫已若也","怀恩目中不复有唐矣","云京不发其奸,怀恩之逆特迟耳"。《读通鉴论》卷二十三·代宗)

笔者认为,仆固怀恩对唐朝廷是忠诚的。他率部冲锋陷阵,多次击败安禄山、史思明叛军。他将女儿嫁给回纥可汗,借来回纥援兵,配合唐朝廷军收复西京、东京。他又说服回纥可汗拒绝史朝义引诱,与其子率部最终消灭史朝义叛军,为平息"安史之乱"建立了不可磨灭的功绩。他奉唐代宗之命迎送回纥可汗,完全出于国事需要,未见其勾结回纥叛离朝廷的迹象,辛云京、骆奉先等人居然诬告他谋叛。立有大功的将领被人忌妒中伤不足为怪,帝王对此则应公正处理。唐代宗明知辛云京等人系诬告,却不对他们加以惩处,而在二者之间和稀泥,只是要他们双方和好。后来,他派郭子仪去取代仆固怀恩领兵。仆固怀恩反叛唐朝廷完全是被逼出来的,唐代宗应负主要责任。尽管他在仆固怀恩去世后说"怀恩不反,为左右所误",也难辞其咎。

八、功高受陷　千古沉冤

岳飞抗金被害

岳飞是北宋相州汤阴(位于今河南省汤阴县)人,出身农家,年少时酷爱读书,苦练射击,气度非凡。北宋宣和四年(1122年),岳飞应征投入真定(治所位于今河北省正定县)宣抚使(军政长官)刘韐军中,从此步入戎马倥偬的生涯。

南征北战　岳飞为朝廷竭尽忠诚

靖康元年(1126年)十一月,金国军队再次南下。康王赵构(宋徽宗第九子)奉命北上向金军求和,被磁州(治所位于今河北省磁县)知州(行政长官)宗泽等人劝留相州(治所位于今河南省安阳市)。经刘浩(其职不详)引荐,岳飞见到康王,受任承信郎(低级军官),率领三百名铁骑兵在李固渡(位于今河南省滑县西南)将金军击败。接着,岳飞随刘浩赴援京都,率领百名骑兵在滑州(治所位于今河南省滑县东)南面迎战金军,斩杀金军将领(其名不详),大败金军,以战功提为秉义郎(低级军官)。闰十一月,金军攻陷开封。

靖康二年(1127年)四月,金军劫持宋太上皇赵佶(宋徽宗)和宋钦宗赵桓(太上皇长子)北去。五月,康王赵构在南京(位于今河南省商丘市)即位为宋高宗。宰相黄潜善等人畏惧金军如虎,极力劝说宋高宗将朝廷南迁。岳飞当时编为东京留守宗泽部下。他呈上长达数千言奏书,称"奉车驾日益南,恐不足系中原之望",建议宋高宗乘金军尚未在黄河南北站稳脚跟之机,亲率大军北渡黄河,以收复中原失地。黄潜善等人指责岳飞越职上书,下令免去他的职务,将其遣返回乡。

面对权臣压制,岳飞没有屈服。不久,他投奔河北(即河北路,治所位于今河北省大名县东北)招讨使(军事长官)张所,重返抗金前线。张所问他能带多少兵。岳飞回答说:带兵打仗不能单凭英勇,"在先定谋"。他受任武经郎(低级军官),率部收复新乡(治所位于今河南省新乡市),北上太行山,擒获金军将领拓跋耶乌,刺杀黑风大王。此后,岳飞复归东京留守宗泽部,提升为留守司统制(军事将领)。

南宋建炎二年(1128年),岳飞率部在胙城(位于今河南省延津县东北)、黑龙潭(位于今河南省卫辉市西)、汜水关(位于今河南省荥阳市西北)大败金军。

建炎三年(1129年)春天,岳飞率部平叛有功,被授予英州(治所位于广东省英德市)刺史(军政长官,未到职)。七月,东京留守杜充(宗泽因屡请宋高宗率军收复中原被束之高阁,忧愤而死)听说金军南下,意欲放弃东京,以拜见宋高宗的名义向南退往建康(位于今江苏省南京市)。岳飞劝阻说:中原大地一尺一寸也不能放弃。今天一旦离开汴京,这块土地就不再属于我们的了。日后想要收复,没有几十万大军浴血奋战是不行的。杜充拒不听取岳飞意见,并令他跟他一起南退。金军随即又占领开封。

十一月,金军将领兀术(完颜宗弼)率军进抵乌江(位于今安徽省和县东北)。岳飞向受命留守建康的杜充建议加强防御,杜充拒不采纳。当月,金军攻入建康,杜充北逃投降金军。岳飞领兵顽强

八、功高受陷　千古沉冤

抗击金军,转战于广德(位于今安徽省广德县),六战六捷,俘虏金军将领王权等四十多名军官。金兵闻讯丧胆,称岳飞率领的军队为"岳爷爷军"。

建炎四年(1130年)五月,岳飞率部在常州(治所位于今江苏省常州市)迎击金军,四战四胜。之后,岳飞率部在镇江(位于今江苏省镇江市)以东至清水亭一带大败金军。金军"横尸十五里",伤亡惨重,兀术退往建康。岳飞随即在牛头山(位于今江苏省南京市西南牛首山)埋下伏兵,击溃金军,又在龙湾(位于今江苏省南京市城区西北)大败金军,进而收复建康。兀术仓皇败逃,在静安(位于今江苏省南京市西北)再次被岳飞领兵击败。

七月,金军围攻楚州(治所位于今江苏省淮安市)。岳飞时任通(即通州,治所位于今江苏省南通市)、泰(即泰州,治所位于今江苏省泰州市)镇抚使(军政长官),受命率部救援楚州。江淮制置使(江淮地区军事统帅)刘光世奉命增援岳飞。岳飞率部在承州(治所位于今山东省枣庄市峄城区)阻击金军,三战三捷。由于刘光世军畏惧不前,金军攻陷楚州,岳飞退守柴墟(位于今江苏省泰兴市西北)。

绍兴元年(1131年)三月,滁州(治所位于今安徽省滁州市)知州李成发动叛乱,占据江淮诸州。岳飞应江淮招讨使(军事长官)张俊之请,随同其率部讨伐李成叛军。岳飞率部在筠州(治所位于今江西省高安市)城东击败叛军,招降八万余人。接着,岳飞领军在南康(位于今江西省星子县)楼子庄将十余万叛军击溃,李成败逃蕲州(位于今湖北省蕲春县西南),投降伪齐。

江淮地区叛乱平息后,宋朝廷评定岳飞战功第一,任命他为神武右军副统制(警卫部队副将领),令他率部镇守洪州(治所位于今江西省南昌市)。

绍兴二年(1132年),郢州(治所位于今湖北省钟祥市)知州曹成聚众叛乱,领十余万人南下,占据道州(治所位于今湖南省道县)

和贺州（治所位于今广西区贺州市）。岳飞受任权（临时代理）荆湖东路（似为荆湖南路，治所潭州，位于今湖南省长沙市）安抚都总管（军政长官），率领八千兵士在蓬头岭（位于今广西贺州市境内）击溃曹成十余万部众。之后，岳飞受任武安军承宣使（军政长官），率部驻守江州（治所位于今江西省九江市）。

锐意北伐，岳飞为收复失地再立新功

绍兴四年（1134年）五月，岳飞受命兼任荆南（即荆湖南路）、鄂（即鄂州，治所位于今湖北省武汉市）、岳（即岳州，治所位于今湖南省岳阳市）制置使，领军北伐。他认为应当把襄阳（治所位于今湖北省襄樊市襄阳城）等六郡作为恢复中原的基地，奏请先攻取襄阳等六郡。宋高宗赞同岳飞的意见。在乘船渡长江时，岳飞对其部将说：此行如果不将敌人破获，我不再渡江南返！岳飞率部抵达江北后，首战击毙号称"万人敌"的伪齐将领京超，收复郢州，再克随州（治所位于今湖北省随州市），接着又收复襄阳、邓州（治所位于今河南省邓州市）、唐州（治所位于今河南省唐河县）、信阳军（军为行政建制，治所位于今河南省信阳市）。宋高宗接到岳飞捷报后，高兴地说："我一向听说岳飞行军纪律严明，没有想到他在强敌面前如此攻无不克，战无不胜！"

十二月，兀术和刘豫联军围攻庐州（治所位于今安徽省合肥市）。宋高宗亲手书写诏令，令岳飞率部自鄂州赴援庐州。岳飞与部将牛皋率部一举击败围攻庐州之敌。

绍兴五年（1135年）二月，宋高宗召岳飞入京，封岳飞之母为国夫人，封岳飞为武昌郡开国侯，任命岳飞为荆湖南北、襄阳路制置使，率部进剿杨么起义军。五月，岳飞进军鼎州（治所位于今湖

八、功高受陷　千古沉冤

南省常德市），消灭杨么领导的农民军。

绍兴六年（1136年），岳飞母亲去世。岳飞上书请假为其母治丧，宋高宗没有同意。当时，岳飞屯兵襄阳，派部将王贵率部收复虢州（治所位于今河南省灵宝市），获取粮食十五万石，收编数万名投降的伪齐兵士。接着，岳飞派部将杨再兴进军长水县（治所位于今河南省洛宁县西），数战告捷；又派部众焚烧蔡州（治所位于今河南省汝南县）粮仓。

绍兴七年（1137年），宋高宗任命岳飞为太尉（最高级别武官），驻守光州（治所位于今河南省光山县）。岳飞上奏说：金人所以在河南立刘豫，是想利用中原人打中原人，他们可借以休整军队，伺机对我们发动新的进攻。请求陛下给我一些时间，让我有机会带领军队直奔汴京、洛阳，进而收复两河地区（即河东，位于今山西省；河北，位于今河北省），那样，便能活捉刘豫，消灭金国！宋高宗召见岳飞，对他说：中兴的大事，全委托你了。之后，岳飞与宰相张浚议论选用战将意见不合，辞去职务，返回故地，为其母亲服丧。不久，宋高宗召命岳飞率部驻守江州。

此间，岳飞部下抓获兀术派来的间谍。岳飞知道刘豫因投靠金军元帅粘罕（完颜宗翰），受到兀术忌恨，便伪造书信，诈称约刘豫共同谋杀兀术，让该间谍把密信带回。兀术看信后大为恼火，奏请金熙宗完颜亶下令废黜刘豫帝位。岳飞听说刘豫被废，奏请宋高宗抓住这一机遇，率大军收复中原，宋高宗没有答复。

绍兴八年（1138年），宋、金两国关系有所缓和，金国派遣使臣许诺将河南之地（泛指黄河以南、淮河以北地区）退还给宋朝。宋高宗恢复被有识之士视为"与金人共谋"的秦桧宰相兼枢密使（最高军事机关长官）职务，而将力主抗金对和解持有异议的宰相赵鼎贬出朝廷。

十一月，岳飞看到高宗和秦桧为金国使臣的和好诺言所迷惑，在鄂州上书说："金国人不可相信，和议不可依赖，宰相谋划和议不尽妥当,恐怕会让后人讥笑。"由此,秦桧对岳飞怀恨在心。

绍兴九年(1139年),宋高宗以金国答应让出河南,发布大赦令,加授岳飞开府仪同三司(享受宰相待遇)。岳飞上书谢辞,称"今日之事,可危而不可安,可忧而不可贺;可训兵饬士,谨备不虞,而不可论功行赏,取笑敌人"。

绍兴十年(1140年)正月,金国君臣撕毁同南宋的盟约,拒绝归还河南之地,分兵四路,大举南侵。宋高宗"始大怪",不得不下令迎击金军,并任命岳飞为河南、北诸路招讨使,统一指挥各路抗金军队。岳飞善于运用"仁、智、信、勇、严"的领兵之术,善于运筹策划,以少胜多。每次出战前,他总是召集部将反复讨论作战方略,谋划成熟后再战,因而打起仗来只有胜利,没有失败。兀术听说岳飞统领宋军迎战,大为恐惧。

六月,岳飞与部将牛皋率部在京西(即京西路,治所位于今河南省洛阳市)击败金军。秦桧听说岳飞和沿淮制置使刘锜对金作战胜利,奏请宋高宗下令岳飞、刘锜班师南撤,岳、刘二人没有答应。当月,岳飞领兵援助刘锜部,大败金军,收复蔡州。

闰六月,岳飞令部将张宪率部击败金军,收复颖昌府(治所位于今河南省许昌市)、淮宁府(治所位于今河南省淮阳县);令部将郝晸率部在郑州(治所位于今河南省郑州市)以北迎击金军,收复郑州;令部将李兴率部迎战金军,收复汝州(治所位于今河南省汝州市)及伊阳(治所位于今河南省嵩县)等八县。

七月,岳飞派部将张应、韩清会同李兴率部收复永安军,治所位于今河南省巩义市西南。岳飞亲率轻骑兵在郾城(位于今河南省郾师市)迎战兀术军。他指挥将士挥舞大砍刀,横砍金军马腿,大破兀术指挥的"三马为联"全身裹甲号称"拐子马"的一万五千名铁骑兵,兀术为之号啕痛哭。接着,岳飞派其养子岳云率八百名骑兵赴颖昌,援王贵部会战兀术军,击毙兀术女婿夏金吾和副统军粘罕索。之后,岳飞率部在朱仙镇(位于今河南省开封市西南)大败

八、功高受陷 千古沉冤

兀术军。兀术率部逃回汴京,哭着说:自从我朝从北方兴起以来,还没有过像今天这样的惨败!

兀术战败后,以凶悍狡诈著称的金军元帅乌陵思谋为之胆战心惊,他沮丧地对其部众说:不要轻举妄动,等岳家军来了就投降。金军将士对岳飞的军队更是闻风丧胆。此间,金统制王镇、统领崔庆、将官李觊、崔虎、华旺等人纷纷率部向岳飞投降,金警卫军龙虎大王派其部下高勇秘密南下向岳飞求降,金将韩常准备率五万部众归附岳飞。与金军士气低落相反,岳飞部众斗志高昂,锐不可当。岳飞高兴地激励将士说:"我们要继续北伐,一直打到黄龙府(位于今吉林省农安县,意指金军大本营),开怀畅饮庆功酒!"

君懦相奸 岳飞以"莫须有"罪被杀

绍兴十一年(1141年)正月,兀术率军攻打庐州。当时岳飞正在生病。宋高宗先后下达十七道诏书,催促岳飞率部前往救援。岳飞带病率军进抵庐州,金军"望风而遁"。宋高宗写信慰问岳飞,称"国尔忘身,谁如卿者?"之后,兀术领兵攻打濠州(治所位于今安徽省凤阳县东北临淮关)。岳飞奉命率部救援。兀术闻讯又率部逃遁。岳飞上奏宋高宗,请求乘金军南下国内空虚之机,再次率军北伐。

就在岳飞率部节节胜利准备夺回汴京向黄河以北进军的时候,秦桧却策划把淮河以北地区重新割让给金国。秦桧生怕岳飞继续北伐打破他割地求和的计划,指使谏官奏请宋高宗下令北伐大军班师回朝。岳飞接到宋高宗令其撤退的诏书后,上书奏报说:金军士气沮丧,丢盔弃甲,仓皇渡河北逃,而我军斗志旺盛,正奋力北伐,收复失地。眼下这样的态势,失而不可复来,千万不能放弃!

秦桧知道岳飞不肯退军，一天之内竟连续下达十二块金牌，强令岳飞回师。岳飞痛心疾首，流着眼泪仰天长叹道：十年奋战得来的胜利成果，就这样被断送了！

岳飞向来关爱将士，每次受到朝廷奖赏，他总是分给部下，丝毫不下自己腰包。岳飞平时教育其部众爱护老百姓，军中有"冻死不拆屋，饿死不卤掠"的禁令，深受民众拥护。岳飞率军被迫南撤时，当地老百姓拦路号哭，"哭声震野"。岳飞部众撤离后，其浴血奋战收复的州县又被金军占领。岳飞被召回后受任枢密副使。

五月，岳飞奉命同枢密使张俊一起去楚州部署边防。"俊晚年主和议，与秦桧意合"（《续资治通鉴》卷一百二十四）。他对岳飞功名卓著心存忌妒，借事暗中派人送信给秦桧，谗毁岳飞。秦桧大为恼火，对岳飞更为憎恨。

兀术知道岳飞志在收复中原，反对和议，写信给秦桧，称"必杀飞，始可和"。兀术的要求正合秦桧的心意。秦桧认为，不把岳飞除掉，不仅会阻碍宋、金两国议和，而且日后也会对他的地位形成威胁，决意借机谋杀岳飞。秦桧知道谏议大夫（主管议论朝政得失）万俟卨与岳飞积怨很深，指使万俟卨及中丞（最高监察机关长官）何铸等人弹劾岳飞，诬称金军进攻淮西时，岳飞率军抵达舒州（治所位于今安徽省潜山县）后不再前进，并想放弃山阳（位于今河南省焦作市东北）不去防守。据此，宋高宗于八月罢免岳飞枢密副使职务，削除其兵权。

九月，秦桧授意张俊，引诱鄂州都统制（军事将领）王贵诬告副都统制张宪"谋据襄阳为变"，"冀朝廷还岳飞复掌兵"。

十月，秦桧即以王贵等人诬告，以"张宪事"下令将岳飞及岳云逮捕。何铸受命审理此案，见到岳飞背上刺有"尽忠报国"四个大字，受到感动。他查阅岳飞案卷，没有找到其罪状，反过来奏称岳飞无辜。秦桧只好改令万俟卨主审。审讯人员忙碌了两个月，却找不到一条证据给岳飞定罪。岳飞受审期间，大理寺卿（最高审判

八、功高受陷　千古沉冤

机关长官)薛仁辅、大理寺丞(最高审判机关官员)李若朴、何彦猷联名上书,称岳飞无罪。薛、李、何三人受到万俟卨弹劾同时被罢官。宗正卿(主管皇族和外戚事务)士裹以全家百口生命担保岳飞无罪,被万俟卨弹劾,罢官流放,死在建州(位于今福建省建瓯市)。抗金名将韩世忠为岳飞蒙受冤屈愤愤不平,向秦桧质问:岳飞到底犯了什么罪？秦桧无言以对,以"莫须有"加以搪塞。韩世忠严正指出:以'莫须有'三字给岳飞定罪,怎么能说服天下人心？秦桧生怕迫害岳飞的冤案再拖下去不好收场,于当年年底亲手写一字条交给狱吏。随后,岳飞在狱中遇害,时年三十九岁。接着,岳云和张宪被押往闹市斩首示众。天下民众听说岳飞被杀,无不为他流泪鸣冤。

曾经亲手写下"精忠岳飞"四个大字的宋高宗,从岳飞受陷入狱到含冤被害,竟未吭一声。显然,他存心以岳飞的鲜血换取同金人议和,以出卖道义和良知换取自己的苟安。岳飞曾经说过:文臣不爱钱,武臣不怕死,天下就能太平。然而,在高宗、秦桧当政时期,"不爱钱"、"不怕死"的文臣武将也只能是"空悲切"而已。

金军将领在岳飞面前饱尝败仗之苦,曾经哀叹说:"撼山易,撼岳家军难！"当岳飞被害的消息传到金国时,金军将领们如释重负,为之举杯庆贺。

宋孝宗(宋太祖七世孙、秀王赵偁之子)即位(1162年)后,为岳飞恢复名誉,下令在鄂州为岳飞建庙,追授他"忠烈"称号。嘉定四年(1211年),宋宁宗追封岳飞为鄂王。

《宋史》卷三百六十五　岳飞传
　　　　卷二十七至卷二十九　高宗本纪四至六
　　　　卷四百七十三　秦桧传
《续资治通鉴》卷一百七　宋纪一百七
　　　　卷一百二十一　宋纪一百二十一
　　　　卷一百二十四　宋纪一百二十四

【简评】

　　《宋史》作者脱脱等人认为："飞北伐,军至汴梁之朱仙镇,有诏班师,飞自为表答诏,忠义之言,流出肺腑,真有诸葛孔明之风,而卒死于秦桧之手。盖飞与桧势不两立,使飞得志,则金仇可复,宋耻可雪;桧得志,则飞有死而已"。"高宗忍自弃其中原,故忍杀飞,呜呼冤哉!呜呼冤哉"。(《宋史》卷三百六十五)

　　清代学者王夫之认为："岳侯之死,天下后世胥为扼腕","惜其处功名之际,进无以效成劳于国,而退不自保其身。遇秦桧之奸而不免,即不遇秦桧之奸而抑难乎其免矣。""主忌益深,奸人之媢疾益亟,如是而能使身安以效于国者,未之有也"。"岳侯诚有身任天下之志,以奠赵氏之宗祊,而胡不讲于此耶"?"岳侯受祸之时,身犹未老。使其弢光敛采,力谢众美之名;知难勇退,不争旦夕之功;秦桧之死,固可待也。完颜亮之背盟,犹可及也。高宗君臣,固将举社稷以唯吾是听,则壮志伸矣"。"故君子深惜岳侯失安身定交之道,而尤致恨于誉岳侯者之适以杀岳侯也。悠悠之歌诵,毒于谤讪,可畏矣夫"。(《宋论》卷十·高宗)

八、功高受陷　千古沉冤

曾铣祸从天降

　　曾铣是明江都（位于今江苏省扬州市）人。考中进士后受任长乐（治所位于今广东省五华县西北）知县（行政长官）。任职期满后，朝廷将他调任御史（最高监察机关官员），巡按（派驻地方巡视军政）辽东（即辽东镇，治所位于今辽宁省北宁市）。

　　明嘉靖十四年（1535年），右副都御史（最高监察机关副长官）、巡抚（行政长官）辽东吕经将驻军的牧马场收归官府，又强令军士修筑边防高墙，激起辽阳（治所位于今辽宁省辽阳市）兵变。吕经被乱兵囚禁。曾铣闻讯通知副总兵（驻守某地军事副长官）李鑑，要他向辽阳官兵宣布废止吕经的各项不合理规定。同时，他上书朝廷，请求宽赦参与兵变的军士。朝廷命曾铣负责处理这起事件。曾铣下令将为首作乱的罪犯斩杀，在辽东各边防城镇悬首示众。辽东得以安定。嘉靖二十五年（1546年）四月，曾铣以兵部侍郎（朝廷主管军事的部门副长官）总督陕西三边①军务。八月，鞑靼②出动十万骑兵侵入延安（治所位于今陕西省延安市）、庆阳（治所位于今甘肃省庆阳县）境内，大肆掠夺。曾铣率领数千名骑兵迎

---

①　统领陕西、延绥、宁夏、甘肃四巡抚及延绥（榆林）、宁夏、甘肃三边镇，治所位于今宁夏区固原县。

②　部族名，游牧区位于今内蒙古及其以北地区。

击,捣毁鞑靼军设在马梁山(其地不详)北面的军营,鞑靼军北逃。曾铣对鞑靼占据河套①(位于今内蒙古中南部黄河南岸及宁夏地区、陕西省北部黄河流域),长年侵扰北部边区,深为忧虑。

十二月,曾铣向明世宗朱厚熜上书说:鞑靼占据河套,侵扰北部边区将近一百年了。孝宗皇帝(1487年至1505年在位)想恢复这片失地而未能实现,武宗皇帝(1505年至1521年在位)想讨伐鞑靼而没有结果。陛下即位以来,封疆大臣中没有人建议收复这片失地,大概是因为出征任务太繁重了,且稍有挫折就会受到弹劾诬陷、严刑处罚。臣不是不知道打起仗来就是出生入死。自从受命镇守陕西三边以来,我一直是驰马迎战,枕戈而眠,深为没有收复河套而切齿痛心。臣请求拨给六万名精兵、二千名鎗手,供给五十天军饷,于来年春夏之交,分水陆两路进军,直捣鞑靼的老巢。这是一劳永逸之举,可保世世代代国泰民安。曾铣在该奏书后面附上八条进军建议,包括计划修筑西从定边营(位于今陕西省吴旗县西北),东至黄甫川(位于今陕西省府谷县北麻镇)全长一千五百里的长城御敌,请拨数十万金币,预期三年完工。

明世宗看了曾铣的上书,交付兵部及边防诸镇文武将官讨论。随后,明世宗对曾铣的奏书作了批复,称鞑靼占据河套,长期以来一直侵扰我边境,朕日夜为之忧虑,边境守臣中过去没有人为我分担这一忧患。如今曾铣提出收复河套的建议十分豪壮,明世宗令曾铣和诸边将精心研究,上奏御敌方略,并特批拨修筑边城费二十万。曾铣见到明世宗这一批示后,更加锐意进取。

曾铣富有胆略,善于用兵。他身任镇守边防的主将,时时保持高度警惕。有一年除夕之夜,将领们正准备饮酒过年,曾铣突然下

---

① 明天顺年间(1457年—1464年),鞑靼首领阿罗出率部入居河套。成化元年(1465年),鞑靼哈剌嗔部首领孛来、翁里郭特部首领拥小王子(国王,时年幼)马可古儿吉思率部入据河套。

八、功高受陷　千古沉冤

令诸将领兵出击。当时,边防前哨没有传来御敌警报,将领们给了曾铣侍卫兵一些钱物,请他向曾铣之妾要求暂缓出兵。曾铣当即下令将该卫兵斩杀。将领们只好停止酒宴,披甲上马,领兵跟随他出征。行不多远,果然遇上鞑靼骑兵来犯。曾铣指挥将士把鞑靼骑兵击败。第二天,众将领去给曾铣拜年,问他怎么知道昨夜会有敌人来。曾铣笑着回答:乌鸦不该在夜间惊叫,我料定是敌人来了。众将领对曾铣的明于判断深为佩服。

嘉靖二十六年(1547年)五月,曾铣率部出边塞袭击鞑靼部,将其逐往北方。甘肃总兵仇鸾行动迟缓,曾铣大为不满。

六月,曾铣上书弹劾仇鸾不听调遣。明世宗下令扣罚仇鸾半年俸禄。仇鸾领兵守边期间,恣意贪赃,横行不法,受到处罚后,不仅不思悔改,反而更加肆无忌惮。不久,曾铣又上书弹劾仇鸾不法,明世宗下令将仇鸾逮捕。

十一月,曾铣综合诸边将的建议,向明世宗呈奏十八条进军方略和"营阵八图"。明世宗赞赏曾铣所奏收复河套十八条方略和"营阵八图",批令朝廷大臣讨论。朝廷众臣见皇帝态度鲜明,便都赞成曾铣的方略。大学士(宰相)夏言尤其支持曾铣的意见,首辅(首席宰相)严嵩也没有提出异议。

嘉靖二十七年(1548年)正月,在群臣一致称赞曾铣锐意收复河套之时,明世宗突然改变态度。他拿出亲手写的诏书质问辅政大臣:今天去驱逐河套的敌人,果真是师出有名吗?军粮果真有余、出征必定能成功吗?不能只听曾铣一个人说,当地老百姓遭受战争苦难又怎么办?众臣见皇帝意向转变,随即亦跟着转变态度。夏言大为惊骇,不敢提出异议。

明世宗自从将章圣太后(明世宗之母)安葬(嘉靖十八年,即1539年)后便不再上朝听政。嘉靖二十一年(1542年),宫女杨金英等人谋杀明世宗未遂。从此,明世宗移居万寿宫,很少接见众臣,唯有严嵩能经常在他身边出入。

严嵩与夏言不和，极力宣称不可能收复河套，借以排斥夏言。兵部尚书（朝廷主管军事的部门长官）王以旂随之改变原来的观点，附和严嵩。明世宗听信严嵩谗言，随即责令夏言退休、下令将曾铣逮捕。

严嵩见明世宗无意将曾铣处死，不肯就此罢休，决意要将夏言和曾铣置于死地。严嵩是仇鸾的老朋友，他知道曾铣是夏言继妻之父苏纲的同乡好友。严嵩指责夏言拟草诏书时有意褒奖曾铣，把眼下鞑靼部众再次南下说成是"曾铣开边启衅所致"，又指使人代仇鸾从狱中上书，诬告曾铣克扣巨万军饷，且派其子曾淳通过苏纲去贿赂当权大臣。尽管仇鸾所告曾铣犯罪查不出任何证据，由于严嵩一口咬定，明世宗亦深信不疑。于是，明世宗又下令将曾淳、苏纲逮捕入狱。

当年（1548年）三月，曾铣被从陕西三边押回京都北京。司法机关无法给他定罪，只好以"交结近侍律"给他论罪。明世宗随即以"交结近侍"罪，下令将曾铣斩首。之后，明世宗又以"纳铣金，交关为奸利"的罪名，下令将夏言从返乡途中抓回京都处死，而将仇鸾释放出狱。

曾铣为官一向清廉。他被杀后，严嵩派人抄了他的家，没有抄出一点钱财。他的妻子被株连流放到二千里以外的地方。人们听说曾铣无罪被杀，无不为他鸣冤叫屈。

隆庆初年（1567年），给事中（侍从皇帝协理监察事务）辛自修、御史王好问上书为曾铣申冤，称曾铣"志在立功，身罹重辟，识与不识，痛悼至今"。明穆宗朱载垕下令为曾铣平反昭雪，追授他为兵部尚书。

《明史》卷二百四 曾铣传

卷二百三 吕经传

卷一百九十六 夏言传

卷三百八 严嵩传

八、功高受陷　千古沉冤

《明通鉴》卷五十六　明世宗嘉靖十四年
　　　　　卷五十八　明世宗嘉靖二十五年
　　　　　卷五十九　明世宗嘉靖二十六年
　　　　　　　　　　明世宗嘉靖二十七年
《明史纪事本末》卷五十八　议复河套

【简评】

　　《明史》作者张廷玉等人认为："世宗威柄自操，用重典以绳臣下，而弄权者借以行其私。""出力任事之臣亦中危法受戮，边臣不得自展布，而武备窳矣"。"铣复套之议甚伟。然权臣当轴，而敌势方强，虽颇、牧①乌能有为"。(《明史》卷二百四)

　　笔者认为，曾铣长年戍守边防，锐意为国效力，为收复被鞑靼侵占的河套之地以解除边患，他上书明世宗，称"封疆之臣曾无有以收复为陛下言者，盖军兴重务也；小有挫失，媒孽踵至，鼎镬刀锯，面背森然。臣非不知兵凶战危，而枕戈汗马，切齿痛心有日矣"，其耿耿丹心跃然纸上。明世宗开始称"铣倡恢复议甚壮"，为时不长突然变卦，对曾铣动议横加责难；严嵩乘机落井下石，致使收复河套计划半途而废，曾铣蒙冤被杀。明世宗对臣下向来残酷无情。即位不久，为尊其生父兴献王朱祐杬为皇考，他挑起"大礼仪"之争，下令将持有异议的一百三十四名朝臣逮捕入狱、十六名朝臣被活活打死。他"营建繁兴，府藏告匮，百余年富庶治平之业，因以渐替"。(《明史》世宗本纪一、二)曾铣的失误在于对明世宗残忍昏庸的本性缺乏认识，更没有认识到昏君奸臣当朝，矢志报国不可能有所作为，以致惹祸上身。

---

　　① 指战国后期赵国名将廉颇、李牧，二人都以能攻善守著称。后廉颇被诬罢官，李牧受陷被杀。

熊廷弼刚正罹难

明万历三十四年(1606年),辽东(即辽东镇,治所位于今辽宁省北宁市)巡抚赵楫与总兵官(镇守某一地方军事长官)李成梁将孤山堡(位于今辽宁省本溪满族自治县东南)、险山堡(位于今辽宁省宽甸满族自治县西南)、新安堡(位于今辽宁省凤城市东北)等六堡六万余户居民强行移入内地,把方圆八百里土地让给从建州(治所位于今辽宁省新宾满族自治县西)南扩的女真部[①]。兵科给事中(朝廷主管军事的部门监督官)宋一韩认为不该将这块土地放弃。熊廷弼时任御史(最高监察机关官员),奉朝廷之命巡按(派驻地方巡视军政)辽东,调查宋一韩所论之事。熊廷弼同意宋一韩的看法。明神宗没有追究李成梁等人的过失。此后,熊廷弼上书建议让辽东驻军屯田以减少军费开支,增修城堡以加强边防。明神宗批准施行。熊廷弼巡按辽东数年,杜绝馈赠,以功过论奖惩,官兵遵纪守法蔚然成风。

---

① 建州女真部原生活在赫图阿拉(位于今辽宁省新宾满族自治县西)一带,南迁后得以发展。明万历四十四年(1616年),建州女真部首领努尔哈赤建国号金,史称"后金",称汗(国王),都赫图阿拉。后金天聪十年(1636年),皇太极汗(努尔哈赤之子)称帝,改国号为清。

八、功高受陷 千古沉冤

安定辽东 功绩显著

万历四十七年(1619年)夏天,经略(总领一方军务)辽东杨镐率领二十四万(《明史》卷二百五十九杨镐传,记号大兵四十七万)军士分四路攻打后金,反被后金军击败,明军将士死伤四万六千多人(《明史》杨镐传)。朝廷以熊廷弼熟悉辽东边防情况,提升他为兵部右侍郎(朝廷主管军事的部门副长官)兼右佥都御史(最高监察机关副长官),接替杨镐经略辽东。

当时,开原(位于今辽宁省开原市)、铁岭(位于今辽宁省铁岭市)相继被后金军占领,守卫沈阳(位于今辽宁省沈阳市)的将士纷纷逃跑。熊廷弼兼程到任,下令斩杀兵败逃跑的将领刘遇节和贪财的将领陈伦等人,军心为之一振。他督促鼓励军士赶造战车、火器,疏浚护城河,修缮城墙,加强战备。接着,熊廷弼上书请求朝廷调拨十八万兵士分别守卫清河(位于今辽宁省开原市西南)、抚顺(位于今辽宁省抚顺市北)、三岔儿(位于今辽宁省铁岭市南)等战略要地,相机出击后金。明神宗批准照办。

朝廷鉴于杨镐兵败,派佥事(司法监察官员)韩原善去沈阳抚慰百姓,韩原善惧怕身临前线,借口推辞。朝廷改派佥事阎鸣泰前往,阎鸣泰行至虎皮驿(位于今辽宁省灯塔市)再也不敢往前走,哭着返回。熊廷弼赴任后无所畏惧,勇闯虎穴,亲自去前线视察。一天,他要乘雪夜赶赴抚顺。总兵贺世贤以再往前行接近敌占区加以劝止,熊廷弼回答说:冰天雪地,敌人想不到我会来。他带着少量随从毅然前往。当时,辽东民生凋敝,数百里荒无人烟。熊廷弼每到一处总是哀祭死者,召回流民,发给他们守备兵器,派官员管理治安。这样,很快便安定民心。熊廷弼主张积极防守,不赞成贸然进攻,边境形势趋于稳定。

刚正受弹 愤然辞职

万历四十八年(1620年)夏天,后金军队攻占地花岭(其地不详)、王大人屯(位于今辽宁省辽阳市北),接着又攻占蒲河(位于今辽宁省沈阳市东北),明军伤亡七百多人,后金军也有死伤。明军这次失利并没有影响大局,熊廷弼却遭到一些人的诽谤。

当初,熊廷弼和姚宗文、刘国缙同在朝廷担任御史时,彼此意气相投,共同抨击东林党人①。后来,熊廷弼的观点转向东林党人,与姚、刘二人的意见发生分歧。熊廷弼受任辽东经略,姚宗文转任户科给事中(朝廷主管户籍、财政的部门监督官)。之后,姚宗文因父亲去世免官奔丧,回京后未能及时复职。他写信给熊廷弼请求帮忙,熊廷弼加以推辞。姚宗文由此对熊廷弼怀怨在心。不久,姚宗文受任吏科给事中(吏部监督官),去辽东巡视,凡事与熊廷弼的意见针锋相对。刘国缙是辽东人,时任兵部主事(兵部文秘官员),主张从辽东招募兵士。此间,他奉命赴辽东募兵,所募一万七千名兵士却逃亡过半。熊廷弼将此事奏报朝廷。为此,刘国缙对熊廷弼亦十分怨恨。

姚宗文与刘国缙共同策划,上书诋毁熊廷弼,称"辽土日蹙","廷弼废群策而雄独智","军马不训练,将领不部署,人心不亲附"。

---

① 明万历三十二年(1604年),罢官闲居的原吏部郎中(朝廷主管官吏任免的部门内设机构长官)顾宪成,开始在其原籍无锡(位于今江苏省无锡市)东林书院同其友人高攀龙等聚众讲学,议论朝政。朝廷一些正直官员赞同他们的观点。宦官魏忠贤控制朝政后,指斥他们为东林党,加以迫害。

八、功高受陷　千古沉冤

姚、刘二人还鼓动其同党攻击熊廷弼，决意要把他搞垮。于是，御史顾慥弹劾熊廷弼"出关逾年，漫无定画；蒲河失守，匿不上闻"。御史冯三元弹劾熊廷弼"无谋者八，欺君者三"，称不罢免熊廷弼经略辽东的职务，"辽必不保"。御史张修德则弹劾熊廷弼"破坏辽阳"。

熊廷弼对强加在他身上的不实之词极为气愤，上书抗辩，称"辽已转危为安，臣且之生致死"，请求辞职。即位不久的明熹宗（明神宗之孙、明光宗之子）竟然同意熊廷弼辞去辽东经略一职，让兵部右侍郎袁应泰接替他的职务。接着，熊廷弼上书请求派冯三元等人审查他经略辽东情况，辩称"辽师覆没，臣始驱羸卒数千，跟跄出关"。"廷臣咸谓辽必亡，而今且地方安堵，举朝帖席，此非不操练，不部署者所能致也？"

十月，熊廷弼在离京（位于今北京市区）回其故乡江夏（位于今湖北省武汉市）之前，上书明熹宗说："臣蒙恩回籍听勘，行矣。但台省责臣以破坏之辽遗他人，臣不得不一一陈之于上。今朝堂议论，全不知兵。""自有辽难以来"，"台省所建白，何尝有一效？疆场事，当听疆场吏自为之，何用拾帖括语，徒乱人意！"明熹宗对熊廷弼的申诉听不进去。

朝廷按熊廷弼点名要求，拟派冯三元等人赴辽东查办。给事中（侍从皇帝协理监察事务）杨涟提出冯三元等人应当回避。朝廷改派兵科给事中朱童蒙前往。朱童蒙赴辽东考察后，回朝廷奏称："臣入辽时，士民垂泣而道，谓数十万生灵皆廷弼一人所留，其罪何可轻议？""廷弼功在存辽"。

复任经略 有职无权

天启元年(1621年)春天,沈阳、辽阳(位于今辽宁省辽阳市)相继失守,袁应泰兵败自杀。血的教训使明熹宗意识到不该撤换熊廷弼。他随即下令对此前弹劾熊廷弼的官员进行处治,将冯三元等人降官三级,姚宗文革职,起任熊廷弼为兵部尚书(兵部长官)、经略辽东,让他驻守山海关(位于今河北省秦皇岛市山海关区),同时提宣抚广宁(治所位于今辽宁省北宁市)有功的右参议(分巡地方的行政官员)王化贞为广宁巡抚。熊廷弼入京后请求免除对曾经弹劾他的言官的贬谪,明熹宗没有同意。

王化贞将各地派来援辽的部队改称"平辽"军。辽地民众对改称"平辽"不能接受。熊廷弼上任后以辽地并未出现叛乱,建议把"平辽"改为"平东"或"征东",以宽慰人心。王化贞为此对熊廷弼产生不满。

七月,熊廷弼对王化贞沿辽河西岸设置六营分兵防守提出异议,认为"断不宜分兵防河,先为自弱之计",取得朝廷认同。王化贞为自己的部署被否定大为气恼,怀疑熊廷弼欲夺其兵权,假称军事防务的事由经略做主。熊廷弼上书,请明熹宗告诫王化贞,不得借口受经略节制而坐失战机。此后,两人的矛盾进一步加剧。

熊廷弼有胆有识,善于用兵,然而性格刚强,不甘居于人下。王化贞为人刚愎自用,以其都司(部将)毛文龙攻取镇江(位于今辽宁省丹东市东北)而他更加狂妄,总是抵制熊廷弼的军事部署。他不懂军事,轻视后金军,妄图以投降后金的原抚顺游击(职位低于将军的武官)李永芳为内应,认为无须出兵攻打即可获取全胜。熊廷弼坚持以防守为主,提醒他不可相信李永芳,须警惕后金派间谍

八、功高受陷　千古沉冤

来广宁策反，王化贞不以为然。

主持兵部日常事务的兵部尚书张鹤鸣偏袒王化贞，对他言听计从，凡是王化贞所请求的事无不依允照办，而对熊廷弼所提议的事则极力阻挠，致使熊廷弼无法施展其军事方略。王化贞拥有十四万兵士，而熊廷弼身为经略却不掌握关外一兵一卒，仅有经略虚名而已。为此，熊廷弼上书朝廷称："臣既任经略，四方援军宜听臣调遣，乃鹤鸣径自发成，不令臣知。七月中，臣咨部问调军之数，经今两月，置不答。臣有经略名，无其实，辽左事惟枢臣与抚臣共为之。"张鹤鸣对熊廷弼这一奏书大为恼火，记恨在心。当年年底，王化贞奏请出击后金。张鹤鸣认为机不可失。由此，熊廷弼率五千名兵士出关，移驻右屯（位于今辽宁省凌海市东南）。

天启二年（1622年）正月，王化贞上书奏请率六万兵士一举荡平辽东。首辅（首席宰相）叶向高信赖王化贞，奏请批准他的行动。熊廷弼对朝廷如此轻率决定出征极为忧愤，上书称："宜如抚臣约，亟罢臣以鼓士气。"朝廷知道王化贞与熊廷弼不能协调一致而置之不问。张鹤鸣提议免去熊廷弼经略辽东职务，明熹宗没有同意。

当月二十日，李永芳引五万后金军士围攻西平堡（位于今辽宁省盘山县东北）。副总兵罗一贯率领三千兵士坚守西平堡，拒不投降。王化贞听从其心腹游击孙得功的主意，令其和参将（位次副将）祖大寿率广宁守军，会合镇守闾阳（位于今辽宁省凌海市东北）的总兵祁秉忠部，前往西平堡救援。熊廷弼当即派总兵刘渠率部与他们会师。王化贞没有想到孙得功内心已准备投降后金。明军抵达西平堡时，孙得功临阵率部退逃，边跑边喊明军战败了。明军兵士大为惊慌，以致溃不成军，罗一贯自杀，刘渠和祁秉忠等战死，祖大寿逃走。孙得功率众返回广宁城外，欲活捉王化贞向后金献功。当时，后金军主力尚在沙岭（位于今辽宁省盘山县东），孙得功却向城内高呼后金军要攻城了。广宁城中人心大乱，竞相奔走。王化贞惊慌失措，放弃广宁城，向西逃跑。孙得功占据广宁城投降后金。

王化贞仓皇逃至大凌河堡(位于今辽宁省凌海市),遇上率部赴援的熊廷弼部。熊廷弼含笑问道:"你本想以六万兵士一举荡平辽东,结果怎么样?"王化贞惭愧得失声痛哭。熊、王二人随即率残部退入山海关。消息传至京都,朝廷内外无不为之震惊。

兵败受牵 含冤被杀

二月,朝廷下令逮捕王化贞,罢免熊廷弼的职务,令其听候处理。不久,熊廷弼亦被捕入狱。四月,刑部尚书(朝廷主管刑事的部门长官)王纪等人奏请将熊廷弼、王化贞二人处死。

当时,司礼秉笔太监(宦官头目,代皇帝批阅奏章)魏忠贤在朝廷专权。熊廷弼托人传话给中书(最高行政机关官员)汪文言,许愿拿出四万金送给后宫宦官,请求缓刑。之后,熊廷弼收回这一许诺,没有向宦官兑现。魏忠贤听说后大为恼火。

魏忠贤早年曾为皇孙朱由校(即当朝皇帝明熹宗)的母亲王才人管理过伙食,又与朱由校的乳母客氏勾搭成奸。朱由校即帝位后,魏忠贤引诱他沉迷声色犬马,由此受到特殊宠信。魏忠贤专权乱政引起朝廷内外忠正之臣的义愤。

六月,左副都御史(最高监察机关副长官)杨涟上书弹劾魏忠贤二十四大罪状。魏忠贤随即假传圣旨,以"无人臣礼"的罪名将杨涟革职。魏忠贤知道,当初冯三元等人弹劾熊廷弼时,杨涟曾为熊廷弼讲过话。他下令将汪文言逮捕入狱,指使其党羽锦衣卫都指挥佥事(主管警卫、缉捕、刑狱的机构副长官)许纯显对汪文言严刑拷打,逼迫汪文言诬告杨涟曾收受熊廷弼贿赂。汪文言至死没有提供假证。许纯显便自编供词,诬告杨涟受熊廷弼贿赂二万。据此,魏忠贤下令将杨涟逮捕。

八、功高受陷　千古沉冤

天启五年(1625年)七月,魏忠贤将杨涟害死在狱中,接着即对熊廷弼下毒手。他指使其党羽诬称熊廷弼的儿子"出入禁狱,阴谋叵测",又令其亲信把一本名为《辽东传》的小册子拿给明熹宗看,诬告熊廷弼写作此书意在翻案。明熹宗不分是非,完全听信魏忠贤谗言,竟于八月下令将熊廷弼押往闹市斩首,并将其首级传送九大边镇示众。

天启七年(1627年)八月,明熹宗去世,其弟朱由检继位为崇祯帝。十一月,崇祯帝下令将魏忠贤迁至凤阳(位于今安徽省凤阳县),接着下令将其逮捕。魏忠贤畏罪自杀。

崇祯元年(1628年)秋天,工部主事(主管百工建造部门文秘官)徐尔一上书为熊廷弼申冤,称其"罪无足据,而劳有足矜",请求为熊廷弼平反昭雪。崇祯帝没有同意。

崇祯二年(1629年)五月,大学士(宰相)韩爌等人上书再次为熊廷弼申冤,称"廷弼遗骸至今不得归葬,从来国法所未有"。"传首边庭,头足异处","身死尚悬坐赃十七万,辱及妻孥,长子兆珪迫极自刎。斯则廷弼死未心服,海内忠臣义士亦多愤惋窃叹"。"平心论之,自有辽事以来,诳官营私者何算。廷弼不取一金钱,不通一馈问,焦唇敝舌,争言大计。魏忠贤盗窃威福,士大夫靡然从风。廷弼以长系待决之人,屈曲则生,抗违则死,乃终不改其强直自遂之性,致独膺显戮,慷慨赴市,耿耿刚肠犹未尽泯。今纵不敢深言,而传首已逾三年,收葬原无禁例,圣明必当垂仁。臣所以娓娓及此者,以兹事虽属封疆,而实阴系朝中邪正本末"。崇祯帝看了韩爌等人这封奏书,才准许熊廷弼之子将其父的首级领回老家安葬。

据《明史》卷二百五十九　熊廷弼传
卷二百三十八　李成梁传
卷三百五　魏忠贤传
卷二百四十四　杨涟传
《明通鉴》卷七十六　明神宗万历四十七年

中国古代历史风云·战场风烟(下)

明光宗泰昌元年
卷七十七 明熹宗天启元年
卷七十八 明熹宗天启二年
《明史纪事本末》补遗卷二 熊王功罪

【简评】

《明史》作者张廷玉等人认为:"惜乎廷弼以盖世之材,褊性取忌。功名显于辽,亦骤于辽。假使廷弼效死边城,义不反顾,岂不毅然节烈丈夫哉!广宁之失,罪由化贞,乃以门户曲杀廷弼。"(《明史》卷二百五十九)

笔者认为,明晚期朝政腐败,建州女真部独立建后金国(清)后,明朝廷没有一个人能力挽狂澜,遏制其向南扩展。女真(后改为满族)贵族入主中原为历史大势所趋。就明历任辽东守将来说,熊廷弼算得上是佼佼者。他初任辽东经略,安抚军民,医治战败的创伤,练兵筑城,积极做好防守,辽东局势为之安定。姚宗文等人出于个人恩怨在朝廷煽动众御史对熊廷弼发起攻击,激起熊廷弼愤然辞职,明熹宗不辨是非,竟同意熊廷弼辞职。袁应泰的惨败使明熹宗意识到免去熊廷弼辽东经略职务是一大失误。他虽然重新起用熊廷弼为辽东经略,但由于张鹤鸣等人从中作梗而未能让熊廷弼掌握实权,却听任不懂兵事的王化贞贸然领军出击。广宁乃至辽东失守,直接责任在王化贞,祸根在朝廷,以此给熊廷弼治罪实属冤枉。杨涟为熊廷弼讲公道话,完全出于正义,彼此并无私下交易。他弹劾魏忠贤祸国殃民,则出于对朝廷的忠诚。魏忠贤欲置杨涟于死地,硬把熊廷弼与杨涟扯在一起,使熊廷弼冤上加冤。

八、功高受陷　千古沉冤

聂士成殉职革职

　　聂士成是清安徽合肥人,早年从军,参加攻打捻军①。后来,聂士成转入淮军②,随淮军将领刘铭传转战江、浙、闽、皖等地,参与围剿太平军和捻军,以军功被提为副将、总兵(镇守某一地区军事长官)。

　　清光绪十年十二月(1885年1月),法国出动四千兵士侵犯基隆。赴台湾督办防务的前直隶(辖区位于今北京市、天津市、河北省)提督(军事长官)刘铭传致电朝廷,请求派兵增援。聂士成时任记名(候补)提督,奉命率八百七十名兵士从山海关(位于今河北省秦皇岛市山海关区)出发,乘船由海路赴援。聂士成率部抵达台湾后,多次打败法国侵略军,迫使侵台法军同意和谈,随后从基隆撤走。

　　光绪二十年(1894年)四月,日本军队侵犯朝鲜。聂士成时任

―――――――――

　　① 清咸丰二年(1852年),盐贩张乐行在蒙城雉河集(位于今安徽省涡阳县)聚集原分散活动的农民武装,称为"捻军",反抗清朝统治,拥护广西农民起义军领导人洪秀全建立的太平天国政权。

　　② 清同治元年(1862年),编修(修史官员)李鸿章从淮南地区招募勇士,在安庆(位于今安徽省安庆市)组建军队,号称"淮军",聘用英、法教官训练军士,后成为清朝廷镇压太平天国农民起义军一支重要军队。

中国古代历史风云·战场风烟(下)

太原总兵,镇守芦台(位于今天津市宁河县),奉命率九百余名兵士随同直隶提督叶志超入朝救援。叶志超所率一千余名兵士进驻牙山(位于今韩国平泽)后,与日军交战,常打败仗,唯有聂士成部经常获胜。六月,日军在丰岛(位于今韩国江华湾)海域击沉清高升号运兵船,发动侵华战争。聂士成奉命率部回国守卫虎山(位于今辽宁省丹东市东北),英勇抗击日本侵略军。日军倾巢出动,聂士成部寡不敌众,退守摩天岭(位于今辽宁省辽阳市东南)。当年除夕夜,聂士成设下伏兵,在分水岭打败日军,击毙日军将领富刚三造。由此,聂士成被提升为直隶提督,以武卫军前军统帅之一镇守芦台。

光绪二十六年(1900年)四月,直隶涞水县(位于今河北省涞水县)发生义和团和教民大规模冲突。天津马步兵军营记名总兵杨福同率部平息事态,被义和团杀死,朝廷大为震动。聂士成奉命对义和团"相机剿办"。

当时,光绪帝因为实行维新变法被软禁[①],慈禧太后控制朝政大权。慈禧太后封端郡王载漪之子溥儁为皇子,欲废黜光绪帝,改立溥儁为皇帝。为此,她特意宴请各国驻华公使夫人,以争取支持,各国驻华公使却不支持其改立皇帝。由此,慈禧太后和载漪对各国公使怀恨在心,对义和团反对洋人传教等排外行动默许纵容。

五月初八日,义和团焚烧北京附近黄村车站,聂士成派兵进行劝止。劝止无效,双方发生冲突。官军被围,伤亡八十余人。第二天,聂士成奉命保护卢汉铁路,双方发生激战,义和团被击杀四百余人。聂士成随即受到朝廷责备。于是,义和团有恃无恐,多次冒犯聂士成部众。

天津地区的义和团成员共有二万余人,他们一遇见聂士成武

---

① 清光绪二十四年(1898年)四月,光绪帝发布诏令,实施变法,力图仿效日、俄等国改革朝政,富国强兵。八月,慈禧太后(咸丰帝妃、同治帝母、光绪帝姨母)发动政变,下令将光绪帝幽禁,废止新法。

八、功高受陷　千古沉冤

卫军士兵便肆意辱骂。对此,聂士成强令部下克制,不要妄动。节制北洋海陆军的军机大臣荣禄担心,这样长久下去会引发武卫军激变,写信给聂士成,宽慰武卫军官兵。聂士成回信称:"匪害民,必至害国!身为提督,境有匪不能剿,如职乎?"

五月,义和团进京张贴告示,称"驱逐洋寇,截杀教民,以免生灵涂炭"。接着,义和团围攻各国驻华使馆。清朝廷没有加以制止。驻在大沽口(位于今海河入海口)外舰船上的英、法、俄等八国联军借口保卫使馆,随即攻占大沽炮台,进攻天津。

聂士成率部奋力阻击八国联军,激战八昼夜,未能将侵略军击退。

聂士成以民族大义凝聚军心,激励官兵誓与外国侵略军血战到底,以死报国。

六月十三日,八国联军朝清军驻地八里台四面包围过来,枪炮弹密如雨下。聂士成亲临前线指挥反击。他双腿被流弹击伤,仍然坚持指挥官兵顽强抗战。其部下宋占标劝他退后稍息,聂士成指着脚下的阵地回答说:这里就是我以身殉职的地方,后退一步就不是好汉!没过片刻,聂士成左右腮、颈部及脑门都被敌人的枪弹射穿,他的腹下也被炮弹炸穿,肠子坠出数寸。聂士成壮烈牺牲。

就在聂士成为国捐躯之日,清朝廷却以其"并无战绩,且闻该军有溃散情事,实属不知振作",下令将他"革职留任"。该革职文书称:"如再因循致误戎机,定将该提督按照军法从事,决不宽贷"。

《清史稿》卷四百六十七　聂士成传
《清通鉴》卷二四一　清德宗光绪十年
　　　　　卷二四二　清德宗光绪十一年
　　　　　卷二五一　清德宗光绪二十年
　　　　　卷二五六　清德宗光绪二十五年
　　　　　卷二五七　清德宗光绪二十六年
《中国大百科全书·军事》聂士成

中国古代历史风云·战场风烟(下)

【简评】

聂士成长年献身于国防,为抗击法军侵台、日军侵辽立下战功。聂士成作为镇守天津的将领,面对八国联军的猛烈攻击,他以民族大义为重,率部奋起反击,直至为国壮烈牺牲。清朝廷却将他革职留任。由此可见慈禧太后控制的清朝政府腐败已极。

后 记

从读小学高年级开始,我便对文学和历史产生浓厚的兴趣,以至参加工作后,所购买、阅读的大多是文史类书籍。1995年,在业余写完长篇小说《桃花流水》(2008年4月,华夏出版社出版)之后,我转读中国历史古籍,将视线专注于古代官员在官场的沉浮,并有选择地分类记下其中较为典型的人物事件。这样边看边写,历时8年,形成一个记述古代官场故事的框架草稿。从工作岗位退下来后,我集中近5年时间,聘请电脑打字员,先后3次对稿子进行系统梳理,并逐篇修改,于2007年形成"中国古代历史风云"系列丛书书稿。2008年,我将书稿通览一遍,对部分文字作了修改。2009年,我查阅史书,对书稿逐篇修改校正。2010年,我对书稿再次作了修改。

作者不是历史专业人员,对历史科学尚没有入门,能将此套书奉献给读者,首先借助于前人的劳动成果,其次受到师友同学的热情鼓励。如果本套书能使读者喜欢,能有益于国家的政治文明建设,将是我最大的安慰。贤妻叶善荣对我读书写作给予了极大的理解和支持,承担起全部的家务。在本稿付梓之时,我向她表示衷心的感谢。

  我读史时间不长,许多问题还没有完全搞清楚,加之认识肤浅,涉猎有限,书中错误难免,敬请专家和广大读者批评指正。

叶秀松

2010 年 6 月

中国古代历史风云

战场风烟(上)

叶秀松　编著

北京师范大学出版集团
BEIJING NORMAL UNIVERSITY PUBLISHING GROUP
安徽大学出版社

图书在版编目(CIP)数据

战场风烟/叶秀松编著. —合肥:安徽大学出版社,2014.4(2014.11重印)
(中国古代历史风云)
ISBN 978-7-81110-850-7

Ⅰ.①战… Ⅱ.①叶… Ⅲ.①军事史—中国—古代—通俗读物
Ⅳ.①E291-49

中国版本图书馆 CIP 数据核字(2010)第 168553 号

中国古代历史风云
战场风烟
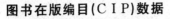
叶秀松 编著

出版发行:北京师范大学出版集团
　　　　　安 徽 大 学 出 版 社
　　　　　(安徽省合肥市肥西路3号 邮编230039)
　　　　　www.bnupg.com.cn
　　　　　www.ahupress.com.cn

印　　刷:	合肥现代印务有限公司	
经　　销:	全国新华书店	
开　　本:	170mm×240mm	
印　　张:	33	
字　　数:	428 千字	
版　　次:	2014 年 4 月第 1 版	
印　　次:	2014 年 11 月第 2 次印刷	
定　　价:	48.80 元	

ISBN 978-7-81110-850-7

策划编辑:鲍家全　　　　　装帧设计:李　军　金伶智
责任编辑:徐　建　　　　　美术编辑:李　军
责任校对:程中业　　　　　责任印制:陈　如

版权所有　　侵权必究

反盗版、侵权举报电话:0551-65106311
外埠邮购电话:0551-65107716
本书如有印装质量问题,请与印制管理部联系调换。
印制管理部电话:0551-65106311

前　言

历史,是后人永恒的话题。

人们每当谈起我国古代的历史故事,总是兴趣盎然。这不光是由于其情节引人入胜、当事者的际遇命运牵动人心,还在于许多人物事迹至今还闪耀着人类文明的思想光辉,仍然可供今天的我们学习借鉴。

中国古代历史是一个大舞台,本书展现的仅是一幕幕官场斗争的故事。进入中国古代官场的官员,虽然形象各不相同,但总体来说是比较富有智慧和思想的人群。他们在一定职位上的言论作为,他们利用其职权地位乃至豁出生命所进行的形形色色的斗争,是历史的重要组成部分。

目前,社会上流传的古代官场斗争故事虽不算少,但此类故事许多还淹没在浩如烟海的史籍中鲜为人知。《二十四史》、《资治通鉴》、《续资治通鉴》和《历代纪事本末》等史书体系庞大,一般读者难以通读。作者有意为普及祖国历史知识、弘扬中华民族正气尽一点微薄之力。从这一愿望出发,我不揣浅陋,泛舟史海,选取商末至清末部分帝王、朝臣以及州官被贬谪关杀或身历险境的片断,历时 15 年,编写出"中国古代历史风云"系列丛书。该套书包括《宫廷风暴(上下)》、《朝政风波(上下)》、《文坛风雨(上下)》、《列国交聘(上下)》、《战场风烟(上下)》,共 5 种 10 册。

《战场风烟》以战争为背景,围绕争夺政权、捍卫领土这一主题,选叙一批式微之君国破家亡、忧国之士奔赴国难、骁勇将领浴血沙场的故事。社会矛盾激化而不可调和便发生战争。"战争是流血的政治"(《毛泽东选集》第二卷·论持久战)。战争是解决"民族和民族、国家和国家、政治集团和政治集团之间、在一定发展阶段上的矛盾的一种最高的斗争方式"(《毛泽东选集》第一卷·中国革命战争的战略问题)。阅读本书,可以看到部分王朝为何毁于战火,了解那些亡国之君的失误和兴叹;可以看到志士仁人如何对待战乱,了解他们舍家为国的情操和业绩;可以看到战将临阵怎样进攻防守,了解他们为国效命的智勇和壮烈。书中亦记叙一些战败将军,道出他们为何失败、如何对待失败,其中既有英雄,也有叛徒。书中还记叙了一些功高受害的将军,他们的冤情令人扼腕长叹。全书从不同的角度展现部分曾经战场的历史人物不同的精神风貌,从正反两个方面为人们提供思考的空间。

本书依据历代正史记载,行文直叙史实,没有添枝加叶,也没有夹入作者议论,力图真实可信。所据史书附后以备查。每部分前面都有小序,作为内容提要。每篇不全面记述人物生平,只聚焦其宦海浮沉的经历,力求精彩

前言

耐读。篇末附简评,尽量采用前人的评论,对前人评论需作补充、商榷或未见前人合适评论的,作者就事论事加以点评,供读者参考。为方便读者,在行文中用括号注明古纪年相当于公历某年、古地名位于今某地、古官名系何职务;对所涉及的历史人物、事件采用脚注,以贯通文意。全书文字力求简洁易懂、准确生动。

期望本书能成为读者的良师益友。

目 录

一、式微之君 国破家亡

宋襄公不击无备之敌	3
吴王夫差忘记父训	5
蜀后主乐不思蜀	12
西晋怀、愍二帝无力回天	17
前赵帝刘曜临阵醉酒	23
前燕幽帝弃贤任奸	26
南燕末帝延敌入腹	29
西凉后主拒不纳谏	33
"无愁天子"亡国奴	36
陈后主沉溺酒色	39
后梁末帝听信谗言	43
后晋少帝误用主帅	48
后蜀太后洒酒祭儿	53

南汉王刘铱不治军备 …………………………… 56
南唐后主沉迷佛经 …………………………… 59
辽天祚帝误信近臣 …………………………… 62
北宋徽、钦二帝国破家亡 …………………………… 66
金哀宗自叹无过 …………………………… 74
元顺帝难灭燎原烈火 …………………………… 78
明崇祯帝失于用人 …………………………… 82
清咸丰帝丧魂失魄 …………………………… 87

二、忧患图存　以身报国

逢丑父易位救主 …………………………… 93
臧洪志愿匡扶汉室 …………………………… 95
刘琨壮志未酬 …………………………… 99
祖逖北伐未竟 …………………………… 109
颜杲卿奋讨叛军 …………………………… 115
辛说奔赴国难 …………………………… 118
宗泽临终呼"过河" …………………………… 122
承晖为国殉难 …………………………… 130
陆秀夫、张世杰投身大海 …………………………… 133
张铨心忧国难 …………………………… 137
傅清舍身平叛 …………………………… 140

三、坚守阵地　宁死不降

周苛城破就义 …………………………… 145

耿恭扼守疏勒城 ………………………… 147

毛德祖誓守虎牢 ………………………… 152

韦孝宽固守玉壁城 ……………………… 155

张巡坚守雍丘、睢阳 …………………… 158

苏缄城陷自焚 …………………………… 165

王禀守卫太原 …………………………… 167

郭永壮言率"义鬼" ……………………… 170

杨邦乂奋笔书"死" ……………………… 173

赵立血染楚城 …………………………… 175

王坚挫败蒙古军 ………………………… 178

李庭芝选择战死 ………………………… 180

关天培捍卫南疆 ………………………… 183

四、顽强拼搏　血染战场

郤克负伤率部进击 ……………………… 189

李广利远征大宛 ………………………… 191

来歙遇刺遗命 …………………………… 195

司马师带病出征 ………………………… 198

刘康祖浴血奋战 …………………………………… 201
王方翼血战叛军 …………………………………… 204
魏胜聚义抗敌 ……………………………………… 206
毛忠血洒西陲 ……………………………………… 211
卢象升戴孝报国 …………………………………… 215
李长庚视海船为庐舍 ……………………………… 218
裕谦与侵略者不共戴天 …………………………… 222
邓世昌勇撞敌舰 …………………………………… 225

五、运筹得失　关乎生死

孙膑减灶诱敌 ……………………………………… 229
匡章受割草人启示 ………………………………… 232
信陵君窃符救赵 …………………………………… 234
项羽愤夺兵权破釜沉舟 …………………………… 237
刘秀力主守昆阳 …………………………………… 242
虞诩增灶换装 ……………………………………… 246
公孙瓒退守失算 …………………………………… 249
曹操用贤胜袁绍 …………………………………… 253
黄盖诈降用火攻 …………………………………… 259
刘璋迎刘备入蜀 …………………………………… 263
蜀先主误设连营 …………………………………… 269
石勒示弱取胜 ……………………………………… 273

慕容廆间四方之敌 ………………………… 278
慕容垂巧击晋军 …………………………… 281
尚婢婢以屈求伸 …………………………… 284
周德威劝阻硬拼 …………………………… 287
韩世忠诈传军情 …………………………… 291
朱燮元义感叛将 …………………………… 294
傅尔丹执意进军 …………………………… 296

六、骄疏疑忌　祸患丛生

秦穆公拒听蹇叔劝谏 ……………………… 301
赵孝成王误易主将 ………………………… 304
燕王喜背信弃义 …………………………… 308
李广饮恨沙海 ……………………………… 310
荀彧猜忌争功 ……………………………… 313
张飞暴虐部下 ……………………………… 316
马谡自负失街亭 …………………………… 319
魏延、杨仪好强争位 ……………………… 322
诸葛诞疑而失言 …………………………… 326
冉闵独断拒谏 ……………………………… 330
苻坚失察军心 ……………………………… 333
秃发傉檀掉以轻心 ………………………… 342
王镇恶受疑遭忌 …………………………… 345

宋明帝为渊驱鱼 …………………………………… 348
徐禧临阵瞎指挥 …………………………………… 352
丘福轻敌冒进 ……………………………………… 355
王三善失于轻信 …………………………………… 358
袁崇焕刚愎自用 …………………………………… 361
庆复草率收兵 ……………………………………… 369
柴大纪纵兵经商 …………………………………… 372

七、兵败势去　归宿殊异

子玉战败难归 ……………………………………… 379
项羽不肯过江东 …………………………………… 382
李陵挥泪送苏武 …………………………………… 395
关羽败走麦城 ……………………………………… 402
张悌不愿生还 ……………………………………… 407
李玄通借刀自尽 …………………………………… 410
杜充不敢归宋 ……………………………………… 412
刘豫叛国投敌 ……………………………………… 415
毕资伦哭祭故国 …………………………………… 420
洪承畴被俘投降 …………………………………… 422
张广泗不救部众 …………………………………… 425
王文雄惨遭肢解 …………………………………… 428
青麏城陷出逃 ……………………………………… 430

八、功高受陷　千古沉冤

子上凯旋遭殃 ………………………………… 435
乐毅被间离燕 ………………………………… 437
白起沉冤九泉 ………………………………… 440
廉颇客死楚国 ………………………………… 445
李牧被诬遭杀 ………………………………… 448
陈汤功成受贬谪 ……………………………… 450
马援"马革裹尸"也蒙冤 ……………………… 456
班勇收复西域获罪 …………………………… 464
邓艾灭蜀衔冤 ………………………………… 468
仆固怀恩逼上梁山 …………………………… 474
岳飞抗金被害 ………………………………… 483
曾铣祸从天降 ………………………………… 493
熊廷弼刚正罹难 ……………………………… 498
聂士成殉职革职 ……………………………… 507

后　　记 ……………………………………… 511

一、式微之君　国破家亡

古代帝王丧失权位,无非是宫廷发生政变将其废黜,或者是外敌入侵将其颠覆、民众造反将其推翻。宫廷政变在《宫廷风暴》中已有记叙。本题从战争的角度,选叙一批丧位亡国之君。他们有的昏庸腐败,丧失人心;有的麻痹轻敌,不治军事;有的忠奸不分,失于用人;有的身处末世,无力回天。他们的结局是悲惨的,留给后人的教训亦是沉痛的。

一、式微之君　国破家亡

宋襄公不击无备之敌

宋襄公十三年（前638年）夏天，宋国①出兵攻打郑国②。楚③成王听说后领兵攻打宋国，以救援郑国。

十一月初，宋襄公率领军队在泓水（位于今河南省柘城县北）北岸迎击楚军。宰相公子目夷（宋襄公异母之兄）建议说："敌众我寡，我军应趁楚军正在渡河之机，主动向其发起进攻才能取胜。"宋襄公回答说："不能这样做。"于是，楚军得以顺利渡过泓水。

当楚军渡过河尚未摆好阵势的时候，公子目夷再次提议，趁楚军没有稳住阵脚主动出击。宋襄公回答说：现在还不行，要等楚军准备好了才能进攻。楚军摆好阵势后，立即向宋军发起猛烈进攻，将宋军击败。楚军的一支飞箭射中宋襄公的屁股。宋军伤亡惨重。

宋国官兵埋怨宋襄公指挥失误。宋襄公对众臣解释说：君子与人交战，不乘人之危围攻对方，不进攻没有摆好阵势的敌人。

司马（辅佐军政的大臣）子鱼认为宋襄公的观点愚蠢可笑，反驳说："凡是用兵打仗，都应当以取胜为目的，怎么能墨守仁义之

---

① 春秋诸侯国，都商丘，位于今河南省商丘市南。
② 春秋诸侯国，都郑，位于今河南省新郑市。
③ 春秋国名，都郢，位于今湖北省荆州市西北纪南城。

说,按兵不动,让敌军做好准备来攻打我们!按照主公说的,我们都去当亡国奴就是,又何必去同敌人交战呢?"

宋襄公兵败后忧愤难排,想向晋国①求援以联合攻打楚国。未等这一复仇计划实施,他屁股上的箭伤复发。第二年五月,宋襄公含恨去世。

《左传》僖公二十二年

僖公二十三年

《史记》卷三十八 宋微子世家

【简评】

  毛泽东在《论持久战》一文中指出:"我们说运动之敌好打,就是因为敌在不意即无准备中。""我们不是宋襄公,不要那种蠢猪式的仁义道德。"(《毛泽东选集》第二卷)

---

① 春秋诸侯国,都绛,位于今山西省翼城县东南。

一、式微之君　国破家亡

吴王夫差忘记父训

吴①王阖庐五年(前510年)，吴王阖庐率领军队攻打越国②。越王允常率军迎战，被吴军击败。从此，两国结下怨仇。

吴王阖庐十年(前505年)，吴王阖庐领兵攻打楚国。越王允常趁吴国国内兵力空虚之机，率军攻打吴国。两国积怨加深。

阖庐遗嘱不要忘记越国

吴王阖庐十九年(前496年)夏天，吴王阖庐听说越王允常去世，便领兵攻打越国。越王勾践(允常之子)领军在槜李(位于今浙江省嘉兴市南)迎战吴军。越军敢死队官兵冲到吴军阵前，将手中的剑架到各自的脖子上，声称有罪，伪装集体自杀。吴军将士被眼前的情景惊呆了，松懈防备。这时，越军敢死队突然挥戈杀向吴军，大批越军跟着冲杀过来。吴王阖庐的脚趾被流箭击伤，吴军溃退。

---

① 春秋国名，都吴，位于今江苏省苏州市。
② 春秋国名，都会稽，位于今浙江省绍兴市。

吴王阖庐中的是毒箭,退回只有七里便猝然身亡。阖庐临死的时候叮嘱太子夫差说:任何时候都不要忘记越国,不要忘记越国是我们的敌国!夫差回答说:儿一定不会忘记,不会忘记为父亲报仇!

夫差继位为吴王后,下令加强军事训练,积极准备攻打越国,为父报仇。越王勾践获悉吴王日夜操练兵马准备报复,十分焦急不安。他不顾大夫(朝廷中等级别的官员)范蠡等人劝告,决意在吴王未发兵之前,主动出兵进攻吴国。

夫差兵围会稽山而将勾践放回

吴王夫差二年(前494年)春天,越王勾践领兵攻打吴国,受到吴军有力还击,越军败退。吴军反攻越军,追至夫椒(位于今浙江省绍兴市北)将越军击溃。越王勾践率领群臣和侍卫官兵约五千人退居会稽山(位于今浙江省绍兴市境内)。吴王夫差随即率大军将会稽山包围。

越王勾践自知陷入绝境,后悔当初没有听取范蠡等人的意见,凄然长叹道:我难道就要败死在此处吗?生死关头,范蠡建议越王向吴王委屈求和。勾践采纳范蠡这一意见,派大夫文种去吴军指挥部跪地求和,称敝国国君勾践愿意向吴王称臣,并以重金私下贿赂吴国太宰(宰相)伯嚭。伯嚭受贿后极力劝说吴王答应越王求和。行人(主管礼仪兼奉命出使并参与议政的官员)伍子胥站出来劝阻说:我们应当乘胜攻灭越国,不可对敌人讲宽恕。今天如果不乘势灭亡越国,将来有一天必然会后悔!吴王把其父临终遗嘱抛诸脑后,没有听取伍子胥的意见,而对伯嚭言听计从,接受越王称臣求和,下令撤军回国。

一、式微之君　国破家亡

越王勾践并不是真心向吴王称臣,而是以屈求伸,积蓄力量以图灭亡吴国。他率众返回都城会稽后,卧薪尝胆,发愤图强,"食不加肉,衣不重彩","与百姓同其劳",经常反问自己:你还记得被围困在会稽山的耻辱吗?为了麻痹吴国君臣,勾践派范蠡为人质去吴国。范蠡到吴国后表面上态度谦卑,暗中不断搜集情报传回越国。

夫差欲称霸诸侯,淡忘父训

随着时间推移,吴王夫差对其父临终遗嘱逐渐淡忘,不再把邻近的敌国越国放在心上,而把主要精力投入争霸。他对勾践意欲复仇的种种动向视若无睹,长年忙于出兵远征别的国家。

吴王夫差三年(前493年),楚国出兵攻打蔡国①。吴王夫差应蔡昭侯请求,出兵援助蔡国,要蔡国将国都迁至州来(吴地,位于今安徽省凤台县)。

吴王夫差八年(前488年)秋天,鲁国②出兵攻打邾国③。邾国派使臣向吴国求援,吴王夫差同意出兵救援邾国。

吴王夫差九年(前487年)春天,吴王出兵之前,伍子胥劝谏④说:越王勾践亲自耕种农田,吃饭不准上第二道荤菜。他悼念死难将士,慰劳贫苦百姓,笼络国人之心,其志不在小。这个人不死,必

---

① 春秋国名,都蔡,位于今河南省上蔡县西南。
② 春秋国名,都曲阜,位于今山东省曲阜市。
③ 春秋国名,都绎,位于今山东省邹城市东南。
④ 《史记·越王勾践世家》将伍子胥该段话记在"吴王将伐齐"中(鲁哀公十一年即前484年),伍子胥谏阻被杀,与《史记·伍子胥传》所记不合。其本传记伍子胥劝阻吴王伐齐另有所言(见本篇下文)。姑且将伍子胥此段话记为劝阻夫差援邾伐鲁。

定是吴国的后患。越国的存在,是吴国真正的威胁。大王不首先灭亡近在咫尺的敌国,而派兵去远征鲁国,恐怕不妥当吧?请大王考虑。吴王夫差听不进伍子胥的忠告,依然出兵援邾攻鲁。

越王勾践想趁吴军出征鲁国之机举兵攻打吴国。大夫逢同认为时机还不成熟,他向越王建议,同楚国、齐国①、晋国等大国结盟,共同对付吴国,这样才能稳操胜券。越王勾践采纳逢同的意见,派使臣赴楚、齐、晋等国游说结盟。文种观察吴王对越国不再有什么戒备,建议向吴国借贷粮食,以进一步试探吴王的态度。越王派人去吴国求借粮食,吴王答应将粮食借给越国。伍子胥再次劝阻,吴王仍然不听。伍子胥感叹说:大王不听我的忠谏,过不了几年,吴国就将会成为一片废墟了!

吴王夫差十二年(前484年)春天,吴王夫差准备乘齐军进攻鲁国之机派兵攻打齐国。越王勾践听说后,率领众臣去朝拜吴王,献给吴王许多礼物。吴王大为高兴。勾践又用重金贿赂伯嚭,要伯嚭鼓动吴王出兵攻齐。伍子胥对于吴王夫差忘记先王临终嘱咐,认敌为友,丢开近敌越国不问而去远攻齐国,极为痛心和忧虑,认为这样做无异于毁弃吴国。他又一次向吴王进言说:越国是吴国的心腹之患。我军不远千里攻打齐国,即使能取胜,夺得的土地如同一堆石头放在那里,对吴国没有多大用处。而今越国一天天强大起来,留下这个祸患不除,将后悔莫及啊!

吴王夫差不仅听不进伍子胥的意见,反而令他出使齐国。伍子胥见吴国将要被越国灭亡,趁出使之机将其儿子带到齐国以避难。

不久,吴王夫差亲自率军攻打齐国,在艾陵(位于今山东省莱芜市东北)将齐军打败。夫差率军凯旋回国后趾高气扬,对伍子胥大加责备。伍子胥提醒吴王说:大王不可高兴得太早!吴王夫差

---

① 春秋国名,都临淄,位于今山东省淄博市东。

一、式微之君　国破家亡

勃然大怒,对伍子胥严词痛斥一通。之后,伯嚭以伍子胥将其子留在齐国为由,诬告他对吴国有二心,吴王竟派人给伍子胥送去一把利剑,迫令他自杀。伍子胥临刑前对执刑人员说:我死后,请你们把我的眼睛挖下来放到都城的东门上,让我亲眼看着越国军队攻入我们的都城!

吴王夫差十三年(前483年),越王勾践得知吴王夫差听信伯嚭谗言处死伍子胥,十分高兴,向范蠡询问可不可以出兵攻打吴国。范蠡回答说:时机还不成熟。勾践听取范蠡意见,继续做好攻打吴国的各项准备。

夫差被越军俘虏,亡国自杀

吴王夫差十四年(前482年)夏天,夫差率领精兵北上,在黄池(位于今河南省封丘县西南)召集诸侯会盟欲称霸,留太子友在国内临时主持朝政。越王勾践乘机发兵进攻吴国,杀死吴太子友,占领吴国都城。吴王夫差当时正"与晋定公争长",听说越军攻入京都,大为惊惧,暗下派大臣以厚礼向越王求和。越王勾践和范蠡等人商量,考虑越国目前的力量尚不足以吞灭吴国,便答应同吴国讲和,将军队从吴国撤回。

吴王夫差十八年(前478年)三月,越王勾践领兵攻打吴国。吴军因多次北伐远征,"轻锐尽死于齐、晋"。越军在笠泽(位于今江苏省吴江市境内吴淞江岸)大败吴军。

吴王夫差二十三年(前473年)十一月,越王勾践率领大军向吴国发起全面攻击,将吴国军队彻底打败,把吴王夫差及其侍卫官兵围困在姑苏山(位于今江苏省苏州市西)。

吴王派大夫公孙雄赤裸上身,拜见越王勾践称臣求和,请求越王仿照当年在会稽山那样赦免他的罪过。越王意欲答应夫差讲和。范蠡认为灭亡吴国的良机不可错过,向越王进言说:当年会稽山之围,是上天将越国赐给吴国,吴国没有要;如今,上天将吴国赐给越国,越国难道还能违背天意吗?再说,大王起早带晚,日夜操劳,难道不正是为了今天,为了灭亡吴国吗?大王和众臣为此整整谋划并准备了二十二年,一时三刻又要将它放弃,能这样做吗?大王难道忘记当年会稽山所受到的屈辱吗?上天给予我们恩赐,如果我们不受,势必要受到上天惩罚!

越王勾践认为范蠡说得有道理,决定灭亡吴国,吞并其领土。越王不忍心将吴国君臣诛杀,下令将吴王夫差抓捕,把吴王众臣和侍卫人员遣散,让他们各回各的家乡。

越王勾践念及夫差当年会稽山宽赦之情,派人转告他说:越王准备把你安置在甬东(位于今浙江省舟山群岛),做一个百户人家的主人。夫差向越王的使臣辞谢说:我已经老了,不能侍奉你们君王了!随后,夫差含恨上吊自杀。临死的时候,夫差遮住自己的脸面,悲叹道:我没有脸面去见伍子胥啊!

《史记》卷三十一 吴太伯世家
卷四十一 越王勾践世家
卷六十六 伍子胥列传
卷三十五 管蔡世家
《左传》定公十四年
哀公二年
哀公六年
哀公七年
哀公八年
哀公十一年
哀公十七年

一、式微之君　国破家亡

【简评】

　　吴国和越国是春秋晚期两个相邻的国家,长年争战,互为敌国。吴王阖庐中越军毒箭身亡,临终前叮嘱其子夫差任何时候不要忘记越国,不要忘记邻近的越国是吴国的敌国。吴王夫差开始尚能记住父王遗训,后来则忘记父王临终遗嘱,直至被越军俘虏,亡国自杀。他听信伯嚭谗言,拒绝伍子胥忠谏,对越王勾践卧薪尝胆志在灭吴的所作所为充耳不闻,视而不见;不断出兵与楚国、鲁国军队交战,又远攻齐国,醉心于称霸诸侯而对邻近的敌国失去警戒和防范,以致亡国被俘,遗恨千古。夫差留下的教训值得后人记取。

蜀后主乐不思蜀

蜀①章武元年（221年）七月，蜀先主刘备领军讨伐南昌侯孙权，以报其强夺荆州击杀关羽②之仇。孙权听说后十分惧怕，当即派人出使魏国③，向魏文帝称臣。魏文帝封孙权为吴王。吴魏关系靠拢，对蜀国构成严重威胁。

章武二年（222年）六月，刘备部众在猇亭（位于今湖北省宜都

---

① 三国之一，都成都，位于今四川省成都市。
② 东汉建安十三年（208年）八月，丞相曹操率军攻占荆州（治所襄阳即樊城，位于今湖北省襄樊市）、江陵（治所位于今湖北省荆州市）。寄居荆州新野（位于今河南省新野县）的刘备率部逃至夏口（位于今湖北省武汉市长江东岸）。十月，刘备联合占据江南的讨虏将军孙权率军在赤壁（位于今湖北省武汉市江夏区西赤矶山）击败曹军。第二年，孙权部将周瑜领兵夺取江陵。建安十五年（210年），孙权为联合刘备共同抗曹，将荆州（江陵）借给刘备驻守。之后，刘备和其军师诸葛亮先后离开荆州进入蜀地，留荡寇将军关羽镇守荆州。孙权向刘备索要荆州，刘备借故不让。建安二十四年（219年）秋天，关羽领兵北上围攻曹军占领的樊城。曹操派人唆使孙权袭击荆州以减缓其军事压力。孙权乘机派兵夺回荆州，并击杀率部南返的关羽。刘备与孙权关系破裂。
③ 三国之一。东汉延康元年（220年），魏王曹丕（曹操之子）逼迫汉献帝退位，改国号为魏（都洛阳，位于今河南省洛阳市），即位称帝，为魏文帝。

一、式微之君　国破家亡

市北)被孙权部将陆逊(原名陆议)领军击败。刘备逃入白帝城(位于今重庆市奉节县东)。

章武三年(223年)四月,蜀先主刘备病逝。时年十七岁的太子刘禅继位为蜀后主,丞相诸葛亮受先主遗命辅政。不久,益州郡(治所位于今云南省晋宁县东)大姓首领雍闿面临内忧外患,诸葛亮审时度势,决定先解除吴魏靠拢对蜀国形成的威胁。当年十月,诸葛亮派尚书(朝廷部门长官)邓芝出使吴国①,修复蜀吴联盟。

建兴三年(225年),诸葛亮领兵平息益州等郡叛乱。

建兴五年(227年),诸葛亮兴师北伐魏国。离开成都之前,他上书蜀后主说:"亲贤臣,远小人,此先汉所以兴隆也;亲小人,远贤臣,此后汉所以倾颓也。""受命以来,夙夜忧叹,恐托付不效,以伤先帝之明。""今南方已定,兵甲已足,当奖率三军,北定中原,庶竭驽钝,攘除奸凶,兴复汉室,还于旧都。此臣所以报先帝,而忠陛下之职分也。"之后,诸葛亮领兵进驻汉中(位于今陕西省汉中市),攻克武都郡(治所位于今甘肃省西和县西南)、阴平郡(治所位于今甘肃省文县西北)等地,击杀魏将张郃。

由于诸葛亮的文治武功,蜀后主在位前期国泰民安,"道不拾遗",北伐魏国的战争出现良好的局面。

建兴十二年(234年),诸葛亮在伐魏前线五丈原(位于今陕西省岐县南石头河与渭河交汇处西南)病逝。继任尚书令(丞相)蒋琬、费祎等人只是维持局面,没有什么建树,蜀国开始走向下坡。后来,蒋琬病逝,费祎遇害,侍中(侍从皇帝的主官)尚书令陈祗与黄门令(侍从皇帝的宦官头目)黄皓狼狈为奸,开始祸乱朝政。陈祗去世(景耀元年即258年)后,黄皓"操弄权柄"。辅国大将军、平尚书台事(主管朝廷军政)董厥等人不能抵制他

---

① 三国之一,都武昌,位于今湖北省鄂州市。吴黄龙元年(229年),孙权称帝,迁都建业(位于今江苏省南京市)。

的谬误,文武百官大多依附于黄皓,蜀朝政日益腐败。大将军姜维在诸葛亮去世后受任为讨伐魏军主帅。他虽率军在狄道(位于今甘肃省临洮县)、洮西(位于甘肃省岷县西)等地击败魏军,却在段谷(位于今甘肃省天水市)被魏军击败。黄皓与右大将军阎宇亲近,图谋让阎宇取代姜维领军。姜维获悉此情后称黄皓"奸巧专恣,将败国家",请求后主将黄皓处死。蜀后主没有同意。姜维从此心存疑惧,退守沓中(位于今甘肃省宕昌县西),不敢回成都。

景耀四年(261年),吴国五官中郎将(警卫部队将领)薛珝出使蜀国,返回后对吴帝孙休说:蜀后主昏庸而不知道自己的过失,众臣唯唯诺诺而明哲保身,进入其朝廷听不到直言诤谏,经过其乡下所见民众都面黄肌瘦。人常说燕子在堂屋垒窝,自以为安乐,不知道一旦房屋起火,大祸骤然会降临。蜀后主及其众臣就好像是一群无忧无虑的燕子,太平的日子不会长久。

蜀炎兴元年(263年)秋,魏国军队分三路进攻蜀国:征西将军邓艾率三万官兵从狄道南下,直攻驻守沓中的姜维部主力;雍州(治所位于今甘肃省武威市)刺史(军政长官)诸葛绪率三万军士进抵桥头(位于今甘肃省文县东南),截断姜维部队的退路;镇西将军钟会率十万大军从斜谷(位于今秦岭北麓、陕西省眉县西南)直趋汉中。

姜维获悉钟会部众来势凶猛,率部退至剑阁(位于今四川省剑阁县北),阻挡钟会大军南下。邓艾率军自阴平南下,行经七百里无人区,遇山开路,逢水搭桥,历尽艰险,攻克江油(位于今四川省江油市北)、涪城(位于今四川省绵阳市),进逼成都。

当年十一月,蜀后主刘禅召集群臣开会,决定向魏军投降。蜀后主之子刘谌反对投降魏军,主张君臣父子应坚持抗战,与社稷共存亡。蜀后主不听。刘谌满怀悲愤去其祖父蜀先主祭庙哭告,杀死其妻子儿女,然后自杀。

一、式微之君　国破家亡

蜀后主派侍中张绍向邓艾交出皇帝玉玺绶带,派尚书郎(最高行政机关部门官员)李虎向邓艾交出蜀国军民的统计资料,并传令姜维向钟会投降。接着,蜀后主率领众臣到邓艾军门前请罪投降,迎接邓艾部众进入成都。蜀国至此灭亡。

魏咸熙元年(264年)三月,刘禅全家迁至洛阳。魏元帝曹奂封刘禅为安乐县公,称其"不惮屈身委质,以爱民全国为贵"。

魏国相国(丞相)晋王司马昭宴请刘禅等人,令人演奏蜀国歌舞。在场旁观的人都为之伤感悲哀,刘禅却嬉笑如常。司马昭颇为感触,对坐在他身旁的中护军(警卫部队将领)贾充说:一个亡国之君,对于故国漠然无情,竟然达到这种程度!纵使诸葛亮还活着,也不能辅佐他长治久安,何况后来是姜维辅佐他呢!贾充答道:要不然,殿下您怎么能轻易就把蜀国灭亡呢?

后来有一天,司马昭向刘禅问道:"你还怀念蜀国吗?"刘禅回答说:"我在这儿也很快乐,不怀念蜀国。"

魏咸熙二年(265年),相国司马炎(司马昭之子)逼迫魏元帝让位,改国号为晋,史称"西晋",即位为晋武帝。刘禅身入晋朝,仍为安乐公。西晋泰始七年(271年),安乐公刘禅在安乐中病逝。

《三国志》卷三十二　蜀先主备传

卷三十三　蜀后主禅传

卷三十五　诸葛亮传

卷三十九　黄皓传、陈祗传

卷四十四　姜维传

《通鉴纪事本末》卷十一　魏灭蜀

【简评】

蜀国灭亡的原因是多方面的,后主刘禅平庸无能、贪于安乐是其主要原因。他信用奸臣黄皓,众臣跟着苟且偷生。他不思进取中原,姜维等北伐将领被疏远。他无意与魏军决战,魏军入川后即自缚投降。蜀后主亡国降魏后,对司马昭答称"此间乐,不思蜀也",后来流传为成语"乐不思蜀",成为千古笑柄。

一、式微之君　国破家亡

西晋怀、愍二帝无力回天

　　西晋①泰始三年(267年),晋武帝司马炎听从皇后杨艳的意见,将其生来呆痴的嫡子司马衷立为太子。太熙元年(290年),晋武帝去世,太子司马衷继位为晋惠帝。晋惠帝不能上朝理政,由杨太后(名杨芷,已故皇后杨艳堂妹)之父都督中外诸军事(最高军事将领)、录尚书事(丞相)杨骏辅政。皇后贾南风和拥兵镇守各地的司马氏诸王反对杨骏当权,各自都想控制朝政,由此导致"八王之乱"②。长达十六年的战乱使西晋国力受到极大的损耗,朝廷失去

---

①　魏咸熙二年(265年),相国(丞相)司马炎逼迫魏元帝曹奂让位,改国号为晋,即位为晋武帝,史称"西晋"。都洛阳,位于今河南省洛阳市。

②　西晋元康元年(291年),晋惠帝皇后贾南风串通楚王司马玮杀死辅政大臣杨骏,继而又杀死汝南王司马亮和辅政大臣卫瓘。之后,贾皇后假传晋惠帝诏令杀死楚王、废杀太子司马遹(晋惠帝当太子时与谢女所生)。赵王司马伦以废杀太子的罪名杀死贾皇后,废黜晋惠帝,自立为帝。齐王司马冏、成都王司马颖、河间王司马颙举兵攻杀赵王,迎晋惠帝复位。齐王当政后,河间王和长沙王司马乂起兵攻杀齐王。接着,河间王和成都王联合起兵攻杀执政的长沙王。东海王司马越举兵攻打遥控朝政的成都王。光熙元年(306年),东海王攻杀成都王、河间王,毒杀晋惠帝,另立皇太弟司马炽为晋怀帝,战乱结束。

凝聚力和号召力。在此期间,建威将军、匈奴①五部大都督刘渊背离朝廷,在左国城(位于今山西省离石市东北)建国,国号汉。

晋怀帝束手被俘

光熙元年(306年)十一月,晋惠帝被毒杀,皇太弟司马炽(晋武帝第二十五子)即位为晋怀帝,由太傅(丞相)、东海王司马越(晋皇族成员)辅政。晋怀帝意欲重振朝纲,亲自决定朝政大事,兴利除弊,引起司马越不满。不久,司马越坚决要求离开京都,去镇守许昌(治所位于今河南省许昌市)。

永嘉二年(308年),汉国向西晋发起军事进攻。抚军将军刘聪(刘渊第四子)率军向南占据太行(位于今山西省太行山区),辅汉将军石勒率军向东南进驻赵、魏(位于今河北省境内),镇东大将军王弥率部攻掠青州(治所位于今山东省淄博市临淄区)、徐州(治所位于今江苏省徐州市)、兖州(治所位于今山东省鄄城县西北)、豫州(治所位于今河南省淮阳县)等地,进而攻入许昌,进抵洛阳。晋怀帝和众臣大为惊恐。司徒(名誉丞相)王衍招募勇士突袭汉军军营,将王弥部众击退。之后,汉王刘渊领兵占据平阳(位于今山西省临汾市西南),并将国都迁至平阳。

永嘉三年(309年),司马越从荥阳(治所位于今河南省荥阳市

---

① 东汉建武二十四年(48年),北部游牧国家匈奴分裂,南部右奥鞬日逐王比率部南附汉朝,入居五原塞(位于今内蒙古土默特右旗、乌拉特前旗境内)、云中郡(治所位于今内蒙古托克托县)、西河郡美稷县(位于今内蒙古准格尔旗西北)等地,史称"南匈奴"。三国时期,南匈奴归属于魏国,分五部散居各郡县。

一、式微之君　国破家亡

东北)返回洛阳,以谋乱的罪名,将晋怀帝信任的中书监(主管拟草诏书及机要)缪播、散骑常侍(皇帝侍从顾问)王延(晋怀帝之舅)等十多个大臣处死。晋怀帝不能制止,只是叹息流泪而已。左积弩将军朱诞惧怕被杀,逃奔汉国。

永嘉四年(310年)七月,汉帝刘渊病逝。刘聪率部击杀其兄刘和,即位为帝。十月,汉国出动六万兵士进攻洛阳。当时,洛阳城内粮食已经吃光。司马越派人征召各地驻军赴援洛阳。晋怀帝对使臣说:"代我向各地将领告急,现在将军队开来救援还来得及,再迟就不行了!"使臣派出后竟没有一地驻军赶来救援。十一月,司马越不顾晋怀帝劝阻,以讨伐汉军的名义率四万军士离开京都,入驻许昌。朝廷陷入困境,许多官员饿死在宫殿内。

永嘉五年(311年)春,征东大将军苟晞弹劾司马越"使天下淆乱",晋怀帝密令苟晞讨伐司马越。司马越忧惧而死。众人推举王衍为元帅统领军队,王衍不敢担当,推让给襄阳王司马范,司马范也不肯接受。四月,石勒率军在苦县宁平城(位于今河南省郸城县东北)大败晋军,王衍、司马范等人被俘。五月,苟晞上书请求迁都仓垣(位于今河南省开封市东北),晋怀帝接受苟晞意见但被左右侍臣劝止。此时,洛阳出现人吃人的情况,文武百官十之八九已经逃亡。六月,汉帝刘聪派兵攻入洛阳。晋怀帝意欲出逃,但连一辆车、一只船也找不到。不久,他被汉军俘虏,押至平阳。汉帝刘聪胁迫晋怀帝司马炽向他称臣。八月,汉军攻入长安(位于今陕西省西安市),苟晞等人兵败被杀。

刘聪与司马炽曾有过交往,开始没有对他加以虐待。有一次,刘聪对司马炽说:从前你当豫章王①时,我去拜访过你,你送给我

---

① 西晋太熙元年(290年),司马炽受封豫章王。王府设在豫章郡,位于今江西省南昌市。据此,刘聪下令将庾珉等十几名晋朝官员全部处死。晋怀帝同时遇害。

一支桑木弓,一个银砚台,不知你还记不记得？司马炽回答说：怎敢忘记？只恨当时没有早认识陛下龙颜。刘聪又问道：你们司马氏诸王都是骨肉至亲,为什么要自相残杀呢？司马炽回答说：是天意要我们自家人互相残杀,自己消灭自己。如果我们家族成员都能珍惜吾皇先帝创立的基业,和睦相处,陛下怎么能得到天下呢？刘聪听司马炽这么说十分高兴,赏赐一个宫女给他为妻。

永嘉七年(313年)正月,汉帝刘聪在平阳南宫光极殿举行宴会,招待文武百官,指令司马炽穿着仆从的衣服替众人斟酒。在场的原西晋侍中庾珉、王儁等人看到晋怀帝受到侮辱,非常悲愤,以致放声恸哭。这引起刘聪痛恶。

不久,有人告发庾珉等人与晋并州(治所位于今山西省太原市西南)刺史(军政长官)刘琨暗中联系,图谋在平阳发动叛乱。

晋愍帝诏令不灵

永嘉六年(312年)春天,雍州(治所长安县,位于今陕西省西安市西北)刺史贾疋领兵击败汉中山王刘曜部众,夺回长安。九月,贾疋等人鉴于晋怀帝仍在汉国羁押,拥立秦王司马邺(晋武帝司马炎之孙、吴孝王司马晏之子)为皇太子,在长安建立行台(临时行政机构),暂代朝廷发号施令,支撑风雨飘摇的西晋王朝。不久,贾疋遇害,由始平(治所位于今陕西省兴平市东南)太守(行政长官)麴允接任雍州刺史。

永嘉七年(313年)四月,麴允等人听说晋怀帝在汉国被处死,拥立司马邺在长安即位为晋愍帝。麴允受任录尚书事。经过西晋王族内乱和汉军攻掠,此时的长安城,户籍不满百户,到处长满蒿

一、式微之君　国破家亡

草,全城公、私车一共只有四辆,文武官员既无官服,又无官印,景况十分凄凉。

面临严重困难,晋愍帝没有灰心丧气。他任命琅琊王(王府设在建业,位于今江苏省南京市)司马睿为左丞相、大都督陕东(泛指今河南省陕县以东地区)诸军事(军事统帅),任命南阳王(王府设在上邽,位于今甘肃省天水市)司马保为右丞相、大都督陕西诸军事,积极组织各路兵马反攻汉军,力图收复京都洛阳,重振西晋帝业。晋愍帝向琅琊王和南阳王发布诏书说:"朕以幼冲,纂承洪绪。""左右丞相茂德齐圣,国之昵属,当恃二公,扫除鲸鲵,奉迎梓宫,克复中兴。"他传令幽州(治所位于今河北省涿州市)、并州(治所位于今山西省太原市)联合出动三十万军队进攻汉国都城平阳;右丞相司马保率秦州(治所上邽)等四州三十万军队进驻长安;左丞相司马睿率陕东二十万精兵收复洛阳。

可是,晋愍帝不是晋怀帝亲子,年少且无功即位,诸王对他不服,其号令不灵。琅琊王司马睿借口江东内乱刚刚平息,以"未暇北伐"加以推辞;南阳王司马保则听信其部将的意见,按兵不动,以观望时局变化。并州刺史刘琨军力不足,借助代公拓跋猗卢的部众,进军至西平(位于今山西省临汾市西北)受到汉军狙击,撤回驻地。

建兴四年(316年)八月,汉车骑大将军刘曜率军包围长安。麹允率部坚守长安城。十月,长安城内粮食吃光。晋愍帝流着眼泪对麹允说:"眼下城内困难到极点,又得不到半点外援。做国君的本应为国而死,念及将士饱受磨难,为避免百姓遭受屠杀,我已派人给刘曜送信,答应投降。"

十一月乙未日,晋愍帝打开东门,向刘曜投降。西晋至此灭亡。随后,晋愍帝司马邺和麹允等人被押至平阳。汉帝刘聪改封司马邺为怀安侯。司马邺向刘聪下拜。麹允见状"伏地恸哭",不久自杀。

第二年,晋愍帝司马邺被汉国处死,时年十八岁。

《晋书》卷五 孝怀帝纪

孝愍帝纪

《通鉴纪事本末》卷十二 西晋之乱

【简评】

西晋灭亡的根本原因,是晋武帝误立太子且让诸王拥有军队,以致发生"八王之乱",国力损毁。晋怀帝不是叱咤风云的雄主,缺乏中兴国家的气魄和才干。他的文臣武将中没有一个中流砥柱人物。司马越祸乱朝政,加速其政息人亡。晋愍帝不是先帝嫡子,诸王对其即位称帝不服。当时,西晋北部地区被汉军攻占,琅琊王拥兵东南,南阳王拥兵西北,各有割据一方的意图。晋愍帝调动不了二王军队,单靠麹允等所率少量军队,抵挡不住汉军的攻击。

一、式微之君　国破家亡

前赵帝刘曜临阵醉酒

汉①汉昌元年（318年）八月，大将军、录尚书事（宰相）靳准在京都平阳发动政变，杀死汉帝刘粲，自称天王。十月，相国（宰相）刘曜在长安即位称帝。之后，屯兵襄国（位于今河北省邢台市）的大将军石勒率兵攻入平阳，平息靳准等人叛乱。

前赵②光初二年（319年）春天，石勒派其左长史（幕僚长官）王修等人去朝廷报捷。王修的随行人员曹平乐向前赵帝刘曜密告，称石勒派王修此行是窥探朝廷虚实，以便袭击陛下。前赵帝信以为真，随即下令将王修斩首示众。石勒闻讯勃然大怒，从此与刘曜势不两立。当年冬天，石勒脱离前赵，在襄国建国号赵，称王，史称"后赵"。此后，前赵、后赵军队连年交战，各有胜负。

光初十一年（328年）七月，后赵将领石虎率四万部众向西攻打前赵蒲阪（位于今山西省永济市西南）。前赵帝刘曜领军将后赵军击败，石虎部众绵延抛尸二百余里，丢弃物资数以亿计。接着，前赵帝率领军队在金墉（位于今河南省沁阳市）等地又连续击败后

---

① 西晋建武元年（304年），建威将军匈奴族首领刘渊称王，建国号汉，都左国城（位于今山西省离石市东北），后迁都平阳（位于今山西省临汾市西）。

② 刘曜称帝后改国号为赵，史称"前赵"，都长安。

赵军。

十二月,后赵王石勒亲率六万名步兵、二万七千名骑兵进抵成皋(位于今河南省荥阳市西北)攻打前赵。

前赵帝刘曜打了几次胜仗后产生骄傲情绪,松懈斗志,成天同佞臣饮酒下棋,不再抚慰将士。左右侍臣劝谏他不可忘记大敌当前,他竟然指斥其为妖言,下令将劝谏的忠臣斩首。石勒率领后赵大军渡过黄河,进入洛阳,前赵帝才匆忙部署十多万军士迎战。己卯日,后赵军开出洛阳城,分兵几路夹击前赵军队。前赵帝刘曜指挥各路军队在洛阳西郊迎战。

刘曜年少时就很贪杯,此时已嗜酒如命。当天,刘曜已经饮酒过量,临出门上阵前,他又饮下许多烈酒,以致醉得昏昏沉沉。

后赵将领石堪乘前赵部队移动之机发起猛攻。前赵军队猝不及防,全线溃败。前赵帝刘曜在迷糊中策马逃走,马足陷入沟渠边的石头缝里,将他摔到沟渠的冰面上。石堪部众将刘曜活捉,押至襄国。

后赵王石勒召见前赵帝刘曜,要刘曜给其太子刘熙写信,令其投降。刘曜答应给太子写信,在信中则要太子刘熙"与诸大臣匡维社稷,勿以吾易意"。后赵王看了刘曜写的书信后极为恼火,下令将刘曜杀死。

不久,后赵军队攻入长安。前赵太子刘熙同前来增援的南阳王刘胤率领部众奔至上邽(位于今甘肃省天水市)。

光初十二年(329年)八月,刘熙、刘胤等人组织部众反攻长安。九月,后赵将领石虎领军击败前赵军队,攻克上邽,抓俘并处死太子刘熙及前赵王公、文武百官共三千多人,前赵灭亡。

《通鉴纪事本末》卷十三 石勒灭前赵

《晋书》卷一百三 刘曜载记

一、式微之君　国破家亡

【简评】

　　前赵被后赵军队攻灭,一个重要原因是前赵帝刘曜打了胜仗后骄傲轻敌,"酌戎杯而不醒"。一个临阵醉酒的统帅怎么能不失败?

前燕幽帝弃贤任奸

前燕①建熙八年(367年)五月,太宰慕容恪病重。慕容恪认为太傅(名誉宰相)慕容评为人诡诈猜忌,吴王慕容垂具有将相之才,建议前燕幽帝慕容暐今后让慕容垂辅政。临终之前,慕容恪再次向前燕幽帝叮嘱说:"吴王慕容垂文武兼备,具有雄才大略,陛下只有让他辅政,国家才能长治久安。如果不是这样,我担心今后难以防备晋②、秦③二国对我国动武。"

可是,前燕幽帝慕容暐没有听取慕容恪的忠告。慕容恪去世以后,他听从其母可足浑太后的主意,让慕容评辅政,任命年仅八岁的中山王慕容冲(前燕幽帝之弟)担任大司马主管军队,让慕容垂担任侍中、车骑大将军。

建熙十年(369年)四月,东晋录尚书事(宰相)桓温率领五万兵士攻打前燕,进抵枋头(位于今河南省浚县西南)。前燕幽帝和慕容评闻讯惊慌失措,准备抛弃邺都,逃奔故都龙城(位于今辽宁省朝阳市)。危急关头,吴王慕容垂挺身而出,主动请求领兵抗击晋军。前燕幽帝任命慕容垂为南讨大都督(前线军事统帅)率领五

---

① 十六国之一,都邺,位于今河北省临漳县西南。
② 即东晋,都建康,位于今江苏省南京市。
③ 即前秦,都长安,位于今陕西省西安市。

一、式微之君　国破家亡

万军士迎战桓温军,同时派使臣去前秦请求援兵,以割让虎牢关(位于今河南省荥阳市西北)以西的土地为条件。慕容垂受命后指挥得当,很快扭转战局,致使晋军多次失败。九月,桓温听说前秦军队将要开过来援助前燕,率部撤退。慕容垂率部乘胜追击,在襄邑(位于今河南省睢县)大败晋军。

吴王慕容垂击退晋军返回邺城后,威名大震,遭到慕容评的忌妒。吴王奏请对有功将士给予奖赏,慕容评压着不办。为此,慕容垂与慕容评发生争论,彼此矛盾加深。可足浑太后偏袒慕容评。

可足浑太后是前燕景帝慕容儁(慕容垂之兄)的皇后。当初,慕容垂(前燕太祖慕容皝第五子)聪明而有气度,深受父王慕容皝喜爱。前燕王慕容皝虽将慕容儁(慕容皝第二子)立为世子,对慕容垂却更为宠爱。由此,慕容垂遭受慕容儁忌妒。慕容儁继位为前燕景帝后,企图除掉慕容垂而没有找到借口。可足浑太后则忌妒慕容垂前妻段氏的才华,将段氏害死。后来,可足浑太后对慕容垂一直怀有成见。

对于慕容垂领兵击败晋军,可足浑太后非但不予奖赏,反而更为忌恨。她与慕容评密谋,准备寻机将慕容垂处死。慕容垂获悉可足浑太后和慕容评的阴谋,决意离开他们远去。十一月,慕容垂被迫投奔前秦。

前秦王苻坚久有吞并前燕之心,唯一惧怕的是前燕有善于指挥打仗的慕容垂,因此迟迟没敢出兵。苻坚听说慕容垂离燕投秦,非常欢喜,亲自去京都郊外迎接,与他握手交谈,当即任命慕容垂为冠军将军。

十二月,前秦王苻坚以前燕违约拒割虎牢关以西之地为口实,派遣录尚书事王猛率领军队进攻洛阳。镇守洛阳的前燕武威王慕容筑打开城门,向前秦军队投降。

建熙十一年(370年)七月,王猛率领六万步骑兵进攻壶关(位于今山西省长治市东南)。前燕幽帝令慕容评统率四十万大军进驻潞川(位于今山西省潞城市境内),抵抗前秦军。慕容评认为王猛孤军深入,难以持久,按兵不动想把前秦军队拖住,待其疲困时再打。

慕容评"为人贪鄙",他在朝廷贪赃乱政,引起百官怨愤。屯兵潞川后,他下令封山禁泉,借以高价卖柴卖水,从中牟取大量钱财。前燕将士对慕容评大发国难财怨声载道,丧失斗志。王猛听说慕容评如此贪婪,不禁大笑,对其部将说:慕容评真是个地地道道的奴才,纵使有亿万之兵也不可怕,何况只有数十万之众。我们一定能将他打败!

八月,王猛率部攻克壶关。十月,王猛派部将郭庆率五千名骑兵夜间从小道潜入前燕阵地,火烧前燕军辎重物资。接着,王猛率军在渭源(其地不详)击杀和俘虏十五万前燕军。慕容评惊慌失措,单身匹马逃回邺城。十一月,王猛率部攻打邺城。前燕幽帝和慕容评等人仓皇逃往龙城。

前燕幽帝逃至高阳(位于今河北省高阳县)被前秦军士追捕。前燕灭亡。慕容评逃入高句丽①,被当地人抓捕,交给前秦军队。

后来,慕容评在前秦做官,为范阳(治所位于今河北省涿州市)太守;慕容晞受封新兴侯,因谋杀前秦王苻坚事发被处死。

《通鉴纪事本末》卷十五 苻秦灭燕
《晋书》卷一百一十一 慕容晞载记

【简评】

前燕幽帝年少即位,可足浑太后干预朝政,贤臣慕容垂受到排斥,奸臣慕容评受到重用,朝政日趋腐败。前燕最终被前秦军队攻灭,前燕幽帝固然难辞其咎,但其祸根则是前燕景帝和可足浑太后。

---

① 国名,又名高丽,位于今朝鲜半岛北部。

一、式微之君　国破家亡

南燕末帝延敌入腹

后燕①永康三年（398年），冀州（治所位于今河北省冀州市）牧（行政长官）慕容德脱离后燕主慕容宝（后燕世祖慕容垂之子），在滑台（位于今河南省滑县东）立国，称燕王，后来称帝，史称"南燕"②。

慕容德是前燕太祖慕容皝的小儿子。前燕建熙十一年（370年），前秦③军队攻灭前燕，慕容德降归前秦，受任张掖郡（治所位于今甘肃省张掖市）太守。慕容德的母亲公孙氏、胞兄慕容纳随其迁居张掖。

前秦建元十九年（383年），慕容德跟随前秦王苻坚南征东晋④。前秦百万大军被东晋军队击溃，唯有冠军将军慕容垂（慕容皝第五子，前燕灭亡前受排被迫投奔前秦）所率三万官兵完好无损。慕容垂乘机叛离前秦，率部在荥阳（位于今河南省荥阳市）称燕王，后定都中山，称帝，史称"后燕"。慕容德随慕容垂东返，受任车骑大将军。为此，前秦张掖郡新任太守苻昌将慕容德的儿子、慕

---

① 十六国之一，都中山，位于今河北省定州市。
② 十六国之一，都广固，位于今山东省青州市西北。
③ 十六国之一，都长安，位于今陕西省西安市西北。
④ 朝代名，都建康，位于今江苏省南京市。

容纳及其儿子处死,公孙氏因为年老、慕容纳妻段氏因为怀孕而幸免于难。段氏随公孙氏逃入羌族居住区,生下儿子慕容超。慕容超十岁那年,公孙氏去世。临终前,她交给慕容超一把金刀,对他说:"今后,你如果能回到东方去,就把这把刀还给你叔叔。"此后,慕容超随母亲流亡后凉①,辗转后秦②。为了防备别人认出他的身份,慕容超装疯卖傻以讨饭度日。

南燕建平五年(404年),南燕帝慕容德派人去后秦找到流亡在那里的慕容超。当慕容超被接回南燕,把祖母交给他的金刀送还给叔父时,慕容德见刀思母,想到多年来一家人颠沛流离,不由得一阵心酸,失声痛哭。不久,南燕帝慕容德将慕容超立为太子。

建平六年(405年)九月,南燕帝慕容德病逝,太子慕容超继位为南燕末帝。

慕容超即位后对朝廷原来的大臣心存疑虑,予以排斥,急于培植自己的亲信。他任命公孙五楼(原职不详)为武卫将军(主管警卫部队),让其参与决策朝政,而将都督中外诸军事(最高军事将领)、录尚书事慕容钟贬任青州(治所位于今山东省莱州市)牧,将警卫军将领段宏(南燕帝慕容德段皇后之兄)贬为徐州(治所位于今山东省莒县)刺史。朝廷大臣对南燕末帝即位不久作这样重大的人事变动公开提出批评,慕容钟、段宏等人更是愤愤不平。

太上二年(406年)九月,公孙五楼诋毁慕容钟,请求将他处死。南燕末帝则对征南大将军、兖州(治所位于今山东省郓城县)刺史慕容法没有回京为先帝吊丧而加以问罪。慕容法又怕又恨,便与慕容钟、段宏等人策划叛乱。南燕末帝获悉慕容钟等人的图谋后,派兵分头去抓捕他们。慕容法、段宏闻讯逃奔北魏③,慕容

---

① 十六国之一,都姑臧,位于今甘肃省武威市。
② 十六国之一,都长安,位于今陕西省西安市西北。
③ 北朝之一,都平城,位于今山西省大同市东北。

一、式微之君　国破家亡

钟杀死妻儿后从地道出奔后秦。与此同时,南燕末帝还将多名大臣视为慕容钟等人同党,下令将侍中慕容统、镇西大将军余郁等人处死,将尚书左仆射(副宰相)封嵩处以车裂。南燕末帝如此猜忌暴虐,滥施酷刑,使得朝廷内外文武百官惶恐不安,怨声载道。

众臣的怒火尚未平息,南燕末帝又点燃对外战火。

太上五年(409年)二月,南燕末帝拒不接受领军将军(主管警卫部队及京都驻军)韩谭的劝阻,派骑兵侵入东晋宿豫(位于今江苏省宿迁市东南),掳掠二千五百名男女以扩充宫廷歌妓。接着,他又派兵攻占东晋济南郡(治所位于今山东省济南市),掳掠千余名男女。

四月,东晋录尚书事兼扬州(治所位于今江苏省南京市)刺史刘裕领兵进攻南燕。晋军水陆并行,很快进抵琅琊(位于今山东省临沂市)。

面对东晋军队的猛烈攻势,侍中领左卫将军公孙五楼、辅国将军贺赖卢等人主张占据险要地形,将晋军阻止在大岘山(位于今山东省)南燕腹地平原,以便派骑兵将其消灭。贺赖卢见皇上拒谏,一意孤行,痛心地说:如果这样,亡国的日子不会很远了!太尉(名誉宰相)慕容镇也极力主张在大岘山阻击晋军,认为让晋军越过大岘山是"延敌入腹,坐待攻围"。南燕末帝大为恼火,竟下令将慕容镇逮捕入狱。

由于后燕军没有阻击,晋军顺利越过大岘山,于六月进抵东莞(位于今山东省莒县)。为了阻挡南燕骑兵袭击,刘裕下令将四千辆战车分成左右两翼,两路车队并行,夹护步兵前进。南燕集中主力与晋军在临朐(位于今山东省临朐县)城南展开决战。刘裕乘机派骑兵夺占临朐城。

南燕末帝听说临朐失守,惊慌失措,单人匹马逃入大将军段晖的军营。南燕军乱了阵脚,段晖等十余名将领相继战死。南燕末帝仓皇逃回都城广固。

太上六年(410年)二月,晋军攻入广固,南燕末帝被俘,南燕灭亡。随后,南燕末帝慕容超被押至建康,因拒绝向东晋投降而被斩首。

《通鉴纪事本末》卷十八 刘裕灭南燕
《晋书》卷一百二十七 慕容德载记
卷一百二十八 慕容超载记

【简评】

燕国慕容氏王族由于内部纷争,国破家亡,后来在磨难中复国,仍不能统一。南燕末帝慕容超即位后暴虐滥杀,使一些大臣叛离而去。面临晋军进攻,他拒绝大臣忠谏,放弃利用有利地形派军阻击晋军,而放任晋军越过大岘山,丧失进攻的主动权。南燕末帝不懂军事而瞎指挥,导致亡国被杀。

一、式微之君　国破家亡

西凉后主拒不纳谏

西凉①嘉兴元年(417年)二月,西凉王李暠(字玄盛)病逝。临终前,他嘱咐右将军(警卫部队将领)宋繇说:我生当乱世,备尝艰辛,意欲统一河右②地区,如今气竭力衰,再也起不了身。人老病死是自然规律,我不为此悲伤,所恨的是平生志愿没有实现。身为一国之王,应当时刻不忘危机。我死以后,你就把世子(李暠之子李歆)看成是你的儿子,要好好教导他。不要让他轻率从事,要使他懂得凡重大举动都事关国家兴亡。

李歆(字士业)继位为西凉后主后,尊称其母尹氏为太后,任命宋繇为武卫将军、录三府事(宰相),让宋繇辅佐他执掌军政。

当时,北凉③一直想吞灭西凉。北凉王沮渠蒙逊经常领兵攻打西凉,西凉后主多次领兵与之交战。大敌当前,西凉后主不肯致力于备战,而是热衷于建造宫殿,游猎娱乐,且滥施酷刑,民众不堪忍受。

朝廷大臣对国家面临的危机十分忧虑。从事中郎(参议官)张

---

① 十六国之一,都酒泉,位于今甘肃省酒泉市。
② 泛指今甘肃、青海两省黄河以西地区。
③ 十六国之一,都姑臧,位于今甘肃省武威市。

显、主簿(主管文秘的官员)氾称先后上书,列举大量历史事实,引古论今,劝谏国王停止建筑宫殿,停止游猎娱乐,任用贤能人才,爱护老百姓,加强军备,密切注视北凉的动态,防患于未然。力争经过几年积聚,富国强兵,击杀沮渠蒙逊,向东统一天下。西凉后主对张显、氾称的意见听不进去。

嘉兴四年(420年)七月,北凉王沮渠蒙逊大举出兵,声称进攻西秦①浩亹(位于今甘肃省永登县西南)。北凉军队抵达浩亹后,又暗地挥师折回川岩(其地不详)。西凉后主李歆得知北凉出兵攻打西秦,以为其后方空虚,决定乘机袭击北凉原都城张掖(位于今甘肃省张掖市)。

宋繇等大臣认为北凉此次出兵诡谲有诈,对于西凉后主领兵攻打张掖持有不同意见。西凉后主固执己见。尹太后听说西凉后主拒绝忠谏,一意孤行,警告他说:先王临死时,殷切告诫你要审慎用兵,这番话还在我的耳边回响,你怎么能不听呢?对我们来说,重要的是保卫疆土,安定人心,等待有利时机。现在我们守卫国土的力量还显得不够,哪里有余力去进攻别人呢?沮渠蒙逊善于用兵,你不是他的对手。如果轻举妄动,不仅要丧失军队,恐怕还要亡国啊!西凉后主对尹太后的话也听不进去。宋繇慨叹道:大势已去,不可挽回了!我能见到我国部队出发,不能见到他们归来了!

当月,西凉后主李歆率领三万步骑兵进抵怀城(位于今甘肃省张掖市西),遭遇北凉大军的伏击,被打得大败。

随征将领劝西凉后主回师保卫酒泉,西凉后主又以不杀死沮渠蒙逊无颜回见老母而拒绝。于是,他收整残兵败将与北凉军队

---

① 十六国之一,都苑川,位于今甘肃省榆中县大营川。

一、式微之君　国破家亡

在蓼泉(位于今甘肃省张掖市西)血战硬拼。结果,西凉后主李歆兵败被杀。接着,北凉军队攻入酒泉,尹太后被俘,西凉灭亡。

《通鉴纪事本末》卷十八　蒙逊灭西凉
《晋书》卷八十七　凉武昭王李玄盛传
　　　　　　　　李士业传

【简评】

　　西凉国势比北凉弱,众臣及太后都认为只宜拥兵固守,不可出兵攻打北凉。西凉后主不以为然,他拒绝宋繇等人苦谏,不听尹太后劝阻,贸然领兵出击,遭受北凉军伏击,身死国亡。不自量力而又一意孤行,是西凉后主兵败亡国的主要原因。

"无愁天子"亡国奴

北齐①大宁二年(562年),北齐武成帝高湛将其年仅六岁的长子高纬立为太子。河清四年(565年),武成帝自称太上皇,让太子高纬继帝位,为北齐后主。天统四年(568年),太上皇高湛去世,北齐后主尚年少,其母胡太后参与朝政。后来,胡太后淫乱事发,北齐后主将其幽禁北宫,亲掌朝政。

北齐后主平庸无才,缺少主见,听任尚书令(宰相)和士开、领军(统领警卫部队)韩凤(字长鸾)等权臣祸乱朝政。他授意让权臣卖官,一时间"官由财进",以致"开府千余,仪同②无数"。一些州县长官亦都由富商大贾出钱购买。花钱买官的人买得官位后,横征暴敛,肆意贪赃,以致民不聊生,怨声载道。

北齐后主穷奢极欲,荒淫无度,把肆意挥霍国家和民众的财富视"为帝王当然"。他将后宫五百多个妃女都封为郡守一级(相当地方州郡府长官或朝廷部门长官)官衔,后妃一套裙子价值万匹布帛,一面镜台价值千金。北齐后主下令大建宫殿楼阁,对所建宫楼又不断提出新的要求,常常是建了拆,拆了再建。他为胡昭仪(后

---

① 北朝之一,都邺,位于今河北省临漳县西南。
② 开府、仪同,即开府仪同三司(司马、司徒、司空),朝廷授予大臣享受宰相礼遇的名誉官衔。

一、式微之君　国破家亡

妃名号）修建大慈寺，未等建成，又下令改为穆皇后大宝林寺，花费数以亿计。他下令在晋阳（位于今山西省太原市西南）西山雕刻大佛像，一夜要燃耗万盆灯油。他和后妃们看上一台戏，往往要赏钱亿万。国库的积蓄很快被北齐后主等人花光败尽。北齐后主醉心享乐，既不喜欢同大臣议论朝政，也不考虑如何防备外敌入侵，长年无忧无虑。他热衷于作"无愁之曲"，自弹自唱。陪伴北齐后主歌舞的后妃宫女数以百计。人们称北齐后主为"无愁天子"。

武平七年（576年）十月，北周①武帝宇文邕亲率大军围攻晋州（即平阳城，位于今山西省临汾市西南），晋州守将派人频频告急。北齐后主闻报后若无其事，仍然同冯淑妃（后妃名号）在天池（位于今山西省宁武县西南）打猎。当天晚些时候，侍从报告晋州失陷。当时，冯淑妃玩兴未尽，要再围猎一会儿，北齐后主竟然听从。

十二月，北齐右丞相高阿那肱率军包围平阳城，准备夺回晋州。当北齐军队打开城墙缺口攻入平阳时，北齐后主突然下令将士停止进攻，称冯淑妃欲前来观战。等冯淑妃赶来时，北周军队已堵好缺口，致使北齐军队丧失攻城战机。北齐后主与冯淑妃骑在马上观看军队攻城。冯淑妃见东侧的北齐兵士稍稍后退，便大声惊叫：我军败退了！北齐后主和冯淑妃随即慌忙逃走。北齐将士见皇帝北逃，顿时溃不成军，死伤达一万多人。

北齐后主逃回邺城后，下令用重赏征募战士，却不肯拿出宫中的财物。侍中斛律孝卿请求北齐后主慰劳将士，并替他拟好慰问讲话稿，提醒他说：对前方将士讲话应慷慨流涕，以激励官兵斗志。北齐后主出面接见将士时不仅没有悲愤流泪，反而恣意嬉笑。左右侍从跟着北齐后主哄笑。将士们极为恼火，愤愤地说：皇帝既然把国家的命运当做儿戏，我们何必着急！从此，将士失去斗志，军心涣散。

---

① 北朝之一，都长安，位于今陕西省西安市。

大敌当前，北齐后主没有把国家存亡放在心上，竟然于当年年底退称太上皇，把皇位让给年仅八岁的太子高恒。

承光元年（577年）正月，北周军队攻入邺城。北齐太上皇高纬携幼主高恒仓皇出逃，被北周军士俘虏。北周武帝封高纬为温公，北齐灭亡。当年七月，北周武帝以谋反罪下令将温公高纬及北齐王族成员全部处死。

《北齐书》卷八 后主纪
卷九 武成胡后传
《通鉴纪事本末》卷二十五 周灭齐

【简评】

北齐后主荒淫奢侈，人称"无愁天子"。他把抵御敌军进攻当做儿戏，居然下令将士停止攻击，等他和冯淑妃赶来观战，致使丧失战机。他无意抚慰和激励将士，在战前动员会上竟然当众嬉笑，挫伤将士的斗志。这样的"无愁天子"最终当然是国破家亡。

一、式微之君　国破家亡

陈后主沉溺酒色

南陈①太建十四年(582年)正月,陈宣帝去世,太子陈叔宝继位为陈后主。陈后主继位之初发布诏书,称"思隆大业","欲听昌言","择善而行"。可是,他做的和说的完全两样。

至德二年(584年),陈后主下令在皇宫前面修建临春、结绮、望仙三栋楼阁。三栋楼阁均高数十丈,以天桥相连,每栋数十间,建成一个整体。阁内装饰金碧辉煌,门窗栏杆用檀香木制作,香气四溢。阁下"积石为山,引水为池,植以奇树,杂以花药"。陈后主居住临春阁,让其最宠爱的贵妃张丽华居住结绮阁,龚贵嫔、孔贵嫔居住望仙阁。沈皇后不受宠爱,居住后宫。

陈后主雅好诗赋。尚书仆射(宰相)江总丢开政务,经常陪同陈后主游宴赋诗。都官尚书(朝廷主管刑事的部门长官)孔范攀附孔贵嫔,与之结为兄妹。才女袁大舍被任命为女学士,任意出入后宫。陈后主时常同众贵妃宫女游宴,令江总、袁大舍等人共赋新诗,互相赠答,并将其中辞藻艳丽的歌词谱上曲,挑选数千名美女演唱跳舞。所作词曲以《玉树后庭花》最为有名,其词写道:"临春结绮灿朝霞,学士分题斗藻葩。新得封书三十六,采笺还谱后庭花。"陈后主与大臣、嫔妃沉醉于歌舞淫乐,"自夕达旦,以此为常"。

---

① 南朝之一,都建康,位于今江苏省南京市。

中国古代历史风云·战场风烟(上)

当此之时,隋①文帝杨坚已经统一北方,正日夜准备南征陈朝。隋文帝任命上开府仪同三司(名誉宰相)贺若弼为吴州总管(军政长官),镇守广陵(位于今江苏省扬州市);和州(治所位于今安徽省和县)刺史韩擒虎为庐州总管,镇守庐江(位于今安徽省舒城县)。贺、韩二军对陈都城建康形成东西夹攻之势,随时待令南下。

南陈一些大臣目睹朝政日益荒废,隋朝大军进逼,深为国家的命运而忧虑。他们上书直谏,希望陈后主能迷途知返,重振朝纲。然而,陈后主沉溺酒色已不能自拔,对忠谏大臣格杀勿论。

至德三年(585年),受人诬陷入狱的右卫将军兼中书通事舍人(负责宫廷警卫兼发布诏令)傅縡上书陈后主说:"陛下近来酒色过度,不虔郊庙大神,专媚淫昏之鬼。小人在侧,宦竖弄权,恶忠直若仇雠,视生民如草芥,后宫曳绮绣,厩马余菽粟,百姓流离,僵尸蔽野。货贿公行,帑藏损耗,神怒民怨,众叛亲离。臣恐东南王气,自斯而尽。"陈后主看了傅縡的奏书后大为恼火。稍后,他派人向傅縡传话说:陛下打算释放你,你能改过自新吗?傅縡回答道:臣的内心如同脸面,脸面能改,我的内心亦就能改。陈后主见傅縡不肯屈从,竟派人将他害死在狱中。

祯明元年(587年),太市令(主管商业贸易)章华对国家危在旦夕忧心如焚,上书陈后主诤谏说:"陛下即位,于今五年,不思先帝之艰难,不知天命之可畏。溺于嬖宠,惑于酒色;祠七庙而不出,拜三妃而临轩。老臣宿将,弃之草莽,谄佞逸邪,升之朝廷。今疆场日蹙,隋军压境,陛下如不改弦更张,臣见麋鹿复游于姑苏矣!"陈后主看了章华的奏书勃然大怒,当天就下令将章华斩首。从此,南陈朝廷再无人敢于直谏。

祯明二年(588年)十二月,隋文帝令晋王杨广(隋文帝第二

---

① 朝代名,都长安,位于今陕西省西安市。

一、式微之君　国破家亡

子)统率大军进攻南陈。面对强敌压境,陈后主满不在乎,对近臣说:"王气在我们这里,北齐①军队曾三次来犯,周朝②军队也曾两度犯境,都被我们打得大败而回。如今隋军来犯,又能怎么样!"孔范随声附和道:长江是上天划下的一道堑,就是为了隔绝南方和北方。如今,隋军难道能飞渡天堑不成!据我所知,边防将领急于想立功,有意奏报情况紧急。陈后主听孔范这么说笑着点头称是。他对隋军准备渡江视而不见,仍然没有部署军队加强防御,继续"奏伎纵酒、赋诗不辍"。

祯明三年(589年)正月初一,陈朝举行元旦朝会,一片歌舞升平景象。就在当天,隋将韩擒虎率部攻取采石(位于今安徽省马鞍山市南)。接着,贺若弼率部攻占京口(位于今江苏省镇江市)。前方将领派人送密信告急,陈后主当时喝得大醉,将前方的密奏扔在床下,没有开启。时人为之嗤笑,作《宫词》以嘲讽陈后主荒淫酗酒误国。该词写道:"神仙缥缈笑临风,岂识齐云召寇纵?密启频来桃叶渡,总堆床下未开封!"

不久,贺若弼率部占领钟山(即今江苏省南京市紫金山)。陈后主闻讯惊慌失措。当时,建康城内尚有精兵十余万人。陈后主不知调兵遣将迎战隋军,一味忧伤哭泣。

当月二十日,贺若弼、韩擒虎二军东西合围,攻入建康。陈后主仓皇跳入后宫一口井里。隋军兵士追过来,向井下喊话,无人应答。他们声言要用石块把井填起来,才听见井下有答话声。隋军兵士放下绳索,令井下人求绳上来。陈后主和张贵妃、孔贵嫔三人抓住同一根绳子被拉上地面。陈后主及其众臣向隋军投降。南陈

---

① 北朝之一,都邺,位于今河北省临漳县西南,北齐承光元年(577年),北齐为北周所灭。

② 即北周,北朝之一,都长安。北周大定元年(581年),左大丞相杨坚逼北周静帝让位,即位称帝,改国号为"隋"。

灭亡。

陈叔宝被押至长安后没有受到虐待,他每天依然醉酒,很少有醒的时候。当了隋朝俘虏,他似乎心安理得,请求得到隋朝一个官号。隋文帝称他"毫无心肝"。

隋开皇十四年(594年)十月,陈叔宝随隋文帝游邙山(位于今河南省洛阳市北)。席间,陈叔宝为讨好隋文帝赋诗一首:"日月光天德,山河壮帝居。太平无以报,愿上东封书。"一次,陈叔宝陪隋文帝饮酒。散席后,陈叔宝出门。隋文帝目送他的背影,对身边侍臣说:此人失败就是因为酒!当初有写诗的功夫,不如居安思危,加强防备!

仁寿四年(604年),陈叔宝在洛阳病逝。

《陈书》卷六 陈后主本纪
卷七 皇后传附史臣魏征考览记
《通鉴纪事本末》卷二十五 隋灭陈

【简评】

唐代史学家魏征指出:"后主生深宫之中,长妇人之手,既属邦国殄瘁,不知稼穑艰难。初惧屹危,屡有哀矜之诏,后稍安集,复扇淫侈之风。宾礼诸公,唯寄情于文酒,昵近群小,皆委之以衡轴。谋谟所及,遂无骨鲠之臣,权要所在,莫匪侵渔之吏。政刑日紊,尸素盈朝,耽荒为长夜之饮,嬖宠同艳妻之孽,危亡弗恤,上下相蒙,众叛亲离,临机不寤,自投于井,冀以苟生,视其以此求全,抑亦民斯下矣。"(《陈书》卷六)

一、式微之君　国破家亡

后梁末帝听信谗言

后梁①龙德三年（923年）四月，晋王②李存勖在魏州（治所位于今河北省大名县东）建国号大唐，史称"后唐"，称帝，为后唐庄宗。随后，后唐庄宗派兵攻占郓州（位于今山东省东平县西北）。后梁朝廷为之震动。

同中书门下平章事（宰相）敬翔是协助后梁太祖（名朱温，后梁末帝之父）开国的元勋，因受后梁末帝冷落，长年称病不上朝。此时，他见后梁天下危在旦夕，在靴中放一根绳子，入朝对后梁末帝说：先帝夺取天下时，不认为我无能。我所提出的谋略，他无不采用。如今敌人势力愈来愈强大，陛下听不进我的话，我活着也无用，不如早死。说罢，敬翔拿出绳子就要上吊。后梁末帝制止敬翔，问他有什么话要说。敬翔说：形势已经十分危急了，不用王彦章为大将，国家就没救了！

后梁末帝听取敬翔的意见，任命滑州（治所位于今河南省滑县东）节度使王彦章为北面招讨使（北方军事总指挥）。王彦章受命后，第三天便领军夺回战略要地德胜城（位于今河南省濮阳市）。

---

① 五代之一，都汴，位于今河南省开封市，后称"东都"。

② 后梁开平二年（908年）正月，原唐河东（治所位于今山西省太原市）节度使（军政长官）晋王李克用病逝，其子李存勖继位为晋王。

接着,王彦章率十万军士进攻杨刘(位于今山东省东阿县东北),与后唐军展开决战,不分胜负。

王彦章对户部尚书(朝廷主管户籍财政的部门长官)赵岩和陈州(治所位于今河南省淮阳县)行营都指挥使(军事长官)张汉杰等人乱政误国十分憎恨,对其部下说:等我战胜唐军回到京都,一定将奸臣杀尽,以安慰天下!此话传到赵岩、张汉杰耳边。赵、张二人知道王彦章的话是针对他们的,极为恼恨,声言宁可被沙陀①杀死,也不能死在王彦章手下。北面招讨副使段凝向来忌妒王彦章才能而依附于赵、张二人。于是,赵岩等人与段凝勾结在一起,共同陷害王彦章。

七月,后唐军在清丘驿(位于今河南省濮阳市东南)以南击败后梁游击部队。段凝以为后唐军已从上游渡过黄河,大惊失色,把责任全部推到王彦章身上。此后,段凝公开在部将面前与王彦章闹对立,千方百计干扰他的军事部署。王彦章领军攻下南城(位于今河南省孟津县东)后,赵岩把王彦章的奏报扣下,向后梁末帝奏称攻克南城是段凝的功劳。后梁军在杨刘与后唐军交战失利,王彦章率部退守杨村(位于今河南省濮阳县西南),段凝上书诬告王彦章酗酒轻敌而招致失败,赵岩则借机对王彦章极力加以诋毁。后梁末帝竟然听信赵岩、段凝等人谗言,担心王彦章"旦夕成功难制",不顾敬翔和天下兵马副元帅张宗奭等大臣劝谏,下令将王彦章从前线召回京都,免去其北面招讨使职务,提升段凝为北面招讨使。王彦章向后梁末帝陈述胜败战况,赵岩指使人弹劾王彦章"不恭",后梁末帝勒令王彦章回家。不久,后梁末帝令王彦章率领五

---

① 李存勖祖先系沙陀部(居住地位于今新疆博格达山以南、巴里坤湖以东)人,唐朝后期,沙陀部向东迁至定襄川(位于今山西省牧马河一带)。

一、式微之君　国破家亡

百名骑兵①驻守郓州以东防御后唐军,由张汉杰监军(监察军事)。

后唐将领一向畏惧王彦章,称其为"王铁枪"。他们听说王彦章被解职,无不拍手称快。九月,后唐庄宗听说后梁军准备大举反攻,深为忧虑。他单独召见枢密使(宰相兼管军队)郭崇韬问计,郭崇韬对他说:如果王彦章继续为梁军主帅,尚值得认真对待。如今王彦章已为段凝所取代,段凝本来就不是将才,不能临机决策,没有什么可怕的。

十月,后唐庄宗将其夫人及儿子遣返魏州,誓师与南梁军进行决战。后唐末帝率领大军撇开驻守临河(位于今河南省浚县东北)以南的段凝军主力,飞速渡过黄河,抵达黄河南岸的杨刘,经郓州,跨过汶水(今汶河,流经山东省临朐县东南)。王彦章率领五百名兵士迎战,在递坊(其地不详)被后唐军击败,王彦章率部退至中都(位于今山东省汶上县)。后唐军随即包围中都,王彦章兵败被俘。后唐庄宗高兴地对众将领说:我一向顾忌的就是王彦章,今天王彦章已被我们擒获,这是天意要灭亡梁国了。后唐庄宗爱惜王彦章的才能,多次派人劝他投降。王彦章回答说:打了败仗,我应该死。纵使你们皇上让我活,我有什么脸面见天下之人! 哪有早上是梁将,晚上又变成唐臣的道理? 我绝不会做这种事! 后唐庄宗见王彦章不肯屈服,下令将他在任城(位于今山东省济宁市东南)处死。

后梁末帝听说王彦章兵败被杀,后唐大军向京都攻杀过来,极为恐惧,哭着对其家人说:国家的命运走到尽头了! 他召集群臣询问对策,众臣"皆莫能对"。后梁末帝转身对敬翔说:我由于不重视你的意见,才走到今天这一地步。如今情况非常危急,请您不要怨恨过去,说说该怎么办啊? 敬翔哭着说:陛下要起用段凝,我极力劝阻不可用,陛下没有听取,才导致今天! 眼下,段凝大军隔在黄

---

① 据《新五代史》王彦章传所记。《旧五代史》王彦章传记为"彦章领保銮骑士数千",《通鉴纪事本末》记为"命王彦章将保銮骑士及他兵合万人"。

河以北,不能赶来救援,谁又能再为陛下想出好办法啊!我请求陛下赐我先死,我不忍心看到国家灭亡啊!

当时,后梁京都尚有几千名警卫兵士,后梁末帝没有积极组织他们迎战,而把一线希望寄托在段凝身上。他派人催促段凝火速率部南下救援京都,接受派遣的官员离开京都后都各自逃匿。

后梁君臣惊慌失措,失去主见。有人主张后梁末帝去西都洛阳重整旗鼓,有人建议后梁末帝去段凝军部避难。中书侍郎同平章事(宰相)郑珏则请求由他携传国玉玺向后唐伪降,以避免民众遭难。后梁末帝说:事情到了这一步,我还贪恋什么玉玺?但照你所说的去办,能将事情就此了结吗?郑珏低头沉思良久,回答说:恐怕还很难就此了结。在场的众侍臣"皆缩颈而笑"。后梁末帝走投无路,日夜涕泣,不知该怎么办为好。赵岩听说后唐军已过了曹州(治所位于今山东省曹县西北),寻机逃奔许州(治所位于今河南省许昌市)。许州守将温昭图将赵岩斩首,向后唐军投降。

后梁末帝自知身陷绝境,决意一死了之。他对控鹤指挥使(警卫军将领)皇甫麟说:李氏(指后唐庄宗李存勖)是我的世仇,我不能向他投降,也不能等着他来对我施以刀锯之刑。我决定死在他们到来之前,但我不能自杀,请你把我的头砍下吧!皇甫麟推辞再三,后梁末帝执意令他动手。皇甫麟只好将后梁末帝杀死,随即自杀。

当月九日,后唐军攻入后梁东都。敬翔上吊自杀。十二日,段凝率五万军士返至封丘(位于今河南省封丘县)向后唐军投降,后梁灭亡。

《通鉴纪事本末》卷四十 后唐灭梁
《旧五代史》卷十 梁末帝纪下
《新五代史》卷三十二 王彦章传

一、式微之君　国破家亡

【简评】

　　后梁的兵力并不弱于后唐。后唐庄宗率兵南下之初,后梁北面招讨使王彦章率部抵抗,挫败后唐军,使后唐庄宗一筹莫展。后梁兵败国亡的主要原因是,后梁末帝听信谗言撤换前方主将。后唐君臣知道段凝不是将才,撇开其主力,从东面渡过黄河南下,王彦章只有五百名骑兵迎战,寡不敌众,兵败被杀。后梁末帝面对后唐大军逼近东都,悔之已晚。

后晋少帝误用主帅

后晋①天福七年（942年）六月，后晋高祖石敬瑭病逝，其侄石重贵继位为后晋少帝。后晋少帝采纳同平章事兼侍卫马步都指挥使（统领警卫部队）景延广的意见，在给契丹②皇帝耶律德光的告哀信中称孙，而没有称臣③。

契丹皇帝耶律德光对后晋少帝不再称臣十分恼火，派使臣来后晋责问此事，并指责后晋少帝未经契丹皇帝批准便即位称帝。景延广毫不示弱，以严词驳斥了契丹使臣的指责。

开运元年（944年）正月，契丹皇帝令卢龙（治所位于今北京市区）节度使赵延寿率五万兵士为先锋，他亲率大军继后，攻入后晋

---

① 五代之一，都汴，又称"大梁"，位于今河南省开封市。
② 又称"辽国"，都皇都，位于今内蒙古巴林左旗南。
③ 后唐清泰三年（936年），后唐末帝李从珂欲削减河东（治所位于今山西省太原市）节度使（军政长官）石敬瑭的权力，将其调任天平（治所位于今山东省东平县西北）节度使。石敬瑭不服调动，采纳掌书记（主管文秘）桑维翰的主意，向契丹皇帝耶律德光称臣，请求契丹派兵帮助其攻打后唐朝廷，并许诺事成后将卢龙道（位于今河北省迁安市西北）至雁门关（位于今山西省代县西北）以北十六州割让给契丹。当年秋天，契丹出兵支援石敬瑭攻灭后唐。石敬瑭建国号"大晋"，史称"后晋"，即位为后晋高祖。从此，契丹与后晋保持父子、君臣关系。

一、式微之君　国破家亡

储粮重地贝州(治所位于今河北省清河县)。后晋少帝任命归德军(治所位于今河南省商丘市)节度使高行周为北面行营都部署(北方前线军事总指挥),统一指挥抗击契丹军。此间,契丹皇帝又派军侵犯太原(位于今山西省太原市)。河东(治所太原)节度使刘知远率军迎击契丹军,在秀容(位于今山西省忻州市西北)将契丹军击败,斩杀其三千官兵,契丹军败逃而去。二月,后晋义成(治所位于今河南省滑县东)节度使李守贞率部在马家口(位于今山东省东阿县东北古黄河渡口)大败契丹军。契丹将士死伤数千人。三月,契丹皇帝率十余万大军进抵澶州(位于今河南省濮阳市)城北。高行周率部在戚城(位于今河南省濮阳市北)与契丹军展开决战,各有胜负。不久,契丹皇帝率军撤回,后晋少帝亦从澶州前线返回大梁。

泰宁(治所位于今山东省兖州市)节度使桑维翰一向亲附契丹,他多次主张向契丹赔礼求和,每次总是受到景延广痛斥。为此,桑维翰对景延广极为忌恨。四月,桑维翰借景延广调拨援军迟缓一事,诬告景延广"不救戚城"。后晋少帝则认为景延广权力过大难以控制,随即将他贬为西京(位于今河南省洛阳市)留守(军政长官),任命桑维翰为中书令(主管机要、拟草并发布诏书)兼枢密使(主管朝政、军事)。

八月,后梁少帝将北面行营都部署高行周从前线调回归德军任所,改任顺国(治所恒州,位于今河北省正定县)节度使杜威为北面行营都招讨使(北方前线军事总指挥)并统领十三个节度府官兵,以抵御契丹军。

杜威原名杜重威,因避讳后晋少帝石重贵名,去"重"字改称杜威,他的妻子是后晋高祖石敬瑭之妹宋国大长公主。由于这层关系,石敬瑭称帝后任用杜威统领警卫部队。此后,成德军(即顺国)节度使安重荣反对向契丹称儿受到朝廷压制而起兵反叛,杜威领军在常山(位于今河北省正定县)攻杀安重荣,将安重荣家产及常山官府钱币攫为己有。杜威接任成德军节度使后,"重敛于民,税外加赋",当地军粮供不上,他家里却囤积十余万斛粮食。

开运二年(945年)二月,后晋少帝令杜威率部众向契丹进军。后晋军攻取遂城(位于今河北省徐水县西),将赵延寿部将俘虏。该俘虏声称契丹皇帝已率领八万骑兵南下,早晚就要抵达这里。杜威听说后大为恐惧,率部退保泰州(治所位于今河北省保定市西北)。二十七日,后晋军退至白团卫村被契丹军包围。契丹皇帝下令骑兵下马,拔除晋军营寨鹿角柴防护栏,准备用短刀与晋军兵士肉搏,扬言要将晋军全部抓俘,然后南取大梁。杜威畏敌如虎,不敢指挥将士抗击,听任契丹军士毁坏营寨,按兵不动。

后晋将领无不异常愤怒,大声质问杜威:"都招讨使为何不下令反击契丹军?而让将士坐以待毙!"杜威声称等风沙稍小一些再战。马步都监(军事监察长官)李守贞认为风沙遮面正是反攻杀敌的好机会,下令诸军出击,誓与契丹军决一死战。马军左厢都指挥使(左路军指挥)符彦卿说:"与其束手就擒,不如以身殉国。"他最先率部从西寨门冲出,杀向契丹军,众军随后跟上。契丹骑兵来不及上马,死伤遍地。契丹皇帝骑上一只骆驼仓皇逃遁。众将请求乘胜追击契丹军,杜威阻止说:"我们被贼兵包围侥幸没有死,刚刚打败他们,现在还想进一步打到他们老家去吗?"符彦卿等将领只好依从杜威,将部队撤回。

契丹皇帝败逃之后,后晋少帝产生轻敌思想,认为京都无事,答应杜威增拨兵员的要求,将警卫部队大部调到杜威部内,以致京都"宿卫空虚"。

杜威面对契丹军频频南攻,极为惧怕,不止一次请求后晋少帝将他调回朝廷,后晋少帝没有同意。五月,杜威未经朝廷批准,擅自离开前线回到京都大梁。朝廷众臣听说后无不大吃一惊,就连桑维翰也感到不能容忍。桑维翰向后晋少帝进言说:"杜威固执己见,违抗朝廷命令,擅自离开边防前线。眼下疆场形势紧张,杜威

一、式微之君　国破家亡

无意抗击敌军,应当免去他的北面行营都招讨使职务,以免留下后患。"后晋少帝没有答应。桑维翰转而提议改任杜威镇守京都附近地区,不要继续让他担任前线总指挥。后晋少帝说:"杜威此次回京,是宋国长公主要他回来的。杜威是我的近亲,绝不会有外心的!"桑维翰等人对重用杜威不再提出异议。

开运三年(946年)十一月,契丹皇帝耶律德光率军大举南下,进抵恒州滹沱河北岸,准备与南岸的后晋军队展开决战。大敌当前,杜威整天喝酒寻乐,不议军事。北面转运使(负责北方前线军需供应)李谷建议架设浮桥,派勇士夜间过河偷袭契丹军营,众将赞同李谷的计谋,唯独杜威不同意而加以否决。

十二月,奉国都指军使(军事将领)王清率二千名兵士为前锋,渡河攻打恒州,将契丹军击退。众将领请求率领大军追杀过去,杜威不同意。王清孤军与契丹军血战,请求增援,杜威竟不派一兵一卒救助。王清对其部众说:主将掌握重兵,坐视我们危困而不发兵救援。此人看来另有图谋,我们应当以死报国。结果,王清部众全部战死,后晋将士的锐气为之大减。

初八日,契丹军将后晋军包围。杜威私自派其心腹去契丹军指挥部请求投降。契丹皇帝许以立杜威为中原皇帝,杜威极为高兴。初十日,杜威埋下杀手,召集众将,命令他们在其投降书上签名。诸将大为惊愕,但没有人提出异议。杜威下令集中军士说明他的意图。众军士以为主帅将要动员他们出击敌军,高兴得欢呼跳跃。杜威对众军士说:眼下我军粮食吃光了,已经陷入绝境,我与你们要共同寻找活路。接着,杜威下令军士解除武装,向契丹军投降。将士们放声痛哭,哭声震动原野。后晋十万大军就这样不战而降。

十六日,后晋少帝听说杜威率众投降契丹,极为悔恨,方知看错了人,误用了杜威。他自知大势已去,在宫中点火,持剑驱赶后妃准备一起投火自焚,卫兵将他们救下。后晋少帝无路可走,只好向契丹皇帝称孙称臣投降。后晋灭亡。

不久,契丹军将石重贵及景延广等人押往北方。景延广行至陈桥(位于今河南省封丘县东南)扼住喉咙自杀。后来,石重贵病死于契丹建州(位于今辽宁省朝阳市西南)。

《通鉴纪事本末》卷四十二 契丹灭晋

《旧五代史》卷八十一至卷八十五 晋少帝本纪

卷一百九 杜重威传

【简评】

石敬瑭向契丹帝称儿称臣不得人心。景延广建议后晋少帝向契丹帝称孙不称臣,是维护国家独立的正义行动。他部署军队,做好迎战准备,且多次出兵战胜契丹军。后晋少帝的失误在于听信谗言,贬斥景延广,调离高行周,而任用杜威。杜威身为防御契丹军的主帅,畏敌如虎,竟率领十万部众投降契丹,致使后晋亡国。

一、式微之君　国破家亡

后蜀太后洒酒祭儿

　　后蜀①后主孟昶（后蜀高祖孟知祥第三子）在位后期骄奢淫逸，连便溺器具都用金银镶七色珍珠装饰。

　　后蜀后主任用王昭远为知枢密院事，让他主管军事。对于重用王昭远等人，后蜀后主的母亲李太后十分忧虑。李氏本是后唐庄宗李存勖的宫女，后来嫁给西川（治所位于今四川省成都市）节度使（军政长官）孟知祥。李太后对后蜀后主说：我亲眼见过庄宗灭梁②和你的父亲平蜀③。当时，统兵的将领都是凭借军功而被授职的，士卒畏惧心服。王昭远等人平素不熟悉军事，一旦有紧急情况，这些人有什么用处！后蜀后主对母太后的话听不进去。

　　后蜀广政二十六年（963年），宋④太祖赵匡胤派遣军队攻下荆（泛指今湖北省南部地区）、潭（泛指今湖南省东北部地区）以后，把

---

　　①　五代时期十国之一，都成都，位于今四川省成都市。

　　②　即后梁，五代之一，都汴（位于今河南省开封市）。后唐（五代之一）同光元年（923年），后唐庄宗李存勖领兵攻灭后梁。

　　③　后唐长兴三年（932年），孟知祥率部击败东川（治所位于今四川省三台县）节度使董璋部众，第二年任东西川节度使，受封蜀王。应顺元年（934年），孟知祥脱离后唐称帝，建国号蜀，史称后蜀。

　　④　都开封，位于今河南省开封市。

进攻目标指向后蜀。

广政二十七年(964年),后蜀后主依照王昭远的主意,派大程官(其职不详,似为外交官)孙遇①持密信前往北汉②,约请共同起兵攻宋。孙遇在途中被北宋官兵抓获。宋太祖本来就准备举兵灭蜀,俘获孙遇所持书信,正好找到了攻打后蜀的借口。他笑着对身边大臣说:讨伐西蜀,我师出有名了。

十一月,宋太祖任命安国军(治所位于今河北省邢台市)节度使王全斌为西川行营都部署(军事总指挥),统率六万步骑兵分北、东两路进攻后蜀。后蜀后主闻讯后,任命王昭远为都统(军事统帅)领兵抵御。王昭远在为他饯行的宴会上开怀畅饮,以诸葛亮③自比,声称他这次出师不仅要打败来犯的敌人,夺取中原亦易如反掌。

十二月,王全斌所率北路宋军占领兴州(治所位于今陕西省略阳县)后,向南攻破蜀军多处防御据点,迫使王昭远率部退保剑门关(位于今四川省剑阁县东北)。西川行营副都部署刘光义率领东路宋军攻克夔州(治所位于今重庆市奉节县东)后,乘胜前进,接连攻下数个州县。

广政二十八年(965年)正月,王全斌率部撇开剑门关,从来苏(位于今四川省剑阁县东)抄小路进抵清强店(位于剑门关南二十里)。王昭远闻讯率主力退向汉源坡(位于今四川省剑阁县东)。未等王昭远退至汉源坡,剑门关被宋军攻破。王昭远大为惊恐,吓得浑身瘫软,自己不能翻身从床上爬起来。侍卫兵士扶持他躲入

---

① 《宋史纪事本末》卷四记作赵彦韬。
② 五代时期十国之一,都太原,位于今山西省太原市。
③ 三国时期蜀国丞相,曾协助刘备联合孙权,共同出兵抗击曹操大军。蜀先主刘备去世后,诸葛亮受命辅佐后主刘禅,领军北伐魏国(曹操之子曹丕逼汉献帝让位,改国号为魏),在军中病逝。

一、式微之君　国破家亡

一处库房里,他只是悲叹流涕,被追上来的宋军抓捕。

后蜀后主听说王昭远出师失利,连忙用重金招募兵士,令太子玄喆统领兵士赴剑门关抵御宋军。玄喆带着一大批姬妾歌女一路寻欢作乐,不做迎战宋军的准备。行抵绵州(治所位于今四川省绵阳市),玄喆听说剑门关已经失守,率众不战而返。危急关头,老将石斌劝说后蜀后主固守都城成都,以逸待劳,相机反击宋军。后蜀后主惊慌失措,六神无主,哀叹将士都是无能之辈,危急时刻竟没有人为他向东发出一箭!

当月乙酉日,后蜀后主孟昶致书宋军主帅王全斌,请求投降。王全斌领军进入成都,后蜀灭亡。

之后,王全斌奏告后蜀后主用珠宝装饰便器。宋太祖下令将这奢华的便器砸碎,对众臣说:"以七色珍珠金银装饰便器,该用什么器物盛放食品?作为一国之主如此奢侈,国家不灭亡还待何时!"

当年六月,孟昶及其母亲被押至开封。到达开封第七天,孟昶突然死去。孟昶的母亲李氏听说儿子死了,没有痛哭流泪,她把酒洒在地上用以悼念死去的儿子,念叨说:你没有死在自己的国土上,贪求活命到今天。我所以忍辱负重没有寻死,是因为你还活着。如今你既然死了,我还活着干什么! 随后,李氏绝食而死。

《宋史纪事本末》卷四　平蜀
《新五代史》卷六十四　后蜀世家

【简评】

后蜀的力量远逊于北宋,其为北宋灭亡只是迟早之事。后蜀后主穷奢极欲,无疑加速其国家灭亡。他所信用的王昭远是个纸上谈兵的懦夫,面对北宋军队的进攻,他不战自退,束手就擒。北宋军队仅用六十六天即将后蜀攻灭。

南汉王刘铱不治军备

南汉①王刘铱继位后,荒废军事防务。京都原有的城墙、护城河,多半改建成旅馆泳池。战船长年失修,全部毁坏。库房兵器保管不善,大部腐蚀锈毁。一些能攻善战的老将多被陷害致死。

南汉王刘铱用人之道极为荒唐。他认为众臣皆有家室老小,不可能尽忠,只有宦官才可以信任,便将朝政委托给宦官龚澄枢、陈延寿等主管。一时间,宫中宦官竟达七千多人。

南汉王刘铱昏庸愚昧,把陈延寿引荐的女巫樊胡子视若神明。樊胡子自称天上玉皇大帝降附在她身上,刘铱信以为真,让樊胡子坐在帐幕后面说祸道福。他又把波斯②女子引入后宫,成天和宫女、波斯女淫乐,不理军政大事。

南汉有识之士深为国家的命运而忧虑。将军邵廷琄进谏说:先王乘唐末内乱,在此立国快五十年了。幸亏中原各国争战不息,仗没有打到我们这里来。我国因长期没有战事,朝廷上下骄奢淫逸。如今,兵士不认识军旗战鼓,君主亦未能居安思危。天下大乱

---

① 五代时期十国之一,都广州,位于今广东省广州市。后梁贞明三年(917年),清海军(治所广州)节度使(军政长官)刘岩(䶮)建国号大越,称帝。第二年,刘岩(䶮)将国号改为"汉",史称"南汉"。

② 国名,位于今伊朗。

一、式微之君　国破家亡

的局面已经很久了,乱久必治。听说真主(指宋太祖赵匡胤)已经出现了,天下统一是大势所趋。他建议"修兵为备",要不然,就向宋朝进贡,派遣使臣去宋朝建立友好关系。南汉王不以为然,对邵廷琄直陈时弊反而十分痛恶。南汉大宝七年(964年)九月,北宋[①]军队攻克郴州(治所位于今湖南省郴州市)。南汉王刘铱后悔没有采纳邵廷琄意见加强战备,于是任命邵廷琄为招讨使(军事将领)驻守洸口(其地不详),抗击宋军。

不久,宋军撤退,邵廷琄没有松懈防御。他抓紧训练士卒,做好迎战准备,被南汉官兵称为良将。第二年(965年)六月,有人写匿名信诬告邵廷琄谋反。南汉王刘铱竟下令将邵廷琄处死。邵廷琄部下官兵排列在军营门口,向朝廷派去的执刑官员申诉,为邵廷琄无罪被杀鸣不平。

大宝十三年(970年)秋天,宋太祖任命潭州(治所位于今湖南省长沙市)防御使(军事长官)潘美为桂州道行营都部署(军事统帅),率军进攻南汉。南汉军队久无战备,不堪一击。宋军很快便攻占贺州(治所位于今广西区贺州市东南)、昭州(治所位于今广西区平乐县西南)、桂州(治所位于今广西区桂林市)、连州(治所位于今广东省连州市)。南汉王刘铱愚不可及,他听说贺、昭、桂、连四州被宋军占领,反而高兴地说:宋军占了这四州,该满足了,不会再挥师南下了。

大宝十四年(971年)二月,潘美率领北宋军队进抵南汉都城广州。南汉王听从龚澄枢、李托主意,下令焚烧王宫宝器,准备从海上逃跑。但其所备船只被宦官乐范盗走。刘铱无法逃走,向宋军投降,南汉灭亡。此后,刘铱被押至开封软禁,于北宋太平兴国五年(980年)病死。

《新五代史》卷六十五　南汉世家
《宋史纪事本末》卷五　平南汉

---

① 都开封,位于今河南省开封市。

中国古代历史风云·战场风烟(上)

【简评】

　　南汉王刘铱以为天下太平,不修战备,兵器锈毁。他信用宦官,朝政腐败;滥杀武将,军心涣散。如此昏庸的小王朝自然不堪北宋军队的攻击。

一、式微之君　国破家亡

南唐后主沉迷佛经

南唐①后主李煜承袭帝位后,向北宋②称臣进贡,以苟安江南。宋太祖赵匡胤则忙于远攻后蜀③和南汉④,无暇顾及攻取南唐。两国一直和平相处。

南唐江都(治所位于今江苏省扬州市)留守林仁肇深知宋太祖志在统一天下,总有一天要出兵南下,请求乘宋军远征之机领兵北伐,情愿为国效死,南唐后主没有同意。宋太祖对林仁肇的威名颇为顾忌,派人偷取林仁肇的画像,将它挂在宫房内,故意引南唐使臣去观看,称林仁肇暗中已经投降宋朝,以此像为信物。南唐后主信以为真,随即令人用毒酒将林仁肇杀害。

南唐后主李煜喜好声色。尤其笃信佛教,不惜从宫中拨巨款招募僧人,当时金陵的僧人竟超过一万名,全由朝廷供养。南唐后主常和皇后身着僧衣,诵念佛经。由于频繁跪拜,他手掌上竟长出赘疣。南唐后主潜心奉佛,不再用心治理国事,更无意于训练军队防备宋军南下。对此,内史舍人(负责呈送奏章、传达诏令)潘佑上

---

① 五代时期十国之一,都金陵,位于今江苏省南京市。
② 朝代名,都开封。
③ 五代时期十国之一,都成都,位于今四川省成都市。
④ 五代时期十国之一,都广州,位于今广东省广州市。

书加以劝谏。南唐后主非但不省悟，反而下令将潘佑关进监狱。潘佑入狱后愤恨难平，自缢而死。

北宋开宝七年（974年）九月，宋太祖在灭亡后蜀、南汉之后，把攻击目标指向南唐。宋太祖派人召请南唐后主赴开封会谈。南唐后主害怕去开封后被宋朝扣留，声称有病，婉言谢辞。宋太祖则以南唐后主拒召背盟为借口，任命检校太傅（名誉宰相）曹彬为昇州（治所位于今江苏省南京市）西南面行营都部署（军事统帅），率领十万大军进攻南唐。

此时，南唐后主及其将领对宋军南下毫无防备。当宋军战舰从荆南（位于今湖北省江陵县）顺流而下行至南唐境内时，南唐将领竟然以为宋军是例行巡江，不仅未加狙击，反而主动去犒劳宋军。这样，宋军在采石矶（位于今安徽省马鞍山市西南）架起浮桥，大军顺利越过长江。

南唐后主听说宋军已经过江，仍然无忧无虑，盲目自信。他下令镇海（治所位于今浙江省杭州市）节度使郑彦华率万名水兵、都虞侯（主管军法的将领）杜真率万名步兵共同迎击宋军，认为水陆两军相互配合没有打不赢的。不久，郑、杜二军先后被宋军击败。之后，门下侍郎（副宰相）陈乔等人向南唐后主献计，称各州部队无需出城迎战，只要紧闭城门，宋军就会因为疲劳自动撤退。南唐后主信以为真。大敌当前，他成天仍然诵念佛经，大讲《周易》，高谈阔论，不议军事。

开宝八年（975年）二月，宋军进抵金陵城下。近臣对南唐后主封锁外部军事信息，以致金陵被宋军包围一个月，南唐后主居然毫不知晓。一天，南唐后主出宫巡视，见城外都是宋军营寨，才知道被左右大臣所蒙蔽。他悔恨不已，下令将神卫统军都指挥使（最高军事将领）皇甫继勋处死。

南唐后主极为恐惧，连忙派使臣出使宋朝，请求宋军暂缓攻城，遭到拒绝。他只好下令神卫军都虞侯朱令赟从湖口（位于今江

一、式微之君　国破家亡

西省湖口县,为鄱阳湖入长江口岸)领兵救援京都。朱令赟率大军抵达皖口(位于今安徽省怀宁县南皖河入长江口岸),被宋军击溃。南唐都城金陵变成外无援兵的孤城。

十月,曹彬领兵攻入金陵。南唐后主李煜率领众臣向曹彬投降。曹彬以礼相待,令李煜入宫准备行装前往开封。曹彬的部下对放回李煜有些担心,害怕他入宫后寻短见。曹彬笑着说:李煜为人软弱,又无决断,他既然投降,怎么会自杀?

李煜被押至开封后,接受宋太祖封为违命侯。此后,他被长年软禁,郁郁寡欢,时常填词以抒发其亡国之恨,留下"问君能有几多愁,恰似一江春水向东流"的千古绝唱。

太平兴国三年(978年)七月,李煜去世(一说被宋太宗毒死),时年四十一岁。

《宋史纪事本末》卷六　平江南
《新五代史》卷六十二　南唐世家
《宋史》卷四百七十八　李煜传

【简评】

　　清代学者王夫之认为:"李煜之靡也,狃于乍安,而尽弛其备,兵一临之,而如春冰之顿释。""李煜降而不能有他,曹彬谅之,而任其归邸。已灰之烬,不可复炊,二三弄颖之士,固不屑为之重防也。"(《宋论》卷二·太宗)

辽天祚帝误信近臣

辽①天庆二年（1112年）二月，辽天祚帝耶律延禧巡游春州（治所位于今吉林省前郭尔罗斯蒙古族自治县），去混同江（即松花江）钓鱼。按照惯例，千里以内的女真族各部酋长都得赶来朝拜皇帝。天祚帝举行头鱼宴招待女真各部酋长，令众酋长依次唱歌跳舞以助兴。轮到完颜部②时，其酋长完颜阿骨打站在原处两眼直视着天祚帝，声称他不会唱歌跳舞。天祚帝再三劝他显显身手，阿骨打坚决推辞而没有听从。天祚帝大为气恼，暗下对随行的枢密使（最高军事机关长官）肖奉先说："阿骨打竟然如此骄横跋扈！可以假借他贻误边防大事，将他处死。"肖奉先劝阻说："阿骨打是个粗人，不懂得礼仪，没有犯下大的罪过，杀了他，朝廷会在女真部失去人心。纵使阿骨打真有叛离之心，他只有这一小块地方，又能有什么作为！"天祚帝接受肖奉先的劝告，没有处治完颜阿骨打。

肖奉先为人外表宽厚而内心狡诈。他是天祚帝宠爱的元妃之

---

① 又称"契丹"，都皇都（即上京），位于今内蒙古巴林左旗南；后建中京，位于今内蒙古宁城县。

② 女真完颜部居住按出虎水（位于今黑龙江省阿什河流域）。辽天庆五年（1115年），完颜部首领完颜阿骨打建国号金，即位为金太祖。金太祖去世后，其弟完颜晟继位为金太宗，建都会宁府（位于今黑龙江省阿城市南）。

一、式微之君　国破家亡

兄,因为这层关系,天祚帝对肖奉先言听计从。天庆四年(1114年)七月,完颜阿骨打领兵攻打宁江州(治所位于今吉林省松原市东)。天祚帝令守司空(名誉宰相)肖嗣先(肖奉先之弟)为都统(军事将领),领兵前往迎战阿骨打。阿骨打率军将肖嗣先部击溃。肖奉先害怕肖嗣先因兵败被处死,诡称其部下酝酿作乱而被制止,奏请天祚帝对他们加以赦免,肖嗣先仅被免去官职。辽军将士对天祚帝不按军法处事大为不解,对肖奉先徇私舞弊感到愤慨。前方将士从此丧失斗志,遇到阿骨打率兵来攻总是退却,许多郡县相继失守。

天庆十年(1120年)五月,金太祖完颜阿骨打率军攻打辽上京。在强敌兵临城下的严重关头,肖奉先置国家生死存亡于不顾,不去全力组织军队抗击金兵,而是费尽心机在朝廷内部争权夺利。肖奉先一心想让天祚帝元妃所生秦王耶律定日后继位,而把文妃所生皇长子晋王耶律敖鲁斡和副都统耶律余睹(文妃妹夫)视为眼中钉,横加迫害。

保大元年(1121年)正月,肖奉先诬告耶律余睹私结晋王之舅驸马(皇帝女婿)肖昱谋立晋王。天祚帝信以为真,下令将文妃和肖昱处死。耶律余睹在军营听说此事后,率部投奔金国。

保大二年(1122年)正月,金军攻破辽中京,天祚帝移居鸳鸯泺(位于今河北省张北县西北安固里淖湖畔)。耶律余睹引导金兵来攻,天祚帝十分恐惧。肖奉先存心想害死晋王,竟借机在天祚帝面前进谗言,诡称:耶律余睹本是王族的后代,他此次来并不是要灭亡辽国,只是想立晋王为帝而已。陛下如能以国家利益为重,不惜将晋王处死,金军将会不战自退。天祚帝再次轻信肖奉先的话,居然下令将晋王敖鲁斡处死。晋王知书达理,善于骑射,深孚众望。朝廷内外百官听说晋王被肖奉先谗害致死,无不悲伤流泪,由此人心更加涣散。

晋王被杀后,耶律余睹非但没有退兵,反而领兵进逼天祚帝行宫。天祚帝仓皇逃往云中（位于今山西省大同市），在过桑乾河时，把传国玉玺给弄丢了。他极为懊悔，从此对肖奉先的话不再相信。

当年十二月，金兵攻占辽西京（即云中），天祚帝从扫里关（其地不详）逃走。肖奉先劝天祚帝逃往夹山（位于今内蒙古武川县西南阴山）。天祚帝痛恶肖奉先乱政误国，怒斥道：是你误导我走到今天这一步。你虽然罪该万死，杀了你又有什么用？你去走自己的路吧，不要再跟着我！

不久，肖奉先的卫兵抓着他投降金军。辽军将士将肖奉先夺回。天祚帝随即下令将肖奉先处死，尔后率众逃往云内（位于今内蒙古土默特左旗东南）。

保大四年（1124年）七月，天祚帝聚集兵力夺回天德（治所位于今内蒙古乌拉特前旗阿拉奔）等四州。之后，辽军被金军击败，天祚帝逃往山阴（位于今山西省山阴县）。十一月，天祚帝随行卫队发生兵变，护卫太保（警卫部队长官）珠展（术者）将这次动乱平息。

保大五年（1125年）正月，天祚帝逃往天德军（治所位于今内蒙古杭锦后旗）。途中，天祚帝一行遭遇金兵袭击。当时天降大雪，天祚帝身边粮食吃光，且无御寒棉衣，饥寒交迫，困顿已极。

二月，天祚帝耶律延禧逃至应州（治所位于今山西省应县）新城以东，被金军抓获。金太宗将耶律延禧改封为海滨王，加以软禁。后来，耶律延禧在金国囚所病逝。

《辽史》卷二十七—卷三十　天祚帝本纪
　　　　　　卷一百二　肖奉先传
《辽史纪事本末》卷三十二　金人起兵
　　　　　　卷三十三　天祚播迁

一、式微之君　国破家亡

【简评】

　　《辽史》作者脱脱等人认为：天祚帝即位后"崇信奸回,自椓国本,群下离心。金兵一集,内难先作,废立之谋,叛亡之迹,相继蜂起。驯致土崩瓦解,不可复支,良可哀也！耶律与萧,世为甥舅,义同休戚。奉先挟私灭公,首祸构难,一至于斯。天祚穷蹙,始悟奉先误己,不几晚乎"。(《辽史》卷三十)

北宋徽、钦二帝国破家亡

北宋元符三年(1100年)正月,宋哲宗病逝,其弟赵佶继位为宋徽宗。

宋徽宗信任奸臣 激化社会矛盾

崇宁元年(1102年),宋徽宗任命翰林学士承旨(皇帝侍从顾问)蔡京为尚书左丞(副宰相)。第二年,宋徽宗提升蔡京为尚书左仆射兼门下侍郎(宰相),并采纳他的主意立"元祐奸党碑[①]",一批

[①] 北宋熙宁二年(1069年),宋神宗任命王安石为宰相实施变法。元祐元年(1086年),时年九岁的太子赵煦继位为宋哲宗,由其祖母(宋神宗之母)高太皇太后临朝听政。高太皇太后将支持新法的知枢密院事(最高军事机关长官)章惇等大臣贬出朝廷,起用反对新法的原翰林学士(皇帝顾问)司马光为宰相,尽行废除王安石新法,恢复旧法。蔡京时任开封知府(京都地区行政长官),最先在五天内废止新法。高太皇太后去世(此前司马光已去世)后,宋哲宗起用章惇为宰相,将反对新法的大臣贬斥。蔡京所立"元祐奸党碑",将反对新法或持有不同政见的三百零九名大臣列为"奸党",将其名字刻于碑上,加剧了北宋社会矛盾。

一、式微之君　国破家亡

正直大臣遭到贬斥流放。接着,蔡京迎合宋徽宗的奢望,提出"丰、亨、豫、大"之说①,为宋徽宗耽于安乐穷奢极欲大造舆论。从此,宋徽宗玩物丧志,荒废朝政。

宋徽宗喜爱字画古玩,派宦官童贯去杭州搜集字画,令防御使(军事将领)朱勔在苏州搜集奇花异石,由少宰(宰相)王黼主管应奉局(搜集奇珍异物的机构),"竭天下财力以供费",为时不长便"将累朝所储扫地"。江南民众不堪盘剥,爆发了方腊领导的农民起义②。

宦官梁师成以"慧黠习文法"受到宋徽宗信用,被任命为太尉(名誉宰相)。宋徽宗让梁师成主管宫中十几个机构和部门,决定官吏升迁。梁师成借以大肆贪赃受贿,文武百官敢怒而不敢言。此外,宋徽宗还任命宦官李彦主管西城所(管理西部田地机构)。李彦滥施权威,将大片民田划为公田,引起民众怨愤。

宋徽宗误用主帅　军队不堪一击

童贯本来不懂军事,以善于谄媚受到宋徽宗信赖。童贯领军攻灭方腊部众后,宋徽宗提升他为枢密使(最高军事机关长官),把军国大事交由他主管。宣和四年(1122年),宋徽宗任命童贯为河北路(治所位于今河北省大名县东北)、河东路(治所位于今山西省

---

① 原文出自《周易》。丰卦第五十五:"丰亨,王假之,勿忧,宜日中"。豫卦第十六:"由豫,大有得;勿疑,朋盍簪"。蔡京引用意为:帝业丰盛,大得人心。

② 宣和二年(1120年),睦州青溪(位于今浙江省淳安县)人方腊以诛杀朱勔为口号,组织数十万民众攻占睦州等官府,震动朝廷。第二年,方腊兵败被杀。

太原市)宣抚使(临时军政长官),率十五万大军,配合金朝①军队南北夹攻辽,以图收复由石敬瑭割让给辽国的燕云(位于今河北、山西二省北部地区)之地②。五月,童贯指挥的军队被辽军击败,退守雄州(治所位于今河北省雄县)。十月,童贯所率十万部众在良乡(位于今北京市房山区)等地再次被辽军击败,损失惨重。由此,金国君臣看到宋军兵力脆弱,不堪一击。

十二月,金军攻灭辽国,占领燕云十六州之地,宋军无力与金军抗争以夺回燕云之地。

宣和五年(1123年)三月,宋徽宗派遣直龙图阁(朝廷文秘官员)赵良嗣出使金,以将原来每年进贡给辽的十万两银、二十万匹绢转贡给金,另加燕京地区每年代税钱一百万缗为条件,要求金将燕云之地归还宋朝。金太宗只同意归还燕京六州之地。宋徽宗被迫同意。

辽灭亡时,辽兴军(治所平州,位于今河北省卢龙县北)节度副使张觉(亦记作张毂)投降金。金升平州为南京,任命张觉为试中书平章事(试任宰相)判留守事(兼任南京军政长官)。不久,张觉背离金,遥奉被金俘虏的辽天祚帝,安抚辽国遗民,并派人联系投降宋朝。宰相王黼劝宋徽宗收纳张觉。

张觉献平州投附宋朝后,宋徽宗将平州改为太宁军,任命张觉为太宁军节度使。金太宗听说后大为恼火,派兵攻下平州,张觉逃走。金太宗派出使臣指责宋朝"纳叛",要求交出张觉。宋徽宗只

---

① 辽天庆五年(1115年),女真族首领完颜阿骨打脱离辽,在按出虎水(位于今黑龙江省阿什河流域)建立政权,号"金",称帝,为金太祖。后来,其弟完颜晟继位为金太宗,建都会宁府(位于今黑龙江省阿城市南)。

② 后唐(五代之一)清泰三年(936年),河东(治所位于今山西省太原市)节度使(军政长官)石敬瑭叛离后唐朝廷,向契丹皇帝称臣称儿,借兵攻灭后唐,建国号"晋",史称"后晋",称帝为后晋高祖,将燕云十六州割让给辽国。

一、式微之君　国破家亡

好令人砍下张觉首级,交付金国。从此,宋、金两朝失和。

宣和七年(1125年)十月,金以索要平州南迁户口为名,派出东、西两路大军向宋朝发起进攻。东路军以斡离不(完颜宗望)为统帅,自平州南下;西路军以粘罕(完颜宗翰)为统帅,自云中(位于今山西省大同市)出发,直奔太原(位于今山西省太原市)。

当时,童贯正在太原视事。他听说金军南下,惊恐万状。粘罕派其部将撒离拇向童贯提出,要宋朝割让河东、河北之地,两国以黄河为界。童贯吓得上气不接下气,不知如何回答是好。

宋徽宗长年沉溺淫乐,不治军备,致使宋朝军队没有战斗力。面对金军长驱直入,宋徽宗惊慌失措。给事中(皇帝侍从谏议官)吴敏入见宋徽宗,问道:"金人背叛盟约,举兵南下,陛下打算怎样应对?"宋徽宗惶恐不安地答道:"有什么办法啊?只有让一让。"公开流露意欲放弃京都南去。

参议官宇文虚中随童贯回京后,建议宋徽宗发布"罪己诏书",革除弊政,以收拢人心。宋徽宗在"罪己诏"中称:"朕以寡昧之质,藉盈成之业。言路壅蔽,面谀日闻,恩倖恃权,贪饕得志;搢绅贤能陷于党籍,政事兴废拘于纪年。赋敛竭生民之财,戍役困军旅之力;多作无益,侈靡成风。利源酤榷已尽,而牟利者尚肆诛求,诸军衣粮不时,而冗食者坐享富贵。灾异谪见而朕不寤,众庶怨怼而朕不知。追维已愆,悔之何及!"他要求"四方忠义之人","念累圣仁厚之德,涵养天下百年之余","来洞国家一日之急"。

此前,宋徽宗任命太子赵桓(宋徽宗长子)为开封牧(京都地区行政长官),大臣们察觉宋徽宗有让位于太子之意。太常少卿(主管朝会礼乐的副长官)李纲刺破胳膊用鲜血上书,在血书中写道:"皇太子监国,礼之常也。今大敌入攻,安危存亡在呼吸间,犹守常礼,可乎?名分不正而当大权,何以号召天下!若假皇子以位号,使为陛下守宗社,收将士心,以死捍敌,天下犹可保。"

当年(1125年)十二月辛丑日,宋徽宗手书"传位东宫"四字,退居太上皇,太子赵桓即位为宋钦宗。此后,太上皇赵佶在童贯等人陪同下南去,经亳州(治所位于今安徽省亳州市),退至镇江府(治所位于今江苏省镇江市)。

宋钦宗平庸怯懦 无力挽救败局

靖康元年(1126年)正月,宋钦宗下诏请朝廷内外有识之士直言朝政得失。太学生(朝廷主办的最高学府学员)陈东等人上书,请求诛杀蔡京、王黼、童贯、梁师成、李彦、朱勔"六贼",以安抚天下人心。宋钦宗采纳陈东等人的建议,解除元祐党籍学术之禁,先后下令将"六贼"罢官流放,分别处死(蔡京系流放途中病死)。

危难之际,如何使国家免于灭亡?宋朝廷出现主战和主和两派。副宰相吴敏、行营参谋官(前线军事参谋官)、东京(开封)留守李纲等人主张誓死抗战,动员全国力量击退金军;宰相白时中、李邦彦等人主张割让太原、中山、河间三镇①,向金军求和。宋钦宗虽有抗战收复失地的愿望,但畏惧金军强大,思想左右摇摆。他倾向于向金军求和,也想离开京都南去。

金东路军攻下相州(治所位于今河南省安阳市)后,主和的舆论占据上风,致使"官军在河南者,无一人御敌"。金军将领为之嗤笑说:"南朝真的要亡国了。如果派一个将领率领二千兵士扼守黄河,我们岂能渡过河!"

当月,金东路军进抵开封。李纲领导爱国军民英勇抗击,斩杀数千敌军,迫使金军退却。这时,宋钦宗听从主和大臣意见,派出

---

① 太原镇治所位于今山西省太原市。中山镇治所位于今河北省定州市。河间镇治所位于今河北省河间市。

一、式微之君　国破家亡

使臣以割地赔款为条件向金军求和。金军所提要求得到满足后，开始回撤。

四月，太上皇从南京（位于今河南省商丘市）返回京都。金军撤退后，宋钦宗以为两朝从此不会再打仗，不再部署边境防务。李纲为之忧虑，数次上书献备边御敌之策。宋钦宗和主和大臣厌恶李纲备战主张，让他出任两河（即河东路、河北路）宣抚使。七月，李纲在河阳（位于今河南省孟州市）、怀州（位于今河南省沁阳市）等地整修战车兵器，组织军士训练。宋钦宗听说后竟下令解散李纲所组织的兵众。李纲上书说："秋高马肥，敌必深入，宗社安危，殆未可知。防秋兵尽集，尚恐不足，今河北、河东日告危急，未有一人一骑以副其求，奈何甫集之兵，又皆散遣？且以军法勒诸路兵起，而以寸纸罢之，臣恐后时有所号召，无复应者矣。"宋钦宗对李纲的这一奏书没有答复，不久竟将李纲罢官流放。

徽、钦二帝亡国被掳　客死金朝

当年八月，金朝副使赵伦向北宋官员诡称：投降金国的原辽国将军耶律余睹意欲投附宋朝。宋钦宗等人信以为真，写信交由赵伦为之联络。赵伦将此信交给斡离不。金太宗获悉这一情况后大为恼火，下令斡离不、粘罕率东西两路大军再次南下。

九月，金西路军攻克太原，接着，渡过黄河，逼近开封。金东路军自真定（位于今河北省正定县）南下，仅用二十天即进抵开封城下。闰十一月丙辰日，金军攻陷宋都城开封。金军统帅斡离不、粘罕传召宋钦宗去其设在青城（位于开封南郊）的军营，索要金一千万锭，银二千万锭，帛一千万匹，少女一千五百名，骡马七千匹。十二月，金军统帅将宋钦宗放回。

靖康二年（1127年）正月，金军统帅再次传召宋钦宗去青城，将其扣留。二月，金军统帅传召宋太上皇去其军营，并逼迫太上皇和宋钦宗召太后、皇后、嫔妃及皇室成员去金军军营。与此同时，金太宗下令废宋太上皇和宋钦宗为平民，选立非赵姓皇帝，将一向主和的北宋宰相张邦昌扶上皇位，改国号为楚。

四月初，金东路军掳宋太上皇及太后、后妃、皇子、公主等人，西路军掳宋钦宗及皇后、后妃、太子赵谌等共约三千人，分道北去。一路上，宋徽宗、宋钦宗及众后妃、公主受尽屈辱折磨（时人黄冀之撰《南烬纪闻》对此有详细记载）。赵佶父子被押至金国后，金太宗封赵佶为昏德公、赵桓为重昏侯，下令将他们分开囚禁。

五月，楚帝张邦昌主动退位，康王赵构（宋徽宗第九子）在南京（即商丘）即位为宋高宗。此后，宋高宗率众臣逐步退至江南，定都临安（位于今浙江省杭州市），史称"南宋"。金朝向南扩展势力，统治淮河以北地区。

后来，宋高宗多次派大臣出使金朝，请求将徽、钦二帝放还，金国始终没有答应。宋徽宗囚禁生活十分凄惨，他《在北题壁》一诗写道："彻夜西风撼破扉，萧条孤馆一灯微。家山回首三千里，目断天南无雁飞。"南宋绍兴五年（1135年），宋徽宗死于五国城（位于今黑龙江省依兰县）囚所。绍兴三十一年（1161年），宋钦宗死于燕京（位于今北京市区）囚所。

《宋史》卷十九 徽宗本纪一

卷二十二 徽宗本纪四

卷二十三 钦宗本纪

卷四百六十八 童贯传、梁师成传

卷四百七十 朱勔传、王黼传

卷四百七十二 蔡京传

《宋史纪事本末》卷五十三 复燕云

卷五十六 金人入寇

卷五十七 二帝北狩

一、式微之君　国破家亡

【简评】

　　《宋史》作者脱脱等人认为:"徽宗失国之由","恃其私智小慧,用心一偏,疏斥正士,狎近奸谀。于是蔡京以猥薄巧佞之资,济其骄奢淫逸之志。溺信虚无,崇饰游观,困竭民力。君臣逸豫,相为诞谩,怠弃国政,日行无稽。及童贯用事,又佳兵勤远,稔祸速乱。""自古人君玩物而丧志,纵欲而败度,鲜不亡者,徽宗甚焉,故特著以为戒"。(《宋史》卷二十二)钦宗"在东宫,不见失德。及其践阼,声技音乐一无所好。靖康初政,能正王黼、朱勔等罪而窜殛之,故金人闻帝内禅,将有卷甲北旆之意矣。惜其乱势已成,不可救药;君臣相视,又不能同力协谋,以济斯难,惴惴然讲和之不暇。卒致父子沦胥,社稷芜茀。帝至于是,盖亦巽懦而不知义者欤"。(《宋史》卷二十三)

金哀宗自叹无过

金开国之初,金太祖及金太宗雄心勃勃,虎视天下。他们凭借强悍的军队先后攻灭辽①、北宋②,将其统治区域从按出虎水一直扩展到淮河北岸。金章宗完颜璟即位(1189年)后,"秕政日多","民力浸竭","盛极衰始"。到了卫绍王完颜永济在位时期(1208—1213年),金朝政"纪纲大坏,亡征已见"(《金史》卷十八)。金贞祐二年(1214年),蒙古③军队进攻金中都,金宣宗完颜珣被迫将京都迁至汴京(位于今河南省开封市)。

元光二年(1223年)十二月,金宣宗去世,皇太子完颜守绪继位为金哀宗。金哀宗即位后励精图治,极力想重振雄风,扭转日趋衰亡的国势。他首先整肃吏治,将众所公认的奸臣吏部侍郎(朝廷

---

① 又名"契丹",都皇都(即上京),位于今内蒙古巴林左旗南;后建中京(位于今内蒙古宁城县)。辽保大五年(1125年),辽国为金国所灭。

② 都开封(位于今河南省开封市)。北宋靖康元年(1126年)闰十一月,金军攻陷开封,于第二年四月,将北宋太上皇(宋徽宗)和宋钦宗(太上皇长子)掳至北方。之后,康王赵构(太上皇第九子)即位为宋高宗,率群臣南撤,定都临安(位于今浙江省杭州市),史称"南宋"。金国控制淮河以北地区。

③ 金泰和六年(1206年),蒙古族首领铁木真(成吉思汗)所建立的国家,位于金国北方。蒙古至元八年(1271年),忽必烈汗改国号为"大元",第二年,定都大都(位于今北京市区)。

一、式微之君 国破家亡

主管官吏任免的部门代理副长官)蒲察合住贬为恒州(治所位于今河北省正定县)刺史、左司员外郎(最高行政机关内设机构副长官)泥庞古华山贬为同知桢州军(其地不详)州事(行政副长官)。朝廷官员为之互相庆贺。邠州(治所位于今陕西省彬县)节度使移剌术纳阿卜为此特意向朝廷进贡白兔。金哀宗说:有贤臣辅政,谷粮获得丰收,这才是国家兴旺的瑞兆,用不着进贡白兔。金哀宗令有关部门发给进贡白兔官员路费,要他们将白兔放回原来生长的地方,并通告各地今后不要做类似的事情。

正大元年(1224年)正月,京都有个身穿麻衣的男子望着承天门又笑又哭。门卫问他为何这样,麻衣男子答称:"我笑,是笑国家没有杰出的将相。我哭,是哭金国将要灭亡。"群臣请求对麻衣男子处以重刑。金哀宗说:我最近才发布诏书要求民众直言朝政得失,此人虽出语讥讽朝政,也不必追究。他随即下令将麻衣男子释放。

正大二年(1225年)冬天,皇族成员王家奴擅自杀死鲜于(人名或为复姓)主簿(文秘官),触犯刑律。朝廷权贵多为王家奴讲情,请求对他宽赦。金哀宗说:我虽为一国之主,敢害死一个无罪之人吗?国家如今处在危难之际,人是最宝贵的。王家奴作为皇族弟子仗势杀人,罪不容恕!他断然下令将王家奴斩杀。

在对外关系上,金哀宗注意与夏[①]和南宋保持和好关系,集中力量抗御蒙古军队入侵。

然而,金国的国力江河日下,已为强弩之末。尽管金哀宗殚精竭虑,力图振兴国家,也没能挽救金国灭亡的命运。

正大八年(1231年)十一月,蒙古军队攻入峣峰关(位于今陕西省商州市西北),向东进发。金朝大臣认为不可主动迎战。金哀宗说:先帝迁都汴京、南渡黄河近二十年来,民众倾家荡产、披肝沥

---

① 都兴庆府,位于今宁夏区银川市。

胆以养育军队。如今蒙古军攻来了,我们的军队不能去迎战,只图保全自己,天下人将对我作出何种评价?那样京城纵使能保得住,又怎么能称得上是国家?我考虑成熟了,国家存亡在于天命,唯一重要的,是不能对不起老百姓!于是,金哀宗令平章政事(宰相)、权枢密副使(最高军事机关代理副长官)完颜合达率领二十万大军挺进邓州(治所位于今河南省邓州市)等地,抗御蒙古军。

天兴元年(1232年)正月,金军主力三十五万官兵在钧州(治所位于今河南省禹州市)西南三峰山被蒙军击败,金军主帅完颜合达等人战死。十二月,蒙古军队进逼汴京。金哀宗率领众臣逃离汴京,经陈留(治所位于今河南省开封县东南)等地,辗转颠沛,进入归德(治所位于今河南省商丘市)。

天兴二年(1233年)六月,金哀宗一行退至蔡州(治所位于今河南省汝南县)。十二月,蒙军和南宋军合围蔡州。面对亡国之难,金哀宗对侍臣慨叹说:我当了十年大臣,十年太子,十年皇帝,自我反思没有什么大的过错,死去没有什么遗恨。唯一抱恨的是祖上大业传了一百多年,到我手中断绝了!我自以为与那些荒淫暴君亡国是完全不同的。接着,他又说:自古以来,没有不灭亡的国家,亡国之君往往自缚投降,或被抓俘,当众受辱,有的被杀,有的被囚禁。我不会走到那一步,我的决心已经下定,你们等着瞧吧!

天兴三年(1234年)正月己酉日,蒙军攻入蔡州。金哀宗在幽兰轩自缢而死。金国灭亡。

金哀宗自尽后,文武百官纷纷离去,唯有奉御(皇帝侍从官)完颜绛山没有走。他奉权点内族(代理主管皇族事务的官员)斜烈死前遗命,放火焚烧幽兰轩。蒙古兵冲上来将完颜绛山抓捕,问他为何不逃走。完颜绛山回答说:"我朝国君的生命是在此处终结的,我等火灭灰冷以后,将国君的遗骸收殓安葬。"蒙古兵笑着说:"你这个人真是执迷不悟,眼下你自己的命都难以保住,还指望去安葬

一、式微之君　国破家亡

你的国君遗骸吗？"完颜绛山说：做臣子的职责是事奉国君。我国国君治理天下十多年，功业没有完成，身死国难，我不忍心让他像一般士兵一样暴露遗骸。我知道你们不会让我活命，只请求让我掩埋国君遗骸，然后由你们将我碎尸万段。蒙古将领奔盏答应让他了却最后的愿望。等到火尽灰凉之后，完颜绛山收取金哀宗的遗骸，用皮衣把它包裹好，埋葬于汝水（位于今河南省南汝河上游）岸边。他跪在金哀宗灵墓前号哭再拜，尔后纵身跳入汝水。监守在旁边的蒙军兵士当即将他救上岸。后来，完颜绛山如何终结其余生，人们不得而知。

据《金史》卷十七　金哀宗本纪上
卷十八　金哀宗本纪下
卷一百二十四　完颜绛山传
《金史纪事本末》卷四十六　哀宗守汴

【简评】

　　《金史》作者脱脱等人认为：金哀宗即位后，"图存于亡，力尽乃毙，可哀也矣"。《礼记》①所说"'国君死社稷'，哀宗无愧焉"。（《金史》卷十八）

---

① 儒学经典之一。"国君死社稷"，见《礼记·曲礼下》。

元顺帝难灭燎原烈火

元①顺帝妥懽帖睦尔即位后,各地不断发生饥民暴动。为此,元朝廷加强对地方治安管理。至元三年(1337年)七月,元顺帝诏令各地:"凡盗贼诸罪,不需候五府官审录,有司依例决之。"至元六年(1340年)五月,元朝廷向全国发布禁令:"禁民间藏军器。"此后,道州(位于今湖南省道县)、汀州(位于今福建省长汀县)、广平(位于今河北省永年县)等地相继发生民众暴动。栾城(位于今河北省滦县)人韩山童承继其祖父创办白莲教会,自称弥勒佛托生,宣称天下将要大乱。其影响波及黄河以南至江淮地区。

至正十一年(1351年)四月,元朝廷从汴梁(治所位于今河南省开封市)、大名(治所位于今河北省大名县东)、庐州(治所位于今安徽省合肥市)征集十七万民工修理黄河,并派兵监守。此举加重了民众负担,激化了社会矛盾。

五月,颍州(位于今安徽省阜阳市)人刘福通宣称韩山童是"宋徽宗八世孙,当为中国主",杀白马、黑牛祭告天地,发动农民起义。元朝廷派兵镇压。韩山童虽然兵败被杀,但刘福通领导的起义军很快发展到几十万人,占领河南大片土地。他们以红巾为标号,号称"红巾军"。

---

① 都大都,位于今北京市区。

一、式微之君　国破家亡

至正十二年（1352年）二月，定远（位于今安徽省定远县）人郭子兴聚众反元，攻占濠州（治所位于今安徽省凤阳县临淮关）。

至正十五年（1355年）二月，刘福通拥立韩山童之子韩林儿为帝，号称"小明王"，国号宋，建都亳州（治所位于今安徽省亳州市）。与元朝廷势不两立。

在北方农民起义风起云涌之时，方国珍在黄岩（位于今浙江省黄岩市）、徐寿辉在蕲水（位于今湖北省浠水市）、张士诚在泰州（位于今江苏省泰州市）先后聚众起义。黄河上下、长江南北，农民起义的烈火形成燎原之势。

元朝廷速即派兵四处镇压，但未能扑灭起义烈火。元军夺回徐寿辉所占蕲水等地，其部将陈友谅又占据江州（治所位于今江西省九江市）。张士诚在高邮（治所位于今江苏省高邮市）失利后，率部南下攻占平江（治所位于今江苏省苏州市）。小明王所据亳州失守后，刘福通率部转战中原大地。郭子兴在和州（位于今安徽省和县）病逝后，其部将朱元璋率军攻占建康（位于今江苏省南京市）。

在农民起义烈火愈烧愈旺之际，元朝廷后院起火。元朝君臣围绕元顺帝是否让位问题，展开了一场你死我活的权力争夺。

元顺帝在位后期纵淫荒政。他常与宫女三圣奴、妙乐奴、文殊奴等十六人歌舞，称其为"十六天魔"，另又宠爱十一个宫女。完者忽都皇后对元顺帝移情别恋深恶痛绝。至正十六年（1356年），左丞相哈麻想立太子爱猷识里达腊（完者忽都皇后之子）为帝，尊元顺帝为太上皇。不久，此事被人告发，哈麻由此被杀。至正十八年（1358年），完者忽都皇后和太子派人游说右丞相大平，请他草拟元顺帝禅让诏书，被大平拒绝。元顺帝获悉此事后大为恼火，对完者忽都皇后更加疏远。

元朝廷废立之争很快波及地方。镇守大同（位于今山西省大同市）的将领孛罗帖木儿支持元顺帝继续执政，镇守陕西的知枢密院事（最高军事机关副长官）扩廓帖木儿则主张元顺帝让位。至正二十四年(1364年),太子爱猷识里达腊强求元顺帝下令罢免孛罗帖木儿职务。孛罗帖木儿率部进抵大都郊外,向太子示威。太子随即征调扩廓帖木儿部入卫京都。七月,两军在清河(位于今河北省霸州市南)交战,扩廓帖木儿兵败。孛罗帖木儿护卫帝位有功,被元顺帝任命为右丞相。

至正二十五年(1365年),太子爱猷识里达腊从冀宁(位于今山西省太原市)调兵讨伐孛罗帖木儿。孛罗帖木儿闻讯后擅自将皇后完者忽都囚禁,并伪造皇后书信召太子回宫。元顺帝对孛罗帖木儿如此擅权非常恼火,令人将孛罗帖木儿处死。元朝廷长年内争不息大大削弱了自身实力,也贻误了对起义军的围剿。

至正二十八年(1368年)正月,朱元璋在应天府(位于今江苏省南京市)称帝,建国号明。接着,明太祖朱元璋领兵击溃元军,兼并其他农民军,令征虏大将军徐达率领二十五万大军北伐中原。闰七月,徐达部众攻克通州(治所位于今北京市通州区)。元顺帝同众臣一片惊慌,准备离开大都北逃。宦官伯颜不花哭着劝谏说:天下是先帝世祖(忽必烈)打下来的,陛下应当誓死守卫,为何轻易放弃!我们请求率军出城抗战,愿陛下固守京城不要动摇。元顺帝对伯颜不花等人的劝告充耳不闻。丙寅夜,元顺帝率领后妃、太子及侍从向北逃往上都(位于今内蒙古正蓝旗闪电河北岸),元朝灭亡。

明洪武二年(1369年)六月,明军进逼上都。元顺帝一行逃至应昌(位于今内蒙古克什克腾旗达里诺尔)。洪武三年(1370年)四月,元顺帝病逝,太子爱猷识里达腊继承帝位,率众退至和林(位于今蒙古国哈尔和林)。爱猷识里达腊在和林建立的王朝,史称"北元"。

《元史》卷三十八——四十七 顺帝本纪
　　卷一百一十四 完者忽都皇后传
《元史纪事本末》卷二十四 小明王之立
　　卷二十六 东南丧乱
　　卷二十七 诸帅之争

一、式微之君　国破家亡

【简评】

　　元顺帝在位后期纵淫荒政,激化了社会矛盾,引发饥民暴动,亦引起部分大臣不满。围绕其是否让位给太子的问题,朝廷内外展开激烈争论,以致动用武力。在元朝君臣权争不息的同时,黄河流域、长江南北爆发了大规模农民起义。元朝廷虽然出兵镇压,但无法扑灭燎原烈火,最终被农民起义军推翻。

明崇祯帝失于用人

明①天启七年(1627年)八月,明熹宗朱由校病逝,时年十七岁的信王朱由检(明光宗朱常洛之子、明熹宗之弟)继位为明思宗,即崇祯皇帝。

崇祯帝继位之时,天下已经危机四伏。司礼监秉笔(宦官头目,代皇帝批阅奏章)魏忠贤长期专权乱政,激化了社会矛盾;陕西(即陕西布政使司,辖区位于今陕西省)等地爆发张献忠、李自成领导的农民起义,动摇了明朝统治的基础;后金②军队时常南下攻掠,对国家的安全构成严重威胁。内忧外患使明朝政局在风雨中飘摇。

崇祯帝血气方刚,不甘江山就此沉落,决意重振朝纲。即位不久,他不动声色地将"海内争望风献谄"号称"九千岁"(《明史》魏忠贤传)的魏忠贤驱逐出朝廷,迁往凤阳(位于今安徽省凤阳县),接

---

① 都北京,位于今北京市区。
② 明万历四十四年(1616年),女真族(后改为满族)首领努尔哈赤建金国,史称"后金",称汗(国王),建都赫图阿拉(位于今辽宁省新宾县西北老城),后迁都辽阳(位于今辽宁省辽阳市)、沈阳(位于今辽宁省沈阳市)。后金天聪十年(1636年),皇太极汗(努尔哈赤第八子)在盛京(即沈阳)称帝,改国号为清。

一、式微之君　国破家亡

着传令将其逮捕。魏忠贤畏罪自杀。与此同时，崇祯帝让群臣推荐，任命被魏忠贤排斥的原礼部右侍郎（朝廷主管礼仪、教育的部门副长官）钱龙锡为礼部尚书（礼部长官）、东阁大学士（宰相），让钱龙锡辅政，并起用一批有名望的大臣参议朝政。崇祯帝下令吏部（朝廷主管官吏任免的部门）对官职严格清理削减，以整肃吏治。他采纳户科给事中（朝廷主管户籍财政的部门监督官）韩一良提出严惩贪官的主张，以在文武百官中树立"视钱为污，惧钱为祸"的"不爱钱之风"；他还注意吸取先帝的教训，禁止后宫衣饰奢侈，禁止点燃以诱发性欲的宫中秘方，痛斥："皇考、皇兄皆为此误！"由于崇祯帝采取上述励精图治的措施，其执政初期"宗社再安"，"天下翕然称之"。（《明史纪事本末》卷七十二）

可是，明朝天下已"溃烂而莫可救"。年轻的崇祯帝毕竟缺乏力挽残局的治政魄力和经验，加之其性格多疑且暴戾这一致命弱点，为时不久便出现重大失误，逐渐失去人心。

崇祯二年（1629年）十一月，后金军队撒开明锦州（治所位于今辽宁省锦州市）驻军防线，进抵大安口（位于今河北省遵化市西北），威胁北京。督师蓟辽（驻宁远，位于今辽宁省兴城县）的兵部尚书（朝廷主管军事的部门长官）袁崇焕随即领兵南下蓟州（治所位于今天津市蓟县），阻击后金军。后金军又绕过明军主力，逼近明京都德胜门。袁崇焕率军赴卫京都，驻广渠门外。他要求让其将士入城休整，崇祯帝没有同意。这时，朝廷中有人诬告袁崇焕"引敌胁和，将为城下之盟"。崇祯帝由此对袁崇焕产生怀疑。后金乘机施用离间计，利用袁崇焕曾受命与后金谈和一事，故意在被俘的明某宦官面前散布袁崇焕与后金"密有成约"，然后让该宦官逃回，奔告崇祯帝。崇祯帝便"信之不疑"。十二月，崇祯帝下令将袁崇焕逮捕入狱，其部将祖大寿惧怕受牵治罪，率部投降后金。

崇祯三年（1630年）八月，袁崇焕被押往闹市处死。此后，崇祯帝对出征或镇守各地的武将不再放心使用，派宦官充任监军，先后任命太监曹化淳、马云程等为提督京营戎政（主管驻京部队和警卫部队）。重蹈前朝皇帝重用宦官乱政乱军的覆辙，明朝军事力量大为削弱。

此前，钱龙锡因反对重新起用魏忠贤党羽原御史（最高监察机关官员）高捷、史范，引起高、史二人憎恨。袁崇焕被捕后，高、史二人弹劾钱龙锡支持袁崇焕同后金议和。崇祯帝信以为真，钱龙锡被迫称病辞职回乡。袁崇焕被冤杀后，史范随即再次上书，诬告钱龙锡接受袁崇焕"重贿数万"，"卖国欺君"。九月，崇祯帝即以"私结边臣，蒙隐不举"的罪名，下令将钱龙锡逮捕入狱。中允（太子侍从官）黄道周为钱龙锡申辩，亦被贬出京都。之后，中允倪元璐为黄道周鸣不平，上书称"臣恐海内士大夫之气化为绕柔"，"天下本无人，得其人又不能用，谁为陛下奋其忠良者！"崇祯帝听不进去。

钱龙锡被革职后，崇祯帝任命魏忠贤余党礼部侍郎周延儒为大学士，让他辅政。周延儒当权后任人唯亲，贪赃受贿，朝政日益腐败。刑科给事中（朝廷主管刑事的部门监督官）吴执御弹劾周延儒"揽权壅蔽，私其乡人"，反而受到崇祯帝责难。

崇祯六年（1633年），周延儒称病辞职，崇祯帝任命魏忠贤另一亲信礼部尚书温体仁为首辅。温体仁推荐其同乡闵洪学为吏部尚书（吏部长官），又网罗史范、高捷等人为亲信，"凡异己者，率以部议论罢"。温体仁居相位八年，"兵警杂沓，民生日困，未尝建一策"。

崇祯九年（1636年）十月，原工部右侍郎（朝廷主管百工建造的部门副长官）刘宗周弹劾温体仁"十二罪、六奸"，指出：温体仁当政后"小人进而君子退，中官用事而外臣浸疏，朝政日隳，边政日坏"。"惟皇上念乱图存，进君子，退小人"。崇祯帝听不进去。之后，崇祯帝竟听信温体仁谗言，将刘宗周罢官为民。

崇祯十三年（1640年），李自成兵败，率部自均州（位于今河北省丹江口市）转入河南（即河南布政使司，辖区位于今河南省），当

一、式微之君 国破家亡

地饥民纷纷归附,其部众重新壮大。

崇祯十四年(1641年),张献忠率部攻下开县黄陵城(位于今重庆市开县),挥师向东夺取襄阳(位于今湖北省襄樊市襄阳城)。礼部尚书东阁大学士(宰相)杨嗣昌因兵败而畏罪自杀。

同年,周延儒复任首辅(首席宰相)。周延儒平庸无才,对于清兵犯边、农民军势力蔓延,他没有拿出任何对策。他自请去通州(位于今北京市通州区)迎战清军,却不敢与之交战,"惟与幕下客饮酒娱乐,而日腾章奏捷"。

崇祯十五年(1642年),蓟、辽总督(军政长官)洪承畴所率救援锦州十三万官兵被清军包围击溃。洪承畴等人投降清军。之后,清军分数路攻入关内,明京都戒严。

崇祯十六年(1643年),张献忠率部攻占武昌府(治所位于今湖北省武汉市江夏区)、长沙(治所位于今湖南省长沙市),称西王。

崇祯十七年(1644年)正月,李自成在西安(位于今陕西省西安市)称王,建国号大顺。二月,李自成率部攻占太原(位于今山西省太原市)。接着,他率部攻打宁武关(位于今山西省宁武县)。宁武总兵(镇守某地的将领)周遇吉率兵拒守,击杀农民军万余人,直到火药用尽,兵败被俘杀。李自成为之慨叹说:假如官军守将都像周将军这样忠于朝廷,我怎么能如此顺利进军!三月,李自成率部攻下大同(位于今山西省大同市)后举兵向东,真定(治所位于今河北省正定县)官兵杀总督(军政长官)徐标向农民军投降。明京都为之震动。大学士李建泰建议崇祯帝向南转移。崇祯帝答称:国君当死于社稷,能往哪里去?左都御史(最高监察机关长官)李邦华也出面劝谏崇祯帝南迁。崇祯帝怒斥道:国家面临危难,没有一个忠臣为国分忧,你竟然出这样的歪主意!国君死于社稷是自古以来的正道。我的决心已经下定,你们不要再多说了!

三月丙午(十九日),统兵守卫京城诸门的太监曹化淳打开京都彰义门向农民军投降,李自成率部攻入北京。崇祯帝陷入绝境,令周皇后自杀,转而又对年方十五岁的女儿悲叹道:你为何要生在我家!说着,他挥刀砍断她的左臂。然后,他直奔万寿山(今北京市景山)自缢而死。人们在崇祯帝衣襟内发现一封遗书,遗书写道:"朕凉德藐躬,上干天咎,然皆诸臣误朕。朕死无面目见祖宗,自去冠冕,以发覆面。任贼分裂尸,无伤百姓一人。"

《明史》卷二十三—卷二十四 庄烈帝本纪

卷二百五十一 钱龙锡传

卷二百五十九 袁崇焕传

卷三百八 周延儒传、温体仁传

卷三百九 李自成传

《明史纪事本末》卷七十二 崇祯治乱

卷七十四 宦侍误国

卷七十八 李自成之乱

卷七十九 甲申之变

【简评】

　　《明史》作者张廷玉等人认为:崇祯帝继明熹宗之位"慨然有为。即位之初,沈机独断,刈除奸逆,天下想望治平。惜乎大势已倾,积习难挽。在廷则门户纠纷,疆场则将骄卒惰。兵荒四告,流寇蔓延"。"然在位十有七年,不迩声色,忧勤惕励,殚心治理。临朝浩叹,慨然思得非常之材,而用匪其人,益以偾事。乃复信任宦官,布列要地,举措失当,制置乖方。祚讫运移,身罹祸变"。"蒙难而不辱其身,为亡国之义烈矣"。(《明史》卷二十四)

一、式微之君　国破家亡

清咸丰帝丧魂失魄

　　清咸丰七年（1857年）四月，英国政府决定借"亚罗"号船事件①再次发动侵华战争，法国政府准备派军舰会同英军行动。

　　咸丰八年（1858年）四月，英、法侵略军攻占大沽（位于今天津市海河入海口岸）炮台，逼迫清朝廷同其签订《中英天津条约》和《中法天津条约》，践踏中国主权。

　　咸丰九年（1859年）五月，英、法两国公使照会清朝廷，声称两国要派代表去北京换约。随后，英、法侵略军炮击大沽，受到清军坚决还击。英军死伤四百六十四人，法军死伤十四人，英、法侵略军败退南返。

　　咸丰十年（1860年）六月，英国特使额尔金与法国特使葛罗率领侵华联军攻占北塘（位于今天津市塘沽港北）。咸丰帝（清文宗奕詝）大为惊恐，当即传令直隶（辖区位于今北京、天津二市及河北

---

　　①　清咸丰六年（1856年）九月，广东水师千总（海军军官）梁国太领兵搜查停泊在珠海炮台（位于今广东省珠海市）附近洋面的走私船"亚罗号"，拘留海盗嫌疑梁明太等十二人。英国驻广州代理领事巴夏礼以该船持有英国执照出面干预。两广总督（军政长官）叶名琛派人审查后，下令扣留其中三名海盗，释放九名水手。巴夏礼拒收九名水手，并诬称中国水兵侮辱英国国旗，蓄意制造事端。

省)总督(军政长官)恒福向英、法侵略军求和,称:"不可因海口设防严密,仍存先战后和之意","须以和局为要"。然而,英、法侵略军却毫无和谈诚意,随即又攻占塘沽。镇守大沽的都统(军事长官)僧格林沁率部后撤,同时奉劝咸丰帝北巡木兰(即热河,位于今河北省承德市)。英、法侵略军进而攻占天津(位于今天津市区),直逼清京都北京(位于今北京市区)。

八月七日,僧格林沁率部与英、法侵略军在八里桥(位于今北京市通州区西)展开激战。清军敌不过拥有新式枪炮的英、法侵略军。僧格林沁奉命出示白旗求和。

咸丰帝在英、法侵略军攻占天津后就想离开京都,逃往木兰,被军机大臣匡源等人劝止。八里桥兵败后,咸丰帝惊恐万状,连夜召集诸王和大臣紧急会议,决定"出狩"。第二天清晨,咸丰帝再次召集诸王及大臣会议,告称他即日离京。之后,咸丰帝便携带后妃皇子及两千人马仓皇逃离京都。行至密云(位于今北京市密云县)时,咸丰帝才想起留守京都的事,指令豫亲王义道、大学士(宰相)桂良等人为留京办事大臣。八月十六日,咸丰帝进入热河行宫(避暑山庄)。

八月二十四日,英、法侵略军攻入圆明园。英、法侵略军争相抢劫,将圆明园及清漪园和静明园所藏的稀世珍品抢劫一空。接着,英军将历时九十多年才修建完工的圆明园及清漪园、静明园焚为灰烬。二十九日,守城清兵被迫开放安定门,英法联军进入北京。

咸丰帝生怕英、法侵略军再北犯热河,指令恭亲王奕䜣同英、法代表额尔金和葛罗进行谈判,要奕䜣"只可委屈将就,以期保全大局"。奕䜣被迫同额尔金签订《中英北京条约》、同葛罗签订《中法北京条约》。条约规定赔偿英、法两国兵费各八百万两银,将九龙司(位于今香港特区九龙半岛南端尖沙咀)割让给英国。英、法侵略军达到其侵华目的后撤离北京。由英、法两国发动的这场侵

一、式微之君　国破家亡

华战争,史称"第二次鸦片战争"。

九月,奕䜣、桂良等人奏请咸丰帝回京。咸丰帝答复说:"览奏具见悃忱,惟此时尚早。"十月,奕䜣等人奏称:"夷兵现俱撤尽,市肆渐安,腥膻已远,中外人心,切望及早回銮,以期镇定。"咸丰帝答复说:"虽已换约,然退兵后,各国夷酋尚有驻京者,难保不因朕回銮,再来饶舌。诸事既未妥协,设使朕率意回銮,夷人又来挟制,朕必将去而复返,且恐京师人心震动,更有甚于八月初八日之举。朕本意暂缓回銮,俟夷务大定,再将回銮一切事宜办理。本年回銮之举,该王大臣等不准再行渎请。"

咸丰十一年(1861年)二月,咸丰帝打算回京,却又将启程日期往后一推再推。咸丰帝以身体"仍需静心调摄"为由,称回京一事到秋天再说。谁知,没有等到预期启程之日,咸丰帝于当年七月在避暑山庄病逝。

《清通鉴》卷二一三　清文宗咸丰六年
　　　　　卷二一四　清文宗咸丰七年
　　　　　卷二一五　清文宗咸丰八年
　　　　　卷二一六　清文宗咸丰九年
　　　　　卷二一七　清文宗咸丰十年
　　　　卷二一八　清文宗咸丰十一年
《清史稿》卷二十　文宗本纪

【简评】

十八世纪中叶以后在欧洲大陆掀起的工业革命,推动了科学技术大发展。由此,英、法等国军事装备居于世界先进水平。清军凭其旧式装备,固然难以与英、法侵略军正面交锋,但其在自己的国土上,可以采取灵活战术与入侵之敌作持久的抗争。咸丰帝畏敌如虎,在强敌进攻面前吓破了胆,仓皇逃往热河行宫。英、法侵略军获得割地赔款后撤离北京,咸丰帝仍然不敢返回京都,直到第二年在热河病逝。这样的皇帝不过是个亡国奴而已,不懂得也不可能组织军民反抗外敌入侵。

二、忧患图存　以身报国

当国家因内乱或外敌入侵处于生死存亡的紧急关头,总有一些文臣武将忧患时局,奔赴国难。他们知难而进,救亡图存,奋勇抗争,坚强不屈,大义凛然,舍身报国,以大无畏的英雄气概和献身精神谱写了一曲曲爱国主义的壮歌。他们是国家的脊梁、民族的精英、人民的骄子,永远值得人们敬仰。

二、忧患图存　以身报国

逢丑父易位救主

齐顷公十年（前589年）春天，齐国军队入侵鲁国①。鲁国派大臣臧宣叔向晋国求援，晋景公派遣中军将（最高军事将领兼掌国政）郤克率领大军分乘八百辆战车讨伐齐国。

六月十七日，晋国军队进抵齐国鞍地（位于今山东省济南市西北）。齐顷公亲自指挥部队迎战晋军，他鼓励将士们说："为国立功的时候到了！冲啊！让我们打败晋军后再吃早饭！"晋军车阵严整，迎着齐军的攻势往前冲。齐军反被晋军击溃，齐顷公仓皇退逃。

车右（站在车子右边的警卫军官）逄丑父（《左传》记作逢丑父）为了掩护齐顷公脱身，请国君同他互换位置，让齐顷公站在车厢右边，他换坐在国君的位子上。

齐顷公的车子逃至华泉（其地不详）附近，被路边的树枝挂住而停下。这时，晋军司马（主管军法）韩厥领兵追上齐顷公的车子。韩厥十分得意，对坐在正位的逄丑父冷嘲热讽。逄丑父见韩厥把他误认为齐国国君，便指令站在右边的齐顷公下车去华泉取水。齐顷公乘机逃入齐军的一辆车子，飞驰而去。

韩厥把逄丑父抓回献给郤克。郤克一看不是齐顷公，经审问

---

①　春秋诸侯国，都曲阜，位于今山东省曲阜市。

才知道他是齐顷公的侍卫官逢丑父。逢丑父承认他有意坐在正位上，让齐顷公扮作侍卫官逃走。郤克大为恼火，下令将逢丑父处死。逢丑父慨然长叹道："做臣子的能冒死掩护国君，是忠臣。这样的忠臣如果被杀害，以后谁还肯做忠臣！"郤克为逢丑父的话所触动，佩服他的忠诚和胆略，随即把他释放。

齐顷公转身寻找逢丑父，没有找到，便从徐关（位于今山东省淄博市淄川区西南）回到都城临淄。郤克率领晋军追至马陉（位于今山东省淄博市南），没有抓到齐顷公。

七月，齐顷公派人带着礼品向郤克求和，许诺退还所占鲁国土地，声称如果晋军将领拒绝和谈，齐国只好出兵同晋军决战。郤克与鲁成公商议后同意讲和，下令撤军回国。

《左传》成公二年
《史记》卷三十二 齐太公世家

【简评】

齐军被晋军击败，齐顷公乘车逃跑。晋军紧追不舍，齐顷公非常危险。危急时刻，逢丑父意识到国君一旦被晋军俘杀，齐国也就难保了，断然决定舍弃自己的生命，与齐顷公调换位置。他假充国君，让齐顷公借取水之机得以脱身逃走，使其免做晋军俘虏。人们赞赏逢丑父的机智，更钦佩他的忠诚。

二、忧患图存　以身报国

臧洪志愿匡扶汉室

臧洪是东汉①广陵射阳(位于今江苏省宝应县东)人,早年以忠孝廉正被推选为郎(皇帝侍从官员)。后来,他受任即丘县(治所位于今山东省郯城县东北)县令。

东汉中平六年(189年)四月,汉灵帝去世,臧洪辞职回家。不久,他应广陵(治所位于今江苏省扬州市)太守张超召请,出任该郡府功曹(负责考察官员、选荐人才)。

八月,屯兵河东(镇所位于今山西省夏县)的前将军董卓领兵进入京都洛阳,废黜汉少帝刘辩(汉灵帝嫡子),改立时年九岁的陈留王刘协(汉少帝刘辩异母弟)为汉献帝,自称相国,控制朝政。

臧洪对于董卓废立皇帝、窃权乱政十分愤慨和忧虑,向张超建议说:皇室受到奸臣危害,眼下正是忠义之士为国效命的时候,郡守应为天下人带个头,举忠义大旗,号召民众共诛国贼。张超赞同臧洪的主张,与他一起去同陈留(治所位于今河南省开封县东)太守张邈(张超之兄)商量,联络兖州(治所位于今山东省金乡县西北)刺史(行政长官)刘岱、豫州(治所位于今安徽省亳州市)刺史孔伷、东郡(治所位于今山东省莘县西南)太守桥瑁(其姓名据《后汉书》卷七十四·袁绍传)等人,结成联盟。臧洪在结盟大会上宣读

---

① 都洛阳,位于今河南省洛阳市。

盟约时激昂慷慨,泪流满面,称"汉室不幸,皇纲失统,贼臣董卓乘衅纵害,祸加至尊,虐流百姓"。为此,兖州等五州刺史、太守"纠合义兵,并赴国难。凡我同盟,齐心勠力,以致臣节,殒首丧元,必无二志!"人们听臧洪演说,无不受到激励,群情振奋。

在此期间,司隶校尉(主管纠察京都百官兼领军缉捕)袁绍和典军校尉(警卫部队将领)曹操分别转至渤海(治所位于今河北省南皮县东北)和己吾(治所位于今河南省宁陵县西南),也以匡扶汉室的名义举兵讨伐董卓。董卓听说各地起兵讨伐,大为惊恐。

初平元年(190年)春天,董卓令人害死刘辩,焚烧洛阳宫殿,劫持汉献帝迁都长安(位于今陕西省西安市)。袁绍、曹操等人乘机扩展自己的势力割据一方。汉朝天下大乱,皇室濒临绝境。

张超、臧洪倡导的五州联盟为时不久便解体。臧洪受张超委派前往联络幽州(治所位于今北京市区)牧刘虞,谋划匡扶汉室之事。臧洪行抵河间(位于今河北省雄县)时,遇上辽东属国(治所位于今辽宁省义县)长史(即将兵长史,军事长官)公孙瓒领兵攻打冀州(治所位于今河北省临漳县西南)牧韩馥。臧洪受阻而未能完成使命。韩馥为人怯懦,让袁绍顶替他为冀州牧。此间,臧洪结识袁绍。他见袁绍宣称讨伐董卓,又推举刘虞为盟主,对袁绍产生好感,寄希望于袁绍能匡扶汉室,便接受袁绍委派,出任青州(治所位于今山东省淄博市东北)刺史。袁绍赞赏臧洪治政才能,不久改任他为东郡(治所东武阳,位于今山东省武城县西北)太守。

初平三年(192年),中郎将(警卫部队将领)吕布在长安击杀董卓,后被董卓部将李傕等人击败。吕布辗转投奔河内(治所位于今河南省武陟县西南)太守张杨,途中与张邈结为拜把兄弟。兴平元年(194年),曹操被部众推为兖州牧,领兵攻打徐州(治所位于今山东省郯城县)牧陶谦。曹操的谋士陈宫乘机串通张邈,反叛曹操,拥吕布为兖州牧,驻守濮阳(位于今河南省濮阳市西南)。

兴平二年(195年)春天,曹操领兵击败吕布。张邈随吕布投

二、忧患图存 以身报国

奔屯兵小沛(位于今安徽省濉溪县西北)新任徐州牧的刘备(陶谦病危时,遗命由刘备继任),留张超领其家属驻守雍丘(治所位于今河南省杞县)。

当年八月,曹操领兵围攻雍丘。张邈闻讯谋划赴援雍丘,为其部下所杀。危难之际,张超想到臧洪,对部众说:此时此刻无处求助,只能靠臧洪带人来救援。张超派人给臧洪送去告急信。臧洪接信后,请求袁绍发兵救援张超,袁绍没有同意。臧洪请求自领部众前去救援,袁绍也没有同意。不久,张超兵败自杀。为此,臧洪与袁绍断绝关系。

袁绍对臧洪与之背离大为恼火,随即派兵围攻东武阳城。臧洪组织城中军民奋力抗御。袁绍部众久攻不下。袁绍知道其幕僚陈琳与臧洪系同乡且有姻亲,关系要好,要陈琳写信劝臧洪投降。臧洪收到陈琳劝降信后,回信答称:"足下或者见城围不解,救兵未至,感婚姻之义,惟平生之好,以屈节而苟生。"然而,"足下徼利于境外","臧洪策名于长安。子谓余身死而名灭,仆亦笑子生死而无闻焉,悲哉!"袁绍见臧洪无意投降,决定增兵强攻东武阳城。当年年底,东武阳城内的粮食吃完了,无援兵相救。臧洪知道东武阳城迟早要被袁绍攻下,便劝其部下官兵携带妻子儿女离城出逃。城内官兵和百姓流着眼泪不肯离去。臧洪把部属为他存放的最后三斗米拿出来,熬成稀粥,让众人分着吃。城中男女老少饿死七八千人,没有一个出城投降。

不久,袁绍军士攻入东武阳城,将臧洪俘虏。袁绍召集诸将,当众问臧洪降服还是不降服。臧洪怒目而视,指着袁绍痛斥道:你们姓袁的在汉朝四代为高官,可以说深受国恩。如今汉皇室衰弱,你们非但无匡扶之意,反而屠杀忠良以助长奸臣。可惜啊,我臧洪力量有限,不能挥戈为天下人杀贼报仇,服与不服从何谈起?袁绍见臧洪不会向他屈服,下令将臧洪处死。在场的东郡丞(行政副长官)陈容起身怒斥袁绍不该杀害忠义之士,袁绍勃然大怒,下令将陈容押下去。陈容回头对袁绍说:宁与臧洪同时死,不与将军同日生!袁绍又下令将陈容处死。

《三国志》卷七 臧洪传

张邈传

吕布传

卷六 董卓传

袁绍传

卷一 武帝纪

《资治通鉴》卷六十一 汉纪五十三

【简评】

　　董卓控制东汉朝政之后,臧洪深为汉皇室倾颓而忧虑,建议张超在天下带个头,聚众诛除国贼。张超起事失败后,臧洪转入袁绍阵营,把匡扶汉室的希望寄托在袁绍身上。吕布杀死董卓后与张超之兄张邈结盟,与曹操对立,由此,张超受到曹操部众围攻。张超向臧洪求援,袁绍竟不同意臧洪领兵救援。臧洪断然与袁绍决裂,最后被袁绍攻杀。臧洪身处东汉末期天下大乱之时,凭其自身力量匡扶汉室固然难以成功,但其忠义之举是值得称赞的。

二、忧患图存　以身报国

刘琨壮志未酬

刘琨是西晋中山魏昌（位于今河北省定州市东南）人，其父刘蕃官至光禄大夫（主管议论朝政）。刘琨早年胸怀大志，意气豪迈，与范阳遒（位于今河北省涞水县）人祖逖同为司州（治所位于今河南省洛阳市）主簿，两人志同道合，相互砥砺。刘琨博览群书，能诗善文。后来，他在担任司隶从事（主管纠察京都百官兼领兵的官府属官）期间，常常去征虏将军石崇的金谷涧（位于今河南省洛阳市东北）别墅写诗会友，与石崇、著作郎（撰写史书的官员）潘岳等人同为秘书监贾谧的"二十四友"。

历经权争之乱　目睹国势衰败

西晋太熙元年（290年），晋武帝去世，太子司马衷（皇后杨艳所生）继位为晋惠帝。晋惠帝生来呆痴，不能上朝理政，由录尚书事（丞相）杨骏（晋武帝继任皇后杨芷之父）辅政。皇后贾南风（贾谧姨母）意欲掌揽朝政大权，干预朝政。永平元年（291年）三月，贾皇后诬告杨骏谋反，唆使晋惠帝派兵将杨骏击杀。接着，她串通楚王司马玮，诬杀辅政的汝南王司马亮和录尚书事卫瓘。转而，她假传诏令,处死楚王司马玮,控制朝政。贾谧凭借贾皇后的关系得以升任侍中(侍从皇帝的主官)。贾皇后当权后,刘琨由著作郎、太学博士(朝廷主办的最高学府教员)转任为尚书郎(最高行政机关内设机构长官)。

永康元年(300年)四月,赵王司马伦鼓动贾谧,要他劝说贾皇后害死废太子司马遹(晋惠帝当太子时与宫女谢玖所生,系被贾皇后诬陷废黜)。然后,赵王以谋杀太子的罪名领兵击杀贾皇后和贾谧,自任丞相。石崇、潘岳受贾谧牵连被杀。刘琨与赵王系姻亲,没有受到追究,被委任为从事中郎(丞相府参议官)。之后,赵王废黜晋惠帝自称皇帝,立其子司马荂为太子,刘琨受任太子詹事(主管太子所居东宫事务)。

永宁元年(301年),齐王司马冏、成都王司马颖和河间王司马颙领兵击杀赵王,迎晋惠帝复位。齐王任大司马(丞相)辅政,以刘琨"父兄皆有当世之望",对刘琨依附赵王没有追究。齐王任命刘琨之兄刘舆为中书郎(负责拟草诏书),改任刘琨为尚书左丞(最高行政机关事务长官)。

永宁二年(302年),长沙王司马乂攻杀齐王司马冏,执掌朝政。刘琨随刘舆应范阳王司马虓(王府设地位于今河南省许昌市)召请,入其幕府为司马(主管王府军事)。

此后,诸王争战愈演愈烈,政局更为动荡。河间王部将张方击杀长沙王司马乂。成都王司马颖(王府设地邺,位于今河北省临漳县西南)任丞相遥控朝政。东海王司马越挟晋惠帝率军征讨成都王。成都王领兵击败东海王部众,将晋惠帝护送回洛阳。接着,张方劫持晋惠帝去长安。

二、忧患图存 以身报国

在西晋诸王权争不息国势日衰之时,建威将军、匈奴五部①大都督刘渊(字元海)脱离西晋朝廷,称汉王②,不断领兵南下,对西晋构成威胁。

永兴二年(305年)九月,左将军、豫州(治所位于今河南省淮阳县)刺史(军政长官)刘乔领兵攻打范阳王司马虓。刘琨率部救援尚未赶到,司马虓兵败,与刘琨部会合逃往黄河以北。十二月,刘琨奉司马虓之命向都督幽州(治所位于今北京市区)诸军事(军事长官)王浚借得八百名骑兵,与司马虓率众南下击败刘乔。

光熙元年(306年)六月,刘琨率部配合东海王司马越击败河间王司马颙,迎晋惠帝返回洛阳。司马越以录尚书事执掌朝政,刘琨因功受封为广武侯。

毅然坚守边郡竭力匡扶晋室

当年(306年)十月,刘舆杀死兵败被囚的成都王司马颖,应司马越之召出任左长史(丞相府事务长官)。鉴于汉国势力日益强盛,需要加强北方边镇的防御,经刘舆提议,朝廷派遣刘琨出任并州(治所晋阳,位于今山西省太原市西南)刺史、领匈奴中郎将(主

---

① 东汉建武二十四年(公元48年),汉北方游牧国家匈奴分裂,南部右奥鞬日逐王比率部南附汉朝,入居五原塞(位于今内蒙古土默特右旗、乌拉特前旗境内)、云中郡(治所位于今内蒙古托克托县)、西河郡美稷县(位于今内蒙古准格尔旗西北)等地,史称"南匈奴"。三国时期,南匈奴归属于魏国,分五部散居各郡县。

② 西晋永兴元年(304年),匈奴五部大都督刘渊称汉王。永嘉二年(308年),刘渊建国号汉,称帝,次年将都城由左国城(位于今山西省离石市东北)迁至平阳(位于今山西省临汾市西南)。

管匈奴等少数民族事务的将领)。

十一月,晋惠帝中毒而死(一说为司马越毒杀),司马越拥立皇太弟司马炽(晋武帝第二十五子)继位为晋怀帝。

十二月,刘琨赴任行抵上党(治所壶关县,位于今山西省长治市北)。当时,并州正在闹饥荒,加之汉王军队不断攻掠,"寇贼纵横,道路断塞"。刘琨不畏艰难,上书朝廷称,"道崄山峻,胡寇塞路,辄以少击众,冒险而进,顿伏艰危,辛苦备尝"。"目睹困乏,流移四散,十不存二,携老扶弱,不绝于路"。"以臣愚短,当此至难,忧如循环,不遑寝食"。

刘琨在上党募集五百人,继续北上,边走边与盗贼和汉军作战,历尽险阻才到达晋阳。

此前,晋阳城被汉军焚毁,眼下城乡一片萧条。刘琨进入晋阳后四处奔波,安抚百姓,操练兵士,加强防御,社会秩序很快恢复正常。他策动上万人脱离刘渊,归附并州,军民为之振奋。外流人口纷纷返回,恢复农耕,"鸡犬之音复相接"。为了联合鲜卑拓跋部(居住地位于今内蒙古和林格尔县西北)共同抗击汉军,刘琨奏请朝廷封鲜卑拓跋部首领拓跋猗卢为代郡公。

代郡(治所位于今河北省蔚县东北)属幽州管辖。王浚认为刘琨此举侵犯其地盘,数次领兵攻打并州,使刘琨的兵力受到损失。此间,刘琨上书请朝廷派兵与其共同讨伐汉国,录尚书事司马越没有同意。

永嘉五年(311年)六月,汉国军队攻入洛阳,将晋怀帝司马炽俘虏,晋朝廷众臣溃散。刘琨率部坚守并州,毫不动摇。晋阳令(县令)徐润精通音乐,受到刘琨信任。徐润与将军令狐盛不和,他在刘琨面前诡称令狐盛将要劝刘公称帝。刘琨极为气愤,未加核实竟下令将令狐盛处死。令狐盛之子令狐泥逃奔汉帝刘聪(刘渊之子)。

永嘉六年(312年)七月,汉国以令狐泥为向导,出兵攻打并

二、忧患图存 以身报国

州。刘琨率部出城迎战,其部将郝诜、张乔战死。汉军乘晋阳兵力空虚之机出兵围攻,太原(即晋阳)太守(行政长官)高乔献城向汉军投降,令狐泥将刘琨父母杀害。刘琨闻讯率部返救晋阳不成,转至常山(位于今河北省曲阳县西北)。之后,刘琨请代郡公拓跋猗卢派出援军,将汉军击败。刘琨自知力量薄弱,挥泪放弃晋阳,率部移居阳曲(位于今山西省太原市北)。他没有灰心丧气,而是收揽流散部众,仍念念不忘收复失地,匡扶晋室。

永嘉七年(313年)二月,晋怀帝在汉国被处死。雍州(治所长安)刺史麹允拥立秦王司马邺(晋武帝之孙)在长安即位为晋愍帝。晋愍帝任命刘琨为大将军、都督并州诸军事。刘琨在答谢疏中写道:他之"所以冒承宠命者,实欲没身报国,辄死自效,要以致命寇场,尽其臣节"。"虽身膏野草,无恨黄墟"。

七月,刘琨奉晋愍帝之命与拓跋猗卢联合出兵进攻汉国,进至西平(位于今山西省临汾市西北),受到汉大军阻击,因寡不敌众而退回。

当时,西晋北方八州,已被汉平东大将军石勒攻占七州,只剩下刘琨镇守的并州孑然而存。刘琨在另一份奏书中写道:"臣所以泣血宵吟,扼腕长叹","东北八州,勒灭其七,先朝所授,存者唯臣",而他"徒怀愤踊,力不从愿"。他向愍帝表示:"臣当首启戎行,身先士卒。臣与二虏,势不并立,聪、勒不枭,臣无归志。"为了收复失地,"陨首谢国,没而无恨"。

兵败投附盟军 受间遭忌遇害

建兴四年(316年)春天,刘琨约拓跋猗卢共同出兵攻打汉国。

这时,拓跋部发生内讧。拓跋猗卢偏爱的小儿子拓跋比延被其长子拓跋六修杀死。留在拓跋部做人质的刘琨之子刘遵及拓跋猗卢部将箕澹乘机率三万余众投入刘琨营垒。

十一月,石勒率部围攻坫城(位于今山西省昔阳县西南),乐平(治所位于今山西省昔阳县)太守韩据向刘琨求援。刘琨以为新老部众合在一起足以击败石勒军队,不顾箕澹劝告,断然令箕澹率两万步骑兵为前锋,自己亲率大军后继,赴援坫城。不料途中遭石勒部众伏击,几乎全军覆没。刘琨只好收拢残部投奔幽州刺史段匹䃅(此前,王浚已被石勒袭杀)。段匹䃅曾数次写信邀请刘琨,意欲与他共同匡扶晋室。刘琨进入幽州后,段匹䃅对刘琨非常推崇和尊重,与他结为儿女亲家。

同月,汉车骑大将军刘曜领兵攻入长安,晋愍帝投降,西晋灭亡。

此时,晋朝淮水(今淮河)以南土地尚未被汉军攻占,人们把匡复晋室的希望寄托在镇守建康(位于今江苏省南京市)的琅琊王司马睿身上。琅琊王部众劝其称帝,他只答应称晋王①。

东晋建武元年(317年)六月,刘琨联络段匹䃅等一百八十个官员联名上书劝晋王称帝,以表达"不胜犬马忧国之情"。刘琨在奏书中写道:"蒸黎不可以无主"。"四海想中兴之美,群生怀来苏之望","天祚大晋,必将有主,主晋祀者,非陛下而谁!"陛下应"以社稷为务,不以小行为先;以黔首为忧,不以克让为事"(《晋书》卷六)。晋王司马睿回复刘琨,称其"忠允义诚,精感天地"。

七月,刘琨与段匹䃅共谋进攻石勒,段匹䃅推举刘琨为大都督(军事总指挥),召集各路兵马,歃血为盟。同时,段匹䃅报告其兄

---

① 西晋建兴四年(317年)三月,琅琊王司马睿称晋王,改元建武,都建康,史称"东晋"。东晋太兴元年(318年)三月,司马睿称帝,为晋元帝。

二、忧患图存　以身报国

鲜卑段部首领段疾陆眷,邀其共同举兵讨伐石勒。石勒闻讯后,派人行贿段匹磾的堂弟段末波(又名段末柸)。由于段末波从中作梗,这次进军计划未能实施。

当年,晋王任命刘琨为侍中、太尉(名誉宰相),并赠给刘琨一把名刀。刘琨回书谢称:"谨当躬自执佩,馘截二虏。"刘琨受到晋王信任后,引起大将军王敦的忌恨。

太兴元年(318年)春天,段疾陆眷病逝。段匹磾前往奔丧,受到段末波部众狙击而退回。护送段匹磾奔丧的刘琨之子刘群被段末波抓捕。段末波早就存心离间刘琨与段匹磾的关系,对刘群施以厚礼,诱骗刘群给刘琨写信,约刘琨一起袭击段匹磾,许诺事成让刘琨任幽州刺史。之后,段末波派遣使者携带刘群的书信去见刘琨,请刘琨作内应。段末波的使者及其所携刘群书信,途中被段匹磾的巡逻骑兵截获。

当时,刘琨住在征北府小城(位于今北京市区东),对刘群写信及被段匹磾截获等情况一无所知。他同往常一样去看望奔丧被阻的段匹磾,顺便打听刘群的下落。段匹磾却把截获的刘群书信拿给刘琨看,声称并不怀疑他背盟,只是告诉他这件事而已。刘琨见信后十分吃惊,坦然地对段匹磾说:"我与你结盟,志在匡扶晋室,只想凭借你的威力洗雪国家蒙受的耻辱。如果我私下收到逆子这封书信,也不会包庇这个逆子,不会背弃同你的盟约而抛弃大义!"思想沟通以后,段匹磾准备送刘琨回他的住地。

这时,段匹磾所信赖的弟弟段叔军私下活动,挑拨段匹磾与刘琨的关系。段叔军对段匹磾说:"中原人一向称我们是北方的胡人,刘琨这些晋朝人之所以服我们,是畏惧我们人多。如今,我们部族骨肉相残,正是他们图谋我们的好时机。如果还像过去那样把刘琨捧得那么高,我们段氏家族就将要灭亡了!"段匹磾认为段叔军说的似乎也有道理,便婉言将刘琨留下。

刘遵听说其父被段匹䃅扣留，害怕株连被杀，便与刘琨左长史（负责处理日常事务的官员）杨桥、并州治中（文秘官员）如绥等人计议，加强防卫，闭门不出，甚至对段匹䃅传令的事情也不予理睬。段匹䃅大为恼火，便派兵去围攻刘遵等人。刘琨部将龙季猛领兵将杨桥、如绥二人杀死，向围攻他们的段匹䃅兵士投降。

刘琨忠于晋室，深孚众望。段匹䃅将刘琨扣留后，引起周边地区官员和守将的不满。代郡太守辟闾嵩、雁门郡（治所位于今山西省代县西南）太守王据以及后将军韩据等人暗中策划袭击段匹䃅。段匹䃅闻讯后，派兵将辟、王、韩等人击杀。

上述两起事件的接连发生，加重了段匹䃅对刘琨的怀疑和敌意。

刘琨被段匹䃅扣留后，料定将要被害死，但他视死如归，神态自若。他写了一首五言诗，赠给别驾（属官）卢谌，诗中忧叹"功业未及建，夕阳忽西流，时哉不我与，去矣如云浮"，以"鸿门赖留侯"①，激励卢谌等人设法脱身，为他未竟的事业继续奋斗。

王敦（字处仲）听说段匹䃅与刘琨关系破裂并将刘琨扣留，暗中派人去蓟州（即幽州），指使段匹䃅将刘琨处死。

刘琨听说王敦派人来到蓟州，而又对他避而不见，料定王敦派人是来传令杀他。刘琨对其儿子说：王处仲派人来而不告诉我，是要来杀我了。人的生死是命中注定的，我对于死亦倒无所谓，只恨国耻未雪，家仇未报，无以去见地下的亲人！说罢，刘琨万分悲痛，不能自已。

---

① 汉王元年（前206年），沛公刘邦率兵攻入秦朝都城咸阳（位于今陕西省咸阳市东北）后，退居霸上（位于今陕西省西安市东）。不久，上将军项羽领兵屯驻鸿门（位于今陕西省西安市临潼区东北），宴请刘邦，欲将刘邦处死以夺其功。随同刘邦赴宴的谋士张良（后封为留侯）设计将刘邦救回。

二、忧患图存　以身报国

五月,段匹䃅按照王敦指令,假称诏令,派人将刘琨缢死。刘琨遇害时四十八岁。

《晋书》卷六十二　刘琨传

　　　　　　　祖逖传

　　　　卷四　孝惠帝纪

　　　　卷六　中宗元帝纪

　　　　卷六十一　刘乔传

《资治通鉴》卷八十七　晋纪九

　　　　卷八十八　晋纪十

　　　　卷八十九　晋纪十一

《通鉴纪事本末》卷十二　西晋之乱

　　　　卷十三　石勒寇河朔

【简评】

清代学者王夫之认为:"刘琨者,怀忠愤以志匡中国"。"琨所以不能制勒者,怀、愍弱,琅琊孤,王浚挠之,其势不振;琨虽慷慨,而旧为贾谧、司马越所污染,威望不足以动人。"(《读通鉴论》卷十二·怀帝)"琨乃以孤立之身,游于豺狼之窟,欲志之伸也,必不可得;即欲以颈血溅刘聪、石勒,报晋之宗社也,抑必不能;是以君子深惜其愚也。以琨之忠,身死族夷,抱志长埋于荒远,且如此矣。"(《读通鉴论》卷十三·东晋元帝)

笔者认为,"八王之乱"时期,贾谧的"二十四友"并非都是坏人,刘琨身处其中并无劣迹;赵王废黜不能理政的惠帝而自立未尝不可,刘琨取顺从态度似无可厚非;他协助东海王迎晋惠帝返回洛阳,也不能视为过错。"八王之乱"极大地损耗了西晋国力,使汉国得以兴起,西晋走向衰亡。尽管刘琨无力挽回这一趋势,但他为匡扶晋室竭尽全力。晋惠帝被毒杀后,他拥护晋怀帝和晋愍帝支撑风雨飘摇的朝廷,怀、愍二帝先后被汉军俘虏后,他上书劝晋王司马睿即帝位。在北方七州都为汉国占领的形势下,他以仅存的并州为据点坚持抗御汉军,失败是难以避免的。刘琨的失误是冤杀部将令狐盛和拒绝箕澹的劝阻而贸然进军。在强敌围攻自身力量难以坚持的情况下,他不得不投靠盟军,最后受诬陷被段匹磾害死。刘琨虽然壮志未酬,但其不畏艰险忠贞爱国的精神是永远值得称道的。

二、忧患图存 以身报国

祖逖北伐未竟

　　祖逖是西晋范阳遒(位于今河北省涞水县)人。早年博览经史,立志报国。他为人性格豪放,慷慨有气节。二十四岁那年,祖逖与中山魏昌(位于今河北省定州市东南)人刘琨同为司州(治所位于今河南省洛阳市东)主簿(文秘官员)。两人情趣相投,志同道合,每当纵论天下大事,总是谈到深更半夜。当时晋武帝司马炎在位,天下比较太平。他们居安思危,激情满怀,常常谈及一旦四海翻腾,天下动乱,应当离开中原为国赴命,以此相互勉励。有天夜里,寂静的户外传来雄鸡的叫声,祖逖用脚把刘琨蹬醒,对他说:"你听,这鸡叫声多美!"说着,两个血气方刚的年轻人跳下床来,为之跳起豪壮雄健的舞蹈。

　　不久,刘琨与祖逖分手,调任司隶从事(主管纠察京都百官兼领兵的官府属官)。之后,祖逖被齐王司马冏召任为大司马掾(丞相府属官)。两人仕途不同,共同经历了长达十六年的"八王之乱",一直保持着深厚的友谊和忠正的节操。

渡江北上 失志收复中原

西晋永嘉五年(311年)六月,汉国军队攻入洛阳,晋怀帝司马炽被俘。祖逖时任济阴(治所位于今山东省定陶县)太守(行政长官),因母亲去世,辞职在家守丧。他听说京都被汉军攻陷,便率领家族亲友南去泗口(位于今江苏省淮阴市西南)。镇守建康(位于今江苏省南京市)的琅琊王司马睿召任祖逖为军谘祭酒(军事参谋长官),让他驻守京口(位于今江苏省镇江市)。

祖逖目睹社稷倾覆十分忧伤,决心为复兴国家而竭尽全力。他向琅琊王进言说:国家长期战乱,并不是因为皇上无道或者民众怨叛,而是由于诸王争权,相互残杀,致使夷狄乘机侵占中原。如今中原遗民不堪忍受外来压迫,奋起抗击汉军。我请求领兵北上,为国雪耻,请大王考虑。琅琊王只图在淮河以南保存实力,无意向北进军收复失地。他虽然同意祖逖北伐,任命他为豫州(治所位于今河南省淮阳县)刺史,却只拨给他一千人的粮草和三千匹布,没有给他配备武器铠甲,兵员也要祖逖自行招募。

永嘉七年(313年)二月,晋怀帝在汉国被处死。四月,雍州(治所长安,位于今陕西省西安市)刺史麹允等人在长安拥立秦王司马邺为晋愍帝。晋愍帝即位后着手组织各路兵马抗击汉军,力图收复京都。琅琊王借口江东内乱刚刚平息,没有接受晋愍帝诏令领兵去收复洛阳。

八月,祖逖带领随其南下的几百名家族亲兵渡长江北上。当船行至江心时,祖逖敲击船桨对天发誓说:"祖逖如果不能收复中原,拯救那里的百姓,就像这滚滚的江水一样一去不复回!"在场的人都为他壮烈的言辞所感动。

二、忧患图存　以身报国

立足豫州　收复河南失地

祖逖率众渡江后屯驻淮阴(位于今江苏省清江市),很快招募两千余名兵士,铸造一批兵器。接着,他率部向豫州进发。

此前北中郎将刘演(镇守廪丘,位于今山东省郓城县西北)领兵抗击汉平东大将军石勒部众,将流民头目张平、樊雅安置在谯(位于今安徽省亳州市),让张平代理豫州刺史、樊雅为谯郡太守。祖逖领军抵达芦洲(其地不详)后,派其参军(军事参谋官)殷义前往会见张平、樊雅。殷义出言不逊,被张平斩杀。祖逖率部攻打谯城,一年多未能攻下。他改变策略,策动张平部将谢浮,将张平杀死。接着,他通过南中郎将王含的参军桓宣说服樊雅归顺,得以进入谯城。

建兴四年(316年)十一月,汉军攻入长安,晋愍帝被俘,西晋灭亡。第二年三月,琅琊王在建康称晋王。六月,石勒派其侄石虎领军围攻谯城。王含派桓宣率兵救援,将石虎部众击退。

东晋太兴二年(319年)四月,自称陈留(治所位于今河南省开封县东南)太守的坞主(豪强)陈川投附石勒。祖逖领兵攻打陈川,石虎率五万大军前来救援,祖逖设奇计大败石虎军。石虎只好带着陈川退还襄国(位于今河北省邢台市西南),留其部将桃豹据守城西高地。

太兴三年(320年)六月,桃豹部粮食紧缺。后赵①王石勒令将

---

① 汉汉昌元年(318年),汉帝刘聪去世,相国刘曜称帝,将国号改为"赵",迁都长安,史称"前赵";第二年十一月,石勒脱离前赵,在襄国称赵王,建国号为"赵",史称"后赵"。

军刘夜堂率部运粮赴援,其运粮驴队被祖逖派兵截获。桃豹只坚持四十余天便败退东燕城(位于今河南省延津县东北)。祖逖领兵进驻雍丘(治所位于今河南省杞县)后,数次派军出击后赵军,夺取其占领的许多据点。石勒大为恼恨,又派万名骑兵袭击祖逖部,再次被祖逖领兵击败。祖逖连战连胜,杀出军威,后赵在黄河以南的军队纷纷向祖逖投降,"由是黄河以南尽为晋土"。

当时,在司州和豫州等地坚持抗御后赵军的原西晋将领赵固、上官巳、李矩、郭默等人互相猜忌攻讦。祖逖派遣官员晓之以大义祸福,使他们得以和解。之后,晋元帝任命祖逖为镇西将军,统一协调指挥赵、上官、李、郭等人所带领的军队。祖逖一向爱护将士,坚持与官兵同甘共苦。他生活节俭,不治家产,大力鼓励农桑,宽政爱民,深得人心。祖逖尊重当地老人,宴请他们饮酒。老人们激动得热泪盈眶,感叹说:我们老了!如今盼来再生父母,老死还有什么遗恨!当地民众自编歌舞,歌颂祖逖的功德,其歌词写道:"幸哉遗黎免俘虏,三辰既朗遇慈父。玄酒忘劳甘瓠脯,何以咏恩歌且舞"。

后赵王石勒多次出兵被祖逖率部击败,不敢再举兵南下。他听说祖逖储备粮食,训练军队,准备北伐,极为忧惧。令幽州(治所位于今北京市区)官府为祖逖修建祖坟,并亲自写信给祖逖,要求互派官员联络并开展货物贸易。祖逖没有给石勒回信,听任双方商户贸易。由此,豫州官府和民众都得到很大利益,祖逖所率领的北伐军更是兵强马壮。他积极筹划,准备率部北渡黄河,收复冀州(治所襄国,为后赵都城)、朔方(后赵治县,位于今内蒙古杭锦旗北)。

功高受排 满怀忧愤长逝

在祖逖锐意北伐收复失地之时,朝廷大臣却在江南争权夺利。

二、忧患图存 以身报国

驻守武昌（位于今湖北省鄂州市）的镇东大将军王敦自恃手握强兵，企图控制朝政。晋元帝对王敦既憎恶又畏惧。

太兴四年（321年）七月，为了防备王敦率兵东下，晋元帝以北伐"讨胡"的名义任命尚书仆射戴渊（字若思）为都督（军事长官），主管司、兖、豫、并、雍、冀六州军事兼司州刺史，镇守合肥（位于今安徽省合肥市），让祖逖部众隶属戴渊统领。

祖逖认为戴渊并非江南杰出人物，虽有名望，并无远见卓识，担心由他统军会耽误北伐大计。他想到自己历尽艰难，收复黄河以南失地，却得不到朝廷信任，心中感到失落和不平。不久，祖逖听说王敦与丹杨尹（京都行政长官）刘隗之间的权争愈演愈烈，内战即将爆发，深感这样一来北伐大业一时难以成功。为此，他更加忧伤。九月，祖逖怀着满腔的忧愤在雍丘病逝，终年五十六岁。豫州男女老少听说祖逖去世，如同死了父母一样悲伤，民众自发为他建立祠堂，以纪念他的功德。

王敦对朝廷虽然久怀叛离之心，但因畏惧祖逖的军威一直不敢发难。祖逖去世后，王敦无所顾忌。后赵王石勒听说祖逖去世，亦准备举兵南下。

永昌元年（322年）四月，王敦从武昌发兵攻入石头城（位于今江苏省南京市清凉山），自称丞相，控制朝政。东晋陷入动乱。十月，后赵军队渡河南下，攻占襄城（治所位于今河南省襄城县）、城父（治所位于今安徽省亳州市东南城父集）、陈留等地。祖逖收复的河南之地丧失殆尽。

《晋书》卷六十二 祖逖传
《通鉴纪事本末》卷十四 祖逖北伐
王敦之乱

中国古代历史风云·战场风烟(上)

【简评】

　　西晋被汉军攻灭后,祖逖组军北伐,收复河南失地,是惊天动地的壮举。晋元帝平庸无能,大臣权争激烈,致使祖逖功高受排,最后因为北伐大计难以实现忧愤而死。祖逖北伐虽半途受挫,其爱国精神却光照日月,永垂千古。

二、忧患图存 以身报国

颜杲卿奋讨叛军

唐天宝十四年(755年)十一月,范阳(治所蓟县位于今北京市区)等三镇节度使(军政长官)安禄山发动叛乱,以诛杀宰相杨国忠为名,率十多万叛军自幽州(治所蓟县)南下。唐玄宗李隆基对安禄山一直信任无疑,事前未作任何防备。当时天下太平日久,刀枪入库,马放南山,各州郡的守军不堪叛军攻击,纷纷溃逃或投降。叛军大举南攻,势如破竹,形势十分严峻。

颜杲卿时任摄(代理)常山郡(治所位于今河北省正定县)太守(行政长官),为安禄山属官。他对安禄山反叛朝廷深恶痛绝,但无力阻挡叛军南下,便与长史(事务长官)袁履谦商量,以屈求伸,出城迎接路经常山的安禄山等人。安禄山让他们留守常山,并让其养子李钦凑领七千兵士屯驻土门(位于今河北省鹿泉市西南)。

安禄山离开常山后,颜杲卿与袁履谦及真定(治所位于今河北省正定县)令(县令)贾深、内丘(治所位于今河北省内丘县)令张通幽在一起商议,决定起兵讨伐叛军。他们派人去联络太原(治所位于今山西省太原市)尹王承业,相约配合平卢(治所位于今辽宁省义县)节度副使贾循率部攻取幽州。不久,此事失密,贾循被杀。这时,颜杲卿的族弟平原郡(治所位于今山东省陵县)太守颜真卿派其外甥卢逖来常山,约定共同起兵,以犄角之势断绝叛军退路,牵制叛军西进的势力。颜杲卿极为高兴。之后,他与袁履谦诱召

· 115 ·

李钦凑议事,将其斩杀,遣散其部众。在此期间,颜杲卿还指令参军(军事参谋官)冯虔、当地豪杰翟万德、藁城(治所位于今河北省藁城市)尉(主管治安)崔安石等人先后诱捕返回范阳召兵的叛将高邈、何千年。颜杲卿因功被唐玄宗任命为卫尉卿(主管皇宫警卫)兼御史中丞(最高监察机关副长官),袁履谦被任命为常山太守。

为了加强对叛军的攻势,颜杲卿大力征集兵士,加强军事训练,并发布檄文告示河北各郡县,称朝廷已派出二十万大军,即将进抵土门。各郡县风闻朝廷大军到来,纷纷起兵响应,杀死安禄山任命的伪刺史,将其首级送到常山或平原郡。一时间,河北有十五个郡复归朝廷。由此,"常山、平原二郡兵威大振"。

十二月,安禄山领叛军攻下东京洛阳(位于今河南省洛阳市)后,继续向西进逼京都长安。他行至陕虢(位于今河南省陕县西南)时听说河北州郡大多归附朝廷,急令其部将史思明率兵返回河北。

天宝十五年(756年)正月,史思明率叛军围攻常山。常山城内兵少,颜杲卿、袁履谦向王承业求援。王承业忌妒颜杲卿因功受到重用,竟拒不派兵赴援。颜、袁二人率部顽强抗击,直至城内井枯粮尽,城破被俘。

史思明劝说颜杲卿向他投降,颜杲卿没有理睬。史思明令人将颜杲卿的小儿子颜季明押来,用刀架在他的脖子上,对颜杲卿威逼说:"你只要向我投降,就让你儿子活命。"颜杲卿仍然不回答。史思明随即下令将颜季明和卢逊杀害。

当月,颜杲卿和袁履谦被押至洛阳。安禄山见到颜杲卿大发雷霆,质问他说:我提拔你当上太守,哪一点对不起你,而你却背叛我?颜杲卿瞪着眼睛骂道:你原来只不过是营州(治所位于今辽宁省朝阳市)胡人的牧羊奴,皇上提升你为三镇节度使,有哪一点对不起你,而你却反叛天子?我家世代为唐朝臣子,坚守忠义。我恨

二、忧患图存 以身报国

不得把你这个叛贼杀死,报答皇上,怎么可能跟着你去造反!

安禄山被骂得狗血喷头,更为恼火,下令将颜杲卿、袁履谦押至天津桥(位于今河南省洛阳市旧城西南),绑在柱子上进行肢解。颜杲卿大骂不停。叛兵砍下颜杲卿一只脚,又割下他的舌头,问他:你还能骂吗?颜杲卿始终不屈,慨然为国献身,时年六十五岁。袁履谦被砍断手足后,见叛将何千年的弟弟站在他身旁,将满口血水喷到他的脸上。叛兵竟将袁履谦一刀刀割死。

乾元元年(758年)五月,朝廷军队收复西京、东京以后,唐肃宗李亨(时唐玄宗已退称太上皇)颁发诏书,追怀颜杲卿、袁履谦忠贞壮烈,称颜杲卿"艰难之际,忠义在心。愤群凶而慷慨,临大节而奋发"。"身殁名存,实彰忠烈。夫仁者有勇,验之于临难;臣之报国,义存于捐躯。嘉其死节之诚,未备饰终之礼,可赠太子太保"。(《旧唐书》卷一百八十七下)

《旧唐书》卷一百八十七下 颜杲卿传
《新唐书》卷一百九十二 颜杲卿传
《通鉴纪事本末》卷三十一 安史之乱

【简评】

安禄山反叛朝廷,号称二十万大军南下,沿途州郡大多降服,唐朝廷措手不及。"时危见臣节,世乱识忠良"。(南朝·鲍照《代出自蓟北门行》)颜杲卿身处叛军要冲,在叛军气焰炽盛之时,挺身组织反叛斗争,取得显著成效,其义举令人为之慨叹。后来,他和袁履谦战败被俘,二人大义凛然,临难弥坚,宁死不屈,壮烈殉国。其为国献身精神更是令人肃然起敬。

辛谠奔赴国难

唐咸通九年(868年)七月,奉命调防桂州(治所位于今桂林市)的原徐州(治所位于今江苏省徐州市)驻军,因超过规定期限未能换防返回,发生叛乱。叛军杀害将领王仲甫,推举粮料判官(主管后勤的军官)庞勋领头,擅自返回。十月,庞勋率叛军攻入徐州,囚禁徐泗观察使(军政长官)崔彦曾。叛军控制徐州后,庞勋派其部将李圆率万名叛兵包围泗州(治所位于今江苏省泗洪县东南,现已没入洪泽湖)。

罢官后居住扬州(位于今江苏省扬州市)的辛谠,时已五十多岁,听说此事后十分焦急。辛谠为人诚信慷慨,乐于急人之难,早年在李峄(其职不详)部下主管钱粮,因事罢官。他虽没有再入仕为官,却仍然怀有"济时匡难之志"。辛谠想到,泗州是军事要冲,一旦被叛军占领,后果非常严重。眼下国家出现危难,他该要为国赴难,不能再守在家门只求一家温饱。于是,他同妻子诀别,离家奔往泗州,以帮助那里的将士守卫府城。一路上,逃难的人群纷纷向南奔,唯独只有辛谠一人向北去。人们感到奇怪,认为他明知北方战乱,是去送死。泗州刺史杜慆早听说辛谠是名义士,但一直未

二、忧患图存 以身报国

能相识①。危难之际,他见辛谠来到身边,非常高兴。杜慆握着辛谠的手说:泗州城三面受围,连飞鸟也不敢从这里经过,先生却冒着利刀飞箭赶来!你来了,我们的胆子更壮了。辛谠问杜慆是否打算撤离泗州避难,杜慆回答说:我可不是那种不讲忠义趋利避害的小人,平安时当官享受俸禄,危难时就弃城逃走。人生在世,谁都爱自己的家。我如果只顾自己和家人,怎么能安抚众人之心?我已下定决心,与将士誓死守卫泗州城!辛谠赞赏杜慆的气节,对他说:你能为国尽忠,我愿与你在这里同生共死!杜慆听辛谠这么说极为欣慰,随即委任他为团练判官(军事参谋长官)。

唐懿宗听说泗州被叛军包围,传令淮南镇(治所位于今江苏省扬州市)监军(由宦官担任的军事监督官)郭厚本率领一千五百名兵士前往救援。郭厚本率部行抵洪泽镇(位于今江苏省洪泽县西,现已没入洪泽湖)后,畏惧叛军强大,不敢继续前进。辛谠闻讯后,夜间乘小船来到洪泽镇,劝说郭厚本进军救援。郭厚本坚持不答应,辛谠只好返回泗州。

庞勋见泗州城久攻不下,令吴迥取代李圆指挥攻城,又令部将许佶、王弘立各领数千叛兵协助吴迥部攻城。叛军加大攻势,声言要焚烧水门,泗州城随时都有被叛军攻陷的危险。危急关头,辛谠再次请求去洪泽镇求援。杜慆说:你上次去没有请动他们,今天再去又有什么用呢?辛谠说:我这次再去,能得到救兵就活着回来,得不到救兵,我就死在那里!杜慆深为辛谠的义举所感动,挥泪送辛谠出城。

辛谠见到郭厚本后,向他郑重陈述救不救援泗州城的利害关系。郭厚本被辛谠说服同意出兵,其部将袁公弁(《旧唐书》记为王

---

① 《旧唐书》辛谠传,记"慆素闻有义而不相面",杜慆原来不认识辛谠。《新唐书》辛谠传,记"慆素闻其名"。《通鉴纪事本末》卷三十六,记辛谠"与杜慆有旧"。

公弁，《新唐书》记为袁公异）却站出来加以阻止。辛谠随即拔出佩剑厉声对袁公弁说：泗州城危在旦夕，将军奉诏率兵来救援，却在此地逗留不进，想干什么？且不说这样做有负国恩，就是凭着大丈夫的义气，也应该火速率兵去救援。泗州一旦失陷，叛军进入淮南境内，你难道还能苟安吗？如果你不同意发兵救援，我今天就同你拼了！说着，辛谠举剑向袁公弁扑去。郭厚本连忙抱住辛谠，答应立即派五百名兵士跟随他前往泗州救援。

援军行至淮河边上，领头的军官向士兵放话说：贼兵已攻入泗州城，赴援还是返回，由你们各人自便。辛谠听他这么说，抓住他的头发，拔出佩剑，强迫他下令士兵上船。辛谠率众渡过淮河后，袭击攻城叛军，将叛军击退。

此间，淮南节度使令狐绹派其部将李湘率五千兵士、浙西（治所位于今江苏省镇江市）观察使杜审权派其部将翟行约率四千兵士救援泗州，先后被叛军打败。泗州城被围三个月后，城内粮食几乎吃光，形势非常严峻。为了摆脱困境，辛谠带领十名勇士夜间出城，砍断围城叛军设置的水寨栏栅，乘小船前往淮南和浙西求援。叛军发现后，出动五千人沿河两岸追击。辛谠等人乘轻舟边迎战边奋力摇桨，冲出三十余里才摆脱追兵。

当时，淮南和浙西由于派往泗州的援军受挫，纷纷传说泗州已被叛军攻陷。辛谠经淮南抵达浙西后，浙西将领怀疑他是叛军派来的奸细，下令将他囚禁。辛谠提供李峄可以证明他的节操。李峄时任大同（治所位于今山西省大同市）防御使（军事长官），听说辛谠被囚，向浙西派去的人称辛谠忠诚可信。这样，辛谠才得以获释。辛谠此行，从令狐绹和杜审权那里获取两千名援兵（《新唐书》记为"合淮南兵五千"）、五千斛（五万斗）粮食、五斛食盐。返回泗州城外时，他们受到围城叛军的拦截。辛谠指挥援兵与叛军展开决战，击杀六百余名叛兵，将粮、盐运进泗州城，大大缓解了泗州的危困局面，城内军民流着眼泪为之欢呼。

二、忧患图存 以身报国

此后,辛谠又十多次冒着生命危险出城求援,不断取得外镇对泗州的援助,共取得粮食累计达二十万斗。他多次经过家门,都没有回家看望妻子儿女。叛军在包围泗州的同时,将邻近的沭阳(治所位于今江苏省沭阳县)、都梁城(位于今江苏省盱眙县东北)、濠州(治所位于今安徽省凤阳县临淮关)等地攻陷,却始终未能攻下泗州城。

咸通十年(869年)四月,新任淮南节度使马举率三万精兵救援泗州,击杀王弘立及数千名叛兵,吴迥率部溃逃,泗州得以解围。

十月,朝廷军队平息庞勋发动的叛乱。辛谠协助杜慆率领泗州军民坚持抗战七个月,论功为第一。唐懿宗任命辛谠为亳州(治所位于今安徽省亳州市)刺史。辛谠受任后向唐懿宗奏报说:"如果不是杜慆坚持守卫泗州,我是无法为国立功的。"

《旧唐书》卷一百八十七下 辛谠传
《新唐书》卷一百九十三 辛谠传
《通鉴纪事本末》卷三十六 庞勋之乱

【简评】

辛谠早年做官,罢官后以清贫自守,没有重返官场。当国家发生叛乱民众遭受掳掠之时,辛谠不顾年过五十的高龄,挺身而出,奔赴国难,其精神难能可贵。他舍家为国,出生入死,为保卫泗州竭尽全力。"天下兴亡,匹夫有责"。辛谠虽然是个普通平民,却能自觉担负天下兴亡,勇于为国家的利益赴汤蹈火。他周身流动的是爱国热血。过去、现在和将来,国家需要辛谠这样的人,人民需要辛谠这样的人。

宗泽临终呼"过河"

北宋靖康元年（1126年）八月，金①东路军统帅斡离不（完颜宗望）自保州（位于今河北省保定市）、西路军统帅粘罕（完颜宗翰）自云中（位于今山西省大同市）再次②率军南下，攻打宋朝。九月，金西路军攻克太原（位于今山西省太原市）。十月，金东路军攻克真定（位于今河北省正定县）。宋钦宗赵桓（太上皇即宋徽宗长子）听说太原、真定失守，极为忧虑，诏令征调四方将士赴抗金前线。可是，一些官员畏敌如虎，朝廷派他们去河东（位于今山西省）、河北（位于今河北省）任职，他们借故不肯赴任。宗泽时任假宗正少卿（代理主管皇室宗族事务副长官），毅然受命出任磁州（治所位于今河北省磁县）知州（行政长官）。他认为，既然为官吃国家俸禄，就不能躲避国家的祸难。接到朝廷任命后，宗泽当天便上路赴任。

---

① 都会宁府，位于今黑龙江省阿城市南。
② 北宋宣和七年（1125年），金国曾出动东、西两路大军南下攻宋。靖康元年春天，宋朝廷向金国割地求和，金军后撤。

二、忧患图存 以身报国

奔赴前线 英勇抗击金军

宗泽到了磁州后,大力募集抗金勇士,组织军民增固城防,打造兵器,积极做好坚守磁州的准备。与此同时,宗泽上书朝廷,建议在邢(治所位于今河北省邢台市)、洺(治所位于今河北省永年县)、磁、赵(治所位于今河北省赵县)、相(治所位于今河南省安阳市)五州各部署两万精兵,金军如攻打其中一郡,另四郡则派兵援助,以使一郡实际拥有十万兵力。宋钦宗赞成宗泽这一意见,任命宗泽为河北义兵都总管。

不久,金军攻打磁州。宗泽身穿铠甲,登上城墙指挥部众迎战,令勇士用神臂弓朝金军射击。金军败退,宗泽率部出城追击,攻杀数百名金兵。

十一月,康王赵构(太上皇第九子、宋钦宗之弟)奉命再次出使金东路军。行至磁州时,宗泽向康王建议说:肃王(赵枢、太上皇第五子)出使金军还没有回来,如今金人又诓骗要大王北去,我劝您不要前往。康王接受宗泽的意见回到相州。之后,宋钦宗任命康王为兵马大元帅、宗泽为副元帅,在河北组织兵马抗击金军。宗泽领兵在李固渡(位于今河南省滑县西南)大败金军,攻破其三十多个据点。

当月,金军围攻北宋都城开封,宗泽建议康王率军赴援京都。这时,签书枢密院事(最高军事机关副长官)曹辅从京城赶来,称同金军和议可以谈成。宗泽认为:金军向来狡诈多变,他们鼓吹议和是为了麻痹我军斗志。皇上和京城父老正如饥似渴地盼望援军,我们应当急行赶赴京都。万一金军拒绝和谈,则我军已在城下。副元帅汪伯彦等人从中阻拦,劝康王派宗泽先行,借以将他排出指挥部。闰十一月，开封被金军攻破。

靖康二年（1127年）正月，宗泽领军进抵开德（位于今河南省濮阳市），与金军展开激战，接连十三次战斗都取得胜利。宗泽写信请康王调拨各路军马会聚京都，又写信请北道（治所不详）都总管（军政长官）赵野、河东北路（治所太原）宣抚使（军政长官）范讷、兴仁府（治所位于今山东省定陶县西）知府曾楙出兵支援。赵、范、曾三人都认为宗泽狂妄，没有答复。康王亦没有调兵救援京都，以致宗泽孤军赴援。

宗泽率部在开德、卫南（位于今河南省滑县东，时在黄河以南）数次击败金军。金军增兵对宗泽部众前堵后追，宗泽激励官兵同金军拼死搏斗，以夺取生路。将士们以一当百，又斩杀数千金兵。宗泽料定金军吃了败仗后必然会来报复，下令兵士转移。当夜，金军来袭扑空。金军将士大为吃惊，从此惧怕宗泽，不敢轻易来犯。宗泽乘金军不备，领兵渡过大沟河，进抵开封北部。

守卫京都 力劝高宗北伐

二月，金军将领将宋钦宗和宋太上皇诱致其军营扣留。三月，金太宗完颜晟立宋朝宰相张邦昌为"楚"帝。四月，金军将宋太上皇、宋钦宗及后妃等三千余人掳往北方。宗泽上书康王，建议举兵讨伐张邦昌，以复兴国家，安定民心。

五月，张邦昌自行退位，康王在南京（位于今河南省商丘市）即帝位，为宋高宗。宗泽拜见宋高宗，向他进献恢复失地的计策。接着，宗泽会见宰相李纲，两人纵论国事，为之慷慨流泪。此时，宗泽已经六十九岁。宋高宗想把宗泽留在身边，中书侍郎（副宰相）黄潜善暗中阻止。于是，宋高宗任命宗泽为襄阳（治所位于今湖北省

二、忧患图存 以身报国

襄樊市襄阳城)知府。

宗泽对于宋高宗排斥李纲意见、采纳黄潜善主张,向金国求和苟安,极为义愤。他上书宋高宗说:"天下者,太祖、太宗之天下,陛下当兢兢业业,思传之万世,奈何遽议割河之东、西,又议割陕之蒲、解①乎?""二圣北迁,宗社蒙耻。臣意陛下赫然震怒,大明黜陟,以再造王室。今即位四十日矣,未闻有大号令,但见刑部指挥云'不得誊播赦文于河之东、西,陕之蒲、解'者,是褫天下忠义之气,而自绝其民也。臣虽驽怯,当躬冒矢石为诸将先,得捐躯报国恩足矣。"(《宋史》卷三百六十·宗泽传)宋高宗看了宗泽这封奏书后深为感动,调任他为青州(治所位于今山东省青州市)知州。李纲极力推荐宗泽,认为只有他才能守住京都。于是,宋高宗改任宗泽为开封知府。宗泽上任后,首先整顿社会治安,处死一批盗贼,百姓得以安居。同时,他大力征募兵士,加强训练,做好迎战金军的准备。

经过一番整治后,开封的社会秩序恢复正常。宗泽上书宋高宗说:"开封物价市肆,渐同平时。将士、农民、商旅、士大夫之怀忠义者,莫不愿陛下亟归京师,以慰人心。其唱为异议者,非为陛下忠谋,不过如张邦昌辈,阴与金人为地尔。"(《宋史》卷三百六十·宗泽传)宋高宗意欲将朝廷南迁,以准备南巡为由没有采纳宗泽的建议,只是提升他为京城留守兼开封尹(京都地区军政长官)。

屯驻真定等地的金军暗中修造战具准备南攻,宗泽深为忧虑。他北渡黄河,约请诸将共议边防事宜,以图收复失地。由此,陕西、京东、京西诸路将领都愿听从宗泽调遣。

---

① 靖康二年(1127年)正月,宋钦宗同意割让河东太原(治所位于今山西省太原市)、河北中山(治所位于今河北省定州市)、河间(治所位于今河北省河间市)三镇以向金军求和。蒲州位于今山西省永济市,解州位于今山西省运城市。

中国古代历史风云·战场风烟（上）

秉义郎（低级武官）岳飞因上书弹劾宰相黄潜善和知枢密院事（最高军事机关长官）汪伯彦不图恢复失地而被罢官问罪，将要被处死。宗泽认为岳飞具有将才，请求让他立功赎罪。岳飞获释后，宗泽拨给他五百名骑兵。岳飞率领这批勇士在汜水（位于今河南省荥阳市西北汜水镇西）大败金军，由此出名。朝廷提升岳飞为统制（军事将领）。

宗泽针对黄潜善等人劝说宋高宗将朝廷南迁，上书宋高宗说：事实已经证明，"和议果不足以息民也。当时固有阿意顺旨以叨富贵者，亦有不相诡随以获罪戾者。陛下观之，昔富贵者为是乎？获罪戾者为是乎？今之言迁幸者，犹前之言和议为可行者也；今之言不可迁者，犹前日之言和议不可行者也。惟陛下熟思而审用之。且京师二百年积累之基业，陛下奈何轻弃以遗敌国乎"。

宋高宗听不进宗泽的忠告。七月，他发布诏书，称"奉元祐太后①如东南，六宫及卫士家属从行。朕当独留中原，与金人决战"。就此，宗泽再次上书说："京师，天下腹心也"。"今遽欲去之"，是"与腹心而弃之矣"。接着，宗泽又上书，指斥黄潜善、汪伯彦主张将京都南迁有弊无利。黄、汪二人诌媚宋高宗，自以为得意，每次见到宗泽奏书，都耻笑他太狂。十月，宋高宗继元祐太后之后退至扬州（位于今江苏省扬州市）。

南宋②建炎二年（1128年）正月，金军进抵白沙（位于今河南省中牟县西），逼近开封。宗泽部将入告，询问御敌之计。当时，宗泽

---

① 元祐太后即宋哲宗（宋徽宗之兄）皇后孟氏，当年失宠被废，后因后宫失火入居民宅。靖康二年（1127年），徽、钦二帝及众后妃被金军掳至北方，孟废后幸免。张邦昌即位楚帝后，迎孟后垂帘听政。宋高宗即位后，尊孟后为元祐太后。

② 康王赵构即位为宋高宗后将朝廷南迁，后定都临安（位于今浙江省杭州市），史称"南宋"。

二、忧患图存　以身报国

正在同客人下围棋,笑着答道:"什么事这么惊慌?刘衍(宗泽部将)等人外出不就是去迎接他们的么!"不久,前线传来刘衍等率部击败金军的消息。

二月,宗泽花很大气力争取农民义军,用保卫国家的大义,先后将拥有三十万兵士的河北农民军首领杨进、拥有七十万兵士的河东农民军首领王善说服。杨、王二人答应为国效力,从而大大加强了北方前线的抗金力量。

当时,粘罕占据西京(位于今河南省洛阳市),与东京开封相对峙。粘罕派其部将史某随同投降金军的原宋将郭俊民持书信来招降宗泽。宗泽怒斥郭俊民说:你若战败而死,尚不失为忠义之鬼。如今反为金人持书来诱降,有何脸面见我?说罢,他当即下令将郭俊民斩首。转而,宗泽又对姓史的金将说:我受命保卫这块土地,只能以死效命。你作为金军的一名将领,不在战场上与我拼个你死我活,想以儿女之情来诱惑我吗?说罢,宗泽又令人将史某斩首。

此后,金军几次进攻滑州(治所位于今河南省滑县),都被宗泽指挥将士打得大败。宗泽威名远震,金国人提到宗泽的名字,都很敬畏他,称他为"宗爷爷"。

忧愤成疾　临终直呼"渡河"

金军将领王策原为辽贵族成员。王策被宋军俘虏后,宗泽劝导他报仇雪耻。王策感动得泪流满面,表示愿为宋军效死。宗泽向他了解金朝兵力虚实后,动员部将领兵渡河收复失地,众将领流着眼泪誓死服从命令。宗泽想请宋高宗返回开封亲自部署北伐,上书说:"臣为陛下保护京城,自去年秋冬至于今春,又三月矣。陛下不早回京城,则天下之民何所依戴?"宋高宗没有接受宗泽的意见,只是授予他资政殿学士(皇帝侍从顾问)职位。

宗泽深知抗金前线一日不可松懈,自己不能脱身去向宋高宗面奏,特意派其儿子去扬州上书说:洛阳等地已被我军收复,金将粘罕已经渡河北去。滑州方向南下金军屡遭失败。河东、河北山寨义民日夜盼望官军渡河北上。眼下中兴国家、收复失地,大有希望,金军败亡的日子不远了,请陛下不要错过光复的良机!宋高宗不为所动。接着,宗泽又上书宋高宗说:"杨进等兵百万,亦愿渡河,同致死力。臣闻'多助之至,天下顺之'。陛下及此时还京,则众心翕然,何敌国之足忧乎?""陛下当与忠臣义士合谋肆讨,迎复二圣"。由于宗泽再三劝谏,宋高宗只好表示"择日还京",但一直不见其行动。

宗泽为光复失地振兴国家,先后二十多次上书,请求宋高宗返回京都开封,组织军队北伐以收复失地,每次总是受到黄潜善等人压制。由此,宗泽"忧愤成疾,疽发于背"。部将们听说后,纷纷前来问候他,宗泽对他们说:我因为国土沦丧,二帝蒙受耻辱,忧愤之心难以排解,以致突然得了这个病。你们如能继续为国杀敌,我就是死了也没有遗恨!众将流着眼泪,向宗泽发誓为国尽力。部将离去后,宗泽十分感伤,吟起唐代诗人杜甫吊怀蜀国丞相诸葛亮的诗句:"出师未捷身先死,长使英雄泪满襟!"

七月初一,宗泽病危。临终之际,他没有一句话提及家事,连呼三声"过河"含愤而逝。开封军民听说宗泽去世无不为他悲痛号哭。

宗泽去世后,继任其职务的杜充改变宗泽的防务方略,失去人心,各路豪杰纷纷散去,致使宋军渡河作战的良机完全丧失。建炎三年(1129年)七月,杜充听说金军南下,借故南逃建康(位于今江

二、忧患图存　以身报国

苏省南京市)。金军随即占领开封及中原大地。

据《宋史》卷三百六十 宗泽传

卷二十四 高宗本纪一

《宋史纪事本末》卷五十六 金人入寇

卷六十一 宗泽守汴

【简评】

　　《宋史》作者脱脱认为:"金人逼二帝北行,宗社失主,宗泽一呼,而河北义旅数十万众若响之赴声,实由泽之忠忱义气有以风动之,抑斯民目睹君父之陷于涂淖,孰无愤激之心哉。使当其时,泽得勇往直前,无或龃龉牵制之,则反二帝,复旧都,特一指顾间耳。黄潜善、汪伯彦嫉能而惎功,使泽不得信其志,发愤而薨,岂不悲哉!""高宗惑于憸邪之口,乍任乍黜,所谓'善善而不能用',千载而下,忠臣义士犹为之抚卷扼腕,国之不竞,有以哉"。(《宋史》卷三百六十)

　　清代学者王夫之认为:"高宗之畏女直也,窜身而不耻,屈膝而无惭,直不可谓有生人之气矣。""何以如是其馁也?李纲之言,非不知信也;宗泽之忠,非不知任也;韩世忠、岳飞之功,非不知赏也;吴敏、李梲、耿南仲、李邦彦主和以误钦宗之罪,非不知贬也。而忘亲释怨,包羞丧节","以释女直之恨"。(《宋论》卷十·高宗二)

承晖为国殉难

金①贞祐二年（1214年）春天，蒙古军队攻占怀州（治所位于今河南省沁阳市）、岚州（治所位于今山西省岚县北）。当时，金朝河北（位于今河北省）、河东（位于今山西省）许多郡县已被蒙军占领，形势非常严峻。承晖时任都元帅（最高军事机关长官）、平章政事（丞相），奉金宣宗完颜珣之命出使蒙古求和，与蒙古达成临时停战协议。

五月，金宣宗为了摆脱蒙古大军侵扰，决定将朝廷迁往汴（位于今河南省开封市）。他任命承晖为右丞相兼都元帅，让他与皇太子完颜守忠等人留守中都。承晖受任后千方百计组织军民坚守中都。受命留守中都的左副元帅兼尚书左丞（副丞相）抹撚尽忠长期领军打仗，熟悉军事，承晖委托他统领军队。八月，皇太子因病离开中都。

十月，蒙军攻占顺州（治所位于今北京市顺义区），进逼中都。承晖鼓励军民坚持抗击蒙军，誓死保卫中都。十二月，金宣宗令元帅左监军（元帅府军事监察长官）永锡率部救援中都。

贞祐三年（1215年）正月，右副元帅蒲察七斤率部出京向蒙军投降，蒙军乘势加大攻城力度，中都的局势非常危急。金宣宗随即

---

① 国名，都中都，位于今北京市区。

二、忧患图存 以身报国

令元帅左都监(元帅府军事监督官)乌古论庆寿和参知政事(副丞相)孛术鲁德裕统领大名(即大名路,治所位于今河北省大名县东北)守军一万八千名、西南路(似为河北西路,治所位于今河北省正定县)步骑兵一万一千名和河北(即河北东路,治所位于今河北省河间市)守军一万名赴援,令御史中丞(最高监察机关副长官)李英负责运送军粮。

承晖为官忠正,一向崇拜司马光和苏轼,立志要像他们那样尽忠报国。承晖知道,能否守住中都事关国家安危存亡,深感责任重大。他在给金宣宗的奏书中写道:"七斤既降,城中无有固志,臣虽以死守之,岂能持久?伏念一失中都,辽东、河朔皆非我有,诸军倍道来援,犹冀有济。"金宣宗回信安慰承晖说:"中都重地,庙社在焉,朕岂一日忘也。已趣诸路兵与粮俱往,卿会知之。"金宣宗还通过承晖诏谕中都军民,称"汝等朝暮矢石,暴露风霜,思惟报国,靡有贰心,俟兵事之稍息,当不衍于旌赏"。

承晖组织军民竭力守卫中都,在朝廷当政的平章政事高琪却顾忌他立功,对救援中都暗中作梗,致使诸路援军行动迟缓。

三月,永锡、乌古论庆寿等率部进抵霸州(治所位于今河北省霸州市)以北不再前进。不久,李英所率部众被蒙军击败。乌古论庆寿和永锡部众听说李英战败,不战自溃。各路援军竟没有一兵一卒进抵中都。

五月二日早晨,承晖见中都孤城再也难以坚守下去,召见抹撚尽忠商议,约他一起以身殉国。抹撚尽忠却一改原先共赴国难的承诺,声称他打算向南逃跑。承晖对抹撚尽忠临危变卦非常愤慨,却无法阻止他的行动。承晖召见元帅府经历(文秘官)完颜师姑,询问抹撚尽忠何时动身,完颜师姑答称:今天傍晚。承晖勃然大怒,质问道:你们只顾逃命,把国家利益放在何地?他当即下令将完颜师姑斩首。

转而,承晖对左右司郎中(最高行政机关内设机构长官)赵思文唶然长叹说:"形势发展到这一步,唯有以死报答国家!"承晖提笔向朝廷写下遗书,对未能最后守住中都引咎谢罪。接着,他召集家人,与他们诀别。全家人悲伤号哭,承晖却神色自若,如同平常。

承晖回到公堂,泰然与尚书省令史(最高行政机关文秘官)师安石一起饮酒诀别,委托他将遗书转呈朝廷。承晖对师安石说:我一生尊奉儒学,信守力行,言行一致,不说假话。今天就是我以身殉国的日子。不一会,他劝师安石离去。师安石出门后,承晖饮药自尽。当天晚上,抹撚尽忠率部南逃,蒙军随即占领中都。金宣宗听说承晖以身殉国,极为哀痛。

《金史》卷一百一 承晖传
卷十四 宣宗本纪

【简评】

《金史》作者脱脱等人认为:"承晖守中都期年,相为存亡,临终就义,古人所难也。大抵宣宗既迁,则中都必不能守,中都不守,则土崩之势决矣。""抹撚尽忠委中都,庸何议焉。高琪忌承晖成功,孛术鲁德裕缓师期,奸人之党,于是何诛。李英被酒败军,虽死不能赎也。乌古论庆寿无罚,贞祐之刑政,从可知矣。"(《金史》卷一百一)

二、忧患图存 以身报国

陆秀夫、张世杰投身大海

南宋德祐元年（1275年）十一月，元军攻破独松关（位于今浙江省安吉县南独松岭上），南宋朝廷为之震动。当朝的宋恭帝赵㬎（宋度宗之子，全皇后所生）时年六岁，由谢太皇太后（宋理宗皇后，宋度宗为宋理宗之侄）临朝听政。陆秀夫时任宗正少卿（主管皇室宗族事务），奉命向率军入占平江（位于今江苏省苏州市）的元朝丞相伯颜求和，遭到伯颜拒绝。张世杰受任浙西（治所位于今浙江省杭州市）制置副使（军事副长官），率部保卫临安。

德祐二年（1276年）正月，益王赵昰（宋度宗之子，杨淑妃所生，时年九岁）、广王赵昺（宋度宗之子，俞修容所生，时年四岁）由杨淑妃之弟杨亮节等护卫转入温州。陆秀夫从平江返回后，追随二王至温州。不久，伯颜率军进抵皋亭山（位于今浙江省杭州市北郊）。右丞相兼枢密使（最高军事机关长官）陈宜中逃往温州。谢太皇太后改任临安知府（行政长官）文天祥为右丞相兼枢密使，派他去伯颜军营谈和。文天祥不肯向伯颜降服而被扣留，谢太皇太后决定向元军投降。张世杰不肯随谢太皇太后投降，率部转入定海（位于今浙江省宁波市镇海区），接着率部转入温州。

二月辛丑日，谢太皇太后令宋恭帝率领众臣向伯颜投降。元世祖传令将宋恭帝押往上都（位于今内蒙古正蓝旗东闪电河北岸),封为瀛国公,送入寺庙为僧①。

三月,文天祥从元军拘所逃脱,辗转抵达温州。四月,陈宜中、张世杰等人护卫益王、广王转至福州。

五月,众臣拥立益王赵昰即帝位,为宋端宗;尊杨淑妃为杨太妃,由杨太妃垂帘听政,改封赵昺为卫王。陈宜中为左丞相,文天祥为枢密使。张世杰受任枢密副使,陆秀夫受任直学士(皇帝侍从顾问)。

七月,文天祥受到陈宜中排斥,离开朝廷去南剑州(治所位于今福建省南平市)等地组织军队抗击元军。

八月,张世杰令都统(军事将领)张文虎、吴浚率领十万兵士攻打建昌(位于今江西省南城县),没有攻下。

十一月,元军攻入建宁府(治所位于今福建省建瓯市)。陈宜中、张世杰率领十八万军士、三十万民兵护卫宋端宗等人登舟入海,经泉州(治所位于今福建省泉州市)转至潮州(治所位于今广东省潮州市)。

景炎二年(1277年)九月,众臣护卫宋端宗的船队停泊在广东浅湾(其地不详)。张世杰率领部众攻打泉州失利,退回浅湾。

十月,陈宜中痛恶陆秀夫不肯顺从他的意见,想把陆秀夫调离朝廷。张世杰对此持有异议,向陈宜中质问道:"现在是什么时候,还在动用检察官整人?"陈宜中感到心虚,不再坚持己见,陆秀夫得以留下。

十一月,元军将领刘深率兵进攻浅湾。张世杰率部迎战失利。十二月,张世杰护卫宋端宗等人转至井澳(位于今广东省珠海市西南珠江口外大横琴岛深井附近海湾)。当时风狂浪大,险些将宋端宗卷走。宋端宗受到惊吓,由此得病。

---

① 元至治三年(1323年),元英宗令人将赵㬎杀死于吐蕃(位于今西藏自治区)萨伽寺据(《中国历史大辞典·宋恭帝》)。

二、忧患图存　以身报国

景炎三年(1278年)三月,张世杰等人护卫宋端宗转至碙洲(位于今广东省雷州湾外硇洲岛)。

四月,宋端宗病逝。陈宜中瞅空逃往占城①。群臣想就此散伙。"拥有士兵数万人,如果上天不想灭宋,眼下不正是我们为国家尽力的时候吗?"陆秀夫的这番话把众人的情绪稳定下来。于是,陆秀夫站出来劝止众人说:先帝度宗尚有一个儿子卫王健在,如果大家散伙而去,将把卫王置于何地?古人有一旅(500士卒)一成(方圆十里)而中兴大业的先例。于是众人拥立卫王赵昺为帝,推举陆秀夫为左丞相,与张世杰共同辅政。

五月,张世杰等人护卫幼帝赵昺转至崖山(位于今广东省新会市南五十公里海中)。在此前后,张世杰派军攻打雷州(治所位于今广东省雷州市)、广州(治所位于今广东省广州市),均遭失败。

十二月,文天祥及其部众在五坡岭(位于今广东省海丰县北)被元军突袭抓俘。张世杰、陆秀夫下令连接千艘大船,将铁锚沉入海中,四周造起楼棚如陆上的城墙,将幼帝赵昺接入船上,以二十余万兵士和民兵坚守南宋最后一块海上阵地。

祥兴二年(1279年)正月,元军都元帅(最高军事将领)张弘范率军包围南宋船阵,下令断绝其粮道和淡水源。在极端困难的情况下,张世杰坚持率部与元军奋战。张弘范接连三次派张世杰的外甥韩某(其名不详)到船阵劝降。张世杰以古代忠臣的事迹教育其外甥,对他说:我知道投降元军后,我能够活命,而且能享受富贵。但是,我已经下定了为国牺牲的决心,这是不会改变的!

二月癸未日,元军攻破南宋海上船阵。船上宋军与元军顽强激战七天,"尸浮海上者十余万人"。

陆秀夫看到再也难以脱逃,生怕被俘受辱,对幼帝赵昺说:事态发展到这一步,已经无路可走了,恭帝投降后受到很多侮辱,陛

---

① 国名,位于今越南中南部。

下不能再受辱,让我陪同陛下为国赴死吧! 说罢,陆秀夫背起幼帝赵昺投身苍茫的大海。

杨太妃听说陆秀夫背幼帝赵昺投海,悲恸号啕说:我历经万难而没有寻死,正是因为赵宋家还有一个根! 如今我一点希望也没有了! 杨太妃随即跳海自尽。之后,张世杰令人将杨太妃安葬在海滨。

张世杰收拢散兵准备登陆,杀回广州。这时,海上忽然刮起大风。将士劝张世杰上岸,张世杰仰天长叹说:再没有什么作为了! 我为赵氏江山亦尽力了! 立了一个国君,死去;再立一个国君,又死去。我之所以没有死,是想打退元军,从赵氏中再立一个皇帝,以延续宋朝江山。眼下狂风骤起,是天意不让我成功! 于是,张世杰也毅然投身波涛汹涌的大海。

《宋史纪事本末》卷一百七·元伯颜入临安
　　　　　　　　　卷一百八 二王之立
《宋史》卷四百五十一 张世杰传、陆秀夫传
　　　　　卷四十七 瀛国公本纪

【简评】

元军进入临安,宋恭帝率众臣投降,南宋灭亡。然而,张世杰、陆秀夫等人不甘国家就此灭亡,他们在福州拥立益王赵昰为帝,组织爱国军民顽强进行抗元斗争。元军进逼福州后,他们率部护卫宋端宗由海路转至广东沿海。宋端宗去世后,他们拥立卫王赵昺为帝,将千艘大船连接在一起,形成海上船阵,坚持抗击元军。船阵被元军攻破后,陆秀夫背着年幼的宋帝赵昺投身大海,张世杰随即也跳海殉国。陆秀夫、张世杰的忠贞义举堪称壮烈。

二、忧患图存　以身报国

张铨心忧国难

明万历四十六年(1618年)四月,后金①军队攻占抚顺(位于今辽宁省抚顺市),辽东(镇所位于今辽宁省辽阳市)总兵官(军事将领)张承胤(《明史》·张铨传,记作张承荫)阵亡,明朝廷为之震惊。兵部左侍郎(朝廷主管军事的部门副长官)经略(总领一方军事)辽东杨镐建议分四路出兵,回击后金军。张铨时任江西(即江西布政使司,治所位于今江西省南昌市)巡按御使(最高监察机关派出巡视的官员)。他听说杨镐意欲出兵,火速上书明神宗说:"敌山川险易,我未能悉知,悬军深入,保无抄绝?且突骑野战,敌所长,我所短。以短击长,以劳赴逸,以客当主,非计也。""不必征兵四方,但当就近调募,屯集要害以固吾圉,厚抚北关以树其敌,多行间谍以携其党,然后伺隙而动"。张铨认为,杨镐没有统领军队的才能,举荐原辽东巡按御史熊廷弼接替他的职务。鉴于当时河南、山东等地饥民纷纷起事,张铨担心"若加赋选丁,骚扰天下,恐识者之忧不

---

①　明万历四十四年(1616年),女真(后改称满)族首领努尔哈赤建立金国,史称"后金",称汗(国王),建都赫图阿拉(位于今辽宁省新宾县西北老城),后迁都辽阳(位于今辽宁省辽阳市)、沈阳(位于今辽宁省沈阳市)。后金天聪十年(1636年),皇太极(努尔哈赤第八子)在盛京(即沈阳)称帝,改国号为"清"。

在辽东"，主张减轻民众负担。明神宗没有采纳张铨的意见，同意杨镐统率十万军士分四路攻打后金，并令张铨为分巡兵备副使（协助总兵官处理军事的副官），出任山海关（镇所位于今河北省秦皇岛市山海关区）总兵杜松部监军（监察军事）。

万历四十七年（1619年），杨镐统率的四路军队均被后金军击败，部将杜松、刘绖、马林等战死。杨镐由此被捕入狱。

万历四十八年（1620年）夏天，张铨对国家因与后金开战而将亩税增至九厘深为忧虑，再次上书明神宗说："辟之一身，辽东，肩背也；天下，腹心也。肩背有患，犹藉腹心之血脉滋灌。若腹心先溃，危亡可立待。竭天下以救辽，辽未必安，而天下已危。今宜联人心以固根本，岂可朘削无已，驱之使乱？且陛下内廷积金如山，以有用之物，置无用之地，与瓦砾粪土何异？乃发帑之请，叫阍不应，加派之议，朝奏夕可。臣殊不得其解。"有识之士认为张铨所论国家安危具有先见之明，而明神宗与当政大臣却不以为然。

明熹宗即位（1620年）后，调任张铨为辽东巡按御使。辽东经略袁应泰意欲发布招降后金兵士的命令，张铨认为这样做会使大批后金间谍混入明军，极力加以劝止。袁应泰不听劝阻，发布招降令。张铨感叹说："祸乱从此开始了！"

天启元年（1621年）三月，后金军队攻占沈阳，进而围攻辽阳。袁应泰见情况危急，劝张铨率部退至辽河以西，重新聚集力量再战。张铨称自己是血性男儿，不能死在别人后面，坚持留在辽阳与将士一起抗击后金兵。辽阳守军与后金军激战三天，兵败城陷。袁应泰自杀，张铨被俘。

后金汗努尔哈赤召见张铨，其侍从官强迫张铨下跪。张铨直立拒不下跪，瞪大眼睛怒吼道：我是明朝天子执法重臣，能向你们投降吗？他用力将手臂一甩，反把拉他的人摔倒在地。后金官员恼羞成怒，叫嚷着要把张铨拉出去杀掉。努尔哈赤将他们制止，以好言劝说张铨投降。张铨坚决不肯屈服。

二、忧患图存 以身报国

没过一会儿,有个后金王子从外面进来,举刀要砍张铨的头。张铨毫无惧色,抬起头朝前站了一步,把颈子伸过去让他杀。后金王子当即放下刀,转而诱惑张铨说:送你回家,怎么样?张铨坦然答道:我把死就当成回家!后金王子无计可施,只好令兵士将张铨押回官府,加以软禁。

张铨回到官府后,穿上一套较新的官服,遥向南方的朝廷拜谢,又遥向其父母诀别,然后自缢而死。

《明史》卷二百九十一 张铨传
卷二十一 神宗本纪二
《明史纪事本末》补遗卷一 辽左兵端
卷二 熊王功罪

【简评】

张铨没有当上大官,无权参与决定国家军政大事。他忧国忧民,对御外治内提出极有见地的意见,可惜没有被采纳。他主张辽东驻军宜"屯集要害以固吾围","伺隙而动",不赞成杨镐贸然出兵攻打后金。他举荐熊廷弼取代杨镐。熊廷弼继任辽东经略后,斩逃将、招流民、督战备,上任"数月守备大固"。(《明史》卷二百五十九·熊廷弼传)他主张减轻民众负担,"联人心以固根本",不可"驱之使乱"。明神宗竟听不进去。后来,明朝果然被李自成领导的农民军攻灭。张铨身为检察官,兵败被俘,大义凛然,视死如归,其坚贞气节令人景仰。

傅清舍身平叛

清乾隆十二年(1747年),西藏多罗王颇罗鼐病故。乾隆帝依照他临终的请求,册封其次子珠尔默特那木札勒继嗣为西藏郡王。当时,傅清为清朝廷驻藏大臣(军政长官),奏请乾隆帝仍让颇罗鼐的长子珠尔默特策布登驻守阿里(位于今西藏阿里地区)。第二年,朝廷改任傅清为固原(治所位于今宁夏区固原县)提督(军事长官)。

乾隆十四年(1749年)冬天,驻藏大臣纪山向朝廷报告,称珠尔默特那木札勒告发其兄珠尔默特策布登调集部队将要发动内战。此前,乾隆帝已经察觉珠尔默特那木札勒不像其父那样"安静奉法",认为应对他有所戒备。接到纪山奏报后,乾隆帝判断珠尔默特那木札勒可能要借机发动叛乱,决定将驻藏大臣由一员恢复为两员,调令傅清复任驻藏大臣、工部侍郎(朝廷主管百工建造的部门副长官),拉布敦接替纪山为驻藏副大臣,并传令傅清对纪山所奏情况加以核实,同时指令四川总督(军政长官)策楞、提督岳钟琪做好充分准备,以其离西藏邻近,随时奉命率领兵士进藏平叛。

傅清摸清情况后向朝廷报告,称珠尔默特策布登并没有调动军队,珠尔默特那木札勒所告系诬告,目的是想夺取其兄的领地。乾隆帝指令傅清要严密观察其动静,周密研究对策,及时密报朝廷。

二、忧患图存　以身报国

十二月,乾隆帝给傅清、纪山下达密令说:"珠尔默特那木札勒暴戾不驯,狡诈叵测,留之终为后患。或即酌派策楞、岳钟琪带兵一二千名入藏,乘其不备除之。"当月,珠尔默特那木札勒将珠尔默特策布登逼死,并驱逐了他的儿子。

乾隆十五年(1750年)春天,珠尔默特那木扎勒秘密派人去准噶尔①串通,阴谋叛乱的迹象更加明显。傅清和拉布敦将这一情况报告乾隆帝,准备伺机抓捕珠尔默特那木札勒。乾隆帝密示傅清、拉布敦说:"所见甚属冒险,轻率举动,必致酿成大事。"

在此期间,珠尔默特那木札勒加快了谋乱的步伐,他下令封锁圹讯(朝廷发送文书的必经之地),致使军事文书不能送达。面临这一新态势,傅清与拉布敦等人清醒地认识到,他们手下没有多少军士,一旦珠尔默特那木札勒发动叛乱,驻川部队不可能马上赶到,这样,不仅他们将要被杀死,更为严重的是朝廷将会失去对西藏的控制。与其这样,不如先下手除掉叛乱之首更为有利。他们知道,杀死珠尔默特那木札勒后,他们难免被其部众击杀,但叛乱分子群龙无首,容易平定。于是,傅清等人不等乾隆帝下达诏令,断然决定对叛首采取行动。

十月十三日,傅清派人送信给珠尔默特那木札勒,称乾隆帝下达旨令,请他去驻藏大臣官府议事。珠尔默特那木札勒不知道是圈套,径直前往。傅清要其随行护卫停留在楼外,只许四五个人随同珠尔默特那木札勒上楼。

珠尔默特那木札勒等人刚上楼,楼梯即被拆下。傅清向内室呼喊,假装传唤官员宣读诏令。珠尔默特那木札勒跪下准备听诏。这时,傅清转身跃到珠尔默特那木札勒身后,挥刀斩下他的头颅。随其入室的几个人当即跳楼脱逃。

---

① 蒙古部落,游牧区位于今伊犁河流域,该部曾一度占领西藏。康熙五十九年(1720年),清朝廷军将准噶尔兵赶出西藏。

守候在楼外的珠尔默特那木札勒护卫兵士闻讯，一齐朝楼房围攻过来。珠尔默特那木札勒的部将罗卜藏扎什率领兵众朝楼上开枪放炮，又堆积干柴放火烧楼。驻藏大臣官府卫兵寡不敌众。混战中，傅清三处受伤，无力再战，自刎身亡。拉布敦下楼与叛军拼杀，身负重伤后自杀。官府内的部将、随员、卫兵、家属有一百多人遇难。七世达赖喇嘛闻讯，当即派人令罗卜藏扎什住手，将驻藏大臣官府内尚未受到伤害的二百余人救往布达拉宫，并发布告示，称珠尔默特那木札勒"辜负圣恩"，安抚官民"宜守本分，不可妄动放肆"。罗卜藏扎什畏罪潜逃，不久被捕捉处死。

乾隆帝听说傅清、拉布敦等人遇难，十分悲痛，称赞傅清、拉布敦"揆几审势，决计定谋，心苦而功大"。他随即下令策楞率领八百名兵士入藏，将叛乱平息。

《清史稿》卷三百十二 傅清传

拉布敦传

《清通鉴》卷一百六 清高宗乾隆十四年

卷一百七 清高宗乾隆十五年

【简评】

乾隆帝获悉珠尔默特那木札勒图谋发动叛乱，优柔寡断，没有及时派兵入藏，是一大失误。傅清审时度势，当机立断，以牺牲自己和少数人的生命为代价，谋诛珠尔默特那木札勒，避免了即将发生的大规模叛乱可能造成的严重后果。他英勇果敢，舍身为国，为封疆大臣尽忠职守树立了典范。

三、坚守阵地　宁死不降

古代有许多将领把守卫阵地视为神圣使命。面对敌军大举进攻,他们毫不畏惧,率领部众英勇抵抗;身陷敌军包围,他们忍耐饥渴,激励部众死守阵地;城破失守,他们誓不投降,奋身与敌人作最后拼搏。他们是钢铁铸成的硬汉,鲜血虽然流淌,报国之志犹坚;他们是顶天立地的英雄,身躯虽然倒下,浩然正气长存。

三、坚守阵地　宁死不降

周苛城破就义

汉王①二年（前205年）四月，汉王刘邦乘楚王项羽领兵攻打田荣②之机率部攻入楚都彭城（位于今江苏省徐州市）。楚王闻讯后率领三万精兵回击汉王军，在彭城以南将汉军击败。汉王三年（前204年）四月，楚王项羽领兵围攻荥阳。汉王向楚王求和，楚王没有答应。

五月，汉王意欲从荥阳脱身，留御史大夫（最高监察机关长官）周苛率部坚守荥阳。将军纪信为了掩护汉王脱走，主动请求冒充

---

① 即汉高祖刘邦。秦二世元年（前209年），刘邦在沛（位于今江苏省沛县）聚众反抗秦朝。第二年，刘邦投附项梁及其侄项羽领导的反秦军队。项梁战死后，项羽为上将军统领军队北上抗秦。秦二世三年（前207年），刘邦、项羽先后领兵进入秦都城咸阳（位于今陕西省咸阳市东北），秦朝灭亡。随后，项羽自称西楚霸王，封各路反秦将领为王。刘邦受封汉王后，率部开赴设于南郑（位于今陕西省汉中市）的王府。汉王元年（前206年）八月，刘邦率部众从南郑东征，与楚王项羽争夺天下。

② 秦二世元年（前209年），原齐国贵族田儋起兵反秦，自立为齐王。田儋兵败被杀后，其堂弟田荣立田儋之子田巿为齐王，自任宰相。秦朝灭亡后，楚王项羽封田巿为胶东王、田都（田儋部将）为齐王、田安（战国齐王建之孙）为济北王。田荣未能封王，率兵击杀田巿、田安，击败田都，自称齐王，与项羽对立。

汉王出城诈降。一天夜里,护军中尉(监督诸将领,负责协调各部关系)陈平打开东门,从城中放出二千多个女人,把楚军引诱过来,纪信乘坐汉王的车子随后出城。侍从官员向楚军官兵宣称:城中粮食吃光了,汉王前来投降。楚军官兵高兴得欢呼跳跃。汉王刘邦乘机率领数十名侍卫骑兵从西门出城逃离。楚王听说汉王逃走,大为恼火,当即下令将纪信杀死。接着,楚王率兵追击汉王。汉王率部进入成皋(位于今河南省荥阳市西北),随即辗转于宛(治所位于今河南省南阳市)、叶(治所位于今河南省叶县西南)一带。

六月,楚王领军南下,再次围攻荥阳。周苛指挥部众誓死守卫荥阳城。不久,楚军攻破荥阳城,将周苛抓俘。

楚王以礼召见周苛,劝他投降,对他说:跟我一起干吧,我将委任你为上将军,封你为三万户侯!周苛毫不为之动心,决意以死守节。他拒不投降,反而奉劝楚王说:你还是赶快投降汉王吧!否则,很快就将成为汉王的俘虏。你哪里是汉王的对手!

楚王听周苛这么说勃然大怒,下令将他投入开水锅处以烹刑。周苛面对沸腾的开水毫不畏惧,从容就义。

《汉书》卷一 高帝纪上

【简评】

刘邦兵败逃入荥阳,荥阳守兵较少,不堪项羽部众攻击。刘邦以计从荥阳脱走,周苛留镇荥阳显然难以坚守。他兵败被俘后拒绝项羽高官厚禄利诱,宁死不降,其坚贞气节令人赞叹。

三、坚守阵地 宁死不降

耿恭扼守疏勒城

　　东汉永平十六年(公元 73 年),东汉朝廷为了恢复与西域(泛指今甘肃省玉门市以西至中亚地区)各国的关系①,派遣奉车都尉(主管皇帝车马的将军)窦固率兵击败北匈奴②军,进驻伊吾(位于今新疆哈密市)。之后,窦固派遣假司马(非正式任命的将帅属官)班超率领三十六人出使西域,首先开通与鄯善(西域国名,位于今

---

　　① 西汉建元二年(前 139 年),汉武帝苦于匈奴(汉朝北方邻国,单于庭位于今蒙古国乌兰巴托)骑兵经常南下侵扰,派遣郎(皇帝侍从官)张骞率团出使大月氏(西域国名,位于今阿姆河以北乌兹别克斯坦国境内),以联络其共同抗御匈奴。张骞访问了大宛(西域国名,位于今乌兹别克斯坦国境内)、康居(西域国名,位于今哈萨克斯坦国境内)、大月氏等国,最先开通西汉与西域诸国的联系。此后,汉武帝派使臣武官驻访西域各国。神爵二年(前 60 年),汉宣帝设立西域都护府(治所乌垒城,位于今新疆轮台县东小野云沟),任命郑吉为都护西域骑都尉(即西域都护,汉朝廷派驻西域的军政长官),监护西域三十六国。西汉末年,摄行皇帝事王莽废太子刘婴,改国号为新,称帝,逐步与西域各国断绝联系,西域都护府废置,西域各国为匈奴所控制。
　　② 东汉建武二十四年(48 年),匈奴再次分裂,匈奴南部右奥鞬日逐王比率部归附汉朝,向南迁居云中郡(位于今内蒙古托克托县境内)等地,史称"南匈奴"。匈奴蒲奴单于(国王)率部留居漠北(位于今蒙古高原沙漠以北),史称"北匈奴"。北匈奴控制西域各国,与东汉朝廷相对抗。

新疆若羌县东米兰)的联系。

　　永平十七年(74年)十一月,骑都尉(警卫部队将领)刘张及其司马(军事参谋官)耿恭随同窦固及驸马都尉(主管皇帝副车的将领)耿秉率军征服车师①。之后,窦固等率军东返。东汉朝廷决定重新设立西域都护府(设地龟兹②)和戊己校尉(主管西域屯田的武官,隶属西域都护)府。汉明帝任命陈睦(原职不详)为西域都护,耿恭为戊校尉,率部屯驻车师后部金蒲城(位于今新疆吉木萨尔县北十二公里破城子),谒者(主管礼仪或奉命出使的官员)关宠为己校尉,率部屯驻车师前部柳中城(位于今新疆鄯善县西南鲁克沁)。金蒲、柳中两城相距千余里,各配备几百名官兵屯驻。

　　永平十八年(75年)二月,北匈奴左鹿蠡王率二万名骑兵攻打车师。耿恭派其司马(其名不详)率三百名兵士前去救援车师后王。途中,司马所率部众遭北匈奴骑兵袭击,无一人生还。车师后王安得也被北匈奴兵杀死。接着,北匈奴左鹿蠡王胁迫车师人引路,率部直奔金蒲城,将金蒲城紧紧包围。

　　耿恭面对北匈奴军围城,镇定自若,毫不畏惧。他鼓励兵士加强防御,坚守金蒲城。守城官兵向北匈奴骑兵告示,称汉军神箭上煮有毒药,中箭者必死,并射死数名匈奴兵。北匈奴官兵受到震慑,不久退去。

　　五月,耿恭以疏勒城(位于今新疆天山北麓吉木萨尔县或奇台县境内)边有山涧流水,便于驻军防守,率部进入疏勒城。

　　七月,北匈奴骑兵围攻疏勒城,耿恭率部击退北匈奴骑兵。此后,北匈奴骑兵再次包围疏勒城,堵塞流经城边的溪水。耿恭令兵

---

① 西域国名,分前部、后部。车师前部治所交河城,位于今新疆吐鲁番市西北交河故城遗址;车师后部治所务涂谷,位于今新疆吉木萨尔县南泉子街一带。

② 西域国名,王府设在延城,位于今新疆库车县。

三、坚守阵地　宁死不降

士掘井,掘至十五丈深仍不见泉水。官兵干渴难熬,挤压马粪汁饮,以解渴。耿恭下令再往深处挖井,终于有泉水涌出。匈奴兵大为惊奇,随即撤退。

在此期间,焉耆①和龟兹出兵攻杀西域都护陈睦,柳中城也被北匈奴兵包围。关宠上书朝廷请求救援。耿恭率部困守疏勒,孤立无援。

当时正值汉明帝去世,汉章帝继位,东汉朝廷忙于治丧,没有及时派兵救援。由此,车师大臣叛离汉朝,出兵配合北匈奴攻打疏勒城。耿恭部众两面受敌,守城更为艰难。在万分危急时刻,车师后王夫人(其祖先是汉人),派人给耿恭送来粮饷。耿恭激励部众奋力拼杀,将北匈奴和车师联军击退。

几个月后,疏勒城内的粮食吃光了,守城官兵便用水煮铠甲,剥下上面的筋条皮革充饥。耿恭与兵士推诚相见,誓同生死,部众团结一致,没有二心。后来,城中的兵士只剩下几十人,却没有一人动摇。

北匈奴单于知道疏勒城外无援兵,城内守军已陷入绝境,便派使臣前去招降,许诺封耿恭为白屋王,并许愿将其女儿嫁给耿恭为妻。耿恭引诱匈奴使臣登上城墙,亲手将他杀死,并在城墙上烧烤他的尸体。北匈奴单于听说后勃然大怒,随即增派兵力攻打疏勒城,仍然没有攻下。

东汉朝廷围绕救不救援关宠展开一番辩论。十一月,汉章帝决定派遣谒者王蒙等人率七千名兵士从酒泉(位于今甘肃省酒泉市)出发,前往救援柳中。

建初元年(76年)正月,王蒙等人率领援军抵达柳中后,击毙和俘虏近七千名北匈奴兵士,解除其对柳中的包围。不久,关宠去世,王蒙准备率部东归。

---

① 西域国名,位于今新疆焉耆回族自治县。

此前，耿恭的军吏（低级军官）范羌为领取棉衣而留在王蒙军中。范羌知道疏勒城危在旦夕，坚持向王蒙求援。王蒙的部将不肯前往救援疏勒城。王蒙便分出二千兵士，交由范羌率领前往救援。

当范羌率领援兵冒着大雪连夜抵达疏勒城下时，北匈奴骑兵因雪大已经退走，坚守在城楼上的兵士高呼万岁，打开城门，同援兵哭成一团。耿恭同仅存的二十五名守城兵士"衣屦穿决，形容枯槁"。

三月，耿恭等人随援军撤至玉门关内，其部众只剩下十三人。

率部西征的中郎将（警卫部队将领）郑众上书朝廷，称"耿恭以单兵固守孤城，当匈奴之冲，对数万之众，连月踰年，心力困尽。凿山为井，煮弩为粮，出于万死无一生之望。前后杀伤丑虏数千百计，卒全忠勇，不为大汉耻。恭之节义，古今未有。宜蒙显爵，以厉将帅"。耿恭回到京都后，汉章帝提升他为骑都尉。

《后汉书》卷十九 耿恭传
《通鉴纪事本末》卷六 西域归附
卷七 两匈奴叛服

【简评】

《后汉书》作者范晔评论说："余初读《苏武①传》，感其茹毛穷海，不为大汉羞。后览耿恭疏勒之事，喟然不觉涕之无从。嗟哉，义重于生，以至是乎。"（《后汉书》卷十九）

清代学者王夫之评论说："恭之屯车师也，窦宪（应为窦固—引

---

① 苏武为西汉中郎将（警卫部队将领）。西汉天汉元年（前 100 年），苏武奉命率团出使匈奴，被匈奴扣押十九年，始终守节不屈。始元六年（前 81 年），苏武获释回国。

三、坚守阵地　宁死不降

者注)奏遣之,明帝命之。金蒲城者,汉所授恭使守者也;车师叛,匈奴骄,围之经年,诱以重利,胁以必死,而恭不降。车师之屯,其当与否,非事后所可归咎于恭也;恭所守者,先帝之命,所持者汉廷之节,死而不易其心,斯不亦忠臣之操乎。"(《读通鉴论》卷七·章帝)

毛德祖誓守虎牢

东晋义熙十三年(417年),毛德祖跟随刘裕率部攻灭后秦,以军功被任命为辅国将军、荥阳(治所虎牢,位于今河南省荥阳市西北汜水镇)太守。刘裕灭晋建宋即位为宋武帝①后,任命毛德祖为冠军将军、司州(治所虎牢)刺史。

南朝宋永初三年(422年)五月,宋武帝去世,太子刘义符继位为宋少帝。十月,北魏②明元帝拓跋嗣乘南朝宋治丧期间,派郑兵将军、司空(名誉丞相)达奚斤率兵二万南下攻宋。东郡(治所滑台,位于今河南省滑县东)太守王景度向毛德祖紧急求援,毛德祖当即派司马(主管军事的属官)翟广率三千步骑兵赴援。之后,北魏明元帝亲率五万大军南征,滑台失守,王景度逃走。

十一月,北魏大军向虎牢进逼。毛德祖率兵迎战,多次击败北魏军队。不久,魏军集中兵力将虎牢包围。宋少帝闻讯后,令南兖州(治所位于今江苏省扬州市西北)刺史檀道济和徐州(治所位于今江苏省徐州市)刺史王仲德领兵救援虎牢。

面对强敌围攻,毛德祖毫不畏惧,多次领兵击败北魏军。他带领城中军民挖掘六条七丈深的地道,通到北魏军队包围圈外。

---

① 东晋元熙二年(420年),刘裕逼晋恭帝让位,改国号为宋,即位称帝。
② 北朝之一,都平城,位于今山西省大同市东北。

三、坚守阵地　宁死不降

景平元年(423年)三月,毛德祖挑选四百名勇士,由参军范道基等率领经地道出城,从背后袭击北魏军队,斩杀数百名魏军兵士,焚烧其攻城器具,再从地道返回。接着,毛德祖领兵出城,与北魏吴兵将军公孙表部展开激战,从清晨直到傍晚,斩杀北魏军士数百人。

这时,达奚斤率部杀来,宋军损失一千多名,毛德祖率部退回虎牢。

当初,毛德祖在北方时与公孙表有过交往。他决定采用反间计挑拨北魏军队。毛德祖接连不断地写信给公孙表,叙谈友情,言和罢兵,同时派人在达奚斤面前散布流言,称公孙表正与毛德祖秘密谈和。达奚斤信以为真。公孙表把毛德祖的每封信都拿给达奚斤看,达奚斤对他仍有怀疑,并向明元帝奏报。北魏太史令(主管天文历法)王亮一向忌恨公孙表,乘机向明元帝进谗言,称公孙表把部队驻扎在虎牢东边有违天象。北魏明元帝迷信天命,据此确信公孙表叛变通宋,派人于夜间赶到公孙表营帐,传令将公孙表绞死。

四月,北魏明元帝增派军队攻打虎牢,并亲临成皋(位于今河南省荥阳市西北)督战。他下令切断虎牢从黄河汲水的渠道,指挥军队连续强攻三天,仍然没有攻下虎牢城。

闰四月,北魏将军叔孙建率三万骑兵参加围攻虎牢。

当时,虎牢被北魏军队包围已经有二百天。守城官兵每天都要迎战,精锐兵士几乎全部战死。受命率部赴援的檀道济、王仲德驻军湖陆(位于今山东省鱼台县东南)、豫州(治所位于今河南省汝南县)刺史刘粹驻军项城(位于今河南省沈丘县)、龙骧将军沈叔狸驻军高桥(位于今江苏省南京市东南),他们都畏惧北魏兵力强大,不敢将军队开赴虎牢前线。

北魏军队毁坏虎牢外城,毛德祖率众抢筑三层内城加以防御。北魏军队很快又摧毁其外围二城。毛德祖率众坚守在最后一层城中。守城官兵昼夜抗战,精疲力竭,许多人带病坚守阵地。毛德祖以恩义抚慰部众,官兵誓死守卫虎牢,没有一个人畏惧退避。

二十一日,北魏军队挖了深达四十丈的地道,把虎牢城内地下水引出城外。城内开始断水,人马干渴难支。此时,城内粮食亦已吃光,又流行起瘟疫,守城将士很难再坚持下去。

二十三日,虎牢城被北魏军队攻破。将士们想保护毛德祖突围,毛德祖说:我发誓与虎牢城共存亡,城如果失守,我怎么还能生存!毛德祖令范道基率二百名兵士突围南还,他率领留下的部众坚持战斗到最后一刻,直至被北魏兵士俘虏。

北魏明元帝传令不可伤害毛德祖。他钦佩毛德祖的忠烈,对他不肯投降采取宽容的态度,没有将他杀害。毛德祖被俘后被关押在监狱,始终没有向北魏屈服。南朝宋元嘉六年(429年),毛德祖死于北魏囚室,终年六十五岁。

《宋书》卷九十五 索虏
《通鉴纪事本末》卷十九 元魏寇宋

【简评】

在北魏重兵包围且没有外援的情况下,毛德祖率领部众誓死守卫虎牢,以超常的毅力坚持抗战二百多天,创造了战争史上的奇迹。虎牢城最终虽然被攻破,但毛德祖的英勇壮举将永远激励着后人。

三、坚守阵地　宁死不降

韦孝宽固守玉壁城

　　西魏①大统十二年（546年）九月，东魏②丞相高欢欲举兵攻打西魏，首先领兵进攻西魏东部重镇玉壁城（位于今山西省稷山县西南汾河南岸）。东魏军队连营数十里，将玉壁城层层包围，并昼夜不停地攻城。镇守玉壁城的西魏大都督（军事将领）、晋州（治所玉壁城）刺史韦孝宽率领城中军民奋力守卫。

　　十月，高欢下令切断玉壁城通向汾河取水的道路，韦孝宽动员城内军民掘井取水。高欢下令在城南堆起土山，凭借土山攻城。韦孝宽则令官兵在城楼上树起木架，使城楼防御工事总是高于土山，以抵御东魏军队强攻入城。堆土山攻城受挫后，高欢下令军士挖掘十条地道，企图从地下入城。韦孝宽则下令军士环城挖掘长沟，截断东魏军士所挖的地道。东魏兵士每挖一条地道与长沟接通，就被守候在那里的西魏兵士杀死。守卫玉壁城的军士点燃堆放在地道口的柴草，用皮制风箱往地道鼓烟煽火，簇拥在地道里的东魏兵士被烧得焦头烂额、熏得涕泪交流，纷纷退逃。

　　高欢见从地下进攻又行不通，又下令用攻城车撞击城墙。韦孝宽则令军士向攻城车张开布幔帐。东魏攻城车怕受幔帐裹挟，

---

① 北朝之一，都长安，位于今陕西省西安市。
② 北朝之一，都邺城，位于今河北省临漳县西南。

不敢前进。高欢又下令用长竹竿绑着火把焚烧幔帐,韦孝宽则下令赶制锋利的长钩刀,绑在长竹竿上,老远便能把东魏兵士的着火的竹竿割断,使之无法接近纵火。

硬撞城墙不成,高欢下令兵士在城墙四面挖掘二十一处坑道,用木柱支撑,然后焚烧木柱,使城墙倒塌。韦孝宽则令兵士在城墙缺口立即架设木栅栏进行防御,东魏兵士还是不能入城。之后,韦孝宽派兵夺取东魏兵士垒起的土山,占据制高点,改变了被动防御的局面。

高欢想尽各种办法攻城,都被韦孝宽率部击破。他不甘就此罢休,转而改施攻心战,派仓曹参军(主管后勤的军官)祖珽向韦孝宽喊话说:你独守孤城,西边没有救兵来,最终是守不住的,还是趁早投降吧!韦孝宽回答说:我的城池坚固,军队和粮食充足,疲劳的是你们,我们守城以逸待劳,无需援军。我倒替你们担心,如果再不向我们投降,就回不去了!我韦孝宽是关①西男子汉,怎么可能当投降将军!

祖珽转而对城中民众喊话说:你们韦城主接受人家高官厚禄,坚持守城是可以理解的,你们为何要跟着他赴汤蹈火呢?说着,祖珽令人把悬赏招降的文书射到城内。文书上写明:斩杀韦城主投降的人,东魏将任命他为太尉,封为开国郡公,赐给食邑一万户,赏给绢帛一万匹。韦孝宽亲手在这份招降文书背面写上"能把高欢斩首的人,依照这个标准封赏",将该招降书射回到城外。

接着,东魏军官把韦孝宽弟弟的儿子韦迁押至城下,将利刀架在他的脖子上,对城上的韦孝宽威胁说:你如果仍然不投降,我们便将他杀死。韦孝宽把侄子的生死置之度外,意气慷慨,毫不为之所动。守城官兵深受激励,决心为守卫玉壁城而战斗到最后一口气。

---

① 即函谷关,位于今河南省灵宝市东北。

三、坚守阵地 宁死不降

东魏军队苦攻五十天,官兵战死或病死达七万人,仍然没有攻克玉壁城。高欢智穷力竭,恼愤成疾,只好于十一月初一日下令解除对玉壁城的包围,连夜将军队撤走。

西魏文帝元宝炬嘉奖韦孝宽的功绩,提升他为骠骑大将军、开府仪同三司(享受丞相待遇)。

这时,东魏军中传说高欢已被韦孝宽射死。高欢听到这一谣传后,强支病体接见各位将领。他要大司马(名誉丞相)斛律金作《敕勒歌》,以排解他心中的郁闷。斛律金吟诵道:"敕勒川,阴山下,天似穹庐,笼盖四野。天苍苍,野茫茫,风吹草低见牛羊。"(逯钦立辑校《先秦汉魏晋南北朝诗》下·北齐诗卷三)高欢悲歌唱和,潸然泪下。第二年正月,高欢在沮丧中病逝。

《北史》卷六十四 韦孝宽传
《通鉴纪事本末》卷二十三 魏分东西

【简评】

高欢率领东魏大军包围玉壁城,大有"黑云压城城欲摧"(唐·李贺《雁门太守行》)之势。韦孝宽率部严阵以待,沉着应战。高欢军堆土山、挖地道、撞城陷墙、攻心战,无所不用其极,韦孝宽针锋相对,道高一尺,魔高一丈,及时给予有力回击,使得高欢损兵折将,无计可施,恼怒成疾。玉壁保卫战的胜利,是东魏由盛变衰的转折点,韦孝宽的功劳是巨大的。

张巡坚守雍丘、睢阳

唐天宝十四年(755年)十一月,范阳(治所位于今北京市区)等三镇节度使(军政长官)安禄山发动叛乱,率领十五万叛军南下。十二月,叛军攻入东京洛阳(位于今河南省洛阳市)。张巡时任谯郡(治所位于今安徽省亳州市)真源县(治所位于今河南省鹿邑县)县令(行政长官),"治绩最,而负节义"。他极力劝说谯郡太守(行政长官)杨万石招募兵士抗击叛军。

天宝十五年(756年)正月,安禄山自称大燕皇帝,派其部将张通晤领兵攻占宋州(治所睢阳,位于今河南省商丘市南)、曹州(治所位于今山东省曹县西北)。杨万石被叛军的气焰所吓倒,以全郡投降安禄山,逼令张巡为长史(事务长官)去迎接叛军。张巡当即返回真源,脱离杨万石,聚集千余名兵士反击叛军。此间,单父(治所位于今山东省单县)尉(主管治安)贾贲率千余名兵士攻打宋州,张通晤败逃被杀。张巡率部与贾贲部会合,乘雍丘(治所位于今河南省杞县)县令令狐潮随同叛军攻打淮阳(位于今河南省淮阳县)之机进占雍丘。

三、坚守阵地　宁死不降

坚决抗叛扼守雍丘城

　　三月,令狐潮引导叛将李怀仙等人率四万叛兵将雍丘包围。贾贲战死,守城官兵大为恐惧。张巡激励部众说:"叛军声势强大,他们轻视我们,如果我们出其不意袭击他们,必然会使叛军惊惧而溃败,这样就能守住雍丘城。"张巡留千余兵士守城,亲率千余兵士打开城门,突然冲入叛军军营勇猛冲杀,叛军来不及应战,仓皇败退。第二天,叛军用百门火炮击毁雍丘城堞,张巡令兵士在城墙上立起木栅抗御叛军。叛军像蚂蚁一样向城墙上攀登,张巡令部众燃起浇上油的蒲草投向叛军,将叛军击退。

　　令狐潮与张巡本来是老朋友,他在城外向张巡喊话说:"天下大势已去,朝廷军队向东不能出关①,你率领这么弱小的部队坚守这座危城,为了谁啊?不如顺乎潮流求取富贵。"张巡向令狐潮反问道:"你平时自称忠义,如今,你的忠义何在?"令狐潮被问得哑口无言,只得下令退兵。

　　张巡激励守城官兵"带甲而食,裹疮复战",历时六十天,经过大小三百多次战斗,数次击败叛军,俘虏叛军两千多人,军威大震。

　　六月,安禄山部将崔乾祐领兵攻占潼关(位于今陕西省潼关县),唐玄宗等人离开京都长安向西逃跑。七月,唐玄宗逃往蜀(位于今四川省),退称太上皇,太子李亨在灵武(位于今宁夏区灵武市西北)即位为唐肃宗。令狐潮听说唐玄宗西逃,写信给张巡,劝他投降。这时,张巡部下有六名军官发生动摇,动议要张巡接受令狐潮的劝告,张巡假装答应。第二天,张巡率领官兵拜唐玄宗画像,

---

① 即函谷关,位于今河南省新安县东。

许多人感伤得痛哭流涕。张巡用大义谴责劝降的六名军官,然后将他们斩首,士气为之一振。

守城官兵粮食吃完了,张巡率部夜间出城,突袭令狐潮运送米盐的船只,获取千斛米盐入城。雍丘城中的箭用完了,张巡下令扎一千多个草人,全蒙上黑衣服,夜间用绳将草人往城下放。叛军以为守城官兵出城偷袭,争先用箭射击。城中官兵等叛军停止射击,把草人收上来,得箭数十万支。此后,一天晚上,张巡下令从城上放下五百名黑衣勇士,叛军笑而不防。五百勇士攻其不备,将叛军击溃。

叛将杨朝宗领兵攻打宁陵(治所位于今河南省宁陵县东南),以断绝张巡的兵饷供给。张巡率三千名部众赴援宁陵,其部将南霁云、雷万春率部与叛军在宁陵以北展开激战,斩杀二十名叛将,击杀一万多叛兵,"投尸于汴,水为不流"。杨朝宗连夜率残部逃遁。张巡以功被唐肃宗任命为河南(唐方镇名,治所汴州,位于今河南省开封市)副节度使(军政副长官)。

应急赴援坚守睢阳城

至德二载(757年)正月,安庆绪杀死其父安禄山,称帝。之后,安庆绪令其部将尹子奇率领叛军与前来增援的罗①、奚②军会合,共十三万兵士围攻睢阳。睢阳太守许远向张巡告急,张巡率部

---

① 唐北方游牧部族,游牧地位于今俄罗斯契科伊河以南至蒙古国伊罗河以东一带。

② 唐北方游牧部族,游牧地位于今内蒙古老哈河上游及河北省滦河中上游一带。

三、坚守阵地 宁死不降

入睢阳救援,与许远部众合在一起共六千八百人。面对叛军的强大攻势,张巡激励将士坚守睢阳城。他对将士们说:"我身受国恩,誓死守卫睢阳城。但是,想到大家为国献身,血染原野,所得到的赏赐很少,我常常感到痛心。"将士们深受感动,纷纷请战。许远推举张巡统领军事,他主动承担后勤供应。张巡指挥将士昼夜与叛军苦战,有时一天最多要交战二十多次。经过十六天的激战,张巡率部俘虏叛将六十多人,杀死叛军两万多人,守城官兵极为振奋。

五月的一天,张巡领兵出城袭击叛军,斩杀五十多个叛将,击杀叛兵五千余人,并射中叛军主将尹子奇左眼,差一点把他抓获。唐肃宗收到捷报后,对张巡大加赞扬,提升他为御史中丞(最高监察机关副长官)。

七月,尹子奇又调集数万名叛兵猛攻睢阳城。此时,城中粮食已剩下不多,将士每人每天只能吃上一勺米,以茶纸、树皮充饥。城内守军大多阵亡,只剩下一千六百人。守城官兵虽然饥肠辘辘,仍然丝毫不减斗志。

叛军采用高大云梯攻城,云梯上有二百名精兵,由地面叛军推着云梯靠近城墙,企图让梯上的叛军跳上城墙。针对这一情况,张巡下令在城墙上凿开三个洞穴,从一个洞穴中伸出铁钩,钩住云梯使其不能后退;从另一个洞穴中伸出大木头,顶住云梯使其不能前进;从第三个洞穴中推出一只燃烧的铁笼子,将云梯燃着。云梯上的叛军无可逃脱,全部被烧死。

接着,叛军改用高大的钩车攻城,企图钩毁城楼。张巡设计在长木上安装大铁环,套住叛军钩车上的钩头,将其截断。叛军又制作木驴攻城,张巡下令投之以熔化的铁水,把叛军的木驴全部烧毁。之后,叛军又在城西北用土袋垒起高台,借以登城。张巡令人在台阶上偷放上松明、柴草,放火将叛军攻退。守城将士经过七个月的艰苦抗战,共消灭十二万叛军,而城中的官兵只剩下六百人。

尹子奇见强攻屡屡失败,便下令在城外挖三道壕沟,立上木栅,切断城内与外界的通路,企图将城内守军困死。为了激励斗志,张巡临阵赋诗,慷慨高歌:"裹疮犹出阵,饮血更登陴。忠信应难敌,坚贞自不移。"(上海古籍出版社《唐诗纪事》卷二十五)率部誓与睢阳城共存亡。

城内与外界的通道被切断后,守卫睢阳城的将士处境更为困难。而谯郡守将许叔冀、彭城(位于今江苏省徐州市)守将尚衡、临淮(治所位于今江苏省泗洪县东南)守将都拥兵观望,不肯救援睢阳。张巡派南霁云率领三十名骑兵突出重围抵达临淮求援,贺兰进明以睢阳沦陷已成定局、援兵开过去也没有用加以拒绝,以酒宴歌舞诱劝南霁云留下。南霁云痛说贺兰进明贪图安乐,为忠臣义士所不取,怒斩一只指头发誓,愤然返回。

不久,城内粮食全部吃光,官兵忍痛杀战马吃。战马吃光后,官兵罗雀捕鼠度日。雀鼠吃光后,张巡对其部众说:各位壮士成天饿着肚子而不减忠义之志,我恨不得割下自己的肉供大家充饥!事情到了这一步,我还能舍不得爱妾而眼看义士挨饿吗?于是,张巡杀死自己的爱妾供官兵充饥。最后,城中只剩下四百名官兵,仍然没有一个人叛变投降。

十月九日,叛军攻上睢阳城楼,守城将士再也无力抗战。张巡向朝廷所在的西方遥拜,慨叹道:臣的力量用完了,没有守住睢阳城,虽然不能再活着报答陛下,死后也要变成厉鬼继续杀贼!叛军随即占领睢阳城,张巡、许远、南霁云、雷万春等人被叛军俘虏。

尹子奇召见张巡,向他问道:听说你打起仗来常常睁裂眼眶,咬碎牙齿,这是为什么?张巡回答说:我恨不得吞掉叛贼,恨的是我力不能及!尹子奇令人用刀撬开张巡的嘴,见他嘴里只剩下三颗牙齿,深为张巡的气节所折服。

张巡怒视尹子奇大骂道:我为君王赴义而死,你是叛附逆贼的猪狗!你的寿命不会长久的!尹子奇大为恼火,挥动利刀,胁迫张巡投降。张巡坚贞不屈。尹子奇转而威胁南霁云,南霁云闭口不

三、坚守阵地 宁死不降

答。张巡向南霁云喊道：南八①！男儿死就死吧，不可不信守忠义而向叛贼屈服！南霁云笑着答道：将军是知道我的，我岂敢不忠不义？甘愿为国效死！

尹子奇当即下令将张巡、南霁云、雷万春等人处死（许远在押往洛阳后被杀）。张巡临难"颜色不乱，扬扬如常"，时年四十九岁。

《旧唐书》卷一百八十七下 张巡传
《新唐书》卷一百九十二 张巡传
《通鉴纪事本末》卷三十一 安史之乱

【简评】

《新唐书》作者欧阳修、宋祁认为："张巡、许远，可谓烈丈夫矣。以疲卒数万（应为数千——引者注），婴孤墉，抗方张不制之虏，鲠其喉牙，使不得搏食东南，牵掣首尾，豗溃梁、宋间。大小数百战，虽力尽乃死，而唐全得江、淮财用，以济中兴，引利偿害，以百易万可矣。巡先死不为遽，远后死不为屈。"（《新唐书》卷一百九十二）

司马光在记叙陈希烈（原任左丞相，后投降安禄山，受任侍中即侍从皇帝的主官，唐朝廷军平息安禄山叛乱后将其逮捕）被判处自尽时，为颜杲卿②、张巡在安禄山叛乱之前未能受到朝廷重用而愤愤不平，称"颜杲卿、张巡之徒，世治则摈斥外方，沈抑下僚；世乱则委弃孤城，齑粉寇手。何为善者之不幸而为恶者之幸，朝廷待忠义之薄而保奸邪之厚邪"。（《资治通鉴》卷二百二十·唐纪三十六）

清代学者王夫之认为："张巡捐生殉国，血战以保障江、淮，其

---

① 南霁云在兄弟中排行第八。
② 安禄山发动叛乱时，颜杲卿任摄（代理）常山郡（治所位于今河北省正定县）太守。他联络忠义之士，聚众坚决抗击叛军，后兵败被俘，壮烈牺牲。

忠烈功绩,固出颜杲卿、李澄①之上,尤非张介然②之流所可企望。贼平,廷议褒录,议者以食人而欲诎之。国家崇节报功,自有恒典,诎之者非也,议者为已苛矣。虽然,其食人也,不谓之不仁也不可。""守孤城,绝外救,粮尽而馁,君子于此,唯一死而志事毕矣。臣之于君,子之于父,所自致者,至于死而蔑以加矣。过此者,则愆尤之府矣,适以贼仁戕义而已矣。无论城之存亡也,无论身之生死也,所必不可者,人相食也"。(《读通鉴论》卷二十三·肃宗)

清代学者赵翼认为:"睢阳之难,张巡、许远固千古共知,其次则南霁云、雷万春,尚在人口,而不知殉难者尚有姚訚也。""称巡、远为双忠,而不及訚者,自唐已然,或守城之功稍逊故耶。然既同死于守城,而身后名迥异,未免向隅,故特表而出之"。(《二十二史札记》卷二十·睢阳殉节尚有姚訚)

---

① 李澄似为李憕之误。安禄山发动叛乱时,李憕任东京留守(军政长官)。他率部抵御叛军,城破被叛军杀害。

② 安禄山率叛军南下时,张介然受任河南防御使(军事长官),镇守陈留(位于今河南省开封县东南陈留城),其部众无战斗力,他兵败被杀。

三、坚守阵地　宁死不降

苏缄城陷自焚

北宋熙宁四年（1071年），交阯①君臣策划派兵入侵宋朝。宋朝廷获悉这一情报后，派皇城使（宫门警卫武官）苏缄出任邕州（治所位于今广西区南宁市）知州（行政长官）。苏缄到任后派人侦探，得知交阯准备入侵属实，便写信告知桂州（治所位于今广西区桂林市）知州沈起，但没有引起沈起重视。后来，刘彝接任沈起职务，对交阯兵图谋入侵更疏于防范，竟奏请朝廷将驻守广西（即广南西路，治所桂州）的北方将士撤回。

熙宁八年（1075年）十一月，交阯出动八万军士攻占钦州（治所位于今广西区钦州市）、廉州（治所位于今广西区合浦县），进逼邕州。

当时，邕州驻军只有两千八百人。城中居民听说交阯兵来犯纷纷出逃。苏缄告诫守城官兵说："我军装备齐全，准备充分，没有什么可怕的。眼下敌军兵临城下，我们应当加强防守以等待外援。如果有一人离城出走，军心就会动摇，违反禁令越城出逃的一律处以死罪。希望大家服从我的号令。"之后，苏缄下令斩杀偷跑出城的大校（职务低于将军的军官）翟绩，以此安定军心。

苏缄召集守城将领及州府官员研究御敌方略，决定分地段坚

---

① 国名，位于今越南中部和北部地区。

守阵地。接着,他选派勇士出城袭击交阯兵,杀死其两名军官。他亲自指挥官兵用弓射击,将一大批交阯兵射死。城中军民为之振奋。

熙宁九年(1076年)正月,交阯兵包围邕州。苏缄组织将士昼夜抗战,同时写信向刘彝求援。刘彝派其部将张守节率部赴援。张守节畏敌如虎,率部行至大夹岭(位于今广西区南宁市东北)后不敢前进。他率部后退至昆仑关(位于今广西区宾阳县西南),遭遇交阯军伏击,全军覆没。

交阯兵用云梯进攻邕州城,苏缄指挥官兵放火将交阯兵的云梯烧毁。交阯兵以牛皮遮蒙车子作掩护,动手毁坏城墙,又被守城官兵用火烧退。

后来,邕州城内粮食吃光了,井水也干涸了,守城官兵饮用沤麻水以解渴。许多人饿死、病死,然而,没有一个人叛离。

交阯将领见邕州城难以攻下,无计可施,准备将部众撤走。这时,有人给交阯兵献计,教他们在城墙外面垒起土袋,借以居高攻城。苏缄指挥官兵坚持抗战四十二天,邕州城最终失守。

交阯军攻入邕州城后,苏缄率领官兵同敌兵进行最后的拼搏。由于寡不敌众,守城兵士全部壮烈牺牲。苏缄不肯被俘受辱,抽身回家,令全家三十六人先自杀,然后,他引火自焚。

《宋史》卷四百四十六 苏缄传
《续资治通鉴》卷七十一 宋纪七十一

【简评】

面临交阯重兵包围,苏缄率领部众坚守邕州孤城达四十二天,顽强与敌人拼搏,最后全部壮烈牺牲,其英勇事迹可歌可泣。

三、坚守阵地　宁死不降

王禀守卫太原

北宋宣和七年(1125年)十月,金西路军统帅粘罕(完颜宗翰)率部自云中(即云州,位于今山西省大同市)南下。十二月,金军攻陷朔州(治所位于今山西省朔州市)、代州(治所位于今山西省代县),接着包围太原(位于今山西省太原市)。

太原知府张孝纯、副都总管(军政副长官)王禀领导军民坚决守卫太原城,数次击退金军的进攻。金军攻城受挫,粘罕大为恼火,下令在太原城外筑城,将大批军队驻留城外,准备对太原长期包围。

靖康元年(1126年)五月,粘罕退回西京(即云州),留其部将银术可率部继续围攻太原。宋钦宗命河北(即河北西路,治所位于今河北省正定县)制置使(军事长官)姚古、制置副使种师中分头领兵救援太原。种师中在杀熊岭(位于今山西省寿阳县西)战死,姚古部在盘陀(位于今山西省祁县东南)被金军击溃。此时,太原周边州县已被金军占领,太原成为被金军围困的孤城。

粘罕多次派人招降,都被张孝纯和王禀严词拒绝。太原城被围困几个月后,城内粮食吃光了,将士们便宰杀牛马代食,牛马吃光了,便煮弓弩皮甲充饥,民众则靠采集野菜度日。城中军民团结一致,痛下决心,宁死不向金军投降。

八月,粘罕下令金军投以全部力量对太原发起猛攻。金兵排列三十门大炮,炮石比斗还要大,以击鼓为号,一齐向城楼发射,将城楼摧毁。王禀指挥将士以糠袋作掩护,很快用事先准备好的木架将城楼修好。

接着,金兵推出五十多辆用生牛皮和薄铁片包装成一间房屋大小的车子,车内装满木头和草,兵士藏在车内,推车填塞护城河。王禀下令官兵在城墙上凿开许多洞口,每个洞口支上风箱,等金军把木头和草堆起来后,朝草堆放火并拉动风箱,将河面上的草木烧为灰烬。

之后,金兵又推出一种庞大的鹅形车,上面蒙上牛皮和铁皮,下面安装轮子,兵士躲在车内推车而行,并可顺鹅形车颈部攀城。王禀针锋相对,在城上设置一种名叫"跳楼"的器具,形状也同鹅差不多,让兵士藏在其中迎击敌人。王禀令勇士用绳索捆系大石头挂压在金军鹅车颈上,用挂钩挂住金军鹅车,使劲朝里拉,致使金军鹅车向前倒下,不能前进。

张孝纯、王禀率领官兵竭尽全力守卫太原城,在极度困难的条件下固守二百六十天,直到九月三日再也无力坚持,太原城被金军攻破。张孝纯被金军俘虏,不久投降金军。王禀虽然身上多处负伤,仍然率领骨瘦如柴的兵士坚持同金兵进行巷战。他宁死不做金军俘虏,最后领其儿子王荀一起投赴汾水(今汾河),为国殉难。

《宋史纪事本末》卷五十六 金人入寇
《续资治通鉴》卷九十六 宋纪九十六
卷九十七 宋纪九十七

【简评】

太原守卫战旷日持久,守城将士众志成城,进行了艰苦卓绝的抗争。当初,金国大军向太原进逼之时,赴太原与金国使臣洽谈边事的枢密使(最高军事机关长官)宦官童贯闻讯惊恐万状,"气褫不

三、坚守阵地 宁死不降

知所为",借口回京奏事,急于要逃回开封。张孝纯劝其留下与他们一同抗击金军,童贯动怒而拒不答应。张孝纯慨叹说:"童贯平时以忠义自许,临事抱头鼠窜,有什么脸面回见天子!"太原失陷后,王禀以身殉国,而张孝纯未能守节,向金军屈膝投降。后来,金太宗在中原设置傀儡皇帝充当其代理人,立投降金军的南宋①济南(治所位于今山东省济南市)知府刘豫为"齐帝",张孝纯接受刘豫委任为右丞相,投靠金国,与南宋为敌。一个人,临危不惧固然不易,面临生死抉择而能经受住考验更为难能可贵。张孝纯城破变节,成为叛徒;王禀才是顶天立地的英雄。

---

① 北宋靖康元年(1126年)闰十一月,金军攻陷开封,于第二年四月将宋太上皇(宋徽宗)和宋钦宗(太上皇长子)掳至北方。五月,康王赵构(太上皇第九子)即位为宋高宗。之后,宋高宗率群臣南撤,定都临安(位于今浙江省杭州市),保守淮水(今淮河)以南地区,史称"南宋"。

中国古代历史风云·战场风烟(上)

郭永壮言率"义鬼"

南宋①建炎二年(1128年)十二月,金②左副元帅粘罕(完颜宗翰)领兵攻打宋北京(即大名府,位于今河北省大名县)。镇守北京的河北(即河北东路,治所大名府)转运副使(行政副长官)兼权(代理)大名尹(行政长官)张益谦极为恐惧,他同转运判官(事务长官)裴亿③暗中策划,想弃城逃走。

郭永时任河北东路(治所大名府)提点刑狱(主管司法),主张坚决抗战,守卫北京。他劝告张益谦说:大名府是汴京乃至宋朝北方的屏障,金军得到它便可以再度席卷南下,那样朝廷就危险了。我们的力量固然不足,也应当死守大名城,以挫败敌人的锐气,等

---

① 北宋靖康元年(1126年)闰十一月,金军攻陷宋都城开封(即汴京,位于今河南省开封市)。第二年四月,金军将宋太上皇(宋徽宗赵佶)和宋钦宗(太上皇长子)掳至北方。五月,康王赵构(太上皇第九子)在南京(位于今河南省商丘市)即位为宋高宗。此后,宋高宗留部分将士守护黄河北、南尚未被金军占领的土地,不顾京城留守(军政长官)宗泽、宰相李纲等力主抗金大臣劝阻,率群臣将朝廷逐步南迁,定都临安(位于今浙江省杭州市),史称"南宋"。

② 国名,都会宁府,位于今黑龙江省阿城市南。

③ 杜充原任北京留守(军政长官)。《宋史》郭永传记杜充调任京师(开封)留守后,"以张益谦代之,而裴亿为转运使"。

三、坚守阵地 宁死不降

待援军到来,怎么能轻易放弃不守呢?郭永领兵昼夜抗击金军,并派人向退居扬州(位于今江苏省扬州市)的宋高宗告急求援。

粘罕在指挥攻城的同时,对守城宋军展开攻心战。他指使刚刚投降金军的刘豫①带领东平(治所位于今山东省东平县)、济南投降金军的人聚集大名城下,一齐向城上喊道:我们二郡已经投降金军,投降的人平安富贵,不投降的人死路一条!张益谦、裴亿等人听到他们叫喊,相互传递眼色。郭永看出张益谦等人思想又发生动摇,大声喊道:现在正是我们奋战报国的时候,不要理睬他们!接着,郭永走遍全城防卫工事,抚慰守城官兵说:朝廷就要派援军来了,我们的城池坚固得很,能守得住。你们要努力为国立功啊,敌人并不可怕!官兵深为郭永的忠义所感动,许多人流下了眼泪。

十四日,金军乘着大雾炮轰城墙,将大名城攻破。张益谦、裴亿等人出迎投降金军。郭永坐在城楼上不肯离去。有人拉劝郭永去投降,被他严词拒绝。郭永的孩子围着其父哭喊,请求他随大伙一起逃走。郭永叹息说:我世代蒙受国恩,应当以死报国。如今,我们的家园都被敌人破坏了,又能往哪里去?生死都是命中注定的,不要怕!不一会,郭永被冲上来的金兵抓捕。

粘罕召见张益谦等人,问他们为什么非要等到城被攻破才投降?张益谦等人惧怕被杀,极力为自己开脱,答称郭永拒不听命,反对他们投降。粘罕派人将郭永带来,问他是谁阻止投降。郭永瞪了粘罕一眼,从容答道:是我不同意投降。粘罕早听说郭永贤能,转而以高官厚禄引诱,劝他投降。郭永怒目而视,吐了一口唾沫,骂道:你们这群无知的猪狗,我恨不得把你们剁成肉酱以报效国家,你们干吗还要劝我投降?粘罕令兵士将郭永拉走,郭永边走

---

① 原为南宋济南(治所位于今山东省济南市)知府(行政长官)。建炎二年(1128年)十二月十日,金军包围济南,刘豫杀害坚持抗战的将领关胜,投降金军。

中国古代历史风云·战场风烟(上)

边厉声吼道:你们何不快点把我杀死!我死后一定率领义鬼来消灭你们!粘罕勃然大怒,当即下令将郭永及其一家人全部杀害。

《宋史》卷四百四十八 郭永传

《续资治通鉴》卷一百二 宋纪一百二

【简评】

金军兵临城下,宋军宋城主将意欲弃城投降。郭永挺身而出,顶住他们叛降引径,坚持守城抗战。金军攻破大名城,郭永宁死不降,临难发出死后率义鬼消灭金军的豪言壮语,令人为之感叹。在生与死的考验面前,郭永毅然舍生取义绝非偶然。他酷爱读书,崇尚气节,把唐代名臣颜真卿①视为其为人做官的楷模。早年,他在担任丹州(治所位于今陕西省宜川县东北)司法参军(主管司法)时,因无法制止太守贪赃枉法,愤然离职而去。后来,他在担任太谷(治所位于今山西省太谷县)知县(行政长官)期间,写信批评其顶头上司太原府(治所位于今山西省太原市)长官肆意挥霍,指出"每宴飨费千金","皆民膏血"。他为政清廉,疾恶如仇,为民兴利除害而不顾个人安危,被民众誉为太谷县有史以来最好的知县。

---

① 颜真卿为官忠正耿直,屡受奸邪势力排斥。唐天宝十四年(755年),范阳(治所位于今北京市区)等三镇节度使(军政长官)安禄山发动叛乱,叛军南下所过州府官员纷纷投附安禄山。唐玄宗感叹道:河北"二十四郡,会无一人义士邪!"颜真卿时任平原郡(治所位于今山东省陵县)太守(行政长官),组织二十万兵士讨伐叛军。唐玄宗听说后惊叹道:"朕不识颜真卿作何状,乃能如是"(《通鉴纪事本末》卷三十一·安史之乱)。建中三年(782年),淮西(治所位于今河南省汝南县)节度使李希烈反叛朝廷。颜真卿时年七十五岁,已退任太子太师(太子辅导老师)。宰相卢杞想把颜真卿置于死地,提议要他去说服李希烈归顺朝廷。颜真卿不顾个人安危,受命前往,被李希烈软禁。面对李希烈的威胁,颜真卿大义凛然,坚贞不屈,于兴元元年(784年)被害(《新唐书》卷一百五十三·颜真卿传)。

三、坚守阵地 宁死不降

杨邦乂奋笔书"死"

南宋建炎三年（1129年）十一月，金军副元帅兀术（完颜宗弼）领军渡过长江，在马家渡（位于今江苏省江宁县西南）上岸，进逼建康（位于今江苏省南京市）。当时，户部尚书（朝廷主管户籍财政的部门长官）李棁来在建康督查兵饷发放，他同奉命镇守建康的沿江都制置使（军事总指挥）陈邦光串通，决定放弃建康，派人去十里亭向金军送去投降书。兀术对不战而拿下建康十分得意。

辛未日，兀术率部进入建康，陈邦光带领属官出门迎拜，唯有通判府事（行政副长官）杨邦乂没有跟从。杨邦乂拒绝向金军投降，决心以身殉国。他咬破手指在洁白的衬衣上写下"宁作赵氏[①]鬼，不为他邦臣"十个大字，以表决心。

第二天，兀术派人引诱杨邦乂投降，许诺保留他原来的官职。杨邦乂回答说：活在世上连死都不怕的人，难道还会被别的什么利益所诱惑？快快把我杀掉了事！说罢，杨邦乂用头猛触石柱，顿时血流满面。

又过了一天，兀术请李棁、陈邦光等人饮酒，要杨邦乂站在旁边。杨邦乂对李棁等人变节投敌极为憎恶，厉声痛斥道：天子委任你们守城，敌军攻来，你们不抵抗，居然派人出城迎接敌军，向敌人

[①] 宋朝皇帝姓赵，此句意为誓死忠于宋朝。

屈节投降。今天,你们又同敌人在一起饮酒取乐,还有什么脸面见我!李棁等人无言以对。

这时,有个姓刘的金军团练走过来,将一张写有"死"、"活"二字的纸展示给杨邦乂看,对他说:你无需多说别的了,想活,就在这纸上写个活字;想死,就在这纸上写个死字。杨邦乂坦然接过纸笔,不假思索,奋笔写了个"死"字。在场的人都为之失色,面面相觑。

之后,兀术仍不死心,想亲自同杨邦乂谈一次,劝他投降。杨邦乂见兀术远远朝他走来,破口大骂道:你们女真人占据我们中原,老天难道能永远宽容你们吗?最终你们一个个都将被碎尸万段!我杨邦乂是不可屈辱的!兀术没有料到会遭到一顿痛骂,勃然大怒,当即下令将杨邦乂杀害,并剖取他的心脏。

《宋史》卷四百四十七 杨邦乂传
《续资治通鉴》卷一百六 宋纪一百六

【简评】

奉命镇守一个地方的长官,面对敌军进攻会有不同的态度。奋战守城宁死不降的有之,惧敌弃城仓皇逃命的有之,不战献城向敌军投降的亦有之。于此,其为官品格也充分显现出来。李棁、陈邦光尸位误国,贪生怕死而投降金军。杨邦乂身为他们部属宁死而不随同,咬破手指写下十个血字:"宁作赵氏鬼,不为他邦臣。"他断然拒绝金军将领的利诱,答称"世岂有不畏死而可以利动者?速杀我!"其言铿锵有力,掷地有声。面对生死抉择,义无反顾,奋笔书写一个"死"字,毅然舍身报国。

三、坚守阵地　宁死不降

赵立血染楚城

南宋建炎三年(1129年)正月,金左副元帅粘罕(完颜宗翰)率部攻打徐州(治所位于今江苏省徐州市)。奉命镇守徐州的龙图阁待制(皇帝侍从顾问)王复发动军民据城坚守。赵立时任徐州武卫都虞侯(军事长官),指挥军士抗击金兵。战斗中,赵立身中六箭,坚持不下战场,反而愈战愈猛。王复深为赵立的英雄气概所感动,端着一碗酒,含泪走上前去慰问他。二十七日,徐州被金军攻陷,王复遇难。赵立与金兵展开巷战,因伤势过重昏死过去。当天夜里,赵立在微雨中苏醒过来。他杀死看守的金兵,掩埋王复的遗体,逃回其家乡徐州张益村。

三月,赵立聚集乡民和溃散的兵士,拦击北撤的金兵,夺其金帛数以千计,重振军威,并乘势领兵收复徐州。宋高宗闻讯十分高兴,任命赵立为权知徐州事(代理行政长官)。

十二月,金左将军挞懒(完颜昌)率数万兵士包围楚州(治所位于今江苏省淮安市),楚州告急。赵立奉江淮宣抚使(军政长官)杜充之命率领部众赴援,行抵淮阴(位于今江苏省淮阴市西南)受到金军阻击。赵立指挥部众接连七次将阻击的金军打败。在楚州郊外的激战中,赵立两颊中箭贯穿,嘴不能说话。他用手臂指令旗兵挥舞军旗领着部众往前冲,直到进入楚州城后才将穿在脸颊上的箭拔出。部众对赵立英勇拼战无不交口称赞。楚州通判事(行政副长官)贾敦诗见赵立率数千部众进城,坚定了抗击金军的信心。之后,宋高宗任命赵立为楚州知州,让他统领徐、楚近万名官兵。

建炎四年(1130年)正月,金军加强对楚州的攻势。赵立下令拆除废旧房屋,在城下点燃火池,派出一批壮士手持长矛,将登城的金兵钩住,投入火池中烧死。金军组成敢死队攻城,赵立指挥军士奋力拼搏,将金军击退。

五月,金军将领兀术(完颜宗弼)率部北撤,派人带着物品去楚州向赵立借道。赵立当即下令将金军使者斩首。兀术听说后大为恼火,下令其部众在楚州南面和北面驻扎下来,断绝楚州的粮道。赵立领兵出城主动进攻金军,将金军击退。不久,金军再次包围楚城。

刘豫得知楚州陷入困境,派赵立的老朋友刘偲去劝他投降。赵立当即令人将刘偲拉出去处死。刘偲惊恐万状,呼叫道:你不是我的老朋友吗?怎能这样不讲情义!赵立回答说:我只知道忠义报国,哪管你这个来劝降的人是不是老朋友!

楚城受围几个月后,城内粮食吃光了,守城官兵采集野菜充饥,很快连榆树皮也吃尽了。在极度困难的日子里,赵立流着眼泪激励部众说:我们要誓死守卫楚城,不能辜负国家的重托!万一城被攻破,我们就同敌人展开巷战,拼杀到死!他下令军士不停地击鼓,鼓舞士气,震慑敌人。

八月,承州(治所位于今山东省枣庄市峄城区)被金军攻破,楚州孤立,守城官兵面临的形势更加严峻。赵立派人向朝廷告急。宋高宗令江淮制置使(军事长官)刘光世统领淮南诸州部队赴援楚州。刘光世消极应付,宋高宗接连五次传令他督促各路援军,刘光世总是借口推托,连他自己直管的部队也没有去楚州救援。

九月十六日,挞懒指挥金军从楚州城的东边发起猛攻。赵立指挥勇士放火焚烧金军攻城云梯。突然,飞来一块弹片击中赵立的头部。身边的兵士连忙上前扶住他。赵立说:我不能为国杀敌

三、坚守阵地 宁死不降

了! 说完这最后一句话,赵立壮烈牺牲,年仅三十七岁。

《宋史》卷四百四十八 赵立传

《续资治通鉴》卷一百三 宋纪一百三

卷一百四 宋纪一百四

卷一百六 宋纪一百六

卷一百七 宋纪一百七

卷一百八 宋纪一百八

【简评】

  在宋军抗击金军的保卫战中,赵立是位传奇式的英雄。他身中六箭仍然坚持战斗,昏死而复苏脱逃回乡,重聚义兵收复徐州;他两颊被箭射穿,照常指挥作战;他断然斩杀前来劝降的友人,激励部众誓死守卫楚城;他头部被炮弹片击中后,留下唯一的遗言是不能为国杀敌了。赵立是一个真正的铁汉,以其英雄事迹树立起一座丰碑。

王坚挫败蒙古军

南宋开庆元年(1259年)正月,蒙古军队从东路攻占南宋忠州(治所位于今重庆市忠县)、涪州(治所位于今重庆市涪陵区),从北路攻占隆庆(治所位于今四川省剑阁县)、顺庆(治所位于今四川省南充市)等州郡。合州(治所位于今重庆市合川市)位于涪州和顺庆之间,面临蒙古大军两路夹击。合州知州(行政长官)王坚对于蒙古大军压境毫不惧怕,组织城中军民加固城防,顽强抗御蒙古军。

二月,蒙古蒙哥汗(国王)指派投降蒙军的原南宋官员晋国宝去合州劝降。王坚拒绝投降,下令将晋国宝处死(《元史》卷三,记王坚将晋国宝放归,尔后将其追杀)。蒙哥汗大为恼火,随即令都元帅纽璘领兵拆毁蔺市(位于涪州西长江南岸)通往江北的桥梁,改建浮桥,派兵驻守浮桥南北以阻止南宋援军。接着,蒙哥汗亲自率领大军从鸡爪滩(其地不详)渡江进抵合州城下,将合州包围。王坚率领守城官兵奋起抗战,誓死守卫合州城。蒙哥汗多次下令军队强攻合州,都没有攻下。宋理宗听说后发布诏书,称赞"王坚婴城固守,百战弥厉,节义为蜀列城之冠"。

六月,蒙军前锋将军汪德臣挑选精兵在夜间攀爬合州外城。王坚指挥官兵坚决阻击,一直战斗到第二天黎明,蒙军仍被阻挡在城外。汪德臣无计可施,急得单人匹马来到城下,向城楼喊话,威

三、坚守阵地 宁死不降

胁说:王坚听着,我们蒙古大军是不可抗拒的,为了保全你们合州一城军民的生命,你还是快快投降吧!汪德臣话音未落,一块飞石从他耳边擦过,险些把他击中。汪德臣吓得丧魂失魄,仓皇逃命,没过几天便忧惧而死。

蒙军围攻合州长达半年时间,久攻不下。又逢连下大雨,蒙军攻城云梯大都被毁坏,其后续援军上不来,攻城部队只好向后撤退。七月,蒙哥汗对攻城受挫束手无策,沮丧气恼,突发重病,死在合州城东钓鱼山。也有人说蒙哥汗系中流矢而死。蒙古将领不得不下令撤军,将蒙哥汗的尸体装入灵车,运回北方。合州城得以解围。

合州军民为保卫州城的胜利而欢欣鼓舞。宋理宗嘉奖王坚的战功,提升他为宁远军(治所位于今广西区容县)节度使(军政长官)。

《宋史纪事本末》卷一百二 蒙古南侵

《续资治通鉴》卷一百七十五 宋纪一百七十五

《元史》卷三 宪宗本纪

【简评】

蒙古军队攻打南宋一直比较顺利,在合州却碰上钉子,以致损兵折将,蒙哥汗为之气恼而死。王坚率领合州军民抗御蒙古数万大军达半年之久,保住了合州城,挫败了敌军,靠的是什么?靠的是誓死卫国的精神,靠的是万众一心的力量,靠的是顽强拼搏的斗志。

李庭芝选择战死

南宋德祐元年(1275年)三月,元军元帅阿术(《续资治通鉴》记作阿珠)率军进攻扬州(治所位于今江苏省扬州市)。镇守扬州的南宋淮南东路制置使(军政长官)李庭芝下令斩杀阿术先后派往招降的李虎(身份不详)和投降元军的原宋军将领张俊等人,率领城中军民坚决抗战。通州(治所位于今江苏省南通市,属淮南东路)副都统(军事副长官)姜才率部进入扬州,与攻城元军展开决战,将元军击退。之后,元军将扬州包围,多次攻城,未能攻下。

十月,元军在扬州城四周修筑高墙,以切断城外向城内的供给渠道。"城中食尽,死者枕藉满道"。李庭芝激励官兵坚持守城,毫不动摇。

德祐二年(1276年)二月,元丞相伯颜率军进抵皋亭山(位于今浙江省杭州市北郊),时年六岁的宋恭帝(时由谢太皇太后临朝听政)率群臣向元军投降。随后,淮南西路(治所位于今安徽省凤台县)制置使夏贵率部向元军投降。接着,伯颜逼迫谢太皇太后(宋理宗皇后)写信劝李庭芝投降。阿术随即派人将谢太皇太后的劝降手谕送交李庭芝。李庭芝看后断然拒绝说:我奉诏令守城,没有听说要奉诏令投降。

闰三月,元军将宋恭帝和全太后(宋度宗皇后,宋恭帝之母)押往北方。宋恭帝等人行至瓜洲(位于今江苏省镇江市长江北岸)

三、坚守阵地 宁死不降

时,李庭芝和姜才率四万部众夜袭瓜洲,想把宋恭帝和全太后救回。李庭芝部众与元军激战三个时辰未能取胜。此间,因病暂留临安的谢太皇太后给李庭芝捎去一封信,再次劝说李庭芝投降。她在信上说:上次我亲自写信给你,未见回复。你难道不明白我的旨意,还想固守扬州吗?如今我和恭帝已经臣服元朝,你还为谁守城啊?李庭芝令弓弩手射杀一名送信使者,对谢太皇太后劝降信仍不作回复。

不久,阿术将夏贵原部众聚集在扬州城下,让李庭芝等人观看。守城将领中有人劝说李庭芝另作打算,李庭芝回答说:不要再说了,我选择的只有一条路,就是战死!

七月,阿术又派人给李庭芝送去元世祖的诏书,劝他投降。李庭芝把元军使者引入城内杀死,并在城墙垛口当众焚烧元世祖诏书。当时,扬州城内粮食吃光了,甚至出现人吃人的现象。官兵用牛皮、酒糟充饥,士气仍然旺盛。

当月,陈宜中派人召李庭芝去福州(治所位于今福建省福州市)①。李庭芝留制置副使朱焕守卫扬州,同姜才率领七千名兵士开赴福州。

李庭芝等人刚一离开扬州,朱焕便向元军献城投降。李庭芝一行抵达泰州(位于今江苏省泰州市)时,阿术领军追杀过来。姜才背上生疽,不能出战。泰州副将孙贵等人打开城门,向元军投降。李庭芝见无法挽回败局,投莲池自杀未遂,与姜才同被元军俘虏。

李庭芝等人被押回扬州后,阿术责备他们不肯投降。姜才怒吼道:"我就是不投降!"朱焕对阿术说:"扬州守军不肯投降,致使尸骨遍野,都是李庭芝和姜才造成的。不立即将他们杀死,还等到

---

① 宋恭帝被元军掳往北方后,五月,原南宋丞相陈宜中等人在福州拥立益王赵昰(宋度宗之子,时年九岁)即位,即宋端宗。

什么时候呢?"于是,阿术下令将李庭芝、姜才等人处死。李庭芝、姜才殉难之日,扬州民众无不为之悲伤流泪。

        《宋史》卷四百二十一 李庭芝传

      《宋史纪事本末》卷一百七 伯颜入临安

    《续资治通鉴》卷一百八十一 宋纪一百八十一

         卷一百八十二 宋纪一百八十二

           卷一百八十三 元纪一

【简评】

  元朝大军南下,南宋军队望风披靡,沿路各州府纷纷投降,李庭芝不为所动。南宋灭亡后,他没有听从谢太皇太后劝其投降的诏令,率部坚守扬州,难能可贵。益王在福州即帝位后,李庭芝应召率部前往,力图重振南宋帝业,直至兵败被俘,以身殉国。李庭芝对国家的忠贞堪称"投死为国,以义灭身,足垂于后"。(曹操语,《三国志》卷一·武帝纪)

三、坚守阵地　宁死不降

关天培捍卫南疆

　　清道光十四年(1834年)八月,英国驻华商务监督(主管英国商人对华贸易)律劳卑无视清朝主权,下令英军巡洋舰"依莫禁"号和"安东罗灭古"号强行驶入虎门(位于今广东省珠江入海口),击毁虎门、横档炮台,进入黄埔(位于今广东省广州市珠江北岸黄埔区)停泊①,被当地军民驱逐。针对英国侵略者的武装挑衅,清朝廷决定加强广东沿海防御,任命苏松镇(即苏松太道,治所位于今上海市区,辖区包括今江苏省南部及上海市)总兵(军事长官)关天培为广东水师提督(海军将领)。

　　关天培到任后亲自去海防要塞勘测,采取一系列加强防御的措施。他下令修复虎门和横档炮台、增修南山(位于今广东省深圳市南山区)炮台,铸造40门每门重达6000斤的大炮,并在入海口处铸置两道巨型铁链,以阻止外国舰船进入,同时对水师官兵日夜进行操练。

　　道光十九年(1839年)四月,关天培全力支持钦差大臣(皇帝委任负责全权处理某项事务的高级官员)林则徐在广东查禁鸦片

---

　　① 律劳卑率舰武装入侵黄埔后,清两广(治所位于今广东省广州市)总督(军政长官)卢坤组织军民围堵驱逐,英舰被迫撤离。律劳卑忧惧成疾,于当年九月在澳门病死。

烟,配合他收缴并焚毁英国等国商人贩卖的两万多箱鸦片,取缔外国商人鸦片走私活动。

七月,英国商务代表义律以要求供应食物为借口率领兵舰侵犯九龙山口(位于今广东省深圳市南海岸)炮轰清水师船只。关天培令部将赖恩爵率兵还击,将其击退。

九月,关天培率水师巡视穿鼻洋面(位于今珠江口外),遭到英国军舰"窝剌疑"号炮击。关天培当即命令兵士开炮回击,并站在桅杆前亲自督阵。英舰发射过来的炮弹擦破关天培的手背,他鲜血直流,但仍然手持大刀站立在甲板上,指挥战斗。"窝剌疑"号被清军炮弹击中,有数十名英国侵略者跌落入海,其余舰船纷纷逃遁。此后,英军连续六次向驻守官涌(位于今珠江入海口尖沙咀以北一座山梁)的清军发动进攻,均被关天培率部击退。英军见珠江口外的清军防务无懈可击,便避开关天培设置的防线,从海路北上入侵。

道光二十年(1840年)六月,英国侵华海军司令懿律率领四十三艘舰船进攻厦门(位于今福建省厦门市)。接着,英国侵略军攻占定海(位于今浙江省舟山市)。

七月,懿律率领舰队抵达大沽口(位于今天津市海河入海口),照会清朝廷并以武力威胁。道光帝听说英国兵舰和武器都很先进,大为恐惧。八月,道光帝派直隶(治所位于今北京市区)总督琦善与懿律进行谈判,向英军妥协求和。九月,道光帝罢免林则徐两广总督职务,改任琦善为两广总督。琦善到任后,派人与义律(当时,懿律因病退职)谈判,一味屈从英国侵略者的无理要求,下令撤除沿海防御工事,削减广东水师兵员,只留下编制兵额的三分之一,连关天培招募的义勇兵也被他尽行解散,致使清军陷入被动挨打的局面。

十二月十五日,英军突然进攻虎门外沙角、大角炮台。英国侵略者出动八艘兵舰,约有一千四、五百人登陆。清军副将陈连升战死,两炮台失陷,虎门危急。关天培与总兵李廷钰分兵守卫靖远、

三、坚守阵地 宁死不降

威远两炮台,派人向琦善求援。琦善只给他们派去二百名援兵。

道光二十一年(1841年)正月,英军再次向清广东水师发起进攻。守卫各炮台的清兵仅有几百名。关天培派遣部将哭着向琦善请求增加兵力,琦善没有答应。关天培知道英军不仅兵多且装备优良,我军自卫狙击十分艰苦。他慷慨献出私人积蓄犒赏部众,鼓励他们誓死守卫祖国领土。

二月初六日,英军进攻虎门,关天培与部将麦廷章率部拼死抗击,从上午九点一直坚持到晚上七点。关天培身受数十处创伤,浑身是血,坚持不下火线。当英军兵士从炮台后方冲上来时,关天培的卫兵跪在他的面前,请求他走。关天培挥刀把卫兵赶走。这时,一颗子弹射中关天培的胸膛,关天培血如泉涌,仍然没有倒下。英军兵士冲上来用刺刀刺穿关天培的胸膛。麦廷章随即亦为国牺牲。

当天晚上,被朝廷革职等候处理的林则徐听说虎门被英军占领,关天培、麦廷章二人死于国难,悲愤不已,奋笔疾书一副挽联:

六载固金汤,问何人忽坏长城,孤注空教躬尽瘁;
双忠同坎壈,闻异类亦钦伟节,归魂相送面如生。

《清史稿》卷三百七十二 关天培传
《清通鉴》卷一九一 清宣宗道光十四年
　　　　卷一九六 清宣宗道光十九年
　　　　卷一九八 清宣宗道光二十一年

【简评】

关天培守卫南疆直至为国捐躯,是清朝军队反抗外敌入侵极其壮烈的一幕。它充分展现了中国人民不畏强暴的英雄气概和舍身为国的爱国精神。19世纪中后期,中华民族落后挨打的状况虽然早已过去,但人们永远不可忘记这段屈辱的历史。

四、顽强拼搏　血染战场

古代兵器杀伤力较弱。两军对战要克敌制胜,除了运用计谋外,主要靠将士奋勇冲杀。本题记述一批率兵攻战的将领,他们身先士卒,率领部众冲锋陷阵,竭尽全力同敌人作生死拼搏,以血肉之躯铸造了惊天动地的英雄业绩。他们的壮举可歌可泣,他们的英名光耀千秋。

四、顽强进攻 血染战场

郤克负伤率部进击

鲁①成公二年（前589年）春天，齐②顷公率领军队攻占鲁国北部边地龙（位于今山东省泰安市南）。接着，齐军向南攻陷巢丘（其地不详）。当时，鲁国与晋国③结为盟国。鲁成公派大臣臧宣叔出使晋国，请求晋国出兵帮助鲁国攻打齐国。此间，卫国④军队入侵齐国，被齐国军队打败，卫国也派大臣向晋国求援。晋景公答应鲁、卫两国的请求，派中军将（最高军事将领兼掌国政）郤克率八百辆战车，领兵攻打齐国。

六月十七日，晋、齐两国军队在齐国的鞍地（位于今山东省济南市西北）展开激战。郤克在指挥作战时受了箭伤，血流到鞋上。郤克不顾伤痛，命令鼓手用力击鼓，指挥军士继续进击齐军。尔后，他对驭手解张说："我受伤了。"

解张担心郤克下令军队撤退，随即给他鼓气说："交战一开始，我的手和肘就被齐军的箭射穿了，流下的血把车的左轮都染红了。我折断箭杆，依然驾车前进，哪里敢说受了伤呢？我军是前进还是

---

① 春秋诸侯国，都曲阜，位于今山东省曲阜市。
② 春秋诸侯国，都临淄，位于今山东省淄博市东北。
③ 春秋诸侯国，都新田，位于今山西省曲沃县西北。
④ 春秋诸侯国，都帝丘，位于今河南省濮阳市西南。

后退,就看我们这辆车上的旗号,听我们这辆车上的鼓声。主帅不可因为受一点伤而耽误国家大事!本来,上了战场,我们就做好了为国牺牲的准备。请主帅不要犹豫,率领我军同齐军拼战到底!"

郤克深为解张的无畏气概所鼓舞,坚持指挥军队猛打猛冲,把齐军击败。围绕华不注山(位于今山东省济南市东北)追了三圈,差一点将齐顷公俘虏。接着,晋军一直攻打到齐国的马陉(位于今山东省淄博市南),迫使齐顷公退还所占鲁国领土,并向郤克求和。

《左传》成公二年

【简评】

春秋时期著名军事家孙武指出:"兵不顿而利可全,此谋攻之法也。""上下同欲者胜。"(《孙子兵法》·谋攻第三)郤克受命率军援鲁攻齐,在指挥战斗中被齐军射伤。他忍痛号令部众继续进击。驭手解张身受箭伤后一直坚持驾车,且鼓励郤克率部攻敌。正是由于主帅身先士卒,部众奋力拼搏,才使晋军赢得援鲁攻齐的胜利。

四、顽强进攻　血染战场

李广利远征大宛

西汉太初元年(前104年),汉朝出使西域(泛指今甘肃省玉门市以西至中亚地区)的使臣(其名不详)返回,向汉武帝奏称大宛国贰师城①出产的马非常优良。汉武帝听说后大为惊喜,一心想得到贰师城的良马,随即派遣勇士车令等人带着千金钱币和用黄金铸成的马,远赴贰师城去购买良马。

车令一行抵达大宛后,会见大宛官员说明来意。大宛国王毋寡以为其国和汉朝相距万里之遥,中间隔着盐水②,道路的北面有胡寇③,南面没有水草,汉军不可能到达大宛,断然拒绝将良马卖给汉朝。车令等人十分气恼,对大宛官员出言不逊,用铁椎击毁金马后愤然离去。大宛君臣认为,汉朝使臣这一举动是对他们的貌

---

① 大宛国都贵山城,位于今乌兹别克斯坦国塔什干东南,贰师城位于贵山城东南。

② 盐水,又称"盐泽",即罗布泊,位于今新疆塔里木盆地东部,面积曾达3006平方公里。现湖水已干涸。

③ 指西汉北方邻国匈奴。汉武帝即位后,匈奴骑兵经常南下侵扰汉北部边区。为寻找盟国共同抗击匈奴,汉武帝于建元二年(前139年)派遣郎(皇帝侍从官)张骞率团出使西域。中途,张骞等被匈奴扣押十多年,后西逃抵达大宛、大月氏(位于今阿姆河北乌兹别克斯坦国境内)等国,首次开通汉朝与西域的联系。

视,传令郁成(位于贰师城东北)王截杀路过该地回国的车令一行,并抢去他们的财物。

汉武帝听说车令等人在大宛被杀,勃然大怒。曾经出使大宛的姚定汉等人对汉武帝说:"大宛兵力很弱,汉朝只要出动三千精兵就可以把它征服。"汉武帝信以为真,随即任命其宠爱的李夫人之兄李广利为贰师将军,从州郡封国调集六千名骑兵及几万名凶悍的青年,由李广利统领前往讨伐大宛。

太初二年(前103年),李广利率军渡过盐水。官兵长途跋涉,疲惫不堪。沿途西域各国,大多坚守城堡,不肯供给汉军粮草,李广利不得不下令部众强攻夺取。官兵成批战死或饿死,抵达郁成时只剩下几千人。接着,李广利指挥部众攻打郁成,反被郁成守军击败,伤亡惨重。李广利与校尉(主管军事的将领)李哆等人商议,认为郁成尚不能攻下,凭借仅有的兵力不可攻下大宛国都,便决定率部往回撤。

李广利率部回到敦煌(位于今甘肃省敦煌市)时只剩下一二千人。他上书汉武帝奏告部队撤回的原因,称"道远多乏食,且士卒不患战而患饥。人少,不足以拔宛"。汉武帝接到李广利奏报后极为恼火,派出特使驻守玉门关(位于今甘肃省玉门市),阻拦李广利等人东返,传令凡敢于入关者立即斩首。李广利非常惊恐,只好下令部队留驻敦煌。

太初三年(前102年)冬天,汉武帝不顾群臣劝阻,称不征服大宛"为外国笑",再次下令贰师将军李广利率军远征大宛。这次出征的官兵共六万多人,其中包括被提前释放的囚犯。随军携带十万头牛、三万匹马、数以万计的驴和骆驼,并配备充足的粮食和兵器。为此,汉朝廷动员全国的力量,直接或间接支援这次远征大宛的军事行动。一时间,在西去的道路上,转运军用物资的车马络绎不绝。与此同时,汉武帝又调拨十八万军士驻扎在酒泉(位于今甘肃省酒泉市)、张掖(位于今甘肃省张掖市)以北地区,以防备匈奴

四、顽强进攻 血染战场

骑兵袭击。

李广利此次率部途经西域各国,除轮台①军队不服从而将其击败外,一路无阻。汉军先头部队三万人进入大宛后,遇到驻守郁成的大宛军队迎击。汉军箭如雨下,奋力猛攻。大宛军退守郁成城。李广利派遣校尉王申生率领一千多名官兵攻打郁成城,他率领主力部队继续西进,包围大宛国都贵山城。

王申生部众受到守卫郁成的三千名大宛兵士顽强抗击,招致惨败,只有少数人得以脱走。李广利闻讯后,派遣搜粟都尉(主管农耕及屯田的将官)上官桀率兵攻打郁成。郁成被汉军攻破,郁成王逃到康居②。上官桀率兵追到康居。康居王大为惊恐,将郁成王抓起来交给上官桀。押送郁成王的骑兵担心他路上逃跑,将其斩杀。

汉军切断贵山城中的供水渠道,围攻四十多天,将外城攻破,大宛猛将煎靡被俘,贵山内城陷入困境。大宛贵族权臣十分恐惧,他们谋杀其国王毋寡,提着他的头颅出城去向李广利投降,表示愿意献出汗血良马。李广利接受大宛贵族权臣投降,让随行的相马军官挑选汗血良马数十匹,一般良马三千余匹,并将一向对汉朝使臣友好的大宛贵人昧蔡立为大宛国王,与大宛国签订和好盟约,然后撤军回国。

李广利第二次率部远征大宛,虽然获得胜利,但部队返至玉门时只剩下一万余名官兵,一千多匹战马,损失同样十分巨大。

太初四年(前101年)春天,李广利班师回到长安。汉武帝封李广利为海西侯,对远征归来的将士一一奖赏。

《史记》卷一百二十三 大宛列传
《汉书》卷六十一 李广利传
《通鉴纪事本末》卷三 汉通西域

----
① 西域国名,位于今新疆轮台县。
② 西域国名,位于今哈萨克斯坦国南部。

中国古代历史风云·战场风烟(上)

【简评】

　　李广利两次率部攻打大宛,是古代中国军队空前绝后的远征。远征军疲于长途跋涉,将士多半殁命沙场。大宛国拒绝出售汗血良马,且杀害车令等人,固然冒犯汉朝。汉朝仅为此而派出数万大军不远万里加以征讨,则大可不必。汉军虽然征服了大宛,获得了汗血良马,付出的代价也极其惨重。

四、顽强进攻　血染战场

来歙遇刺遗命

东汉建武八年(公元32年)春天,汉光武帝派遣中郎将(警卫部队将领)来歙率领二千余名官兵讨伐隗嚣①。来歙没有按照常规从大路进军,而是从番须、回中(二地均位于今陕西省陇县西北)山地开辟道路,一举攻下其战略要地略阳(位于今甘肃省秦安县东北),斩杀略阳守将金梁。隗嚣闻讯大惊失色,哀叹道:"来歙进军怎么如此神速!"他随即派其部将王元等人据守陇坻(即陇山,位于今陕西省宝鸡市、陇县与甘肃省清水县、张家川回族自治县交界地区)、番须口,以阻挡汉朝援军。接着,隗嚣亲率数万军士围攻略阳,并在城外修筑大堤,引水灌淹略阳城。来歙激励官兵加固城防,誓死坚守。隗嚣指挥部众使尽全力攻城,仍然没有攻下。

闰四月,汉光武帝亲率大军击溃隗嚣部众,隗嚣逃至西城(位于今陕西省安康市西北)。

建武九年(33年)正月,隗嚣忧惧而死。王元等人在冀县(治所位于今甘肃省天水市西北)拥立隗嚣小儿子隗纯(隗嚣长子隗恂入汉朝为人质,此前被杀)为王。八月,来歙等将领率军攻打隗纯。隗纯率部退守落门(位于今甘肃省武山县东)。

---

①　东汉建立之初,隗嚣占据天水(治所位于今甘肃省通渭县西北)等郡,自称西州上将军,不肯归附朝廷。

建武十年(34年)十月,来歙等将领率军攻破落门。隗纯投降,王元逃奔公孙述①。来歙上书汉光武帝,建议乘胜征讨公孙述。汉光武帝采纳来歙意见,令他统领征西大将军冯异、建威大将军耿弇、虎牙大将军盖延等率部继续西征。

建武十一年(35年)六月,来歙领军击溃王元部设在河池(位于今甘肃省徽县西北)的防线,攻取下辨(位于今甘肃省成县西北),挥师直驱蜀地(位于今四川省)。公孙述大为惊恐。他勾结蜀地豪强收买刺客,图谋刺杀来歙。

一天夜里,刺客潜入来歙住处,将一把锋利的匕首刺入来歙胸膛,仓皇逃窜。来歙令人火速召见盖延。

盖延当即赶来,见来歙胸前插着刀,浑身是血,不知如何是好,失声痛哭。来歙责备盖延说:"虎牙大将军的胆量哪里去了?今天我被刺客刺中,不能再报效国家,喊你来,是要把皇上指令的攻蜀大事托付给你,你怎么这般儿女情长,哭哭啼啼!"盖延收住泪水,起身接受来歙移交的进军使命。

接着,来歙强撑着拿起笔,给汉光武帝留下遗奏。来歙写道:"臣在深夜人定之后,不知被何人派来的贼寇刺中要害部位。我死而无悔,唯一抱恨的是没有为国家尽到职责!我以为治理好国家最根本的是要任用贤才。太中大夫(皇帝侍从顾问)段襄刚正无私,可以重用,请陛下明察决定。我的兄弟不能称为贤才,请陛下经常对他们鞭策教育。"来歙飞笔写下遗书后,"投笔抽刃而绝"。

汉光武帝听说来歙为国牺牲,极为悲痛。他展看来歙的遗书,不禁泪流满面,称赞来歙"攻战连年,平定羌、陇,忧国忘家,忠孝彰

---

① 东汉建立之初,公孙述占据成都(位于今四川省成都市)等地,自称蜀帝,与东汉朝廷对立,并曾派兵攻打三辅(位于今陕西省中部地区),兵败退回。

四、顽强进攻　血染战场

著"。来歙遗体运回京都洛阳后,汉光武帝身穿丧服亲自去为他送葬。

《后汉书》卷十五　来歙传

《通鉴纪事本末》卷六　光武平陇蜀

【简评】

　　来歙曾两度出使招抚隗嚣,后率兵攻灭隗嚣势力,讨伐公孙述,为东汉政权的巩固和发展出生入死,竭尽全力。他在战场上没有倒下而死于刺客之手,令人为之惋惜。他被刺中要害部位后,镇定从容,强忍剧痛,向部将交付平蜀大事,提笔向汉光武帝写下"奉职不称"的遗奏。其壮烈情怀感人肺腑,催人泪下。

司马师带病出征

魏嘉平三年(251年)六月,太傅(丞相)司马懿病逝,其长子司马师受任抚军大将军、录尚书事(丞相)辅政。

扬州(治所寿春,位于今安徽省寿县)刺史(行政长官)前将军文钦与大将军曹爽系谯郡(治所位于今安徽省亳州市)同乡,曹爽生前对文钦十分器重。曹爽被杀①后,文钦对司马懿产生戒备和畏惧。后来,文钦因虚报军功受到司马师严厉批评,对司马师怀恨在心。

中书令(主管机要、拟草并发布诏令)李丰谋划让太常(主管礼仪、教育)夏侯玄取代司马师辅政。司马师获悉此事后将李丰、夏侯玄处死。镇东将军、扬州都督(军事长官)毋丘俭与夏侯玄、李丰关系密切。李丰、夏侯玄被杀后,毋丘俭惴惴不安。

嘉平六年(254年)九月,司马师废黜荒淫误政的魏帝曹芳,迎立东海定王曹霖之子时年十四岁的曹髦为帝,继续掌控朝政。文钦和毋丘俭等人对司马师更为忌惧。

---

① 魏景初三年(239年)正月,魏明帝曹睿去世,遗诏由录尚书事司马懿和大将军曹爽共同辅助时年八岁的齐王曹芳(魏明帝养子)执掌朝政。后来,曹爽专权,排斥司马懿。司马懿装病不再上朝。嘉平元年(249年)正月,司马懿乘曹爽离开京都之机派兵将他击杀,掌揽朝政大权。

四、顽强进攻　血染战场

正元二年(255年)正月,文钦和毋丘俭串通,假称受郭太后(魏明帝皇后)诏令,在寿春起兵讨伐司马师,并将他们的儿子派到吴国作人质,向吴国请求援兵。文钦、毋丘俭率领六万军士渡过淮河,很快进抵项县(位于今河南省项城市东)。吴国丞相孙峻随即率骠骑将军吕据、左将军留赞等人领兵渡过长江,向寿春进发。魏国朝廷内外为之震动。

当时,司马师刚刚割除一只眼睛上的肿瘤,手术的刀口尚没有完全愈合。有人劝他安心养病,让太尉(名誉丞相)司马孚(司马懿之弟)率领精兵强将平息叛乱,也有人建议他亲赴前线指挥平叛。司马师犹豫未决。尚书(朝廷部门长官)傅嘏劝告说:"叛军来势凶猛,如果派出的将领迎战失利,丞相的大事就将毁坏而无可挽回!"司马师听傅嘏这么说,一骨碌从床上翻起来,决定抱病亲自率军出征,让其弟司马昭任中领军(警卫部队长官),留镇京都洛阳。

闰正月,司马师率领十多万步骑兵在陈(位于今河南省淮阳县)、许(位于今河南省许昌市)会师。荆州(治所位于今河南省新野县)刺史王基受任监军(随军监察军事),领军进驻南顿(位于今河南省项城市西南),司马师领军进驻汝阳(位于今河南省商水县西北)。接着,司马师令兖州(治所位于今山东省郓城县西北)刺史邓艾率部进驻乐嘉城(位于今河南省周口市东南),引诱叛军深入,以便集中优势兵力将其歼灭;同时令镇南将军诸葛诞、征东将军胡遵分别率军进驻寿春、谯郡,以堵死叛军退路。

文钦、毋丘俭听说司马师军事部署周密,担心进攻会受到阻击,又惧怕撤退受到拦击,惊慌失措,不知该怎么应对。文钦之子文鸯年轻勇敢,建议乘司马师主力部队尚未驻扎稳定,连夜率部进击。文钦没有同意,率部向东撤退。司马师下令部队追击。这时,文鸯突然率领数十名骑兵扎回头,朝司马师的部众反冲过来,其势锐不可当。

司马师闻讯大为惊骇,刚刚动过手术的那只眼球突然滚出眼眶。他唯恐部众知道因受惊而丧失斗志，强忍剧烈疼痛，对部将说："叛军逃走了，你们要乘胜追击啊！"司马师咬住盖在身上的棉被一声不哼，连左右侍卫人员都不知道他眼球脱落。

不久，叛军被击溃，文钦父子逃奔吴国，毋丘俭兵败被杀。孙峻领兵抵达柘皋（位于今安徽省巢湖市西北），听说文钦兵败，随即率部退回吴国。

当月辛亥日，司马师因眼疾不治去世，时年四十八岁。

《三国志》卷四 三少帝纪
《晋书》卷一 高祖宣帝纪
卷二 世宗景帝纪
《通鉴纪事本末》卷十一 淮南三叛

【简评】

文钦、毋丘俭发动叛乱，并引吴国军队入境，魏朝廷面临十分严峻的形势。为了平息这场叛乱，司马师不顾眼睛刚刚动过手术，亲率大军出征。战斗中，他的眼球突然脱离眼眶。为稳定军心，他强忍剧痛，下令将士追击叛军。其奋勇拼搏精神令人感慨。

四、顽强进攻　血染战场

刘康祖浴血奋战

南朝宋①元嘉二十七年（450年）二月，北魏②太武帝拓跋焘率领十万大军围攻汝南（治所悬瓠，位于今河南省汝南县）。当时，悬瓠城中守军不满一千人。行汝南郡事（代理行政长官）陈宪领兵奋起抗战，杀敌上万名，守城兵士也死伤过半。宋文帝刘义隆令徐州（治所位于今江苏省徐州市）刺史（军政长官）武陵王刘骏（宋文帝第三子）派兵救援，但其援军被北魏军队击败。接着，宋文帝调令各路军马救援汝南。

刘康祖时任豫州（治所寿阳，位于今安徽省寿县）刺史、南平穆王刘铄（宋文帝第四子）安蛮府司马（主管军务的高级幕僚），受命为各路军马的前锋指挥，与南平内史（南平王府事务长官）臧质领军救援悬瓠，在悬瓠城郊外四十里处击败魏军，斩杀北魏殿中尚书（主管宫中兵马警卫）乞地真。北魏太武帝下令焚烧其军营，将军队撤回。刘康祖以功升任左军将军。四月，北魏太武帝致书宋文帝以武力威胁，称"欲存刘氏血食者，当割江以北输之"，否则，北魏大军"来秋当往取扬州"（《通鉴纪事本末》卷十九）。六月，宋文帝不顾众臣劝阻，决意举兵北伐魏国。刘康祖认为岁月已晚，建议等

---

① 南朝之一，都建康，位于今江苏省南京市。
② 北朝之一，都平城，位于今山西省大同市东北。

待明年北伐。宋文帝没有同意。七月,宋文帝发布北伐诏书,由太尉(名誉宰相)江夏王刘义恭统领诸军,分五路讨伐北魏。宋军很快攻克北魏碻磝(位于今山东省茌平县西南)、乐安(位于今山东省邹平县东北)、长社(位于今河南省长葛市东)等地。刘康祖随军出征,奉命率部进逼虎牢(位于今河南省荥阳市西北汜水镇西)。

九月,北魏太武帝调遣大军反击南朝宋军队。十月,受命围攻滑台(位于今河南省滑县东)的宋宁朔将军王玄谟部众败退。接着,北魏军队乘胜大举南下。

十一月,北魏永昌王拓跋库仁真率领八万骑兵自洛阳(位于今河南省洛阳市)出发向南攻打寿阳。该军一举攻克悬瓠、项城(位于今河南省项城市),来势十分凶猛。宋文帝担心南平王刘铄受到北魏军队围攻,传令刘康祖率领其八千名部众火速退往寿阳。

癸卯日,刘康祖率部返至尉武(位于今安徽省寿县西),拓跋库仁真领兵将其追上。军副(军事副长官)胡盛之建议刘康祖将部队转入山间,从偏僻小道撤回寿阳,以避开北魏骑兵主力。刘康祖断然否决,当即向胡盛之质问道:我们进军到黄河边上,到处搜索,都没有遇上敌军。如今他们送上门来了,我们怎么能躲避他们呢?这里离寿阳只有几十里,援军很快就会赶来,没有什么可怕的。于是,刘康祖下令部队结成车阵继续回撤,同时做好迎战准备。他严肃军纪,宣布规定回头观望的杀头,转身移步的砍脚。

北魏骑兵冲上来将刘康祖军包围。刘康祖率领部众与北魏骑兵拼死决战。两军从早晨一直战斗到午后,北魏骑兵被杀死一万多人,刘康祖部众损失也很惨重。战地"流血没踝"。刘康祖身上十处受伤,他不顾遍身流血,率部愈战愈猛。

拓跋库仁真见宋军人少,以其人多势众调整部署,分三班轮番发起攻击。当天黄昏,刮起大风。北魏军士运来大量干草,借风势焚烧宋军车阵。刘康祖命令将士丢下烧坏的车子,转乘好车,边战边往寿阳方向突围。

四、顽强进攻　血染战场

这时,一颗弹片射穿刘康祖颈部。刘康祖当即坠马而死。北魏骑兵猛力冲杀过来,胡盛之被俘投降,刘康祖部众只有少数人逃脱。之后,北魏军士把刘康祖的头割下来,吊在彭城城门上。刘康祖死未瞑目,面部如同活着一样。宋文帝听说刘康祖壮烈牺牲,发布诏书称赞他"猛气云腾,志申力屈,没世徇节,良可嘉悼"。

《宋书》卷五十　刘康祖传

《通鉴纪事本末》卷十九　宋文图恢复

【简评】

悬瓠之战,刘康祖作为前锋将领率部击退北魏军,杀出军威。宋文帝北伐缺乏充分准备,刘康祖等人未能劝止,以致失败。当北伐受挫之时,刘康祖奉命率部退保寿阳,以八千兵士与北魏八万大军展开生死搏斗,从早到晚,尸积如山,血流成河。北魏军士死伤一万多人,宋军伤亡也极其惨重。刘康祖身负十处重伤,率部继续奋勇冲杀,其无畏气概可歌可泣。

王方翼血战叛军

唐永淳元年(682年)四月,西突厥①首领阿史那车簿啜反叛唐朝,率十姓部众包围弓月城(位于今新疆霍城县西北)。唐庭州(治所位于今新疆吉木萨尔县北)刺史(行政长官)、检校安西都护(朝廷派驻西域代理军政长官)王方翼领兵前往救援弓月城,在伊丽水(即今伊犁河,位于今新疆同哈萨克斯坦国交界地区河段)畔击败西突厥叛军,斩杀千余名叛兵。

不久,三姓咽麪率十万兵士与阿史那车簿啜联合攻打王方翼部,双方在热海(位于今吉尔吉斯斯坦国伊塞克湖一带)展开激战。王方翼身先士卒,带领部众与叛军奋力拼搏。突然,他的臂膀被流箭射中。王方翼随即用佩刀斩断扎在他臂膀上的箭杆,继续指挥战斗,连身边的人都没有看到他中箭。

在两军激战的关键时刻,王方翼军中部分西域(泛指今甘肃省

---

① 国名,原为突厥汗国(可汗庭位于今蒙古国杭爱山东段)西部属地。隋开皇二年(582年),突厥西部达头可汗自行立国,为西突厥。其境东起伊吾(位于今新疆哈密市),西至雷翥海(位于今哈萨克斯坦国咸海),北至阿尔泰山(位于今新疆东北部与蒙古国交界),南至于阗(位于今新疆和田县南)、疏勒(位于今新疆疏勒县),下分十部,号十姓。唐显庆二年(657年),西突厥归附唐朝,属唐安西都护府(治所龟兹,位于今新疆库车县东)管辖。

四、顽强进攻　血染战场

玉门市以西至中亚地区)籍士兵酝酿叛乱,想劫持王方翼向西突厥投降。王方翼获悉这一情报后,立即采取果断措施,以奖赏军功的名义,紧急召集部众,将阴谋叛乱的七十多人一举诱杀。接着,王方翼令其部将分道率军袭击咽荗和阿史那车簿啜部,将其打败,共斩杀叛军七千人,俘获其酋长突骑施等三百人,从而平息西突厥叛乱。之后,王方翼以功调任夏州(治所位于今陕西省靖边县北)都督(军政长官)。

永淳二年(683年),唐高宗召令王方翼等人入朝讨论西域边防事务,并设宴招待他们。王方翼坐在唐高宗身边。席间,唐高宗发现王方翼衣服上有血渍没有洗净,问他是怎么回事。王方翼把去年血战热海的情况报告唐高宗。唐高宗察看王方翼臂上的伤痕,感叹良久,对王方翼厚加赏赐。

《新唐书》卷一百一十一　王方翼传
《通鉴纪事本末》卷二十八　唐平西突厥

【简评】

在平息西突厥叛乱的激战中,王方翼奋勇拼搏,处事果断。他斩断射在身上的箭杆,连身边部属都不知道;他设计除掉内部七十多个叛乱分子,使军心为之大振;他派兵分路出击叛军,斩杀七千叛兵,一举平息叛乱。唐朝幅员辽阔,正是依靠像王方翼这样的将领镇守,边疆地区才得以安宁。

魏胜聚义抗敌

　　魏胜是南宋淮阳军宿迁县（位于今江苏省宿迁市）人。早年，他以善于骑马射箭且智勇双全被官府选为弓箭手，移居山阳（位于今江苏省淮安市）。

国难当头　聚集义兵

　　南宋绍兴三十一年（1161年）八月，金国大肆征粮募兵，兵分数路南下。金帝完颜亮亲率大军攻打寿春（位于今安徽省寿县），同时派兵从海道进攻临安，从凤翔（位于今陕西省凤翔县）进攻散关（位于今陕西省宝鸡市西南大散岭上，当时为北方通往蜀地即今四川省的咽喉要道）。金帝扬言多则百日，少则十天半个月即可占领江南。魏胜听说金军南下，义愤填膺，一跃而起说："聚义报国的时候到了！"

　　当月，魏胜聚集三百名义士，向北渡过淮河，攻取金军占领的涟水军（治所位于今江苏省涟水县），宣传光复国土的大义，涟水民众纷纷加入魏胜领导的义军。接着，魏胜率部攻取海州（治所位于今江苏省连云港市），俘虏该州太守（行政长官）高文富（亦记作高

四、顽强进攻 血染战场

文多),自任权知州事(代理州府长官)。之后,魏胜派其部下以大义收复朐山(治所位于今江苏省连云港市西南)、怀仁(治所位于今江苏省赣榆县西北)、沭阳(治所位于今江苏省沭阳县)、东海(治所位于今江苏省连云港市东南)等县。他募集忠义勇士,以图收复被金军占领的土地,各地民众纷纷响应,很快便聚集数千名兵士。魏胜将其忠义军分为五军,自任都统制(军事长官)。

面临金军大举南下,宋高宗发布诏书,号召"文武大小之臣,戮力一心,捐躯报国,共雪侵凌之耻,各肩恢复之图"(《续资治通鉴》卷一百三十五)。魏胜率领的忠义军闻诏受到了极大的鼓舞。

拼死抗战 守卫海州

十月,金国令同知海州事(行政副长官)蒙恬镇国率一万多名官兵攻打海州。魏胜率部在新桥(位于海州城北二十里)伏击,击毙蒙恬镇国及其官兵千余人,金军败溃。魏胜忠义军士气为之一振。

金军转而围攻避难于苍山(位于今山东省临沂市西南)的数十万民众,苍山寨主向魏胜求援。魏胜率众赴援,遭遇金兵伏击。魏胜令部众向苍山寨转移,他留在后面挥舞大刀,掩护其部众撤退。金军五百名骑兵冲上来将魏胜包围。魏胜边战边退,数次冲破金兵包围圈。他在金兵的刀丛中奋力拼搏,浑身数十处受伤,才冲出重围。金兵紧追不舍,击中魏胜的乘马。魏胜纵身飞步退入苍山寨。

魏胜料定金军会再次攻打海州,随即率领部众抽身返回海州城。金军果然解除苍山之围,又回头围攻海州。魏胜多次领兵出城袭击金兵,将金军击退。战斗中,金兵箭矢射中魏胜的鼻子,贯穿他的牙齿。魏胜虽然不能吃饭,仍亲自指挥作战。金军四面攻城。魏胜激励守城官兵坚决反击,城上的矢石如同暴雨般射向金军。接连激战七天,金兵死伤大半。不久,金军又出动数万兵士围攻海州城。这时,浙西(即两浙西路,治所位于今浙江省杭州市)马步军副总管(军事副长官)李宝率军抵达东海县,他听说海州被金军包围,率部赶来救援,将金军击退。

魏胜组建忠义军,"无州郡粮饷之给,无府库仓廪之储",其费用全靠他们自己筹募。他率部在海州前线战功累累,南宋朝廷尚不知道。李宝派人向执政丞相报告魏胜率领义军抗击金军的情况,朝廷才任命魏胜知海州兼山东路(设置不详)忠义军都统(军事长官)。

魏胜领兵出击多次获胜,威震金军。他善于使用大刀,能左右手射箭,军旗署名"山东魏胜",金兵只要望见魏胜的军旗即不战自退。一次,金军朝魏胜部众追杀过来,魏胜骑在马上大声向金军呵斥道:"魏胜在这里!"金兵闻声纷纷退逃。又一次,魏胜收兵回城,金兵追至东门外。魏胜转身单人匹马迎战,他大声吆喝,五百名金兵闻声而退。魏胜总结历次与金军作战经验,发明了如意战车,更为有效地抗击了金军,宋高宗下令在全军推广。

当年(1161年)十一月,金帝完颜亮在瓜洲(位于今江苏省镇江市长江北岸)被其将领完颜元宜等人杀死,围攻海州的金军撤走。魏胜没有因此松懈防务,他组织军民加固海州城防,"未尝一日懈弛",随时准备迎战来犯之敌。

此后,金国派山东路(金山东东路治所位于今山东省青州市,山东西路治所位于今山东省东平县)都统(其名不详)率十万兵士攻打海州。魏胜率部与李宝部众相配合,大败金军,"斩首不可计,堰水为之不流"。接着,金国又派五斤太师(职掌及姓名不详)率领二十万兵士攻打海州,魏胜率部与金军激战于石闼堰(其地不详),杀死金兵数千人,再次击败金军。

绍兴三十二年(1162年)五月,金军再度包围海州。镇江(治所位于今江苏省镇江市)都统制张子盖领兵救援,将金军击退。魏胜建议乘胜追击,张子盖以皇上只令其解围加以推辞。

四、顽强进攻 血染战场

阻击金军 血染清河

　　隆兴二年(1164年),宰相汤思退力主同金国议和,答应金国的要求,下令撤销海州防卫,将魏胜改任为楚州(治所位于今江苏省淮阴市)知州。金军乘南宋求和松懈之机,抓紧运送粮食兵器,准备南犯。魏胜获知金军预谋后,要求率兵抗击,淮东路(治所位于今江苏省扬州市)安抚使(军政长官)刘宝以刚刚同金国议和而没有同意出兵。

　　十一月乙酉日(初四),金军向楚州进逼,魏胜率领部众驻守淮阳(位于今江苏省淮阴县西南)阻击金兵。两军从卯时(早晨五点至七点)激战到申时(下午三点到五点),未分胜负,金军无法前进。金将徒单克宁大为气恼,下令增派兵力进行强攻。魏胜感到力不能支,派人向刘宝告急。当时,刘宝率部驻扎在楚州,与淮阳相距只有四十里。他坚持认为刚刚才同金国讲和,金军不可能南犯,始终不愿派一兵一卒赴援。

　　魏胜见部众的箭矢用尽了,便率部占据高地与金军拼搏。他对身边的兵士说:"我决心战死在这里。你们如能逃脱,请报告天子,让他知道我已经为国尽力了。"魏胜令步兵边战边撤,他骑马殿后。退至淮阴(即楚州)以东十八里处,突然飞来一支流矢将魏胜击中,魏胜从马上摔下来,以身殉国。

《宋史》卷三百六十八 魏胜传
卷三十二 高宗本纪九
《续资治通鉴》卷一百三十四 宋纪一百三十四
卷一百三十五 宋纪一百三十五
卷一百三十九 宋纪一百三十九

中国古代历史风云·战场风烟(上)

【简评】

当外敌入侵、国家处于危难之时,常常有一些爱国志士自发组织义兵保家卫国。他们克服各种困难,不怕流血牺牲,誓死为国捐躯。魏胜是这些忠义之士的杰出代表。他无官无职,面对金军南下挺身而出,组织忠义军誓死保卫国土和民众的生命安全。受任官职后,他衣不解甲,始终战斗在抗金前线,毅然率部与入侵之敌拼搏到生命最后一息。像魏胜这样来自民众之中的英雄是真正的民族之魂,他们的历史地位不容忽视。

四、顽强进攻　血染战场

毛忠血洒西陲

　　毛忠,原名哈喇,明西陲(西部边疆)人,善于骑马射箭。早年,他承袭其父永昌(治所位于今甘肃省永昌县)百户(低级武官)职务,常常随军出征。明宣德五年(1430年),毛忠参加平息曲先(即曲先卫,治所药王淮,位于今青海省油泉子县)地区叛乱,立有战功。宣德九年(1434年),毛忠进入脱欢山(其地不详)平叛,将叛首抓获。宣德十年(1435年),毛忠参加平息黑山(位于今陕西省榆林市西)地区叛乱,俘虏叛首。由于数次立功,毛忠被提升为指挥同知(镇守某地军事副长官)。

　　正统三年(1438年),毛忠随都督(军事将领)蒋贵征讨朵尔只伯①。他率部冲锋陷阵,以功提任都指挥佥事(某地军政副长官)。

　　正统十一年(1446年),毛忠随总兵(镇守某地军事长官)任礼接管沙州卫(治所位于今甘肃省敦煌市),以功升任都指挥使(某地军政长官)。

　　正统十三年(1448年),毛忠率部进抵罕东(即罕东卫,治所位于今青海省西宁市西北百余里),俘虏自称祁王的锁南奔,收编其部众。明英宗奖赏毛忠长年守卫边疆的功劳,将他的名字由哈喇

---

① 鞑靼部族首长,居住地亦集乃,位于今内蒙古额济纳旗东黑城。当时,朵尔只伯常率部侵扰甘州(治所位于今甘肃省张掖市)等地。

改为毛忠,提任他为都督佥事(高级副将领),让他协助主将镇守甘肃(即甘肃镇,明九边之一,辖区位于今甘肃省嘉峪关以东、黄河以西和青海省西宁市一带。总兵官府设在甘州)。

景泰初年(1450年),礼部右侍郎(朝廷主管礼仪、教育的部门副长官)李实率团出使瓦剌①,返回后向朝廷报告,称毛忠多次私下派人去同瓦剌联系。据此,明代宗(明景帝)下令把毛忠押至京都审查。负责审查毛忠的兵部(朝廷主管军事的部门)官员提议要将他处死,明代宗没有同意,下令将毛忠贬至福建(即福建布政使司,辖境位于今福建省),让其立功赎罪。

其实,毛忠与瓦剌私下毫无联系,李实所传毛忠私通瓦剌,是中了瓦剌离间之计。当年,毛忠在北征时曾经俘虏一个名叫加失领真的和尚,明英宗下令将他放回。加失领真回到瓦剌后,受到太师(宰相)也先重用。加失领真对毛忠一直怀恨在心,他乘李实等人出使瓦剌之机,散布毛忠私通瓦剌的谣言,企图以此陷害毛忠。

李实出使瓦剌时,明英宗尚被羁押在瓦剌②,曾听说加失领真在李实面前讲了毛忠的坏话。明英宗回国后即被明代宗软禁,他虽然知道毛忠冤枉,却无法为他说白。毛忠在福建蒙冤八年,直到明英宗重登帝位③后,他才被召入京都。明英宗为毛忠平冤昭雪,任命他为都督同知(高级副将领),让他继续领兵镇守甘肃。

---

① 明代对蒙古西部部族的总称。其游牧场地位于今蒙古国西部地区及俄罗斯叶尼塞河上游一带。瓦剌堡垒位于今俄罗斯新库兹涅茨克。

② 明正统十四年(1449年),瓦剌太师也先领兵进逼明都城北京,明英宗朱祁镇率军迎战失利。八月,明英宗在土木堡(位于今河北省怀来县东)被瓦剌兵俘虏,押至北方。不久,郕王朱祁钰(明英宗异母弟)即位为明代宗。第二年八月,明英宗获释回国,被软禁南宫。

③ 明景泰八年(1457年)正月,提督团营(驻京部队长官)石亨等人乘明代宗生病之机发动政变,废黜明代宗,拥护明英宗重登帝位。

四、顽强进攻　血染战场

天顺三年（1459年），毛忠率部平息镇番卫（治所位于今甘肃省民勤县）叛乱，以功提为左都督。

天顺五年（1461年）春天，孛来①率数万骑兵侵入西宁（治所位于今青海省西宁市）、庄浪（治所位于今甘肃省永登县）、凉州（治所位于今甘肃省武威市）等地。毛忠率部与孛来部众展开激战，持续一天一夜，官兵箭矢用尽，筋疲力尽。这时，孛来派兵赶来增援，毛忠部下为之惊恐失色。毛忠镇定从容，激励官兵振作精神，同敌人进行生死决战，将孛来部众击溃。

天顺七年（1463年），毛忠率部平息永昌、凉州、庄浪等地叛乱，以功受封伏羌伯。

成化四年（1468年），固原（位于今宁夏区固原县）人满四（又名满俊）聚集数万之众叛乱，占据石城（即石堡城，位于今青海省湟源县哈城东石城山）。明宪宗（明英宗长子）令毛忠与总督（军政长官）项忠率军前往围剿。

毛忠当时已经七十五岁。他率部由木头沟直抵炮架山下，不顾叛军飞矢如雨，接连夺取山北、山西两座高峰。项忠率部攻占东峰，进逼东、西二城门。满四部众陷入困境，相对号哭。这时，石城周边升起浓雾。满四以雾为掩护，集中兵力反攻毛忠部。毛忠率部奋勇回击。突然，飞来一支流矢将毛忠击中。毛忠当即倒在血泊中。西边边陲民众听说毛忠为国牺牲，"吊哭者相望于道"。

《明史》卷一百五十六　毛忠传

---

①　明代蒙古哈剌嗔部人。曾立元朝皇族后裔马可古尔吉思为可汗（国王）。自任太师，多次率部侵犯明边疆地区。

中国古代历史风云·战场风烟(上)

【简评】

　　毛忠长年戍边,身经百战,数次立功,为明朝西部地区的稳定贡献了毕生的精力。他以七十五岁高龄率部平叛,将满腔热血挥洒在战场上,令人为之赞叹。

四、顽强进攻 血染战场

卢象升戴孝报国

明崇祯十一年(1638年)①九月,清军攻占墙子岭(位于今北京市密云县东北九十里)、青山口(《明史》作"青口山",位于今河北省迁西县东北),进驻牛兰(即牛栏山,位于今北京市顺义区北),直逼明都城北京。卢象升时任兵部尚书(朝廷主管军事的部门长官),尚在故乡宜兴(位于今江苏省宜兴市)为父亲守丧。明思宗(崇祯帝)传令他督(总领)天下援兵,救援京都。卢象升接到命令后,"麻衣草履",火速赴任。途中,他上书朝廷称:"臣非军旅才。愚心任事,谊不避难。"

面对清军入侵,东阁大学士(宰相)杨嗣昌与监督中官(负责监军的宦官头目)高起潜主张同清军议和。卢象升听说后感叹说:"我深受国家恩遇,恨不能死得其所,国家如果有危难,我宁愿为国断头捐躯!"卢象升抵达京都后与杨嗣昌、高起潜等人讨论御敌方略,意见不一致。由于杨嗣昌、高起潜二人阻挠,崇祯帝只让卢象升率宣(即宣府镇,治所位于今河北省宣化县)、大同(即大同府,治所位于今山西省大同市)、山西(即山西行都司,治所位于今山西省大同市)三总兵(军事长官)杨国柱、王朴、虎大威部众防卫京都。

---

① 《明史》卢象升传记作崇祯十年,有误。此据《明史》卷二十四庄烈帝本纪二、《明通鉴》卷八十六·明庄烈帝崇祯十一年。

他名义上总督天下兵,实际统领官兵不足两万人。卢象升率部驻守顺义(位于今北京市顺义区)。

十月,清骑兵长驱直入,锐不可当。卢象升率部阻击南下清军。他要各部挑选精兵夜袭清军军营,下令出战官兵刀上要见到血,身上要有伤,战马的毛要汗湿,做不到这些将处以斩首。杨嗣昌、高起潜劝说他领兵打仗不可只凭勇气如此冒失。卢象升回答说:我尚处在守孝期,甘愿弃孝尽忠,奋身报国。如果不同敌人拼一死战,将是忠孝两失,有何脸面活在世上!卢象升率部袭击清军军营,惜未攻克。

十一月,清军绕过明京城,向南夺取良乡(位于今北京市房山区)、高阳(位于今河北省高阳县)、阜城(位于今河北省阜城县)、威县(位于今河北省威县)等地。卢象升率近万名军士与清军在庆都(位于今河北省望都县)展开激战,斩杀数百名清兵。崇祯帝以高阳等地失守下令将卢象升由兵部尚书降为兵部侍郎(兵部副长官),要他戴罪立功。

不久,王朴借口边防告急,率部返回大同。卢象升率五千名军士赴畿南(京都以南地区)抗击清军。杨嗣昌阻止供给卢象升部军粮。卢象升军纪严明,兵士虽然没有粮食吃,对民众秋毫无犯。他激励官兵说:我们受国家恩惠,只怕不能战死在疆场,不怕在战场上流血牺牲。当地父老称赞卢象升"出万死不顾一生之计为天下先",民众纷纷把家中的存粮主动送到卢象升军营。卢象升感动得热泪盈眶,军民在一起"号泣雷动",震撼山河。

十二月十一日,卢象升率部抵达钜鹿贾庄(位于今河北省巨鹿县南),受到清兵攻击。当时,高起潜率军驻守鸡泽(位于今河北省鸡泽县),离贾庄只有五十里。卢象升派编修(参与编写史书的官员)杨廷麟前往求援,竟然遭到高起潜拒绝。卢象升、杨国柱和虎大威分别率部与清军拼杀。第二天,清军数万骑兵将卢象升部包围三层。经过一天激战卢象升部炮矢用尽,其部众不得不与清兵

四、顽强进攻　血染战场

展开肉搏。卢象升亲手击杀数十个清兵,身中四矢,被砍三刀,倒在血泊中,壮烈牺牲,时年三十九岁。杨国柱、虎大威突围逃走。

清军退走后,杨廷麟找到身穿麻衣的卢象升遗体。民众听说他为国牺牲,无不失声痛哭。

据《明史》卷二百六十一　卢象升传
《明通鉴》卷八十六　明庄烈帝崇祯十一年
《明史纪事本末补遗》卷六　东兵入口

【简评】

明朝后期朝政腐败而女真贵族方兴未艾,明军丧失战斗力,不堪清军攻击。卢象升无力改变明军的败局。在清军压境的危急关头,他以国事为先,弃孝尽忠,身穿孝服率部拼死抗击。其忠贞义烈,感人至深。

李长庚视海船为庐舍

李长庚是清福建同安(位于今福建省同安县)人,考中武进士后,受任蓝翎侍卫(低级侍卫军官)。清乾隆五十二年(1787年),李长庚受任署(代理)海坛(位于今福建省平潭县海坛岛)总兵(镇守某地军事长官)。不久,海坛邻近海域出现海盗,朝廷误认为海盗出现在海坛海域,便将李长庚免职。李长庚回乡后,拿出所有积蓄募集乡间勇士,捕获为害当地的大盗,为民除害。朝廷听说此事后,重新起用李长庚为海坛游击(总兵属官)。从此,李长庚以毕生精力守卫海防。

乾隆五十九年(1794年),某外国舰艇侵犯福建三澎(位于今广东省南澳县东南南澎群岛),李长庚领兵将其驱逐。

嘉庆三年(1798年),外国舰艇再次来犯。李长庚时任定海镇(治所位于今浙江省舟山市)总兵,率部在衢港(位于今浙江省舟山群岛衢山岛)和普陀(位于今浙江省舟山市普陀区)接连击退外国海盗船。

嘉庆四年(1799年),粤东土盗凤尾帮引导外国舰艇进入温州洋(位于今浙江省温州市温州湾)。李长庚领兵将其击败。

嘉庆五年(1800年)六月,外国舰艇及凤尾、水澳盗帮百余艘舰艇汇集于浙江沿海,逼近台州(位于今浙江省临海市)。李长庚率领定海、黄岩(位于今浙江省台州市黄岩区)、温州水师在松门卫

四、顽强进攻　血染战场

(位于今浙江省温岭市东部沿海)将其击溃,俘虏安南(位于今越南)总兵伦贵利等四人。李长庚以功提任浙江水师提督(省级海军长官)。

嘉庆八年(1803年),福建海盗头目蔡牵率众窜入定海,李长庚领军将其击溃。

嘉庆九年(1804年)秋天,蔡牵与广东海盗头目朱濆率众共犯浙江沿海。李长庚率军从定海以北出击,二盗败逃。

嘉庆十年(1805年),李长庚调任福建水师提督。蔡牵听说后逃往浙江。李长庚随即率部追击,先后在青龙港(其地不详)、台州斗米洋击败蔡牵部众。之后,朝廷又将李长庚调任浙江水师提督。

海盗每次侵扰沿海地区,总是被李长庚领军击败,许多海盗葬身大海。他们对李长庚又恨又怕。有个叫沈振元的海盗,夜里梦见李长庚领兵杀来,从此坐卧不安,只好向李长庚投降。蔡牵对李长庚更是恨之入骨。他派杀手假装向李长庚投降,企图行刺。李长庚从杀手身上搜出一把匕首,当即将其斩首。李长庚以守卫海疆为己任,将掉落的一颗牙齿寄给他的妻子,以示他立志献身海防。

嘉庆十一年(1806年)二月,李长庚率部在鹿耳门(位于今台湾省台南市安平镇北)大败蔡牵船队,蔡牵逃遁。李长庚上书朝廷,称其所乘之船比蔡牵乘船低五六尺,未能擒获蔡牵实由兵船不得力所致。五月,清朝廷追究闽浙总督(军政长官)玉德的责任,将其革职逮捕,改任阿林保为闽浙总督。

阿林保到任不久,请李长庚喝酒。席间,阿林保对李长庚说:大海捕鱼,何时入网?海上的事难以佐证,你只要斩杀一个海盗头目,充做蔡牵的首级,我可以为你飞章报捷,你将受到头等奖赏,我也能邀到次功。这比你长年累月出没惊涛骇浪侥幸为生,不是要好得多吗?

李长庚慨然答道:皇上委任我守卫海防,是希望我能平定海疆,让百姓安居乐业。你作为朝廷大臣,可以侥幸邀功。我是一名武夫,只知道以死报国。我早已视海船为庐舍,不怕海上风高浪险。总督身为封疆大臣,纵使不熟悉军事,难道不懂得'忠孝'二字,为何以浅薄的眼光看待我呢?阿林保被李长庚奚落一顿,从此便怀恨在心。

福建文武官员中,有人未能尽力协助李长庚擒获蔡牵,害怕由此被治罪,反而向阿林保诬告李长庚剿办不力。据此,阿林保上书弹劾李长庚临战"逗留"。嘉庆帝密令浙江巡抚(行政长官)清安泰查询此事。清安泰调查后奏报说:李长庚熟悉海上风云变幻,每次率部出海作战总是亲自掌舵,连长年驾船的老水手的本领都赶不上他。最近两年,他一直在军中供职,路过家门口都没有回家。渔山(位于今浙江省渔山列岛)那场战斗,李长庚身上多处受伤,仍鏖战不退。海盗中流传这么一句话:'不畏千万兵,只畏李长庚'。李长庚捐资修造船械,缴获海盗物品全部奖赏官兵,实在堪称是一流的水师将领。嘉庆帝看了清安泰的奏章,方知阿林保系诬告,对身边侍臣说:"我如果轻信阿林保的话,岂不是失去一位良将!"

嘉庆十二年(1807年)春天,李长庚率部在大星屿(位于今广东省惠东县平海镇南)击败蔡牵部众。十一月,李长庚率部在浮鹰山(位于今福建省霞浦县闾峡镇南)再次击败蔡牵。

十二月,李长庚率领船队追击蔡牵船队至广东黑水洋海域。当时,蔡牵只剩下三只船,船上海盗拼死顽抗。李长庚下令用火炮袭击蔡牵船只。他亲自驾船猛追,用铁钩挂住蔡牵船尾,副将印得方等人跃上其船,准备活捉蔡牵。

突然间,蔡牵部卒林阿小从船尾开炮,击中李长庚喉咙。他顿时血流不止。印得方见状转身跳回船上。这时,李长庚已经躺在血泊中,以身殉职。

嘉庆帝接到李长庚牺牲的奏报,"览奏心摇手战,震悼之至"。他下令追授李长庚"忠毅"的荣誉称号,并在其原籍建造祠堂,纪念

四、顽强进攻　血染战场

他的英勇业绩。

　　　　　《清史稿》卷三百五十　李长庚传
　　　　　《清通鉴》卷一百六十　清仁宗嘉庆八年
　　　　　　　　　卷一六一　清仁宗嘉庆九年
　　　　　　　　　卷一六三　清仁宗嘉庆十一年
　　　　　　　　　卷一六四　清仁宗嘉庆十二年

【简评】

　　清代中后期，海盗出没东南沿海，对当地民众及过往船只危害极大。李长庚以海船为庐舍，长年顶风破浪，率部追击海盗。为保卫东南沿海的安宁，他舍弃家庭，直至献出生命。李长庚忠于职守，对国家对人民赤胆忠心。其无私奉献精神永远光照后人。

裕谦与侵略者不共戴天

清道光二十年（1840年）六月，英国海军侵占定海（位于今浙江省舟山市）。定海民众对英军入侵极为愤恨，自发组织起来反抗英国侵略者，抓获英海军少校得忌剌士及一名随军夫人。八月，定海民众又将在山上测量地形的英陆军上尉安突德活捉。英国侵略者在定海难以立足。十月，英海陆联军司令懿律被迫同清两江（辖区位于今安徽、江苏、江西三省）总督（军政长官）伊里布签订停战协定。英国同意撤走入侵定海的军队，中方答应交还俘虏的英国军官。

道光二十一年（1841年）春天，英军兵舰仍然在定海海域游弋。道光帝认为署（代理）两江总督裕谦忠诚可靠，任命他接替伊里布职务，赴定海前线督查边防。

裕谦抵达定海后，组织军民加固防御设施，下令官兵对英军违约侵扰附近海域进行还击。裕谦率部抓获一名英军军官，将他剥皮抽筋，悬尸示众。英军以此为借口，随即调集二十九艘兵舰、三万名官兵，再次入侵定海。

八月十七日拂晓，英军向定海发起猛攻。定海守军只有五千六百名官兵，由定海总兵（军事长官）葛云飞、寿春（治所位于今安徽省寿县）总兵王锡朋、处州（治所位于今浙江省丽水市）总兵郑国

四、顽强进攻 血染战场

鸿统领。葛云飞等人指挥兵士奋起反击，多次击退英军进攻。经过连续六昼夜激战，定海守军的炮筒烧红，不能装药投弹。英军在其炮火掩护下登陆，定海官兵与英国侵略者展开最后拼搏，葛云飞等三总兵及其士兵壮烈牺牲。

英军侵占定海后，接着侵犯镇海（治所位于今浙江省宁波市镇海区）。当时，裕谦的指挥部设在镇海，所属官兵只有四千名。裕谦不畏强敌，积极部署防御，令浙江提督（军事长官）余步云率部镇守招宝山（位于今浙江省甬江入海口西边）、镇海总兵谢朝恩率部镇守金鸡山（位于今浙江省甬江入海口东边），坚决抗击英国侵略军。

八月二十五日，英军首先分两路夹击金鸡山炮台，谢朝恩指挥反击，中弹身亡，金鸡山陷落。余步云听说英军占领金鸡山，惊恐万状，以保全百姓的名义，建议裕谦派人与英军议和。裕谦则以向侵略者求和有伤国体将其斥退。不一会，余步云去而复返，向裕谦哀求道：如果只是我一人战死理所当然，我家中妻子儿女共三十余口，实属可怜。今天，我的女儿正好要出嫁。裕谦回答道：儿女情长，英雄固然也难以避免，但忠义报国是眼前的大事，这件事千万不可动摇！之后，余步云竟弃阵脱逃。

裕谦看到镇海难以守住，指着泮池边一块石头上刻写的"流芳"二字，对部属说：往后某一天，你们将在这里收埋我的尸体！我的曾祖父于乾隆二十一年（1756年）八月为国殉难，现在是道光二十一年八月。

二十六日中午，英国侵略军攻入镇海，城中兵民从西门退出。裕谦向京都方向遥拜后，投泮池自尽。护卫士兵把他救起时，他已昏迷不省人事。英军兵士冲上来将他监控。接着，英国侵略军把裕谦放入一只小船，押往余姚（位于今浙江省余姚市）。途中，裕谦苏醒过来。他随即吞下烟土自杀。道光帝听说裕谦以身殉国，授予他"靖节"的荣誉称号。

《清史稿》卷三百七十二 裕谦传

《清通鉴》卷一九七 清宣宗道光二十年

卷一九八 清宣宗道光二十一年

【简评】

英国侵略军侵占定海后,受到定海人民的坚决反击。裕谦代表民众的意愿,把英国侵略者视为不共戴天的仇敌,组织军民奋力与侵略者展开殊死搏斗,体现了中国人民不畏强敌的英雄气概和保家卫国的坚强决心。定海保卫战虽因敌我力量悬殊而失败,但裕谦的英名将永世流芳。

四、顽强进攻　血染战场

邓世昌勇撞敌舰

　　邓世昌是清广东番禺（位于今广东省广州市番禺区）人，早年入水师学堂（海军学校）学习。清光绪元年（1875年），北洋大臣（主管渤海沿岸海防、外交、通商事务）李鸿章创建北洋海军。邓世昌时任福建水师守备（中级军官），以其才能被选入北洋海军。不久，邓世昌随同北洋水师提督（将领）丁汝昌赴英国购买兵舰。回国后，他驾驶从西洋购回的兵舰苦练海上作战战术。光绪八年（1882年），邓世昌随丁汝昌率舰停泊仁川（位于今韩国仁川市），协助平息朝鲜内乱。此后，邓世昌受命主管扬威快舰，往来于天津（位于今天津市区）和朝鲜之间，同时巡视台湾、厦门海防，以高超的军事指挥才能升任"经远号"、"致远号"、"靖远号"、"济远号"四船营务处（主管四船事务）兼"致远号"管带（船长）。

　　光绪二十年（1894年）四月，日本政府出兵侵略朝鲜。朝鲜政府请求清朝廷派兵救援。朝廷派直隶（镇所位于今北京市区）提督叶志超及太原（镇所位于今山西省太原市）总兵（军事长官）聂士成率二千名兵士抵达朝鲜牙山（位于今韩国天安市西北）。

　　六月，日本兵舰在丰岛（位于今韩国天安市西北）海域击沉清"高升号"运兵船，日本天皇睦仁发布诏书，对华宣战。清朝廷被迫对日宣战。

　　八月十八日，清北洋舰队在大东沟（位于今辽宁省丹东市鸭绿江入海口以南黄海海面)反击日本舰队。

日本联合舰队由十二艘新式舰船组成,舰上装有鱼雷等新式武器。清北洋舰队的十艘舰船皆为旧式。邓世昌指挥"致远号"官兵参加这次海战。

交战开始时,日本联合舰队号称"第一游击队"的"吉野号"等四艘舰船,被清北洋舰队炮火击中,狼狈逃离。日本舰队司令伊东祐亨下令"吉野号"等四舰返回。"吉野号"等四舰返回后,与日"松岛号"等五舰相呼应,形成对清北洋舰队前后夹击的攻势。

下午三时许,清"致远号"舰在激战中受伤,且舰上弹药几乎用尽。为了毁坏敌人有生力量,邓世昌毅然下令开足马力,以全速驾驶"致远号"向吉野号冲去,誓与敌舰同归于尽。

邓世昌放声对舰上的官兵高呼:"让我们以死报国,让我海军声威永存!""致远"舰官兵,同仇敌忾,呼声震天,"鼓轮怒驶",直冲"吉野号"。

"吉野号"上日军官兵惊恐万状,连忙向"致远号"发射鱼雷。"致远号"被鱼雷击中,未能冲撞敌舰即沉入大海。邓世昌及舰上二百五十余名官兵全部壮烈牺牲。

《清史稿》卷四百六十 邓世昌传
《清通鉴》卷二五一 清德宗光绪二十年

【简评】

邓世昌率"致远"舰官兵与侵华日军血战大东沟,最后将该舰开足马力,齐声高呼冲向敌舰,这是中国人民反侵略战争中极为悲壮的一幕,其英雄气概直冲霄汉,其壮烈义举光耀千秋。人们永远不会忘记"致远"舰沉没的历史教训。只有发展科技,加强战备,才能保证国泰民安。